DIOGENES TASCHENBUCH 23240

DIE MENSCHLICHE KOMÖDIE

HONORÉ DE BALZAC

KATHARINA
VON MEDICI

ROMAN
DEUTSCH VON PAUL HANSMANN

DIOGENES

TITEL DER FRANZÖSISCHEN ORIGINALAUSGABE:
›ÉTUDES PHILOSOPHIQUES SUR CATHERINE DE MÉDICIS‹

MIT FREUNDLICHER GENEHMIGUNG DER
ROWOHLT VERLAG GMBH, REINBEK BEI HAMBURG
VERÖFFENTLICHT ALS DIOGENES TASCHENBUCH, 1998
ALLE RECHTE AN DIESER AUSGABE WERDEN
VERTRETEN VOM DIOGENES VERLAG, ZÜRICH
60/98/8/1
ISBN 3 257 23240 3

INHALT

Einleitung 7

Der calvinistische Märtyrer 67
Le Martyr Calviniste

Vertrauliche Mitteilungen der
Brüder Ruggieri 339
La Confidence des Ruggieri

Die beiden Träume 449
Les deux Rêves

EINLEITUNG

☆

SIE LIEBEN SICH IN PARADOXEN ZU ERGEHEN, sagt man gemeiniglich, wenn Gelehrte, von einem historischen Irrtum befremdet, ihn rückgängig zu machen suchen; für jeden aber, der die moderne Geschichte gründlich studiert, wird es zur Gewißheit, daß Historiker privilegierte Lügner sind, die ihre Federn den volkstümlichen Ansichten anpassen, genau so wie die meisten heutigen Zeitungen nur den Meinungen ihrer Leser Ausdruck geben.
Historische Unabhängigkeit hat sehr viel weniger bei Laien als bei Mönchen geglänzt. Von den Benediktinern, die einen Ruhm Frankreichs bilden, sind uns, was Geschichte anlangt, die reinsten Erleuchtungen übermittelt worden, vorausgesetzt natürlich, daß der Mönche Interesse nicht mit ins Spiel gezogen war. Seit Mitte des achzehnten Jahrhunderts haben sich denn auch große und gelehrte Kontroversisten erhoben, welche, von der Notwendigkeit durchdrungen, durch die Historiker verbreitete Volksirrtümer zu berichten, bemerkenswerte Arbeiten veröffentlichen. So erklärte de Launoy, der den Spitznamen Heiligenfresser bekam, den unbilligerweise in die Kirche eingeschmuggelten Heiligen einen grausamen Krieg. Ebenso begannen die Nacheiferer der Benediktiner, die allzuwenig bekannten Mitglieder der Akademie

der Inschriften und schönen Wissenschaften, ihre an Geduld, Gelehrsamkeit und Logik so bewundernswürdigen Abhandlungen über dunkle historische Punkte. Desgleichen ließ Voltaire in seinem unseligen Interesse häufig das Licht seines Geistes voller trauriger Leidenschaft über historische Vorurteile leuchten. In gleicher Absicht schrieb Diderot ein allzulanges Buch über eine Epoche der römischen Kaisergeschichte. Ohne die französische Revolution hätte die Kritik sich vielleicht die Historie angelegen sein lassen und die Elemente einer guten und wahrhaften Geschichte Frankreichs vorbereitet, deren Fakten seit so langer Zeit durch unsere bedeutenden Benediktiner zusammengetragen worden sind. Ludwig der Sechzehnte, ein richtig urteilender Geist, hat selber das englische Werk übertragen, worin Walpole Richard den Dritten zu erklären suchte, mit dem sich das letzte Jahrhundert so eingehend beschäftigte.

Wie nun werden so berühmte Persönlichkeiten wie Könige und Königinnen, wie so gewichtige Männer wie Armeegenerale Gegenstand des Abscheus oder Spotts? Zwischen dem Liedchen von Marlborough und der englischen Geschichte schwankt die halbe Welt hin und her, wie man zwischen Geschichte und Volksglauben hinsichtlich Karls des Neunten hin und her pendelt. Zu allen Zeitläuften, wo große Schlachten zwischen den Massen und der Macht geschlagen wurden, schafft sich das Volk eine ogerhafte Persönlichkeit — wenn es erlaubt ist dies Adjektiv zu wagen, um einen rechten Begriff zu geben. Selbst in unserer Zeit wäre es ohne das Gedächtnisbuch von Sankt Helena, ohne die Kontroversen der Royalisten und Bonapartisten schier dahingekommen, daß Napoleons Charakter mißkannt worden wäre. Einige Abbés von Pradt mehr, noch einige Zeitungsartikel, und aus einem Kaiser wäre Napoleon ein Oger geworden. Wie verbreitet der Irrtum sich und wie verschafft er sich Geltung? Dies Geheimnis vollzieht sich vor unseren Augen und, ohne daß wir merken. Niemand macht sich einen Begriff davon, welchen Rückhalt die Buchdruckerkunst sowohl dem Neide, der sich an hochstehende Menschen heftet, als auch den volkstümlichen Scherzen verleiht, die eine große historische Tat im entgegengesetzten Sinne resümieren. So ist in ganz Frankreich des Prinzen von Polignac Name schlechten Pferden, auf die man loshaut, beigelegt worden. Und wer weiß, was die Zukunft von des Prinzen von Polignac Staatsstreiche halten wird? Einer Shakespeareschen Laune zufolge — und vielleicht wars eine Rache wie die Beaumarchais' an Bergasse (Bergearss) — ist Falstaff in England der Typ des Lächerlichen. Sein Name schon ruft Gelächter hervor. Er ist der König der Clowns. Anstatt ein maßlos beleibter, törichter, verliebter, eitler, trunksüchtiger, alter Wüstling zu sein, war Falstaff eine der wichtigsten Persönlichkeiten seines Jahrhunderts, Ritter des Hosenbandordens und befehligte ein höheres Kommando. Bei Heinrichs des Fünften Thronbesteigung war Sir Falstaff höchstens vierunddreißig Jahre alt. Dieser General, der sich in der Schlacht bei Azincourt auszeichnete und den Herzog von Alençon dabei zum Gefangenen machte, nahm anno 1420 Montereau ein, das tapfer verteidigt ward. Unter Heinrich dem Sechsten endlich schlug er mit fünfzehnhundert ermatteten und vor Hunger halb toten

Soldaten zehntausend Franzosen! Das als Beispiel für den Krieg. Wenn wir von da aus zur Literatur übergehn, so gilt Rabelais, ein nüchterner Mann, der nur Wasser trank, für einen Liebhaber der Gutlebe, für einen leidenschaftlichen Zecher. Tausend lächerliche Geschichtchen machen über den Verfasser eines der schönsten Bücher der französischen Literatur, den Pantagruel, die Runde. Aretin, der Freund Tizians und der Voltaire seines Jahrhunderts, hat zu unseren Zeiten ein Renommé, das im krassen Gegensatz zu seinen Werken und seinem Charakter steht und ihm geistige Unsittlichkeit angesichts der vielen, vielen Schriften jenes Jahrhunderts zum Vorwurf macht, wo das Drollige in Ehren stand, wo Königinnen und Kardinäle Geschichten schrieben, die heute als unzüchtig gelten. Die Beispiele dieser Art könnte man ad infinitum vermehren.

In Frankreich, und in dem einflußreichsten Teile der modernen Geschichte, hat kein Weib, wenn man von Brunhild oder Fredegunde absieht, mehr unter den volkstümlichen Irrtümern gelitten als Katharina von Medici; während Maria von Medici, deren Handlungen in ihrer Gesamtheit Frankreich zum Schaden gereichten, der Schande entronnen ist, welche ihren Namen bedecken müßte. Maria hat die von Heinrich dem Vierten aufgehäuften Reichtümer vertan und sich niemals von dem Vorwurf reingewaschen, um des Königs Ermordung gewußt zu haben. Ihr Intimus war Épernon, der Ravaillacs Dolchstich nicht abwendete und diesen Menschen schon lange kannte. Sie hat ihren Sohn gezwungen, sie aus Frankreich zu verbannen, wo sie ihren anderen Sohn Gaston zu Revolten ermutigte; kurz Richelieus Sieg über sie am Prelleretage konnte nur erfolgen, weil der Kardinal Ludwig dem Dreizehnten die geheimgehaltenen Dokumente über Heinrichs des Vierten Tod unterbreitete. Katharina von Medici dagegen hat Frankreichs Krone gerettet; aufrecht erhalten hat sie die königliche Autorität unter Umständen, inmitten welcher mehr als ein großer Fürst unterlegen wäre. Auf dem Halse saßen ihr Aufrührer und Ehrsüchtige wie die Guisen und das Haus Bourbon, Männer wie die beiden Kardinäle von Lothringen und die beiden Balafré, die beiden Prinzen von Condé, die Königin Johanna d'Albret, Heinrich der Vierte, der Kronfeldherr von Montmorency, Calvin, die Colignys und Theodor von Béza, und sie mußte die seltensten und besten Eigenschaften, die kostbarsten Gaben des Staatsmannes unter dem Spottfeuer der calvinistischen Presse entfalten. Das sind Tatsachen, die wahrlich unbestreitbar sind. Wer daher die Geschichte des sechzehnten Jahrhunderts in Frankreich durchforscht, vor dem steht Katharina von Medicis Gestalt wie die eines großen Königs da. Wenn die Verleumdungen erst einmal durch Tatsachen zerstreut werden, die man mühsam aus dem Wust der Widersprüche der Pamphlete und der verlogenen Anekdoten heraussuchen muß, wird sich alles für den Ruhm dieser außergewöhnlichen Frau erklären, die keine der Schwächen ihres Geschlechts besaß, die züchtig lebte inmitten der Liebschaften des galantesten Hofes Europas, und die trotz ihrer Geldknappheit wundervolle Bauwerke aufzuführen verstand, wie um die Verluste wettzumachen, welche die Verwüstungen der Calvinisten verursachten, die der Kunst ebensoviele

Wunden beibrachten wie dem Staatskörper. Zwischen Fürsten, die sich Karls des Großen Erben nannten, und eine aufrührerische Nebenlinie gestellt, welche des Konnetabels von Bourbon Verrat unter dem Throne verscharren wollte, hat Katharina, die gezwungen war, eine Ketzerei abzuwehren, die schier den Thron verschlang, ohne Freunde, den Verrat in den Häuptern der katholischen Partei und die Republik in der calvinistischen Partei erkennend, die gefährlichste, in der Politik aber sicherste Waffe: die List, angewendet! Sie entschloß sich, nacheinander die Partei, welche den Ruin des Hauses Valois wollte, die Bourbonen, die nach der Krone strebten, und die Reformierten, die Radikalen jener Zeit, naszuführen, welche von einer unmöglichen Republik träumten, wie diejenigen unserer Zeit, die doch nichts zu reformieren haben. So haben denn die Valois, solange sie am Leben war, den Thron behalten.

Sehr wohl verstand er den Wert dieses Weibes, der große Historiker Thou, als er, von ihrem Tode hörend, ausrief:

‚Das ist kein Weib, das Königtum ist gestorben!'

Tatsächlich besaß Katharina im höchsten Maße das Gefühl für die Würde des Königtums; auch verteidigte sie es mit wunderbarem Mute und Ausdauer. Die Vorwürfe, welche ihr die calvinistischen Schriftsteller machen, bilden klärlich ihren Ruhm; auf sich geladen hat sie sie nur durch ihre Triumphe. Konnte sie anders als durch List triumphieren? Da steckt die einzige Frage. Was die Gewalttätigkeit anlangt, so bildet dies Mittel eine der am meisten umstrittenen Fragen der Politik, die zu unserer Zeit auf dem Platze gelöst ward, auf den man einen ägyptischen Obelisken stellte, um den Königsmord vergessen zu machen und um das Emblem des augenblicklichen Systems der materialistischen Politik darzubieten, die uns beherrscht. Gelöst ward sie bei den Karmelitern und in der Abtei; auf den Stufen von Sankt Rochus ward sie gelöst, sie ward 1830 vor dem Louvre noch einmal von dem Volke, das wider den König stand, gelöst, wie sie seitdem durch die beste der Republiken Lafayettes wider die republikanische Insurrektion in Saint-Merri und der Rue Transnonnain gelöst wurde. Jedwede Macht, ob sie legitim oder illegitim ist, muß sich verteidigen, wenn sie angegriffen wird. Doch es ist eigentümlich, da, wo das Volk in seinem Siege über den Adel heroisch ist, gilt die Macht in ihrem Zweikampfe mit dem Volke für hinterlistig. Wenn die Macht schließlich, zur Gewalt genötigt, unterliegt, gilt sie noch für schwachsinnig. Die augenblickliche Regierung wird sich durch zwei Gesetze vor dem nämlichen Übel zu retten suchen, das Karl den Zehnten befiel und von welchem der Fürst sich durch zwei Verordnungen befreien wollte. Wird das nicht ein bitterer Hohn sein? Darf die Macht der List gegenüber List gebrauchen? Muß sie die töten, die töten wollen? Die Metzeleien der Revolution entsprechen den Metzeleien der Sankt Bartholomäusnacht. Wenn das Volk einmal König geworden ist, geht es gegen Adel und König vor, wie König und Adel wider die Aufrührer des sechzehnten Jahrhunderts vorgingen. So sind denn die Volksschriftsteller, die sehr wohl wissen, daß bei ähnlicher Gelegenheit das Volk noch ebenso handeln würde, nicht zu entschuldigen, wenn sie Katharina von Medici und

Karl den Neunten tadeln. Jede Macht ist eine ständige Verschwörung, sagte Casimir Perrier, als er vernahm, was Macht sein müßte. Man bewundert die antisozialen Maximen, welche kühne Schriftsteller veröffentlichen; warum heftet sich also in Frankreich der Mißkredit an soziale Wahrheiten, wenn sie kühn proklamiert werden? An sich allein schon macht diese Frage alle historischen Irrtümer verständlich. Wendet die Lösung dieser Frage auf die verheerenden Doktrinen, welche den Volksleidenschaften schmeicheln, auf die konservativen Lehren an, welche das wilde und wahnsinnige Unterfangen des Volkes unterdrücken wollen, dann werdet ihr den Grund für die Unbeliebtheit wie für die Beliebtheit bestimmter Persönlichkeiten erkennen. Laubardemont und Laffemas hatten sich wie gewisse Leute heutzutage der Verteidigung der Macht geweiht, an die sie glaubten. Ob Soldaten oder Richter, sie gehorsamten, die einen und die anderen, einem Königtume. Heutzutage würde d'Orthez abgesetzt werden, weil er des Ministers Befehle ignorierte, Karl der Neunte aber beließ ihm die Leitung seiner Provinz. Die Macht aller rechnet mit niemandem, die Macht eines einzelnen ist aber gezwungen, mit den Untertanen, mit den großen wie mit den kleinen, zu rechnen.

Katharina, wie Philipp der Zweite und der Herzog von Alba, wie die Guisen und der Kardinal Granvella, haben die Zukunft erkannt, welche die Reformation Europa aufsparte: Monarchien, Religion und Macht sahen sie am Boden liegen. Im Arbeitszimmer der Könige von Frankreich schrieb Katharina ein Todesurteil wider den Geist der Untersuchung, der die moderne Gesellschaft bedrohte; ein Befehl, ein Urteil, das Ludwig der Vierzehnte schließlich vollstreckte. Die Widerrufung des Edikts von Nantes war nur deshalb eine unglückliche Maßnahme, weil sie Europa gegen Ludwig den Vierzehnten empörte. Zu einer anderen Zeit würden England, Holland und das deutsche Kaiserreich nicht die verbannten Franzosen bei sich und die Revolte in Frankreich ermutigt haben. Warum soll man denn zu unseren Zeiten der majestätischen Gegnerin der unfruchtbarsten aller Ketzereien nicht die Größe zubilligen, die sie sich durch ihren Kampf selbst erworben hat? Die Calvinisten haben viel gegen Karls des Neunten Strategie geschrieben. Eilt aber durch Frankreich: wenn ihr die Ruinen so vieler schöner zerstörter Kirchen seht, wenn ihr die ungeheuren Wunden ermeßt, die dem sozialen Körper durch die Religionsstreiter beigebracht wurden, wenn ihr von all der Rache hört, die Unglücksfälle des Individualismus beklagt, der die Wunde des heutigen Frankreichs ist, deren Keim in den von ihnen agitierten Fragen der Gewissensfreiheit schon ruhte, dann fragt euch, auf wessen Seite die Henker standen. Wie Katharina in der dritten dieser Novellen sagt, gibt es leider in allen Epochen gleisnerische Schriftsteller, die immer bereit sind, zweihundert zu gelegener Zeit getötete Schelme zu beweinen. Cäsar, der den Senat zum Mitleid mit Catilinas Partei bewegen wollte, würde Cicero vielleicht besiegt haben, wenn ihm Zeitungen und eine Opposition zur Verfügung gestanden hätte.

Eine andere Erwägung erklärt Katharinas historischen und volkstümlichen Mißkredit. In Frankreich ist die Opposition stets protestantisch gewesen, weil sie immer nur die Negation als Politik gebrauchte; sie erbte die Theorien der Lutheraner, Calvinisten und Protestanten über die schrecklichen Worte: Freiheit, Duldung, Fortschritt und Philosophie. Zweier Jahrhunderte bedurften die Gegner der Macht, um die zweifelhafte Doktrin des freien Entscheids aufzustellen. Zwei weitere Jahrhunderte wurden dazu verwendet, das erste Corollarium des freien Entscheids, die Gewissensfreiheit, zu entwickeln. Unser Jahrhundert versucht das zweite, die politische Freiheit, einzuführen.

Zwischen bereits durchmessenen und noch zu durchmessenden Strecken eingekeilt, haben Katharina und die Kirche das heilsame Prinzip der modernen Gesellschaften, una fides, unus dominus, proklamiert, indem sie von ihrem Rechte über Leben und Tod der Neuerer Gebrauch machten. Obwohl sie besiegt ward, haben die folgenden Jahrhunderte Katharinen Recht gegeben. Das Produkt des freien Entscheides, der religiösen und der politischen Freiheit (verwechseln wir sie nicht mit der bürgerlichen Freiheit) ist das Frankreich von heute. Was aber ist das Frankreich von 1840? Ein ausschließlich sich mit materiellen Interessen befassendes, alles Patriotismus bares Land ohne Gewissen, wo die Macht der Kraft entbehrt, wo die Wahl, eine Frucht des freien Entscheids und der politischen Freiheit, nur Mittelmäßigkeiten auf den Schild hebt, wo die brutale Gewalt den Gewalttätigkeiten des Volkes gegenüber Notwendigkeit geworden ist und wo die auf die läppischsten Geringfügigkeiten ausgedehnte Diskussion jede

Handlung des sozialen Körpers erstickt. Wo das Geld alle Fragen beherrscht und wo der Individualismus, ein furchtbares Produkt der Teilung ad infinitum aller Erbschaften, das die Familie unterdrückt, alles, selbst die Nation verschlingen wird, welche der Egoismus eines Tages der Invasion ausliefern wird. Man wird nun sagen: Warum also nicht den Zaren? wie man sich sagte: Warum nicht den Herzog von Orleans? Man erkennt keine großen Werte mehr an; in fünfzig Jahren aber wird man auf nichts mehr Wert legen.

Katharinen und allen denen gemäß, die eine wohlgeordnete Gesellschaft wollen, hat der Untertan also keinen freien Entscheid und darf sich weder zum Dogma der Gewissensfreiheit bekennen noch politische Freiheit besitzen. Da aber keine Gesellschaft ohne die Garantien existieren kann, die dem Untertan gegen den Herrscher geleistet werden, ergeben sich für den Untertanen daraus Freiheiten, die Beschränkungen unterworfen sind. Die Freiheit, nein; Freiheiten aber, ja; begrenzte und treffend bezeichnete Freiheiten. Das ist konform der Natur der Dinge. Wahrlich aber steht es außerhalb der Menschenmacht, die Gedankenfreiheit zu verhindern, und kein Monarch kann der Macht des Geldes Einhalt gebieten. Die großen Politiker, die in diesem langen Kampfe — er währte fünf Jahrhunderte hindurch — besiegt wurden, erkannten ihren Untertanen große Freiheiten zu; gestatteten aber weder die Freiheit, antisoziale Gedanken zu veröffentlichen, noch ließen sie die schrankenlose Freiheit des Individuums zu. Im politischen Sinne sind: Untertan und frei sein, zwei sich widersprechende Begriffe, ebenso wie der Begriff: Bürger,

die alle gleich sind, einen Nonsens darstellt, den die Natur zu jeder Stunde Lügen straft. Notwendigkeit der Macht anerkennen und den Untertanen das Recht einräumen, die Religion zu verneinen, ihren Kult anzugreifen und sich der Machtausübung durch den öffentlichen, mitteilbaren und mitgeteilten Ausdruck des Gedankens zu widersetzen, ist eine Unmöglichkeit, welche die Katholiken des sechzehnten Jahrhunderts nicht wollten. Ach, der Sieg des Calvinismus wird Frankreich noch mehr kosten, als er bis heute kostete, denn die religiösen und politischen, der allgemeinen Gleichheit usw. anhängenden Sekten von heute sind das Anhängsel des Calvinismus, und angesichts der Fehler der Macht, ihrer Verachtung der Intelligenz, ihrer Liebe für die materiellen Interessen, auf die sie sich stützen will und welche die trügerischsten aller Mittel, zum mindesten einer providentionellen Hilfe sind, wird der Geist der Zerstörung von neuem über den Geist der Erhaltung obsiegen. Angreifer, die nichts zu verlieren und alles zu gewinnen haben, verständigen sich wunderbar, während ihre reichen Widersacher kein Opfer, weder an Geld noch an Eigenliebe, bringen wollen, um sich Verteidiger zu erwerben.
Die Buchdruckerkunst kam der von den Waadtländern und Albigensern begonnenen Opposition zu Hilfe. Als der menschliche Gedanke einmal, statt sich zu verdichten, was zu tun er genötigt war, um in der am besten mitteilbaren Form zu bleiben, eine Menge Kleider anlegte und das Volk selber ward, anstatt in gewisser Weise göttlich „erwiesen" zu bleiben, gab es zwei Massen zu bekämpfen: die Menge der Ideen und die Menge der

Menschen. In diesem Kriege ist die königliche Macht unterlegen, und wir wohnen in Frankreich jetzt seiner letzten Kombination mit Elementen bei, die sie schwierig, um nicht zu sagen unmöglich gestalten. Die Macht ist eine Aktion, und das auf Wahl begründete Prinzip ist die Diskussion. Mit der Diskussion in Permanenz ist keine Politik möglich.

So müssen wir denn auch ein Weib für sehr groß halten, das diese Zukunft zu erraten wußte und sie so mutig bekämpfte. Wenn das Haus Bourbon dem Hause Valois nachfolgen konnte, wenn es eine Krone aufzuheben fand, so hat es das Katharinen von Medici zu verdanken. Stellt euch vor, der zweite Balafré wäre noch am Leben gewesen, wie tapfer der Béarnaise auch gewesen ist, zweifelhaft ist's, ob er die Krone aufgerafft hätte, zumal man sieht, wie teuer sie ihm der Herzog von Mayenne und die Überbleibsel der Guisenpartei verkauften. Die notwendigen Mittel, deren sich Katharina bediente, die sich Franz des Zweiten und Karls des Neunten Tod — beide starben sie gerade zur rechten Zeit, um sie zu retten — zum Vorwurf machen mußte, sind, bemerkt das wohl, nicht der Gegenstand der Anklagen der calvinistischen und modernen Schriftsteller! Wenn keine Vergiftung stattfand, wie ernsthafte Autoren erklären, so haben sträflichere Kombinationen bestanden: außer Zweifel steht, daß sie Paré hinderte, den einen zu retten, und daß sie an dem anderen einen langwierigen moralischen Mord vollzog. Franz des Zweiten jäher, Karls des Neunten so allmählich herbeigeführter Tod schadeten den calvinistischen Interessen nicht: die Gründe dieser beiden Ereignisse lagen in der höheren Sphäre und wurden weder von den Schriftstellern noch von dem Volke jener Zeit vermutet. Erraten wurden sie nur von den Thous, den l'Hôspitals und von den überlegensten Geistern oder den Anführern der beiden Parteien, welche die Krone begehrten oder verteidigten und solche Mittel als notwendig erachteten. Die Volkslieder, es ist seltsam, griffen Katharinas Sitten an. Man kennt die Anekdote von jenem Soldaten, der sich während Katharinas und Heinrichs des Vierten Konferenz im Wachthause des Schlosses von Tours eine Gans briet und sich dabei ein Liedchen sang, worin die Königin durch einen Vergleich mit der Kanone stärksten Kalibers, welche die Calvinisten besaßen, beleidigt ward. Heinrich der Vierte zog seinen Degen, um den Soldaten zu töten; Katharina hielt ihn zurück und begnügte sich damit, dem Beleidiger zuzurufen: „He, Katharina ists, die dir die Gans spendet!"

Wenn die Amboiser Hinrichtungen auf Katharinas Rechnung geschrieben werden, wenn die Calvinisten diese überlegene Frau für all die unvermeidlichen Unglücksfälle dieses Kampfes verantwortlich machten, so spielte sie dabei eine Rolle wie später Robespierre, der noch zu beurteilen bleibt. Grausam bestraft ward übrigens Katharina für den Vorzug, den sie dem Herzoge von Anjou gab, dem sie die beiden älteren Brüder so wohlfeil verkaufte. Wie allen verzogenen Kindern war Heinrich dem Dritten die Mutter völlig gleichgültig, und er stürzte sich freiwillig in jene Ausschweifungen, die aus ihm machten, was seine Mutter aus Karl dem Neunten gemacht hatte: einen Ehemann ohne Sohn, einen erbenlosen König.

Unglücklicherweise starb der Herzog von Alençon, Katharinas letztes männliches Kind, und zwar eines natürlichen Todes. Unerhörte Anstrengungen machte Katharina, um ihres Sohnes Leidenschaften zu bekämpfen. Die Geschichte hat die Erinnerung an das Mahl mit den nackten Weibern überliefert, welches bei der Rückkehr aus Polen in der Galerie von Chenonceaux stattfand; aber sie zog Heinrich den Dritten durchaus nicht von seinen üblen Angewohnheiten ab. Der Königin letztes Wort hat ihre Politik resümiert; übrigens ist die so konform mit dem gesunden Menschenverstand, daß wir alle Kabinette sie unter ähnlichen Umständen in die Praxis umsetzen sehen:
„Ein guter Schnitt ist das, mein Sohn," sagte sie, als Heinrich der Dritte an ihr Totenbett trat, um ihr zu melden, daß der Feind der Krone zu Tode gefällt sei, „doch jetzt heißts zunähen!"
So zeigte sie an, daß der Thron sich sofort mit dem Hause Lothringen versöhnen und sich seiner bedienen müsse. Das war das einzige Mittel, um dem Hasse der Guisen die Spitze abzubrechen, indem man ihnen die neue Hoffnung gab, den König zu umgarnen. Solch verschlagene weibliche und Italienerinnenbeharrlichkeit aber, die sie stets angewendet hat, ließ sich in keiner Weise mit Heinrichs des Dritten wollüstigem Leben vereinigen. Als die große Mutter (mater castrorum) einmal tot war, starb auch die Politik der Valois.
Ehe der Verfasser dieser Novellen es unternahm, die Sittengeschichte zu behandeln, hatte er geduldig und sorgsam die hauptsächlichen Regierungen der französischen Geschichte, den Streit der Burgunder und Armagnacs, den der Guisen

und Valois, die jeder ein Jahrhundert über währten, zu studieren. Seine Absicht lief dahinaus, eine pittoreske Geschichte Frankreichs zu schreiben. Isabella von Bayern, Katharina und Maria von Medici, diese drei Frauen, nehmen einen riesigen Platz darinnen ein, beherrschen die Zeit vom vierzehnten bis sechzehnten Jahrhundert, ja, man kann sagen bis zu Ludwig dem Vierzehnten. Von diesen drei Königinnen ist Katharina die interessanteste und schönste. Männlich war ihre Herrschaft, und sie entehrten weder die schrecklichen Liebschaften Isabellas noch die noch viel schrecklicheren, obwohl minder bekannten der Maria von Medici. Isabella rief die Engländer gegen ihren Sohn nach Frankreich, liebte den Herzog von Orleans, ihren Schwager, und Boisbourdon. Auf Maria von Medicis Rechnung stehen noch viel schimmere Dinge. Weder die eine noch die andere besaß politisches Genie. Bei solchen Studien und bei diesen Parallelen überzeugte sich der Verfasser von Katharinas Größe. Indem er sich mit den immer wieder erwachenden Schwierigkeiten ihrer Lage befaßte, erkannte er, wie ungerecht die Historiker, die alle von Protestanten beeinflußt wurden, dieser Königin gegenüber gewesen sind. Die Folge davon waren die drei Novellen hier, in denen einige irrige Meinungen über sie, die sie umgebenden Menschen und über die Dinge ihrer Zeit bekämpft werden. Wenn diese Arbeit den „Philosophischen Studien" eingereiht wurde, geschah es, weil sie den Geist der Zeit darlegt und weil man klar darinnen den gedanklichen Einfluß sieht. Bevor ich aber die politische Arena betrete, in der Katharina sich kämpfend mit den beiden großen

Schwierigkeiten ihrer Laufbahn auseinandersetzt, muß ich notgedrungen kurze Angaben über ihr vorhergehendes Leben vom Gesichtspunkte einer unparteiischen Kritik aus machen, damit man annähernd den ganzen Verlauf dieser ungeheuren und königlichen Existenz bis zum Augenblicke überschaut, wo die erste dieser Novellen anhebt.

Zu keiner Zeit, in keinem Lande und in keiner herrschenden Familie hat es jemals mehr Verachtung vor der Legitimität gegeben als in dem berühmten Hause der Medici, deren Name in Frankreich Medicis ausgesprochen wird. Hinsichtlich der Macht huldigte sie der nämlichen Doktrin, zu welcher sich heute Rußland bekennt: Jedwedes Oberhaupt, an das der Thron gelangt, wird das wahre, das legitime. Mirabeau hatte Recht zu sagen: Nur eine Unebenbürtigkeit hats in meiner Familie gegeben, und das ist die der Medici; denn allen Bemühungen der bezahlten Genealogisten zum Trotz ist es gewiß, daß die Medici vor Averard von Medici, dem Florentiner Gonfalonier im Jahre 1314, simple Florentiner Kaufleute waren, die sehr reich wurden. Die erste Persönlichkeit, die eine wichtige Stellung in der Geschichte der berühmten toskanischen Republik einzunehmen begann, war Savestrus von Medici, welcher 1378 Gonfalonier geworden war. Von diesem Savestrus wurden zwei Kinder gezeugt, Kosmus und Lorenz von Medici.

Von Kosmus stammen ab Lorenz der Prächtige, der Herzog von Nemours, der Herzog von Urbino, Katharinas Vater, Papst Leo, Papst Clemens der Siebente, und Alexander, nicht der Herzog von Florenz, wie man ihn nennt, sondern der Duca della città di Penna; ein Titel, welcher ihm von Papst Clemens dem Siebenten verliehen ward, um ihm den Weg zum Titel eines Großherzogs von Toscana zu ebnen.

Von Lorenz stammen ab der Florentiner Brutus, Lorenzino, der den Herzog Alexander tötete; Kosmus, der erste Großherzog, und alle Herrscher Toskanas bis 1737, wo das Haus erlosch.

Keiner dieser beiden Zweige aber, weder der Zweig Kosmus' noch der Zweig Lorenz' regierte in gerader Linie bis zu dem Augenblicke, wo Toskana, durch Maria von Medicis Vater unterjocht, seine Großherzöge in natürlicher Weise einander nachfolgen sah. So war Alexander von Medici, der, der den Titel Duca della città di Penna führte und von Lorenzino ermordet ward, ein Sohn des Herzogs von Urbino, Katharinas Vaters, und einer maurischen Sklavin. Auch hatte Lorenzino, Lorenz' legitimer Sohn, in doppelter Weise das Recht, Alexander zu töten, da er erstens ein Usurpator seines Hauses und zweitens ein Bedrücker der Stadt war. Einige Historiker glauben sogar, daß Alexander Clemens des Siebenten Sohn war. Des Bastardes Anerkennung als Haupt der Republik und der Familie Medici erfolgte auf Grund seiner Heirat mit Margarete von Österreich, Karls des Fünften natürlicher Tochter.

Franz von Medici, Bianca Capellos Gatte, nahm als Sohn ein Kind des Volkes an, welches von dieser berühmten Venezianerin gekauft worden war, und, was sehr merkwürdig ist, Ferdinand beließ, als er Franz folgte, dies untergeschobene Kind in all seinen Rechten. Dies Kind ward Don Anton von Medici genannt und vier Regierungen über als zur Familie gehörig betrachtet; er erwarb sich eines jeden Zuneigung, leistete der Familie wichtige Dienste und ward bei seinem Ende allgemein beklagt.

Fast alle ersten Medici waren natürliche Kinder, deren Los sich immer glänzend gestaltete. So war der Kardinal Julius von Medici, der unter dem Namen Clemens der Siebente Papst ward, Julians des Ersten illegitimer Sohn. Der Kardinal Hippolytus von Medici war gleichfalls ein Bastard und wenig fehlte daran, daß er Papst und Familienhaupt wurde.

Nach einigen Anekdotenmachern, soll der Herzog von Urbino, Katharinas Vater, zu seiner Tochter gesagt haben:

„A figlia d'inganno non manca mai figliuolanza.

Ein kluges Mädchen weiß immer Kinder zu kriegen."

Diese Äußerung bezog sich auf einen gewissen Körperbildungsfehler, mit welchem Heinrich, Franz des Ersten zweiter Sohn, ihr Verlobter, behaftet war. Lorenz der Zweite, Katharinas Vater, nun, welcher anno 1518 in zweiter Ehe Magdalene de la Tour d'Auvergne geheiratet hatte, starb am achtundzwanzigsten April 1519, einige Tage nach seinem Weibe, deren Tod durch die Geburt ihrer Tochter Katharina verursacht wurde. Katharina war also gleich, nachdem sie das Lebenslicht erblickte, väterlicher- und mütterlicherseits Waise. Daher ergeben sich die merkwürdigen Erlebnisse ihrer Kindheit, die durchsetzt war von den blutigen Kämpfen der um ihre Freiheit ringenden Florentiner gegen die Medici, die Florenz beherrschen wollten und dabei so behutsam zu Werke gingen, daß Katharinas Vaters den Titel Herzog von Urbino führte. Bei Lorenz, Katharinas Vaters, Tode war das legitime Oberhaupt des Hauses Medici Papst Leo, welcher Florenz durch jenen illegitimen Sohn Julians, Julius von Medici, der damals Kardinal war, beherrschen ließ. Leo der Zehnte war Katharinas Großonkel, und jener Kardinal Julius, der Clemens der Siebente wurde, war nur ihr Onkel linker Hand, weswegen Brantôme diesen Papst scherzhafterweise einen Oheim bei Unserer lieben Frau nannte. Während der Belagerung von Florenz, die von den Medici unternommen ward, um in die Stadt zu gelangen, wollte die republikanische Partei, nicht zufrieden damit, die neunjährige Katharina in ein Kloster eingesperrt zu haben, nachdem sie sie aller ihrer Güter beraubt hatte, sie auf Vorschlag eines gewissen Baptist Cei hin zwischen zwei Schießscharten dem Artilleriefeuer aussetzen. Bernhard Castiglione ging in einer Beratung über die Herbeiführung einer Beendigung der Belagerung noch weiter und war der Ansicht, man müsse Katharina, anstatt sie dem sie zurückbittenden Papste auszuliefern, den Soldaten überantworten, damit die sie entehrten. Wie man sieht, gleichen sich alle Volksrevolutionen. Katharinas Politik, welche die Königmacht so sehr begünstigte, konnte von solchen Szenen, die eine neunjährige Jtalienerin sehr wohl zu begreifen vermochte, angeraten worden sein.

Alexander von Medicis Thronerhebung, zu welcher der Bastard Clemens der Siebente so viel beigetragen hatte, wurde sonder Zweifel durch seine Illegitimität selber und durch Karls des Fünften Liebe zu seiner berühmten Bastardin Margarete veranlaßt. So wurden Papst und Kaiser von dem nämlichen Gefühle beseelt. Zu jener Zeit betrieb Venedig den Handel der Welt, besaß Rom ihre moralische Herrschaft; Italien regierte außerdem durch seine Dichter, Generäle und die in ihm gebornen Staatsmänner. Zu keiner Zeit sah man in einem so interessanten Lande einen reicheren Verein genialer Männer. Ihrer gab es damals so viele, daß die geringsten Fürsten bedeutende Männer waren. Italien barst vor Talent, Mut, Weisheit, Poesie, Reichtum und Galanterie, wiewohl es von ständigen Bürgerkriegen zerrissen ward und das Stelldichein aller Eroberer war, welche seine schönsten Gefilde sich streitig machten. Wenn die Menschen so tapfer sind, scheuen sie sich nicht, ihre Schwäche einzugestehn. Daraus ergibt sich zweifelsohne jenes goldene Zeitalter der Bastarde. Übrigens muß man diesen illegitimen Kindern des Medicäerhauses Gerechtigkeit widerfahren lassen: sie setzten sich glühend für Ruhm und Vermehrung der Güter und der Macht der Familie ein. Sobald der Duca della città di Penna, der Maurin Sohn, als Tyrann von Florenz eingesetzt ward, machte er des Papstes Clemens des Siebenten Interesse für Lorenz des Zweiten damals elfjährige Tochter sofort zu seinem eigenen.

Wenn man den Gang der Angelegenheiten und Menschen in diesem so interessanten sechzehnten Jahrhundert studiert, darf man niemals vergessen, daß die Politik damals eine ständige List, die bei allen Charakteren jenes aufrichtige Benehmen, jene Breitschultrigkeit zerstörte, welche die Einbildungskraft von hervorragenden Persönlichkeiten fordert, als ihr Element erheischte. Da vor allem findet man Katharinas Freisprechung. Diese Beobachtung spricht allen banalen und wahnsinnigen Anklagen der Reformationsschriftsteller das Urteil. Es war die Maienblüte jener Politik, deren Gesetzbuch von Macchiavelli wie von Spinoza, von Hobbes wie von Montesquieu geschrieben wurde, denn der Dialog von Sulla und Eucrates enthält Montesquieus wahren Gedanken; seine Verbindungen mit der enzyklopädischen Partei gestatten ihm nicht, sie anders zu enthüllen. Diese Prinzipien sind heute die geheime Moral aller Kabinette, in denen man die Pläne irgendwelcher großen Herrschaft verfolgt. In Frankreich tadelten wir Napoleon, als er dies italienische Genie, das er in cute hatte, und dessen Kombinationen nicht immer mit Erfolg gekrönt wurden, zur Anwendung brachte. Karl der Fünfte, Katharina, Philipp der Zweite und Julius der Zweite würden in der spanischen Affäre nicht anders vorgegangen sein. Zu der Zeit, wo Katharina geboren ward, würde die Geschichte, vom Gesichtspunkte der Billigkeit aus betrachtet, einem wie ein unmöglicher Roman vorkommen. Karl der Fünfte, gezwungen den Katholizismus angesichts der Angriffe Luthers zu schützen, welcher den Thron bedrohte, indem er die Tiara bedrohte, ließ den Sacco di Roma zu und hielt Papst Clemens den Siebenten gefangen. Dieser nämliche Clemens der Siebente, welcher keinen grausameren Feind als Karl den Fünften besaß, macht ihm den Hof, um Alexander von Medici in Florenz ans Ruder zu bringen, und Karl der Fünfte gibt diesem Bastard seine Tochter. Im Einverständnis mit Clemens sucht Alexander Karl dem Fünften zu schaden, indem er sich mittels Katharina von Medici mit Franz dem Ersten verbündet, und alle beide versprechen, ihm bei der Eroberung von Italien behilflich zu sein. Lorenzino von Medici macht sich zu Herzog Alexanders Genossen der Ausschweifungen und ist sein Augendiener, um ihn töten zu können. Philipp Strozzi, einer der hochherzigsten Charaktere jener Zeit, hielt so große Stücke auf diesen Mord, daß er schwor, jeder seiner Söhne solle eine von des Mörders Töchtern heiraten, und jeder Sohn erfüllte fromm das väterliche Versprechen, als sie allesamt, von Katharinen beschützt, glänzende Verbindungen eingehen konnten, denn der eine ward Dorias Nacheiferer und der andere französischer Marschall. Kosmus von Medici, der Nachfolger Alexanders, mit welchem ihm keinerlei verwandtschaftliche Bande verknüpften, rächte dieses Tyrannen Tod mit zwölfjähriger Beharrlichkeit auf die grausamste Weise. In dieser Zeit war sein Haß genau so stark gegen alle die Leute, die ihm schließlich die Macht verliehen hatten. Im Augenblicke, wo er zur Herrschaft berufen ward, war er achtzehnjährig; seine erste Handlung bestand darin, daß er die Rechte der legitimen Söhne Alexanders für null und nichtig erklären ließ, und all das tat er, um Alexander zu rächen... Karl der Fünfte bestätigte seiner Enkel Enterbung und erkannte Kosmus an Stelle von Alexanders Sohne an. Der Kardinal Cibò hatte Kosmus auf den Thron gesetzt, dafür verbannte ihn der sofort. Kardinal Cibò klagte denn auch sofort seine Kreatur, eben diesen Kosmus, welcher der erste Großherzog wurde, an, daß er Alexanders Sohn habe vergiften wollen. Dieser Großherzog war ebenso eifersüchtig auf seine Macht wie Karl der Fünfte auf die seinige und ebenso, wie es der Kaiser tat, dankte er zugunsten seines Sohnes Franz ab, nachdem er seinen anderen Sohn, Don Garcias, hatte töten lassen, um des Kardinals Johann von Medici Tod zu rächen, den Garcias ermordet. Kosmus der Erste und sein Sohn Franz, welche dem Hause Frankreich mit Leib und Seele hätten ergeben sein müssen, der einzigen Macht, die sie stützen konnte, waren Karls des Fünften und Philipps des Zweiten Diener und infolgedessen die ruchlosen, feigen und heimlichen Feinde Katharinas von Medici, die doch ein Ruhm ihres Hauses war. Das sind nur die hauptsächlichen, sich widersprechenden und unlogischen Handlungen, Schurkereien und schwarzen Intrigen des Hauses Medici. Nach diesem kurzen Überblick kann man die anderen Fürsten Italiens und Europas beurteilen. Alle Gesandten Kosmus' des Ersten hatten in ihren geheimen Anweisungen den Befehl, Strozzi, der Königin Katharina Verwandten, wenn sich Gelegenheit böte, zu vergiften. Karl der Fünfte ließ drei Gesandte Franz des Ersten meucheln.

Zu Anfang des Oktobermondes 1533 reiste der Duca della città di Penna von Florenz nach Livorno; Lorenz des Zweiten einzige Erbin, Katharina von Medici, begleitete ihn. Der Herzog und die Prinzessin von Florenz, denn das war der Titel, den man dem damals vierzehnjährigen jungen Mädchen verliehen hatte, verließen die Stadt umgeben von einem beträchtlichen Trupp Diener, von Offizieren und Sekretären; Bewaffnete zogen vor ihnen her, und eine Reiterbedeckung folgte. Die junge Prinzessin wußte noch nichts von ihrem Los, nur daß der Papst mit dem Herzoge Alexander eine Begegnung in Livorno haben sollte; ihr

Onkel Philipp Strozzi aber enthüllte ihr bald die Zukunft, der sie versprochen worden war.

Philipp Strozzi hatte Klarissa von Medici geheiratet, die eine Blutschwester Lorenz' von Medici, des Herzogs von Urbino und Katharinas Vaters, war. Diese Heirat aber, die ebensosehr deshalb geschlossen ward, um eine der festesten Stützen der Volkspartei für der Medici Sache zu gewinnen, als auch um die Zurückrufung der damals verbannten Medici geschickt herbeizuführen, konnte diesen rauhen Helden, welcher von seiner Partei verfolgt ward, weil er diese Ehe eingegangen war, niemals umstimmen. Trotz des anscheinenden Wechsels in seinem durch diese Verbindung in etwas beherrschten Benehmen blieb er der Volkspartei treu und erklärte sich gegen die Medici, sobald er von ihrem Plane, Florenz zu unterjochen, Wind bekam. Dieser große Mann widerstand sogar, als ihm von Leo dem Zehnten ein Fürstentum angetragen ward. Philipp Strozzi sah sich in diesem Augenblick als Opfer der Medicäerpolitik, die in ihren Mitteln so schwankend, so fest aber in ihren Zielen war. Nachdem er Clemens des Siebenten unglückliche Gefangenschaft geteilt, als er, von den Colonna überrumpelt, sich in die Engelsburg geflüchtet hatte, wurde er von Clemens als Geisel gestellt und nach Neapel gebracht. Als der Papst, einmal befreit, böse über seine Feinde herfiel, sollte Strozzi sein Leben verlieren und sah sich zur Zahlung einer ungeheuren Summe genötigt, um das Gefängnis zu verlassen, wo er streng bewacht wurde. Als er sich frei sah, besaß er einer Eingebung der einem Biedermanne natürlichen Gutmütigkeit zufolge die Harmlosigkeit, sich bei Clemens dem Siebenten einzustellen, der sich vielleicht der Hoffnung hingegeben hatte, ihn loszuwerden. Der Papst errötete über sein Benehmen dermaßen, daß er Strozzi den übelsten Willkomm bereitete. Sehr jung hatte Strozzi also die Lehre des unglücklichen Lebens eines in politicis rechtschaffenen Mannes angetreten, dessen Gewissen sich die Launen der Ereignisse nicht gefallen läßt, dessen Handlungen nur der Tugend zusagen, die sich dann von allen verfolgt sieht: vom Volke, weil sie sich seinen blinden Leidenschaften widersetzt, von der Macht, weil sie sich ihren Usurpationen entgegen stemmt. Solch großer Bürger Leben ist ein Martyrium, in welchem sie nur durch die starke Stimme ihres Gewissens und durch ein heroisches Gefühl der sozialen Pflicht aufrecht erhalten werden, welche ihnen in allen Dingen ihr Benehmen diktiert. Viel solcher Männer gab es in der Florentinischen Republik, die alle eben so groß wie Strozzi und ebenso vollkommen wie ihre Widersacher der Medicipartei waren, obwohl sie von deren florentinischer List besiegt wurden. Was ist bei der Pazziverschwörung bewunderungswürdiger als das Benehmen des Oberhaupts dieser berühmten Familie, deren Handel unermeßlich war? Er regelte alle seine asiatischen, levantinischen und europäischen Verbindlichkeiten, ehe er jenen großen Plan ausführte, damit seine Korrespondenten, wenn er unterläge, nichts verlören. Die Geschichte der Gründung des Hauses Medici im vierzehnten und fünfzehnten Jahrhundert zu schreiben ist denn auch eine der schönsten Aufgaben, die der Lösung harren, ob auch schon große Genies die Hand daran gelegt haben. Weder ist es die Geschichte einer

Republik, noch einer Gesellschaft, noch einer besonderen Zivilisation, sondern die Geschichte des politischen Menschen, die ewige Geschichte der Politik, die der Usurpatoren und Eroberer. Als Philipp Strozzi nach Florenz zurückgekehrt war, richtete er die alte Regierungsform dort wieder ein und ließ Hippolytus von Medici, einen anderen Bastard, und jenen Alexander in ihr hervortreten, mit welchem er in diesem Momente gen Stoorno reiste. Er war entsetzt über die Unbeständigkeit des Volkes; und da er Clemens des Siebenten Rache fürchtete, wollte er ein riesiges Handelshaus, das er in Lyon besaß und das mit seinen Bankiers in Venedig in Verbindung stand, überwachen. Es ist merkwürdig: diese Männer, welche die Last der Staatsgeschäfte und eines steten Kampfes mit den Medici ertrugen, ohne der Zwistigkeiten in ihrer eigenen Partei zu gedenken, hielten auch der Last des Handels und seiner Spekulationen, der Bankhäuser und ihrer Verwickelungen stand, welche die Verschiedenartigkeit der Geldsorten und ihre Fälschungen noch sehr viel schwieriger als heute machten. (Der Name Bankier stammt von der Bank her, worauf sie saßen und die ihnen dazu diente, die Gold- und Silberstücke aufklingen zu lassen.) Der Tod seines angebeteten Weibes diente Philipp als Vorwand, den Forderungen der republikanischen Partei nachzukommen, deren Polizei in allen Republiken um so fürchterlicher ward, als jedweder sich im Namen der Freiheit, die alles rechtfertigt, zu Spionendiensten herbeiließ. Philipp war erst in dem Augenblicke nach Florenz zurückgekehrt, wo er sich genötigt sah, Alexanders Joch auf sich zu nehmen; vorher aber hatte er Papst Clemens den Siebenten aufgesucht, dessen Angelegenheiten sich in genügend gutem Zustande befanden, um seine Dispositionen in Hinsicht auf ihn einer Änderung zu unterziehen. Im Augenblick des Triumphs bedurften die Medici so sehr eines Mannes wie Strozzi, und wäre es auch nur gewesen, um Alexanders Regierungsantritt herbeizuführen, daß Clemens ihn zu bestimmen wußte, im Rate des Bastards zu sitzen, der die Bedrückung der Stadt beginnen sollte, und Philipp hatte das Senatorendiplom angenommen. Wie Seneca und Burrhus bei Nero hatte er seit zweieinhalb Jahren den Beginn der Tyrannei beobachtet. So vielem Mißtrauen seitens der Volkspartei sah er sich ausgesetzt, so verdächtig war er den Medici, denen er Widerstand leistete, daß er in diesem Augenblick eine Katastrophe voraussah. Sobald er daher von Herzog Alexander um die Verhandlungen einer Ehe Katharinas mit einem Sohne Frankreichs hörte, die in Livorno vielleicht zum Abschluß kommen sollten, wo die Unterhändler sich ein Stelldichein gegeben hatten, faßte er den Plan, nach Frankreich zu gehen und sich an seiner Nichte Glück zu heften, die ja eines Vormunds bedurfte. In seiner Freude, sich eines Mannes zu entledigen, der in den Florentinischen Angelegenheiten so wenig entgegenkommend war, billigte Alexander diesen Plan, der ihm einen Mord ersparte, und gab Strozzi den Rat, sich an die Spitze von Katharinas Gefolgschaft zu stellen. Um den französischen Hof zu blenden, hatten die Medici tatsächlich die Gefolgschaft derjenigen, die sie recht unpassenderweise Prinzessin von Florenz nannten und die auch die kleine Herzogin von Urbino hieß, in glänzendster Weise zusammengesetzt. Der Zug, an dessen Spitze der Herzog Alexander, Katharina und Strozzi einherzogen, setzte sich aus mehr als tausend Personen zusammen, ohne Schutzwache und Dienerschaft mitzuzählen; und als die letzten durchs Florentiner Tor zogen, ritt der Vortrab schon durch das erste Dorf, fern der Stadt, wo heute die Strohhüte geflochten werden. Im Volke sickerte durch, daß Katharina einen Sohn Franz des Ersten heiraten sollte; aber es war nur erst ein Gerücht, welches diesem Triumphzuge von Florenz nach Livorno zufolge in Toskanas Augen feste Formen annahm. Bei den notwendigen Vorbereitungen zweifelte Katharina nicht länger, daß es sich um ihre Verheiratung handle, und ihr Onkel enthüllte ihr die ehrgeizigen Pläne ihres Hauses, welches für sie des Dauphins Hand gefordert hatte. Noch hoffte Herzog Alexander, der Herzog von Albany würde es durchsetzen, daß der König von Frankreich seinen Plan ändere, der, indem er sich der Medici Stütze in Italien zu erkaufen gedachte, ihnen nur den Herzog von Orleans überlassen wollte. Diese Kleinigkeit brachte Frankreich um Italien und hinderte nicht, daß Katharina Königin ward.

Dieser Herzog von Albany, der Alexander Stuarts Sohn, Jacobs des Dritten, des Schottenkönigs, Bruder war, hatte Anna de la Tour d'Auvergne, eine Schwester von Katharinas Mutter Magdalena de la Tour d'Auvergne, geheiratet; war also ihr Oheim mütterlicherseits. Durch ihre Mutter war Katharina so reich und mit so vielen Familien verwandt, es ist seltsam, auch Diana von Poitiers, ihre Nebenbuhlerin, war ihre Base. Johann von

Poitiers, Dianas Vater, hatte Johanna de la Tour d'Auvergne, der Herzogin von Urbino Tante, zur Mutter. In gleicher Weise war Katharina mit ihrer Schwiegertochter Maria Stuart verwandt.

Katharina erfuhr, daß ihre Barmitgift hunderttausend Dukaten betrug. Der Dukate war damals ein Goldstück von der Größe der alten französischen Louisdor, aber nur halb so dick. Hunderttausend Dukaten jener Zeit stellen heute also, wenn man dem hohen Geldwerte Rechnung trägt, sechs Millionen vor. Man kann die Bedeutung des Bankhauses beurteilen, das Philipp Strozzi in Lyon besaß, da es seinem Geschäftsführer in dieser Stadt obliegen sollte, diese zwölfhunderttausend Livres in Gold zu liefern. Die Grafschaften Auvergne und Lauraguais brachte Katharina außerdem mit. Papst Clemens schenkte ihr weitere hunderttausend Dukaten an Geschmeiden, kostbaren Steinen und anderen Hochzeitsgeschenken, zu denen Herzog Alexander ebenfalls beisteuerte.

Bei ihrer Ankunft in Livorno mußte die noch so junge Katharina sehr geschmeichelt sein von dem maßlosen Prunk, den der damalige Chef des Hauses Medici, Papst Clemens, „ihr Oheim bei Unserer lieben Frau", entfaltete, um den französischen Hof zu verblüffen. Er war bereits auf einer seiner Galeeren eingetroffen, die völlig mit karmoisinrotem Atlas ausgeschlagen, mit Goldfransen verziert und mit einem Zelt aus Goldbrokat bedeckt war. Diese Galeere, die fast zwanzigtausend Dukaten kostete, enthielt mehrere für Heinrich von Frankreichs Zukünftige bestimmte Gemächer, die alle mit den reichsten Raritäten, welche die Medici zu sammeln vermocht hatten, ausgeschmückt worden waren. Die herrlich gekleideten Ruderknechte und die Besatzung hatten einen Prior des Rhodeser Ritterordens zum Kapitän. Des Papstes Gefolgschaft war in drei anderen Galeeren untergebracht. Die Galeeren des Herzogs von Albany, die bei denen Clemens des Siebenten ankerten, bildeten mit ihnen eine ziemlich ansehnliche Flottille. Herzog Alexander stellte die Beamten von Katharinas Hause dem Papste vor, mit dem er sich insgeheim beriet, wobei er ihm wahrscheinlich den Grafen Sebastian von Montecuculi, der, wie es hieß, eben etwas plötzlich aus des Kaisers Dienst getreten war, und seine beiden Generäle Anton von Lèves und Ferdinand von Gonzaga vorstellte. Ward da zwischen den beiden Bastarden, Clemens und Alexander, im voraus beschlossen, den Herzog von Orleans zum Dauphin zu machen? Welche Belohnung ward dem Grafen Sebastian von Montecuculi versprochen, welcher, ehe er in Karls des Fünften Dienste getreten, Medizin studiert hatte? Über diesen Gegenstand schweigt sich die Geschichte aus. Wir werden übrigens sehen, in welche Nebel dies Geschehnis eingehüllt ist. Die Dunkelheit ist ja so groß, daß kürzlich ernste und gewissenhafte Historiker Montecuculis Unschuld anzunehmen vermochten.

Offiziell erfuhr Katharina aus des Papstes Munde nun, welchen Ehebund sie eingehen sollte. Nur mit großer Mühe hatte der Herzog von Albany es durchsetzen können, daß der König von Frankreich sein Versprechen, Katharinen seines zweiten Sohnes Hand zu geben, hielt. Auch war Clemens' Ungeduld so groß, er hatte eine solche Angst, seine Pläne, sei es durch eine kaiserliche Intrige, sei es durch die Verachtung Frankreichs, wo die Großen des Reiches mit schelem Auge auf diese Heirat blickten, durchkreuzt werden zu sehen, daß er sich auf der Stelle einschiffte und nach Marseille wandte. Um zu zeigen, bis zu welcher Höhe diese Bankiers ihren Luxus hinaufschraubten, möge die Bemerkung dienen, daß die vom Papste in die Hochzeitsbörse gesteckten zwölf Goldstücke in Medaillen von unschätzbarem historischen Werte bestanden, unschätzbar, weil sie damals schon Unika waren. Franz der Erste aber, der Glanz und Feste liebte, ließ sich bei dieser Gelegenheit auch nicht lumpen. Heinrichs von Valois und Katharinas Hochzeit dauerte vierunddreißig Tage. Völlig zwecklos ist es, die aus allen Provencer und Marseiller Geschichten bekannten Einzelheiten über die berühmte Papstbegegnung mit dem französischen Könige zu wiederholen; eingeleitet ward sie mit dem Scherz des Herzogs von Albany über die Fastenpflicht; ein komisches Quiproquo, von dem Brantôme erzählte, an welchem sich der Hof sehr delektierte und das den Ton der Sitten zu jener Zeit zeigt. Obwohl Heinrich von Valois nur zwanzig Tage älter war als Katharina von Medici, verlangte der Papst, daß die beiden Kinder noch am Hochzeitstage die Ehe vollzögen, so sehr fürchtete er die Ausflüchte der Politik und die zu jenen Zeiten üblichen Listen. Clemens, der, wie die Geschichte meldet, die Beweise des Ehevollzuges haben wollte, blieb ausdrücklich vierunddreißig Tage in Marseille, da er hoffte, seine junge Verwandte würde sichtliche Zeichen davontragen: denn mit vierzehn Jahren war Katharina mannbar. Als er die Neuvermählte vor seiner Abreise ausfragte, war sicherlich er es, der, sie zu trösten, die berühmten, Katharinas Vater zugeschriebenen Worte, sprach: A figlia d'inganno, non manca mai la figliuolanza. Die merkwürdigsten Mutmaßungen sind über Katharinas Sterilität, die zehn Jahre währte, angestellt worden. Wenige Menschen wissen heute, daß mehrere medizinische Traktate, die auf diese Eigentümlichkeit Bezug nehmen, so unanständige Voraussetzungen enthalten, daß sie nicht wiedererzählt werden können. Übrigens kann man sie im Bayle beim Artikel Fernel nachlesen. Der zeigt den Maßstab für die seltsamen Verleumdungen, die noch auf dieser Königin lasten, deren sämtliche Handlungen entstellt worden sind. Die Ursache ihrer Sterilität war einzig und allein bei Heinrich dem Zweiten zu suchen. Es genüge der Hinweis, daß zu einer Zeit, wo es keinem Fürsten etwas ausmachte, Bastarde zu haben, Diana von Poitiers, die in viel höherer Gunst als die legitime Ehefrau stand, ebenfalls keine Kinder hatte. In der chirurgischen Medizin ist nichts bekannter als der Körperfehler Heinrichs des Zweiten, welcher übrigens durch den Scherz der Hofdamen erklärt wird, die ihn zum Abbé von Saint-Victor zu einer Zeit machen konnten, wo die französische Sprache die nämlichen Privilegien wie die lateinische besaß. Nachdem sich der Fürst einer Operation unterzogen, hatte Katharina elf Schwangerschaften und zehn Kinder. Es ist ein Glück für Frankreich, daß Heinrich der Zweite so lange gewartet hat. Wenn er von Diana Kinder gehabt haben würde, hätte sich die Politik seltsam verwickelt. Als diese Operation vorgenommen ward, stand die Herzogin von Valentinois in ihrer zweiten Frauenjugend. Diese eine Bemerkung beweist, daß Katharinas Geschichte noch von Anfang bis zu Ende zu schreiben ist, und daß nach einem sehr tiefen Worte Napoleons die französische Geschichte nur einen Band oder ihrer tausend umfassen muß.

Wenn man Karls des Fünften Benehmen mit dem des französischen Königs vergleicht, verleiht Papst Clemens des Siebenten Aufenthalt in Marseille wie in allen Dingen übrigens dem Könige eine riesige Überlegenheit dem Kaiser gegenüber. Folgenden kurzen Überblick über die Begegnung verdanken wir einem Zeitgenossen: ‚Nachdem Seine Heiligkeit der Papst bis nach dem Palast geführt worden war, welcher, wie erwähnt, jenseits des Hafens für ihn eingerichtet wurde, zog jedweder sich in sein Quartier zurück bis zum folgenden Morgen, wo Seine Heiligkeit sich vorbereitete, seinen Einzug zu halten. Mit großem Pomp und großer Pracht ging dies vor sich; er saß auf einem Stuhl, der von zwei Männern geschultert ward und trug seine Pontifexgewänder außer der Tiara. Vor ihm ging ein weißer Zelter, auf dem das Sakrament des Altars ruhte; und es ward besagter Zelter von zwei Männern zu Fuß geführt und war in gar guter Ausrüstung, und die Zügel waren aus weißer Seide. Hinterdrein schritten alle Kardinäle in ihren Festgewändern und saßen auf ihren pontifikalen Maultieren, und die Frau Herzogin von Urbino folgte in großer Pracht, begleitet von einer stattlichen Anzahl Damen und Edelleuten, sowohl französischen als auch italienischen. Als der Heilige Vater in dieser Gesellschaft an den für seine Unterkunft vorbereiteten Ort kam, zog sich jedweder zurück, und alles dies ward befohlen und ausge-

führt ohne irgendwelche Unordnung oder Tumult. Während nun der Papst seinen Einzug hielt, fuhr der König übers Wasser in einer Fregatte und bezog den Ort, von welchem der Papst ausgezogen war, um von diesem Orte aus als sehr christlicher König am folgenden Tage dem Heiligen Vater seinen Gehorsam zu bezeigen...
Nachdem der König sich vorbereitet hatte, brach er auf, um nach dem Palaste zu kommen, wo der Papst war, begleitet von den Prinzen seines Geblüts, wie dem gnädigen Herrn Herzog von Vendosmois, (Vater des Vizedoms von Chartres) dem Grafen von Saint-Pol, den Herren von Montpensier und de la Roche-sur-Yon, dem Herzoge von Nemours, Bruder des Herzogs von Savoyen, welcher an besagtem Orte starb, dem Herzoge von Albany und mehreren anderen, so Grafen, Baronen wie Edelleuten. Und immer war bei dem Könige der edle Herr von Montmorency, sein Großmeister. Als der König im Palaste angelangt war, wurde er vom Papst und von dem ganzen Kardinalskollegium, das im Konsistorium versammelt war, sehr leutselig empfangen. Als dies geschehen, zog sich jedweder an den ihm befohlenen Ort zurück, und der König führte mit sich mehrere Kardinäle, um sie zu feiern, und unter diesen den Kardinal von Medici, des Papstes Neffen, einen sehr prächtigen und gut begleiteten Herrn. Am folgenden Morgen begannen sich die von Seiner Heiligkeit und die von dem Könige Befohlenen zu versammeln, um die Dinge zu behandeln, wegen welcher die Zusammenkunft statthatte. Zuerst ward die Sache des Glaubens behandelt und ward eine Bulle gepredigt, um die Ketzereien zu unterdrücken

und zu verhindern, daß die Dinge in größeren Brand gerieten als schon geschehen. Dann wurde die Ehe des Herzogs von Orleans, zweiten Sohnes des Königs, mit Katharina von Medici, Herzogin von Urbino, Seiner Heiligkeit Nichte, geschlossen unter solchen oder ähnlichen Bedingungen, wie sie vorher dem Herzoge von Albany vorgeschlagen worden waren. Besagte Heirat wurde in großer Pracht vollzogen, und es vermählte der Heilige Vater das Paar. Diese Ehe wurde also in großer Pracht vollzogen, und der Heilige Vater hielt ein Konsistorium, bei welchem er vier Kardinäle schuf aus Ehrerbietung vor dem Könige: als da ist der Kardinal Le Veneur, vorher Bischof von Lisieux und Großalmosenier, der Kardinal von Boulogne aus dem Hause de la Chambre, mütterlicher Bruder des Herzogs von Albany, der Kardinal von Châtillon aus dem Hause Coligny, Neffe des Herrn von Montmorency, und der Kardinal von Givry.'

Als Strozzi die Mitgift in Anwesenheit des Hofes überlieferte, bemerkte er einiges Erstaunen bei den französischen Edelleuten: die da ziemlich laut sagten, daß das für eine Mesallianz ein bißchen wenig sei (was würden sie heute gesagt haben?). Der Kardinal Hippolytus antwortete:

„Über eures Königs Geheimnisse seid ihr also schlecht unterrichtet. Seine Heiligkeit verpflichtet sich Frankreich drei Perlen von unschätzbarem Werte zu schenken: Genua, Mailand und Neapel."

Der Papst ließ den Grafen Sebastian Montecuculi sich selber dem französischen Hofe vorstellen; der bot dort seine Dienste an, indem er sich über Anton von Lêves und Ferdinand von Gonzaga beschwerte, was die Ursache war, daß man ihn gnädig annahm. Montecuculi gehörte nicht zu Katharinas Gefolgschaft, welche gänzlich aus Franzosen und Französinnen zusammengesetzt wurde; denn einem Gesetze der Monarchie zufolge, dessen Durchführung vom Papste mit dem größten Vergnügen beobachtet wurde, ward Katharina vor der Ehe durch Patente naturalisiert. Montecuculi ward anfangs dem Hause der Königin, Karls des Fünften Schwester, zugezählt. Dann ging er einige Zeit später in der Eigenschaft eines Mundschenks in des Dauphins Dienst über.

Gänzlich verloren fühlte sich die Herzogin von Orleans an Franz des Zweiten Hofe. Ihr junger Gatte war in Diana von Poitiers verliebt, die, was Geburt anlangte, mit Katharinen wahrlich rivalisieren konnte und sich für eine viel größere Dame als sie hielt. Den Vorrang vor der Medicitochter hatte die Königin Eleonore, Karl des Fünften Schwester, und die Herzogin von Estampes, die durch ihre Heirat mit dem Haupte des Hauses de Brosse eines der mächtigsten Weiber und eine der höchsten Standespersonen Frankreichs war. Ihre Tante, die Herzogin von Albany, die Königin von Navarra, die Herzogin von Guise, die Herzogin von Vendôme, die Kronfeldherrin, mehrere andere ebenso angesehene Frauen verdunkelten durch ihre Geburt und Rechte ebensosehr wie durch ihre Macht an dem prächtigsten Hofe, dem, ohne Ludwig den Vierzehnten auszunehmen, ein französischer König vorgestanden hat, die Florentiner Krämertochter, die viel erlauchter, viel reicher durch das Haus de la Tour de Boulogne als durch ihr eigenes Haus Medici war.

Seiner Nichte Stellung war so schlecht und so

schwierig, daß Philipp Strozzi sie, da er in keiner Weise fähig war, sie inmitten so entgegengesetzter Interessen zu leiten, im ersten Jahre verließ; er ward überdies durch Clemens des Siebenten Tod nach Italien zurückgerufen. Katharinas Aufführung war, wenn man sich klar macht, daß sie kaum fünfzehnjährig war, von musterhafter Klugheit. Aufs engste schloß sie sich dem Könige, ihrem Schwiegervater, an, den sie so wenig wie möglich verließ. Hoch zu Roß folgte sie ihm auf die Jagd und in den Krieg. Ihre abgöttische Liebe zu Franz dem Ersten rettete das Haus Medici bei des Dauphins Vergiftung vor jedem Verdacht. Ebenso wie der Herzog von Orleans befand sich Katharina damals in des Königs Quartier in der Provence, denn Frankreich wurde bald durch Karl den Fünften, des Königs Schwager, mit Krieg überzogen. Der ganze Hof blieb auf dem Schauplatze der Hochzeitvergnügen, welcher bald der eines der grausamsten Kriege werden sollte. Im Augenblick, wo der in die Flucht geschlagene Karl der Fünfte die Gebeine seiner Armee in der Provence ließ, kehrte der Dauphin auf der Rhone nach Lyon zurück. Zum Schlafen machte er in Tournon halt und stellte dort zum Zeitvertreib einige gewaltsame Übungen an, worin seines und seines Bruders Erziehung, ihrer Gefangenschaft als Geiseln zufolge, fast ausschließlich bestanden hatte. Der Prinz besaß die Unklugheit, da er sehr erhitzt war, im Augustmonate um ein Glas Wasser zu bitten, welches ihm Montecuculi mit Eis servierte. Der Dauphin starb beinahe sofort. Franz der Erste vergötterte seinen Sohn. Allen Historikern nach war der Dauphin ein vollkommener Fürst. Der verzweifelte

Vater gab dem gegen Montecuculi eingeleiteten Prozesse die größte Bedeutung; die weisesten Richter seiner Zeit wurden mit ihm betraut. Nachdem er die ersten Torturen heldenhaft überstanden hatte, ließ sich der Graf zu Geständnissen herbei, in die er immer wieder den Kaiser und seine beiden Generäle, Anton von Lêves und Ferdinand von Gonzaga, hineinzog.
Dieser Prozeß befriedigte Franz den Ersten nicht. Keine Angelegenheit ward feierlicher durchgefochten als diese. Nach eines Augenzeugen Schilderung tat der König folgendes:
,Der König aber ließ zu Lyon alle die Fürsten seines Blutes und alle Ritter seines Ordens und andere hohe Persönlichkeiten seines Reiches sich versammeln; der Legat und der Nuntius des Papstes, die Kardinäle, die sich am Hofe befanden, auch die Gesandten Englands, Schottlands, Portugals, Venedigs, Ferraras und andere waren zugegen. Es versammelten sich alle fremden Fürsten und großen Herren, sowohl die italienischen wie die deutschen, welche zu jener Zeit an seinem Hofe lebten, wie der Herzog von Württemberg, ein Deutscher, die Herzöge von Somma, Arianna und Atria; der Prinz von Melphi (er hatte Katharina heiraten wollen) und von Stilliano, ein Neapolitaner; der edle Herr Dom Hippolytus von Este, der Marquis von Vigeve aus dem Hause Trivulci, ein Mailänder; der edle Herr Johann Paul von Cere, ein Römer; der edle Herr Cäsar Fregosi, Genevoi (ein Genuese aus Genua), der edle Herr Hannibal von Gonzaga, ein Mantuaner, und andere in sehr großer Zahl. Als die versammelt waren, ließ er in ihrer Gegenwart, von einem Ende bis zum anderen, den Pro-

zeß des unglücklichen Menschen, welcher den hochseligen Herrn Dauphin vergiftet hatte, mit den Verhören, Geständnissen, Konfrontationen und anderen Formalitäten, die bei Kriminalprozessen üblich sind, verlesen, da er nicht wollte, daß das Urteil vollzogen würde, ohne daß alle Anwesenden ihre Meinung über diesen ungeheuerlichen und kläglichen Fall kundgetan.'

Des Grafen Montecuculi Treue, Aufopferung und Geschicklichkeit können in einer Zeit allgemeiner Unverschwiegenheit als außergewöhnlich erscheinen, wo jedermann, selbst die Minister, über das kleinste Ereignis redeten, an das man Hand gelegt hatte. Aber die Fürsten fanden dazumal ergebene Diener oder wußten sie zu wählen. Man begegnete damals monarchistischen Moreys, weil es Treue gab. Verlangt niemals etwas Großes von den Interessen, weil die Interessen wechseln können, erwartet aber alles von den Gefühlen und der religiösen, monarchistischen und patriotischen Treue. Diese drei Glaubenssätze allein bringen die Berthereau in Genf, die Sidney, die Strafford in England, die Mörder des Thomas Becket wie die Montecuculi, die Jacob Coeur und die Johanna d'Arc wie die Richelieu und Danton, die Bonchamps, die Talmont und ebenso die Clément und die Chabot usw. hervor. Karl der Fünfte bediente sich der höchsten Persönlichkeiten, um den Mord an drei Gesandten Franz des Zweiten auszuführen. Ein Jahr später ermordete Lorenzino, Katharinas leiblicher Vetter, den Herzog Alexander, nachdem er drei Jahre lang sich verstellt hatte und unter Umständen, die ihm den Beinamen: Florentiner Brutus eintrugen. Vor dem Range der Persönlichkeiten schreckten die Unternehmungen so wenig zurück, daß weder Leos des Zehnten noch Clemens des Siebenten Tod als natürlich erschienen sind. Mariana, Philipps des Zweiten Geschichtsschreiber, scherzt fast bei der Todesanzeige der Königin von Spanien, einer französischen Königstochter, indem er erklärt, daß zum Ruhme des spanischen Thrones Gott die Blindheit der Ärzte zuließ, welche die Königin auf Wassersucht hin behandelten. (Sie war schwanger.) Als König Heinrich der Zweite sich eine Verleumdung herausnahm, die einen Degenhieb verdiente, fand er la Châtaignerie, um ihn entgegenzunehmen.

Zu jener Zeit servierte man Fürsten und Fürstinnen ihr Essen in verschlossenen Gefäßen, deren Schlüssel sie selber verwahrten. Daher stammt „das Schlüsselrecht", eine Ehre, die unter Ludwig dem Vierzehnten aufhörte.

Der Dauphin starb auf die nämliche Weise und vielleicht durch das nämliche Gift, dessen man sich unter Ludwig dem Vierzehnten Madame Henriette von England gegenüber bediente. Papst Clemens der Siebente war seit zwei Jahren tot; der Herzog Alexander war seinen Ausschweifungen verfallen und schien kein Interesse an des Herzogs von Orleans Erhöhung zu haben. Die siebzehnjährige Katharina, die voller Bewunderung für ihren Schwiegervater war, weilte zur Zeit des Ereignisses bei diesem; Karl der Fünfte allein schien Interesse an jenem Tode zu haben, denn Franz der Erste sparte seinen Sohn für einen Bund auf, welcher Frankreich vergrößern sollte. Des Grafen Geständnisse waren also sehr geschickt auf Leidenschaften und auf die Politik des Augenblicks basiert: Karl der

Fünfte floh, nachdem er gesehen hatte, daß
seine Heere mit seinem Glück, seinem Rufe und
seinen Herrschaftshoffnungen in der Provence begraben lagen. Man achte darauf, daß Franz der
Erste, wenn die Tortur einem Unschuldigen Geständnisse entrissen hatten, diesem die Freiheit ein-
räumte, inmitten einer imposanten Versammlung
und in Gegenwart von Leuten zu sprechen, vor
welchen die Unschuld einige Aussicht auf Triumph
hatte. Der König wollte die Wahrheit und suchte
sie ohne Arglist.

Trotz ihrer glänzenden Zukunft wechselte Katharinas Lage bei des Dauphins Tode nicht; ihre
Unfruchtbarkeit ließ im Falle, daß ihr Gatte den
Thron besteigen würde, eine Scheidung voraussehn.
Der Dauphin stand in Diana von Poitiers Bann.
Diana wagte mit Madame d'Estampes zu rivalisieren. So verdoppelte Katharina denn ihre Sorgfalt
und Aufmerksamkeiten ihrem Schwiegervater
gegenüber, da sie begriff, daß sie nur an ihm einen
Halt besäße. Katharinas erste zehn Jahre waren
von dem immer wiederkehrenden Kummer durchsetzt, welchen ihr ihre stets sofort wieder zerstörten Mutterschaftshoffnungen bereiteten; dazu
kam der Verdruß über die Rivalität mit Diana.
Man kann sich ausmalen, wie das Leben einer Fürstin verlaufen mußte, die ständig überwacht wurde
von einer eifersüchtigen Geliebten, welche von
einer großen Partei, der katholischen, durch zwei
beträchtliche Verbindungen gestützt ward. Die aber
hatte die Seneschallin bewerkstelligt, indem sie ihre
beiden Töchter, die eine mit Robert de la Mark,
Herzog von Bouillon, Fürsten von Sedan, und die
andere mit Claudius von Lothringen, Herzog von

Aumale, verheiratete. Wie verloren stand Katharina zwischen Madame d'Estampes Partei und der Partei der Seneschallin, — das war während Franz des Zweiten Regierung Dianas Titel — welche Hof und Politik zwischen diese beiden Todfeindinnen teilten, und sie versuchte gleichzeitig der Herzogin von Estampes und der Diana von Poitiers Freundin zu sein. Die eine so große Königin sein sollte, spielte die Dienerinnenrolle. So machte sie die Lehrzeit jener zweigesichtigen Politik durch, welche ihres Lebens Geheimnis war. Die Königin befand sich später zwischen den Katholiken und Calvinisten, wie das Weib zehn Jahre lang zwischen Madame d'Estampes und Madame de Poitiers gestanden hatte. Sie studierte die Widersprüche der französischen Politik: Franz der Erste unterstützte Calvin und die Lutheraner, um Karl den Fünften in Verlegenheit zu setzen. Dann, nachdem er heimlich und geduldig die Reformation in Deutschland beschützt, nachdem er Calvins Aufenthalt am Hofe von Navarra geduldet hatte, wütete er mit maßloser Strenge gegen sie. Katharina sah also, wie dieser Hof und dieses Hofes Frauen mit dem Feuer der Ketzerei spielten; Diana stand mit den Guisen zusammen an der Spitze der katholischen Partei einzig aus dem Grunde, weil die Herzogin von Estampes Calvin und die Protestanten stützte. Das war die politische Erziehung der Königin, die an dem Kabinette des Königs von Frankreich die Irrwege des Hauses Medici wiedererlebte. Der Dauphin arbeitete seinem Vater in jeder Beziehung entgegen; er war ein schlechter Sohn. Er vergaß die grausamste, aber auch wahrste Maxime des Königtums, daß nämlich

Throne solidarisch sind und daß der Sohn, der während seines Vaters Lebzeiten etwa Opposition schürt, wenn er den Thron besteigt, dessen Politik betreiben muß. Spinoza, welcher ein nicht minder tiefer Politiker als großer Philosoph war, hat für den Fall, daß ein König einem anderen durch Empörung oder Attentat folgt, gesagt: Wenn der neue König seinen Thron sichern und sein Leben schützen will, muß er solchen Eifer zeigen, seines Vorgängers Tod zu rächen, daß jedwedem Menschen die Lust vergeht, ein ähnliches Verbrechen zu begehen. Um ihn aber würdig zu rächen, genügt es nicht, seiner Untertanen Blut zu vergießen, er muß die Maximen desjenigen billigen, den er ersetzt hat, und die nämliche Route in der Regierung beibehalten. Die Anwendung dieser Maxime verschaffte den Medici Florenz. Kosmus der Erste, Herzog Alexanders Nachfolger, ließ nach elf Jahren den Florentiner Brutus in Venedig ermorden und verfolgte, wie wir bereits gesagt haben, unaufhörlich die Strozzi. Das Außerachtlassen dieser Maxime war Ludwigs des Sechzehnten Verderben. Dieser König handelte gegen alle Prinzipien der Regierung, indem er die Parlamente wieder herstellte, die von seinem Großvater unterdrückt worden waren. Ludwig der Fünfzehnte hatte ganz recht gesehen: die Parlamente, besonders das Pariser, waren zur Hälfte an den Wirren beteiligt, welche die Berufung der Generalstände notwendig machten. Ludwig des Fünfzehnten Fehler bestand darin, daß er, nachdem er die Schranke, welche den Thron vom Volke trennte, niedergerissen, sie nicht durch eine festere ersetzt hatte; kurz, an Stelle der Parlamente hätte er eine starke Konsti-

tution der Provinz errichten müssen. Dort war das Heilmittel für die Übel der Monarchie, dort befand sich das Votum der Steuern, ihre Regulierung und eine allmähliche Billigung der für das Regime der Monarchie notwendigen Reformen.
Heinrichs des Zweiten erste Handlung war sein Vertrauen dem Konnetabel von Montmorency zu schenken, den in Ungnade zu lassen sein Vater ihm ausdrücklich anbefohlen hatte. Der Konnetabel von Montmorency ward mit Diana von Poitiers, mit der er sich eng zusammengetan, des Staates Herr. Als sie Königin von Frankreich ward, war Katharina also noch weniger glücklich und noch weniger mächtig, als sie es als Dauphine gewesen. Erst hatte sie von 1543 an zehn Jahre lang alljährlich ein Kind und war während dieser ganzen Periode, welche die letzten Regierungsjahre Franz' des Ersten und die ersten Jahre von Heinrichs des Zweiten Herrschaft umfaßt, mit Mutterpflichten beschäftigt. Unbedingt muß man in diesem ständigen Schwangersein den Einfluß einer Nebenbuhlerin sehen, welche sich das legitime Weib auf diese Weise vom Halse schaffen wollte. Solche Barbarei weiblicher Politik muß Katharina Dianen zum schweren Vorwurf gemacht haben. So von den Staatsgeschäften ausgeschlossen, verbrachte diese überlegene Frau ihre Zeit damit, die Interessen aller Leute des Hofes und all der Parteien zu beobachten, die sich dort bildeten. Die Italiener, die ihr gefolgt waren, forderten den schwersten Argwohn heraus. Nach Montecuculis Hinrichtung waren der Kronfeldherr von Montmorency, Diana und die meisten der schlauen Hofpolitiker wie besessen vor Argwohn wider die Medici; Franz der

Erste aber wies sie immer zurück. Auch waren die Gondi, die Birago, die Strozzi, die Ruggieri, die Sardini kurz alle, welche man „die Italiener" nannte und die als Katharinas Gefolge gekommen waren, in die Notlage versetzt, ungeheure Hilfsmittel des Geistes, schlauer Politik und des Mutes zu entfalten, um sich unter dem Gewicht der Ungnade, die auf ihnen lastete, am Hofe zu halten. Während Diana von Poitiers Herrschaft ging Katharinas Willfährigkeit ihr gegenüber so weit, daß kluge Menschen jene tiefe Heuchelei erkannt haben würden, die zu entfalten, Menschen, Ereignisse und Heinrichs des Zweiten Benehmen Katharinen zwangen. Mit der Behauptung, daß sie weder als Gattin noch als Königin ihre Rechte reklamierte, ist man zu weit gegangen. Das Gefühl ihrer Würde, welches Katharina im höchsten Maße besaß, untersagte ihr das zu beanspruchen, was Historiker die Rechte der Ehefrau nennen. Katharinas elf Schwangerschaften und zehn Kinder erklären Heinrichs des Zweiten Benehmen genugsam; die Schwangerschaften seiner Frau gaben ihm die Freiheit, seine Zeit mit Dianen von Poitiers zu verbringen. Aber der König ließ es wahrlich nicht an dem fehlen, was er sich selber schuldig war, er ließ die Königin bei ihrer Krönung einen Einzug halten, welcher aller derer würdig war, die bislang stattgefunden hatten. Die Register des Parlaments und die des Rechnungshofes zeigen an, daß diese beiden Körperschaften Katharinen außerhalb von Paris bis Saint-Lazare entgegenzogen. Hier ist übrigens die du Tilletsche Schilderung im Auszuge:

„Zu Saint-Lazaire hatte man eine Tribüne errichtet, worauf ein Thron stand. Darauf nahm Katharina Platz. Gekleidet war sie in eine Schaube oder eine Art kleinen Mantel aus Hermelin, welcher mit Edelsteinen besät war, in ein Unterkleid mit dem Königsmantel, und trug auf dem Haupte eine Krone, mit Perlen und Diamanten verziert. Beistand leistete ihr die Marschallin de la Mark, ihre Ehrendame. Um sie herum waren aufrecht stehend die Prinzen von Geblüt und andere reich gekleidete Fürsten und Edelleute mit dem Kanzler von Frankreich, der in ein Gewand aus karmoisinrotem Stoff mit Goldbrokatmustern gekleidet war. Vor der Königin und auf derselben Tribüne saßen in zwei Reihen zwölf Herzoginnen und Gräfinnen, gekleidet in Hermelinschauben, Untergewändern, Mänteln und Reifen, das heißt Herzoginnen- oder Gräfinnenkronen. Es waren die Herzoginnen von Estouteville, Montpensier, die ältere und jüngere, die Prinzessin de la Roche-sur-Yon; die Herzoginnen von Guise, von Nivernois, Aumale, Valentinois (Diana von Poitiers), die legitime Bastardin von Frankreich (das war der Titel der Tochter des Königs) Diana, welche Herzogin von Castro-Farnese, dann Herzogin von Montmorency-Damville wurde, die Kronfeldherrin und Fräulein von Nemours, ohne der anderen Fräulein zu gedenken, denen dort kein Platz zustand. Die vier Gerichtspräsidenten mit dem Barett, einige andere Mitglieder des Gerichtshofes und der Schreiber du Tillet stiegen auf die Tribüne, machten ihre Reverenzen und, nachdem er sich auf ein Knie niedergelassen, hielt der erste Präsident Lizet eine feierliche Ansprache an die Königin. Der Kanzler beugte gleichfalls das Knie und antwortete.

Sie hielt um drei Uhr nachmittags ihren Einzug in einer offenen Sänfte. Madame Margarete von Frankreich saß ihr gegenüber und zu Seiten ihrer Sänfte schritten die Kardinäle von Amboise, von Châtillon, von Boulogne und von Lenoncourt im Chorhemd mit langen Ärmeln. Sie stieg vor Unserer Lieben Frauen Kirche ab und ward dort vom Klerus empfangen. Nach ihrem Gebete führte man sie durch die Rue de la Calandre nach dem Palais, wo im großen Saale das königliche Mahl hergerichtet war. Sie saß dort in der Mitte am Marmortisch und unter einem Sammetbaldachin, der mit goldenen Lilienblüten übersät war."

Hier ist Ort und Stelle, eine jener irrigen volkstümlichen Meinungen zu zerstören, welche, nach Sauval übrigens, manche Leute wiederholen. Man hat behauptet, daß Heinrich die Schicklichkeit soweit außer acht ließ, daß er die Anfangsbuchstaben seiner Geliebten auf den Gebäuden anbrachte, welche er auf Katharinas Rat hin mit soviel Pracht weiterführte oder begann. Die Doppelchiffre aber, die man am Louvre sieht, straft alle Tage die Lügen, die so wenig scharfsinnig sind, jenen Albernheiten Bestand zu geben, welche unsere Könige und Königinnen ohne allen Grund entehren. Das H von Heinrich und die angefügten beiden Cs von Catharine scheinen auch zwei Ds für Diana zu bilden. Dies Zusammentreffen hat Heinrich dem Zweiten gefallen müssen; es ist darum aber nicht weniger wahr, daß die königliche Chiffre offiziell des Königs Buchstaben und den der Königin enthielt. Und das ist gewißlich wahr, denn diese Chiffre existiert auch noch auf der Säule der Getreidehalle, welche von Katharina allein erbaut wurde. Man kann übrigens die nämliche Chiffre noch in den Gewölben von Saint-Denis auf dem Grabmal sehen, das Katharina sich selbst zu Lebzeiten an Heinrichs des Zweiten Seite errichten ließ, auf welchem sie vom Bildhauer, für den sie Modell saß, nach der Natur dargestellt ward. Bei einer feierlichen Gelegenheit, im Augenblick, da er zu seinem deutschen Zuge aufbrach, ernannte Heinrich der Zweite Katharina für die Zeit seiner Abwesenheit zur Regentin, ebenso auch im Falle des Todes am 25. März 1552.

Katharinas grausamster Feind, der Verfasser der „vortrefflichen Abhandlung über den schlechten Wandel der Katharina von Medici" gibt zu, daß sie diese Regierung zum allgemeinen Lobe durchführte und daß der König von ihrer Verwaltung hoch befriedigt war. Heinrich der Zweite bekam zur rechten Zeit Geld und Mannschaften. Kurz, nach dem verhängnisvollen Tage von Saint-Quentin erhielt Katharina von den Parisern beträchtliche Geldsummen, die sie nach Compiègne sandte, wo der König sich befand.

In politicis machte Katharina unerhörte Anstrengungen, um ein wenig Einfluß zu erhalten. Sie war geschickt genug, den unter Heinrich dem Zweiten allmächtigen Kronfeldherrn für sich zu gewinnen. Man kennt die schreckliche Antwort, die der von Montmorency gequälte König gab. Diese Antwort war das Ergebnis der guten Ratschläge, welche Katharina dem Könige in den wenigen Augenblicken erteilte, wo sie sich allein mit ihm befand und ihm die Florentiner Politik auseinandersetzte, die darin bestand, die Großen des Königreichs gegeneinander auszuspielen und die königliche Autorität auf deren Ruinen zu errichten. Das war Ludwigs des Elften System, welches später von ihr und Richelieu fortgeführt ward. Heinrich der Zweite, der nur mit Dianas und des Konnetabels Augen sah, war ein durchaus feudaler König und Freund der großen Häuser seines Reiches.

Nach dem vom Konnetabel vergeblich zu ihren Gunsten unternommenen Versuche, den man ins Jahr 1556 zurückversetzen muß, umschmeichelte Katharina die Guisen und bildete den Plan, sie von Dianas Partei loszureißen, um sie dem Konnetabel entgegenzusetzen. Leider aber waren Diana und der Konnetabel ebenso wie die Guisen Gegner der Protestanten. In ihrem Wettstreite also konnte die religiöse Frage keine Erbitterung erzeugen. Übrigens vereitelte Diana der Königin Pläne, indem sie mit den Guisen schöntat und dem Herzoge von Aumale ihre Tochter gab. Soweit ging sie, daß bestimmte Autoren behaupten, sie habe dem galanten Kardinal von Lothringen mehr als ihre Gewogenheit bezeigt. Die Satiriker jener Zeit haben über diesen Gegenstand folgenden Vierzeiler auf Heinrich den Zweiten gemacht:

> Diana wills, Karl wünschts, der freche Dachs,
> Nach ihrem Pfiff sollt Ihr Euch drehn und tanzen,
> Beherrschend Euch, wolln sie Euch nur kuranzen,
> In ihrer Hand seid Ihr dann, Sire, wie Wachs.
> (Karl ist der Kardinal Karl von Lothringen.)

Unmöglich konnte man Katharinas Zeichen des Schmerzes und Zurschautragen ihres Kummers bei Heinrichs des Zweiten Tode für aufrichtig halten. Gerade deswegen, weil der König mit unwandelbarer Leidenschaft an Diana von Poitiers hing, mußte Katharina die Rolle des verschmähten Weibes spielen, das seinen Gatten anbetet; wie alle starrsinnigen Frauen aber verharrte sie in ihrer Heuchelei und hörte nicht auf, voller Zärtlichkeit von Heinrich dem Zweiten zu reden. Wie man weiß, trug Diana ihr ganzes Leben lang Trauer um Herrn von Brézé, ihren Gatten. Ihre Farben waren weiß und schwarz, und der König trug sie beim Turnier, als er starb. Zweifelsohne ahmte Katharina ihre Nebenbuhlerin nach und behielt die Trauer um Heinrich den Zweiten ihr ganzes Leben lang bei. Diana von Poitiers gegenüber war sie von vollendeter Perfidie, der die Historiker nicht genügend Aufmerksamkeit schenken. Beim Tode des Königs geriet die Herzogin von Valentinois in Ungnade und ward von dem Konnetabel, einem Manne, der durchaus unter seinem Rufe stand, in unanständigster Weise in Stich gelassen. Diana ließ der Königin ihren Besitz und Schloß Chenonceaux anbieten. In Gegenwart von Zeugen sagte Katharina hingegen: „Ich kann nicht vergessen, das sie meines Heinrichs Wonne war, ich schäme mich das anzunehmen, ohne ihr als Tausch eine Besitzung zu geben und schlage ihr Chaumont an der Loire vor." Tatsächlich wurde der Tauschakt 1559 zu Blois festgemacht. Diana, deren Schwiegersöhne der Herzog von Aumale und der Herzog von Bouillon — ein damals souverainer Fürst — waren, behielt all ihr Vermögen und starb 1566 siebzigjährig. Sie war also neunzehn Jahre älter als Heinrich der Zweite. Diese, ihrem Epitaph entnommenen Daten, welche der Historiker, der sich gegen Ende des letzten Jahrhunderts mit ihr beschäftigte, von ihrem Grabmal abschrieb, klären viele historische Irrtümer auf; denn viele Historiker geben ihr bei ihres Vaters Verurteilung anno 1523 vierzig, andere sechzehn Jahre. Sie war damals vierundzwanzig Jahre alt. Nachdem wir alles gelesen haben, was für und wider ihr Benehmen Franz dem Ersten gegenüber im Augenblicke, als das Haus Poitiers eine so große Gefahr lief, geschrieben ward, wollen wir weder etwas bekräftigen, noch Einwendungen dagegen erheben. Das ist eine jener Stellen in der Geschichte, die immer dunkel bleiben werden. An dem, was zu unseren Tagen geschieht, können wir erkennen, daß die Historie selbst im Augenblicke, wo sie vor sich geht, gefälscht wird. Katharina, die große Hoffnungen auf ihrer Rivalin Alter gründete, hat sie mehrere Male zu stürzen versucht. Das war ein stiller und schrecklicher Kampf. Eines Tages war Katharina nahe daran, ihre Hoffnungen mit Erfolg gekrönt zu sehen. Als Madame Diana 1554 krank war, bat sie den König, während sie sich erholen wollte, nach Saint-Germain zu gehen. Die Erzkokette wollte weder inmitten des für die Medizin notwendigen Apparates noch ohne den Glanz der Toilette gesehen werden. Um den König bei seiner Rückkehr zu empfangen, ließ Katharina ein prächtiges Ballett aufführen, worin ihm sechs junge Mädchen ein Stück in Versen deklamierten. Zu diesen jungen Mädchen hatte sie Miß Fleming erwählt, eine Verwandte ihres Oheims, des Herzogs von Albany, die schönste Person, die man sich vorstellen konnte, blond und weiß; dann eine ihrer Verwandten, Klarissa Strozzi, eine wundervolle Italienerin mit herrlichen schwarzen Haaren und Händen von seltener Schönheit; dann Fräulein Lewiston, Maria Stuarts Ehrendame, Maria Stuart selber, Madame Elisabeth von Frankreich, die nachmals so unglückliche Spanierkönigin, und Madame Claudia. Elisabeth war neun, Claudia acht, Maria Stuart elf Jahre alt. Augenscheinlich wollte die Königin Klarissa Strozzi und Miß Fleming zur Schau stellen und sie ohne Rivalinnen dem König zur Auswahl anbieten. Der König widerstand nicht: er verliebte sich in Miß Fleming und hatte ein natürliches Kind von ihr, Heinrich von Valois, den Grafen von Angoulême und Großprior von Frankreich. Dianas Kredit und Einfluß aber waren noch nicht erschüttert. Wie es später bei Frau von Pompadour und Ludwig dem Fünfzehnten der Fall war, verzieh die Herzogin von Valentinois. Auf welche Liebe aber läßt dieser Versuch bei Katharina schließen? Ist das Macht- oder Gattenliebe? Die Frauen mögen entscheiden.

Man spricht heute viel von der Freiheit der Presse; man kann sich aber keinen Begriff davon machen, bis zu welchem Punkte sie beim Anbeginn der Presse getrieben wurde. Wohl weiß man, daß Aretino, der Voltaire seiner Zeit, die Könige und Karl den Fünften an der Spitze zittern machte. Aber man weiß vielleicht nicht, wie weit der Mut der Pamphletisten reichte.

Jenes Schloß zu Chenonceaux ward Dianen aufgedrungen, nicht geschenkt; kniefällig wurde sie gebeten es anzunehmen, um eine der schrecklichsten Publikationen vergessen zu machen, die je gegen eine Frau vom Stapel gelassen wurde und die beweist, welch ungestümer Krieg zwischen Ma-

dame d'Estampes und ihr wütete. Anno 1537, als sie achtunddreißig Jahre alt war, veröffentlichte ein Dichter aus der Champagne namens Johann Voûté eine Sammlung lateinischer Gedichte, worin sich drei Epigramme gegen sie befanden. Man muß annehmen, daß der Dichter eines hohen Schutzes versichert worden war, denn vor seiner Sammlung steht eine von Salmon Macrin, erstem Kammerdiener des Königs, verfertigte Lobrede auf ihn. Hier die einzige heute zitierbare Stelle aus diesen Epigrammen, welche den Titel führen: In Pictaviam, anum aulicam. (Gegen die Poitiers, ein altes Hofweib.)
‚... Non trahit esca ficta praedam.'
‚Gemalte Reize fangen kein Wild mehr ein', sagte der Dichter, nachdem er ihr erklärt hat, daß sie sich ihr Gesicht male, daß sie ihre Zähne und Haare kaufe. ‚Und du könntest,' fügte er hinzu, ‚das Superfeinste von dem kaufen, was das Weib ausmacht, ohne daß du das erlangen würdest, was du von deinem Liebsten willst, denn du müßtest am Leben sein, bist aber tot.'
Diese bei Simon von Colines gedruckte Sammlung war... einem Bischof!... Franz Bohier gewidmet, dem Bruder desjenigen, der um seinen Kredit bei Hofe zu retten und sein Verbrechen wieder gutzumachen, Heinrich dem Zweiten bei seiner Thronbesteigung das Schloß zu Chenonceaux anbot, das von seinem Vater, Thomas Bohier, erbaut worden, der unter vier Königen: Ludwig dem Elften, Karl dem Achten, Ludwig dem Zwölften und Franz dem Ersten Staatsrat gewesen war. Was waren die gegen Madame de Pompadour und gegen Marie-Antoinette veröffentlichten Pamphlete im Vergleich zu

diesen Versen, von denen man behaupten könnte, daß Martial sie geschrieben habe. Dieser Voûté mußte schlecht enden. So kosteten Land und Schloß von Chenonceaux Dianen nur die Verzeihung einer Beleidigung, die ohnehin vom Evangelium anbefohlen war. Weil sie von keiner Jury dekretiert wurden, waren die der Presse auferlegten Bußen ein wenig härter als die heutigen.

Waren die französischen Königinnen Witwen geworden, mußten sie vierzig Tage lang in des Königs Gemache bleiben, ohne anderes als Kerzenlicht zu sehen. Sie verließen es erst nach des Königs Beisetzung. Dieser unverletzliche Brauch war Katharinen sehr zuwider, da sie Kabalen befürchtete: sie fand Mittel und Wege, ihn zu umgehen. Und zwar so: Als der Kardinal von Lothringen am hellichten Tage (zu jener Zeit und in solchem Augenblick!) die schöne Römerin verließ, eine berühmte Kurtisane der Zeit Heinrichs des Zweiten, welche in der Rue Culture-Sainte-Catherine wohnte, ward er von einem Trupp Liederjahne verprügelt. Weswegen Seine baß erstaunte Heiligkeit, sagt Heinrich Estienne, verbreiten ließ, daß die Ketzer ihm auflauerten... Und um deswillen ging der Hof von Paris nach Saint-Germain. Die Königin wollte den König, ihren Sohn, nicht verlassen und siedelte auch dorthin über.

Franz' des Zweiten Regierungsantritt – eine Zeit, zu welcher Katharina die Macht meinte an sich reißen zu können, – war ein Augenblick der Enttäuschung, welcher den sechsundzwanzig Schmerzensjahren, die sie bereits am Hofe von Frankreich zugebracht hatte, in grausamster Weise die Krone aufsetzte. Mit unglaublichem Mute bemächtigten sich die Guisen damals der Macht: der Herzog von Guise ward an die Spitze der Armee gestellt, und der Konnetabel fiel in Ungnade, der Kardinal hatte die Finanzen und den Klerus hinter sich. Ihre politische Laufbahn begann Katharina mit einem jener Dramen, das, wenn es auch nicht so augenfällig gewesen ist wie andere, doch wohl das grausamste war und sie zweifelsohne an die gräßlichen Aufregungen ihres Lebens gewöhnte. Indem sie scheinbar ein Herz und eine Seele mit den Guisen war, versuchte sie ihren Triumph zu sichern, indem sie sich auf das Haus Bourbon stützte. Sei es, daß Katharina, nachdem sie vergebens die gefährlichsten Minen hatte springen lassen, jetzt die Eifersucht benutzen wollte, um den König wieder an sich zu ziehen, sei es, daß es sie, als sie die zweite Jugend erreichte, grausam dünkte, die Liebe nicht zu kennen: sie hatte das lebhafteste Interesse für einen Edelmann aus königlichem Geblüte, für Franz von Vendôme, Sohn von Ludwig von Vendôme (eine Familie, der das Haus Bourbon entstammte) und Vizedom von Chartres gezeigt, unter welchem Namen er in der Geschichte bekannt ist. Der heimliche Haß, welchen Katharina wider Dianen nährte, offenbarte sich in vielen Umständen, denen die von politischen Interessen voreingenommenen Historiker keinerlei Aufmerksamkeit schenken. Katharinas Zuneigung zu dem Vizedom war die Folge einer Insulte, die sich der junge Mann der Favoritin gegenüber herausgenommen hatte. Diana wünschte die besten Verbindungen für ihre Töchter, die übrigens zum höchsten Adel des Reiches gehörten. Vor allem erstrebte sie die Ehre einer Heirat in das Haus von Frankreich: von ihrer

Seite aus schlug man ihrer zweiten Tochter Hand, die später Herzogin von Aumale wurde, dem Vizedom vor, den Franz' des Ersten sehr weise Politik in Armut hielt. Als der Vizedom von Chartres und der Prinz von Condé an den Hof kamen, gab Franz der Erste ihnen tatsächlich, was? Eine einfache Kammerherrncharge mit zwölfhundert Talern Pension, die er simplen Edelleuten verlieh. Obwohl Diana von Poitiers immense Reichtümer, ein schönes Amt der Krone und des Königs Gunst bot, lehnte der Vizedom ab. Dann heiratete dieser schon aufrührerische Bourbone Johanna, des Barons von Estissac Tochter, von der er keine Kinder hatte. Dieser stolze Zug empfahl den Vizedom natürlich Katharinen, die ihn mit auffälliger Gunst an sich zog und ihn sich zu einem ergebenen Freunde machte. Die Historiker haben den letzten zu Toulouse enthaupteten Herzog von Montmorency seiner Kunst zu gefallen, seines Verdienstes und Talentes wegen mit dem Vizedom von Chartres verglichen. Heinrich der Zweite bezeigte sich nicht eifersüchtig und schien nicht anzunehmen, daß eine Königin von Frankreich es an dem fehlen ließe, was sie sich selber schuldig war, oder daß eine Medici vergäße, welche Ehre ihr ein Valois erwiesen. Im Augenblick, als die Königin mit dem Vizedom, wie es heißt, kokettierte, war sie seit der Geburt ihres letzten Kindes vom Könige fast aufgegeben. Dieser Versuch diente also zu nichts, denn mit Diana von Poitiers' Farben geschmückt starb der Fürst.

Bei des Königs Tode sah sich Katharina also in einen galanten Handel mit dem Vizedom von Chartres verwickelt, eine Situation, die den Sitten der Zeit angemessen war, wo die Liebe zugleich so ritterlich und so frech war, daß die schönsten Handlungen in ihr ebenso natürlich waren wie die tadelnswertesten; nur haben die Historiker wie stets den Fehler begangen, die Ausnahme für die Regel zu halten. Von den vier Söhnen Heinrichs des Zweiten verbesserte keiner die Lage der Bourbonen, die alle maßlos arm waren und unter der Geringschätzung litten, welche des Konnetabels Verrat trotz der Gründe, die ihn zwangen das Königreich zu verlassen, über sie brachte. Der Vizedom von Chartres, welcher für den ersten Prinzen von Condé das war, was Richelieu für Mazarin bedeutete: sein Vater in politicis, sein Vorbild und, überdies sein Meister in der Galanterie, verbarg den maßlosen Ehrgeiz seines Hauses unter den Äußerlichkeiten des Leichtsinns. Da er außerstande war, mit den Guisen, den Montmorencys, den Fürsten aus Schottland, den Kardinälen, den Bouillons zu kämpfen, zeichnete er sich durch seine Verbindlichkeit, durch Manieren und Geist aus, was ihm die Gunst der reizendsten Frauen und das Herz derer einbrachte, an die er nicht dachte. Er war ein privilegierter Mann, dessen Verführungen unwiderstehlich waren und der der Liebe die Mittel verdankte, seinen Rang behaupten zu können. Die Bourbonen würden sich nicht wie Jarnac über la Châtaigneraies Schmähsucht geärgert haben; sehr gern nahmen sie Ländereien und Schlösser von ihren Geliebten an; Beweis dafür ist der Prinz von Condé, der sich von der Frau Marschallin von Saint-André die Besitzung Saint-Valery schenken ließ.

Bei Heinrichs des Zweiten Tode, während der ersten

zwanzig Trauertage änderte sich des Vizedoms Lage völlig. Da er ein Gegenstand der Aufmerksamkeit der Königin-Mutter war, der er den Hof machte, wie man ihn der Königin machen konnte, nämlich sehr verschwiegen, schien er dazu bestimmt, eine Rolle zu spielen, und Katharina war tatsächlich entschlossen, sich seiner zu bedienen. Der Fürst empfing von ihr Briefe für den Prinzen von Condé, worin sie die Notwendigkeit dartat, sich wider die Guisen zu verbünden. Von dieser Intrige unterrichtet, drangen die Guisen in der Königin Gemach, um ihr den Befehl abzuringen, den Vizedom in die Bastille zu sperren, und Katharina befand sich in der bittren Notwendigkeit, gehorchen zu müssen. Nach einigen Monden Gefangenschaft starb der Vizedom an dem Tage, an welchem er, einige Zeit vor der Amboiser Verschwörung, das Gefängnis verließ. Das war das Ende der ersten und einzigen Liebschaft, die Katharina von Medici hatte. Die protestantischen Schriftsteller haben erklärt, daß die Königin den Vizedom vergiften ließ, um das Geheimnis ihrer Galanterien dem Grabe anzuvertrauen...

So verlief für diese Frau die Lehrzeit der königlichen Macht.

DER CALVINISTISCHE MÄRTYRER

☆

WENIGE LEUTE WISSEN HEUTZUTAGE NOCH, wie naiv die Behausungen der Pariser Bürger des vierzehnten Jahrhunderts waren und wie einfach sich ihr Leben abspielte. Vielleicht ist solche Einfachheit in Werken und Gedanken die Ursache der Größe dieser alten Bourgeoisie gewesen, die wahrlich groß, frei und edler vielleicht als das heutige Bürgertum war. Ihre Geschichte ist noch zu schreiben, sie erheischt einen klugen Geist und harrt eines genialen Mannes. Von dem wenig bekannten Vorfall inspiriert, welcher den Grund zu dieser Studie bildet und sich als einen der bemerkenswertesten in der Geschichte des Bürgertums erweisen dürfte, wird nach dieser Erzählung die Bestätigung dieses meines eigenen Eindrucks sicherlich auf jedermanns Lippen zu lesen stehen. Wäre es etwa das erstemal, daß in der Geschichte die Schlußfolgerung vor den Geschehnissen steht?
Anno 1560 säumten die Häuser der alten Kürschnerstraße das linke Seineufer zwischen der Liebfrauenbrücke und Wechslerbrücke ein. Die öffentliche Straße und die Häuser nahmen den Platz in Anspruch, welcher von dem Fahrdamme des heutigen Quais ausgefüllt wird. Jedwedes über der Seine selber stehende Haus gestattete den Bewohnern auf steinernen oder hölzernen Treppen, die mit starken Eisengittern oder Türen aus nägelbe-

schlagenem Holz verwahrt waren, zu ihr hinunterzusteigen. Wie die Venezianischen hatten diese Häuser ein Tor auf dem festen Lande und eine Wasserpforte. Im Augenblick, wo diese Skizze veröffentlicht wird, gibt es nur mehr ein einziges Haus, welches an das alte Paris zu erinnern vermag, und auch das wird bald verschwinden; es steht in der Ecke der kleinen Brücke gegenüber dem Pförtnerhause des großen Spitals. Früher zeigte jede Behausung auf der Flußseite die wunderliche Physiognomie, welche ihm, sei es der Beruf des Mieters und seine Gewohnheiten, sei es die Originalität der Bauwerke aufprägten, die von den Besitzern zur Benutzung oder zur Ausnutzung der Seine erfunden worden waren. Brücken hatte man gebaut und fast alle waren sie durch mehr Mühlen versperrt worden, als bei den Bedürfnissen der Schiffahrt zulässig sein mochten, daher zählte man in Paris denn ebensoviele geschlossene Wasserbecken wie Brücken. Bestimmte Wasserbecken dieses ehemaligen Paris würden der Malerei köstliche Farbentöne dargeboten haben. Welch einen Wald stellten nicht die gekreuzten Balken dar, welche die Mühlen, ihre riesigen Schützen und ihre Räder stützten! Welch seltsame Wirkungen erzeugten die Stützbalken, die eingeraumt worden waren, um die Häuser über den Fluß auszubauen! Leider gab es dazumal noch keine Genremalerei und die Stecherkunst lag noch in den Windeln; verlustig gegangen sind wir also des Anblicks dieses interessanten Schauspiels, das heute noch, aber im kleinen, in gewissen Provinzstädten gezeigt wird, wo die Flüsse von Holzhäusern eingerahmt und wo, wie in Vendôme, die von langbärtigen Wasserpflanzen angefüllten Becken durch riesiges Gitterwerk geteilt sind, welches die sich an beiden Ufern entlangziehenden Besitzungen voneinander trennt. Der Name dieser jetzt vom Stadtplan verschwundenen Straße zeigt zur Genüge an, welches Handelszweiges man sich dort befleißigte. Zu jenen Zeitläuften ließen sich die Kaufleute, die sich dem nämlichen Berufe widmeten, statt sich in der Stadt zu zerstreuen, in einunddemselben Viertel nieder und beschützten sich so gegenseitig. Sozial durch die Zunft vereinigt, die ihre Zahl beschränkte, waren sie durch die Kirche noch als Bruderschaft verbunden. So behaupteten sich denn auch die Preise. Da waren die Meister noch nicht ihren Arbeitern als Beute überlassen und gehorsamten, wie das heutzutage der Fall ist, deren Launen; sie sorgten im Gegenteil für sie, machten sie zu ihren Kindern und weihten sie in die Feinheiten der Arbeit ein. Um Meister zu werden, mußte ein Geselle damals ein Meisterwerk schaffen, welches immer dem Heiligen, der die Bruderschaft schirmte, dargebracht wurde. Würdet ihr zu sagen wagen, daß der Mangel an Konkurrenz das Gefühl der Vollkommenheit raubte und der Schönheit der Erzeugnisse hindernd in den Weg trat, ihr, die ihr mit eurer Bewunderung vor den Werken der ehemaligen Innungen den neuen Beruf des Antiquitätenhändlers geschaffen habt?

Im fünfzehnten und sechzehnten Jahrhundert bildete der Handel mit Rauchwerk eine der blühendsten Industrien. Die Schwierigkeit, sich die Pelze zu verschaffen, die, aus dem Norden bezogen, lange und gefahrreiche Reisen erforderten, sorgte dafür, daß die Erzeugnisse der Kürschnerei rasend teuer waren. Damals wie heute reizte der übermäßige Preis zum Verbrauch an, denn die Eitelkeit kennt keine Hindernisse. In Frankreich und in anderen Königreichen behielten Verfügungen das Pelztragen nicht nur dem Adel vor, — Beweis dafür ist die wichtige Rolle, die das Hermelin auf alten Wappen spielte — sondern es durften gewisse seltene Pelze wie das Grauwerk, welches ohne allen Zweifel der kaiserliche Zobel war, auch nur von den Königen, den Herzögen und von Edelleuten getragen werden, die ein bestimmtes Hofamt bekleideten. Man unterschied das große und kleine Grauwerk. Zum größten Vergnügen der Kürschner wurden die Verordnungen über das Tragen von Pelzwerk natürlich ständig übertreten. Der hohe Preis für Stoffe und Rauchwerke machten damals aus einem Kleidungsstücke eine jener dauerhaften Sachen, welche dem Hausrat, den Waffen und den Einzelheiten des herzhaften Lebens des fünfzehnten Jahrhunderts angemessen waren. Eine adlige Dame, ein Edelmann, jeder Reiche wie jedweder Bürgersmann besaß höchstens zwei Kleider für die Jahreszeit, welche ihr Leben lang und noch darüber hinaus hielten. Diese Gewänder wurden den Kindern vermacht. Auch war die Klausel bezüglich der Waffen und Kleidungsstücke in den Ehekontrakten — heute ist sie des geringen Wertes der unaufhörlich erneuerten Garderobe wegen fast zwecklos — zu jenen Zeiten von unendlichem Interesse. Der hohe Preis hatte die Solidität mit sich gebracht. Die Toilette einer Frau stellte ein enormes Kapital vor, das mit zum Hausrat gerechnet und in jene ungeheuren Truhen eingepfercht wurde, welche den Decken unserer modernen Wohnungen gefährlich werden. Das Festtagskleid einer Frau von 1840 würde das Negligé einer Dame von anno 1540 vorgestellt haben. Die Entdeckung Amerikas, die Leichtigkeit der Transporte, der Ruin sozialer Unterschiede, welcher den Ruin vornehmer Standesunterschiede vorbereitete, all das hat die Kürschnerei auf das, was sie heute darstellt, nämlich auf fast nichts reduziert. Der Gegenstand, den ein Kürschner heute wie früher für zwanzig Taler kauft, hat sich nach der Geldentwertung gerichtet; früher war der Taler mehr wert als zwanzig Franken heutiger Währung. Heute wissen Spießbürgerin und Dirne, welche ihre Pelerinen mit Marderpelz verbrämen, nicht, daß anno 1440 ein übelwollender Stadthäscher sie unverzüglich festgenommen und vor den Châteletrichter geschleppt haben würde. Die so auf Hermelin versessenen Engländerinnen ahnen nicht, daß ehedem Königinnen, Herzoginnen und die Kanzler Frankreichs als einzige dies königliche Rauchwerk tragen durften.

Diese Abschweifung enthielt nicht nur die Erklärung für die langen Streitereien über den Vorrang, welche die Bruderschaft der Tuchmacher zwei Jahrhunderte über mit der Bruderschaft der Kürschner und der Schnittwarenhändler anstellte (jede von ihnen wollte als die angesehenste in Paris, als die erste im Zuge schreiten) sondern auch noch für die Wichtigkeit des Ehren Lecamus, eines Kürschners, welcher durch die Kundschaft der beiden Königinnen, Katharina von Medici und Maria Stuart, und die Kundschaft des Parlaments ausgezeichnet ward, seit zwanzig Jahren Syndikus seiner Zunft war und in dieser Straße wohnte.

Lecamus' Haus war eines von den dreien, welche die drei einspringenden Ecken der Straßenkreuzung bildeten, die am unteren Ende der Wechslerbrücke lag; heute steht dort nur noch der Turm des Justizgebäudes, welches die vierte bildete. An der Kante dieses Hauses, das an der Ecke von Wechslerbrücke und Quai lag, welches heute den Namen Blumenquai führt, hatte der Architekt einen Mauervorsprung für eine Madonna angebracht, die ständig von Kerzen beleuchtet, mit natürlichen Blumen in der schönen Jahreszeit und mit künstlichen Blumen im Winter geschmückt ward. Auf der Seite der Brückenstraße, wie auf der alten Kürschnerstraße war das Haus auf hölzerne Pfeiler gestützt. Alle Gebäude der Kaufmannsquartiere hatten unter diesen Pfeilern einen Laubengang, wo die Vorübergehenden im Trocknen einkaufen konnten; zwar war der Boden holprig durch den Dreck, den sie mit sich brachten, aber doch festgetreten. In allen Städten Frankreichs werden solche Gänge die Lauben genannt, ein Gattungsname, dem man die Bezeichnung des Handels wie Marktlauben, Bäckerlauben hinzufügt. Solche Galerien, welche durch die so wechselreiche, regnerische Pariser Atmosphäre bedingt wurden und der Stadt ein charakteristisches Gesicht verliehen, sind gänzlich verschwunden. Ebenso wie nur ein einziges über den Fluß gebautes Haus existiert, gibt es kaum noch ein hundert Fuß langes Stück der alten Marktlauben, der letzten, welche der Zeit widerstanden; in einigen Tagen wird auch dieses Überbleibsel von dem düsteren Labyrinth des alten Paris zerstört werden. Das Vorhandensein solcher Trümmer des Mittelalters verträgt

sich wahrlich nicht mit den großen Ausmaßen des modernen Paris. Auch ist es weniger Absicht dieser Bemerkungen, den Verlust solcher Fragmente der alten Stadt zu bedauern, als ihre Ehrwürdigkeit durch die letzten lebenden Beweise, die drauf und dran sind, in Staub zu zerfallen, zu weihen und für Beschreibungen, welche für eine Zukunft kostbar sind, die dem augenblicklichen Jahrhundert auf dem Fuße folgt, Verzeihung zu erlangen.
Die Wände dieses Hauses waren aus Holz gebaut, das man mit Schiefern belegt hatte. Die Zwischenräume zwischen den Holzbalken waren, wie man es noch in einigen alten Provinzstädten sieht, mit Mauersteinen ausgefüllt worden, deren verschiedene Dicke ein Muster bildete, das man „ungarische Spitze" nennt. Die Brüstungen der Fenster und ihre Oberschwellen, die in gleicher Weise aus Holz bestanden, waren wie der Eckpfeiler, der sich oberhalb der Madonna erhob, und die Pfeiler der Vorderseite des Kaufmannsgewölbes reich skulpiert. Jedes der Fenster, jeder der Hauptbalken, welche die Stockwerke voneinander trennten, zeigten Arabesken aus phantastischen Menschen oder Tieren gebildet, die in verschnörkeltem Blätterwerk lagerten. Auf der Straßenseite wie nach dem Flusse hin hatte das Haus als Aufsatz ein zwei gegeneinander gestellten Karten ähnliches Dach, und zeigte so einen Giebel nach der Straße und einen nach dem Wasser hin. Das Dach sprang wie das eines Schweizerhauses so weit vor, daß es im zweiten Stockwerk eine mit Geländerdocken verzierte Außengalerie geben konnte, auf welcher die Bürgerin im Trocknen lustwandelte, wobei sie die ganze Straße oder das zwischen den beiden

Brücken und den beiden Häuserreihen liegende Wasserbecken zu überblicken vermochte.

Die über den Fluß gebauten Häuser besaßen damals einen großen Wert. Zu jenen Zeitläuften war das Kanal- und Röhrenbrunnensystem noch zu erfinden; es existierte nur erst die Gürtelgosse, welche von Aubriot, dem ersten genialen und willensstarken Manne, der unter Karl dem Fünften an die Verbesserung der Pariser Gesundheitsbedingungen dachte, vollendet worden war. Die wie das Lecamussche gelegenen Häuser fanden durch den Fluß zugleich das fürs Leben notwendige Wasser und den Abfluß des Regens und all der Abwässer. Die ungeheuren Arbeiten, welche die Vorsteher der Kaufmannschaft in dieser Art leisteten, waren noch nicht vorhanden. Heute erinnern sich nur noch die Vierzigjährigen der Schlünde, von welchen die Abwässer in der Montmartrestraße, in der Templestraße usw. verschlungen wurden. Diese schrecklichen klaffenden Mäuler bildeten in jenen alten Zeiten eine ungeheure Wohltat. Ihr Platz wird zweifelsohne ewig markiert sein durch die plötzliche Erhöhung des Straßendamms an der Stelle, wo sie sich öffneten: auch eine archäologische Absonderlichkeit, welche sich in zwei Jahrhunderten die Historiker nicht werden erklären können. Gegen 1816 wurde eines Tages ein kleines Mädchen, das einer Schauspielerin des Ambigu ihre Diamanten für eine Königinnenrolle brachte, von einem Platzregen überrascht und in so verhängnisvoller Weise in den Schlund der Templestraße gezogen, daß sie ohne die Hilfe eines Vorübergehenden, dem ihr Geschrei zu Herzen gegangen, darin verschwunden wäre; die Diamanten aber hatte sie fahren lassen müssen, und sie wurden in einem Loche wiedergefunden. Dies Ereignis erregte großes Aufsehen und gab dem Verlangen nach Abschaffung solcher Wasser- und Kleinmädchenverschlinger einiges Gewicht. Diese seltsamen, fünf Fuß hohen Konstruktionen waren mit mehr oder minder beweglichen, oder auch vergitterten Rosten versehen, welche die Überschwemmungen der Keller veranlaßten, wenn der durch einen starken Regenguß erzeugte künstliche Fluß vor dem Roste Halt machte, da er von Unrat verstopft war, dessen Fortschaffung die Anwohner oft vergaßen.

Die Vorderseite von Ehren Lecamus' Laden war zwar durchbrochen, aber mit einem bleigefaßten Fenster versehen, welches das Lokal sehr dunkel ließ.

Reichen Leuten brachte man die Pelzwerke ins Haus. Was die anlangte, die sie beim Kürschner selber kaufen wollten, denen zeigte man die Waren bei Tageslicht unter den Lauben, die tagsüber alle, sagen wir es nur, von Tischen und auf Schemeln sitzenden Kommis versperrt wurden, wie es vor etwa fünfzehn Jahren noch unter den Marktlauben zu sehen war. Von diesen vorgeschobenen Posten aus sprachen die Gesellen, die Lehrburschen und Lehrmädchen, fragten und antworteten sich gegenseitig und riefen die Vorübergehenden an. Alles Sitten, aus welchen der große Walter Scott in ‚Nigels Abenteuern' seinen Vorteil gezogen hat. Das Firmenschild, auf welchem ein Hermelin dargestellt war, hing draußen, wie heute noch die mancher Dorfwirtschaften ausgehängt sind, und zwar an einem durchbrochen gearbeiteten, reich vergoldeten Eisenarm. Über dem Hermelin stand auf einer Seite geschrieben:

Lecamus
Kürschner
der Frau Königin und des Königs, unseres Herrn.

auf der anderen:

der Frau Königin-Mutter
und der Herren des Parlaments.

Die Worte: der Frau Königin-Mutter waren erst vor kurzem hinzugefügt worden. Die Vergoldung war neu. Diese Änderung deutete die frische Revolution an, die durch Heinrichs des Zweiten plötzlichen und gewaltsamen Tod hervorgerufen worden war, welcher viel Glück am Hofe zerstörte und mit dem das der Guisen anhub.

Der Hinterladen ging auf den Fluß hinaus. In diesem Raume hielten sich der respektable Bürger und seine Frau, Mademoiselle Lecamus, auf. Zu jener Zeit hatte die Frau eines Mannes, der nicht von Adel war, keinerlei Anrecht auf den Titel Madame. Die Frauen der Pariser Bürger aber konnten den Titel Demoiselle für sich beanspruchen den Privilegien zufolge, die ihren Ehemännern von mehreren Königen, denen sie ungeheure Dienste geleistet, verliehen und bestätigt worden waren. Zwischen Hinterladen und Magazin ging eine Wendelstiege, eine Art Schraubentreppe in die Höhe, auf der man in die oberen Stockwerke, wo das große Lager und die Wohnung des alten Paares waren, und in die durch Dachluken erleuchteten Speicher stieg, wo die Kinder, die Magd, die Lehrlinge und die Gehilfen hausten.

Solch Zusammenpferchen von Familien, Dienern und Lehrlingen und den kargen Raum, der jedweder im Innern angewiesen bekam, wo die Lehrlinge alle in einem großen Zimmer unter den Dächern schliefen, erklärt sowohl, welch große Bevölkerung damals in Paris auf dem zehnten Teile des heutigen Stadtgebietes angehäuft war, als auch all die krausen Einzelheiten des Privatlebens im Mittelalter und die Liebeslisten, die, möge es ernsthaften Geschichtsschreibern nicht mißfallen, sich nur bei den Erzählern wiederfinden lassen und ohne sie unwiederbringlich verloren gegangen wären. Zu jener Zeit hatte ein sehr hoher Edelmann, wie der Admiral von Coligny zum Beispiel, drei Zimmer in Paris inne und sein Gefolge wohnte in einem benachbarten Gasthofe. Es gab damals noch keine fünfzig Hotels, will sagen, fünfzig Paläste in Paris, die souveränen Fürsten oder großen Vasallen gehörten, deren Existenz der der größten deutschen Souveräne, wie der des Bayernherzogs oder des Kurfürsten von Sachsen, überlegen war.

Die Küche des Lecamusschen Hauses befand sich unter dem Hinterladen am Flusse. Sie besaß eine Glastüre, die auf eine Art eisernen Balkon führte, von wo aus die Köchin mit einem Eimer Wasser schöpfen konnte und wo man die Hauswäsche bleichte. Der Hinterladen war also zu gleicher Zeit des Kaufmanns Eßzimmer, Arbeitsraum und Wohngemach. In diesem wichtigen Raume, der immer mit reichem Getäfel versehen, mit einigen Kunstgegenständen, einer Truhe geschmückt war, spielte sich des Kaufmanns Leben ab. Hier fanden die fröhlichen Abendessen nach der Arbeit, hier die geheimen Konferenzen über die politischen Interessen der Bourgeoisie und des Königtums statt. Die gefürchteten Pariser Körperschaften konnten damals hunderttausende Bewaffnete auf die Beine stellen. Auch wurden zu damaligen Zeiten die Beschlüsse der Kaufleute von ihren Dienern, ihren Gehilfen, ihren Lehrburschen und ihren Arbeitern unterstützt. In dem Vorsteher der Kaufmannschaft besaßen die Bürger ein Oberhaupt, welches sie befehligte, und im Stadthause einen Palast, in dem sie sich rechtlicherweise versammeln konnten. In diesem berühmten Sprechsaal der Bürger wurden feierliche Entschlüsse gefaßt. Ohne die ständigen Opfer, welche den ihrer Verluste und des Hungers müden Körperschaften den Krieg unerträglich gemacht hatten, würde Heinrich der Vierte, dieser endlich König gewordene Aufwiegler, vielleicht niemals in Paris eingezogen sein.

Leicht wird jeder sich jetzt die Physiognomie dieses Winkels des alten Paris ausmalen können, wo heute die Brücke und das Quai sich winden, wo die Bäume des Blumenquais ragen und wo von dieser Zeit nichts weiter aufrecht steht als der hohe und berühmte Gerichtspalastturm, von dem aus das Zeichen für die Bartholomäusnacht gegeben wurde. Eine seltsame Sache! Eines der am Fuße dieses damals von hölzernen Butiken umgebenen Turmes liegenden Häuser, das Lecamussche, sollte eines der Geschehnisse aufkeimen sehen, welche diese Nacht des Niedermetzelns vorbereiteten, die dem Calvinismus unglücklicherweise mehr zum Vorteil gereichte, als verhängnisvoll ward. Im Augenblick, wo diese Geschichte anhebt, versetzte die Kühnheit der neuen Religionslehren Paris in Gärung. Ein

Schottländer namens Stuart hatte gerade den Präsidenten Minard, jenes der Parlamentsmitglieder, ermordet, welchem die öffentliche Meinung die größte Schuld an der Höllenstrafe des Rates Anne von Bourg beimaß. Auf dem Grèveplatze war er nach dem Kleidermacher des seligen Königs, den Heinrich der Zweite und Diana von Poitiers in ihrer Gegenwart auf die Folter hatten spannen lassen, verbrannt worden. Paris war so überwacht, daß Häscher Vorübergehende zwangen, vor der Madonna zu beten, um die Ketzer ausfindig zu machen, die sich widerwillig dazu herbeiließen oder eine Handlung, die ihrer Überzeugung entgegen war, gar verweigerten.

Die beiden Häscher, welche die Ecke des Lecamusschen Hauses innegehabt hatten, waren eben fortgegangen; also hätten Christoph, des Kürschners Sohn, der in dem lebhaftesten Verdachte stand, dem Katholizismus abtrünnig zu werden, ausgehen können, ohne fürchten zu müssen, daß sie ihn der Jungfrau Bild anbeten ließen. Um sieben Uhr abends brach im April 1560 die Nacht herein. Als die Lehrlinge keinen Menschen mehr unter den Lauben der rechten und linken Straßenseite gehen sahen, trugen sie die zur Auswahl ausliegenden Waren hinein, um Laden und Haus zu schließen. Christoph Lecamus, ein feuriger zweiundzwanzigjähriger junger Mann, stand auf der Türschwelle und war anscheinend damit beschäftigt, die Lehrlinge zu beaufsichtigen.

„Herr," sagte einer von ihnen zu Christoph, auf einen Mann hindeutend, der mit unentschiedener Miene unter der Galerie auf und nieder schritt, „das ist vielleicht ein Dieb oder ein Spion; auf jeden

Fall aber kann dieser Lumpenkerl kein anständiger Mensch sein: wenn er etwas Geschäftliches mit uns zu sprechen hätte, würde er offen zu uns treten, statt hinundher zu schwänzeln, wie ers tut... Und welch eine Miene er macht!" fügte er, den Unbekannten nachäffend, hinzu. „Wie er die Nase in seinen Mantel steckt! Welch ein gelbes Auge, welch eine Hungerleidermiene er hat!"

Als der also von dem Lehrling geschilderte Unbekannte Christoph allein auf der Ladenschwelle sah, verließ er schnell die entgegengesetzte Laube, unter der er lustwandelte, kam quer über die Straße, trat unter den Laubengang des Lecamusschen Hauses und erreichte den jungen Mann, den Laden entlang gehend, ehe die Lehrlinge noch zurückkehrten, um die Fensterläden zu schließen.

„Ich bin Chaudieu!" sagte er mit leiser Stimme.

Als Christoph den Namen eines der berühmtesten Diener und der ergebensten Schauspieler des schrecklichen, die Reformation genannten, Dramas hörte, zitterte er wie ein treuer Bauer, seinen verkleideten König erkennend, gezittert haben würde.

„Ihr wollt vielleicht Pelze sehen?... Wiewohl es beinahe Nacht ist, will ich Euch selber welche zeigen", sagte Christoph, um die Lehrlinge hinters Licht zu führen, als er sie in seinem Rücken hörte.

Mit einer Handbewegung forderte er den Prediger auf näher zu treten; der aber erwiderte ihm, daß er sich lieber draußen mit ihm unterhalten wolle. Christoph holte seine Mütze und folgte dem Schüler Calvins.

Wiewohl er durch ein Edikt verbannt worden war, kam und ging Chaudieu als geheimer Bevollmächtigter Theodor von Bezas und Calvins, die von Genf aus die französische Reformation leiteten, indem er der grausamen Todesstrafe trotzte, zu der im Einverständnis mit Kirche und Königtum das Parlament, um ein schreckliches Exempel zu statuieren, eines seiner Mitglieder, den berühmten Anne von Bourg, verurteilt hatte. Dieser Prediger, der einen Hauptmann, einen der besten Soldaten des Admirals Coligny, zum Bruder hatte, war einer der Arme, womit Calvin Frankreich zu Beginn des zweiundzwanzigjährigen Religionskrieges, der damals gerade vorm Aufflammen stand, aufrüttelte. Dieser Prediger war eines jener heimlichen Triebwerke, durch welche man sich die riesige Aktion der Reformation am besten zu erklären vermag.

Chaudieu ließ Christoph auf einem unterirdischen Wege, ähnlich der Arche Marion, die vor etwa zehn Jahren zugeschüttet ward, an den Rand des Wassers hinabsteigen. Diese Passage lag zwischen dem Lecamusschen und dem Nachbarhause, befand sich unter der alten Kürschnerstraße und hieß die Fellhändlerbrücke. In Wirklichkeit war sie dazu da, daß die Färber der Altstadt ihre Garne, ihre Seiden und ihre Stoffe waschen konnten. Eine kleine Barke lag dort, von einem einzigen Schiffer bewacht und geführt. Am Bug stand ein Unbekannter von niedriger Statur; er war sehr einfach gekleidet. In einem Augenblick war die Barke inmitten der Seine, der Schiffer lenkte sie unter einen der Holzbogen der Wechslerbrücke, wo er sie hurtig an einem Eisenring festmachte. Noch hatte niemand etwas gesprochen.

"Hier können wir ohne Furcht reden, hier gibt's

weder Spione noch Verräter", erklärte Chaudieu, die beiden Unbekannten anschauend. „Seid Ihr voll jener Ergebenheit, welche Märtyrer beseelen muß? Seid Ihr bereit, um unserer heiligen Sache willen alles zu erdulden? Habt Ihr Furcht vor den Höllenstrafen, welche des seligen Königs Schneider und der Rat von Bourg erlitten haben und die der meisten von uns harren?" fragte er Christoph, ihm ein strahlendes Antlitz weisend.

„Ich werde mich zum Evangelium bekennen", antwortete Lecamus einfach, zu des Hinterladens Fenstern aufschauend. Die häusliche Lampe war auf den Tisch gesetzt worden, an welchem sein Vater zweifellos seine Handelsbücher wälzte, und erinnerte ihn mit ihrem Leuchten an die Familienfreuden und das friedliche Leben, worauf er Verzicht leistete. Es war eine schnell vorübergehende, aber vollkommene Vision. Der junge Mann umspannte mit seinem Blick dies Stadtviertel voll bürgerlicher Harmonie, wo seine glückliche Kindheit verstrichen war, wo Babette Lallier, seine Braut, lebte, wo alles ihm ein süßes und ausgefülltes Dasein vorhersagte. Er sah die Vergangenheit, sah seine Zukunft und opferte alles oder setzte zum mindesten alles aufs Spiel. So waren die Menschen jener Zeit.

„Gehen wir nicht weiter," sagte der gebieterische Schiffer; „wir erkennen ihn als einen unserer Heiligen an! Wenn der Schottländer nicht den Streich geführt hätte, würde er den ruchlosen Präsidenten Minard getötet haben."

„Ja", sagte Lecamus. „Mein Leben gehört der Kirche, und mit Freuden geb ich es für den Triumph der Reformation her, über die ich ernsthaft nachgedacht habe. Ich weiß, was wir für das Glück der Völker tun. In zwei Worten: der Papismus führt zum Zölibat und die Reformation führt zur Familie. Zeit ist's, Frankreich von seinen Mönchen abzuraupen und ihre Güter der Krone zurückzugeben, die sie früher oder später der Bourgeoisie verkaufen wird. Für unsere Kinder und um unsere Familien eines Tages frei und glücklich zu sehen, wissen wir zu sterben."

Des jungen Enthusiasten, Chaudieus, des Schiffers und des auf der Bank sitzenden Unbekannten Antlitz, erhellt von den letzten Gluten der untergehenden Sonne, bildeten ein Gemälde, das um so mehr beschrieben werden muß, als diese Beschreibung die ganze Geschichte jener Zeit umspannt, wenn es wahr ist, daß es gewissen Menschen gegeben ist, den Geist ihres Jahrhunderts in sich zusammenzufassen.

Die von Luther in Deutschland, von Johann Knox in Schottland, von Calvin in Frankreich angestrebte religiöse Reform bemächtigte sich hauptsächlich der unteren Volksklassen, die ihr Gedanke durchdrungen hatte. Große Herren unterstützten diese Bewegung nur, um Interessen zu dienen, die der religiösen Sache fremd waren. Mit diesen verschiedenen Parteien verbanden sich Abenteurer, ruinierte Edelleute und die jüngeren Söhne, die nichts zu verlieren hatten.

Bei den Handwerkern aber und den Leuten vom Handel war der Glaube aufrichtig und basierte auf Berechnung. Die arme Bevölkerung hing sofort einer Religion an, welche dem Staate die Kirchengüter zurückgab, welche die Klöster kassierte und der Kirche Würdenträger ihrer ungeheuren Ein-

künfte beraubte. Der ganze Handelsstand überschlug die Wohltat dieser religiösen Handlung und weihte sich ihr mit Körper, Seele und Börse. Bei den jungen Leuten des französischen Bürgertums aber begegnete die Predigt jener edlen Lust an Opfern jeglicher Art, welche die Jugend beseelt, die keinen Egoismus kennt. Hervorragende Männer, durchdringende Geister — und auf solche stößt man stets inmitten der Massen — errieten die Republik in der Reformation und wollten in ganz Europa die Herrschaft der vereinigten Niederlande errichten, die endlich in ihrem Kampfe gegen die größte Macht dieser Zeit, gegen Spanien, das von Philipp dem Zweiten regiert und in den Niederlanden vom Herzoge von Alba repräsentiert ward, triumphierten. Jean Hotoman brütete damals über seinem diesen ganzen Plan enthaltenden berühmten Buche, das in Frankreich den Sauerteig dieser Ideen bildete, die von der Liga von neuem aufgenommen, von Richelieu und dann von Ludwig dem Vierzehnten unterdrückt wurden, mit den Nationalökonomen, mit den Ezyklopädisten unter Ludwig dem Fünfzehnten aber wieder auftauchten. Stets von den Seitenlinien der Königsfamilie unterstützt, 1789 vom Hause Orleans wie von dem Hause Bourbon 1589 protegiert, brachen sie sich unter Ludwig dem Sechzehnten Bahn. Wer sich zur Prüfung bekennt, bekennt sich zur Empörung. Jede Empörung aber ist entweder der Mantel, unter welchem sich ein Fürst verbirgt, oder die Windel einer neuen Herrschaft. Das Haus von Bourbon, die jüngeren Söhne der Valois, rührten sich auf dem Hintergrunde der Reformation.
In dem Momente, wo die Barke unter dem Bogen

der Wechslerbrücke schwamm, war die Frage durch den Ehrgeiz der Guisen, die mit den Bourbonen rivalisierten, seltsam verwickelt worden. Konnte die Krone, die dreißig Jahre lang von Katharina von Medici repräsentiert ward, auch den Kampf bestehen, wenn sie die einen gegen die anderen ausspielte? Später aber lag die Krone, anstatt von mehreren Händen hin und her gezerrt zu werden, ohne durch eine Schranke geschützt zu sein, vor dem Volke, denn Richelieu und Ludwig der Vierzehnte hatten die des Adels niedergekämpft, Ludwig der Fünfzehnte die des Parlaments niedergerissen. Wenn ein König dann allein dem Volke gegenübersteht, wie es Ludwig der Sechzehnte tat, muß er immer unterliegen.

Sehr gut repräsentierte Christoph Lecamus den hitzigen und hingebungsvollen Teil des Volkes: sein bleiches Antlitz hatte jene grelle und lebhafte Hautfarbe, die bestimmt blonde Menschen auszeichnet. Seine Haare spielten ins Messinggelb. Seine graublauen Augen funkelten; nur in ihnen spiegelte sich seine schöne Seele,— denn sein schlecht umrissenes Gesicht verdeckte die Unregelmäßigkeit seiner etwas dreieckigen Kopfform nicht,—mit jener edlen Miene, welche Menschen von Erziehung sich zu geben wissen. Seine niedrige Stirne kündigte nichts als große Energie an. Nur in seiner etwas eingefallenen Brust schien das Leben seinen Anfang zu nehmen. Mehr Nervenmensch als Sanguiniker bot Christoph dem Blick eine aderige, magere, aber feste Fleischlichkeit dar. Seine spitze Nase verriet volkstümliche Schlauheit, wie seine Physiognomie auf eine Intelligenz schließen ließ, die wohl imstande war, sich auf einen Punkt im

Umkreise zu konzentrieren, ohne die Fähigkeit zu besitzen, dessen Spannweite zu überblicken. Seine Augen, deren bogenförmige, kaum mit weißem Flaum bedeckte Braue wie ein Wetterdach vorsprang, wurden von einem blaßblauen Bande lebhaft eingekreist. Leuchtend weiß schimmerten sie an der Nasenwurzel, was fast immer auf eine maßlose Exaltation hindeutet. Sehr wohl konnte Christoph das Volk darstellen, das sich hingibt, das kämpft und sich täuschen läßt; geistig genug war er, um eine Idee zu begreifen und ihr zu dienen, allzu vornehm, um einen Nutzen aus ihr zu ziehen, und zu edelmütig, um sich zu verschachern.

An Ehren Lecamus' einzigen Sohnes Seite stellte Chaudieu, jener hitzige, durch Nachtwachen abgezehrte Prediger mit braunen Haaren, mit gelber Hautfarbe, der kriegerischen Stirne, dem beredten Munde, den braunen Flammenaugen, dem kurzen edlen Kinn sehr wohl jenen Christenglauben vor, welcher der Reformation so viele fanatische und ehrliche Seelenhirten zuführte, deren Geist und Mut die Völker entflammte. Calvins und Theodor von Bezas Adjutant stach wunderbar gegen den Kürschnersohn ab. Wahrlich stellte er die lebendige Ursache dar, deren Wirkung sich an Christoph zeigte. Besser würde man sich den anfeuernden Führer der Volksmaschinen nicht vorstellen können.

Der Schiffer, ein ungestümer, in frischer freier Luft gebräunter Mann, der im Tau der Nächte und bei den Feuern des Tages gestählt war, mit geschlossenem Munde, der schnellen Geste, dem Orangeauge, das hungrig ist wie das eines Geiers,

und mit den schwarzen krausen Haaren stellte gut
den Abenteurer dar, der alles an eine Sache setzt,
wie der Spieler sein Vermögen auf eine Karte.
Alles an ihm offenbarte schreckliche Leidenschaften und einen Mut, der vor nichts zurückweicht.
Seine zähen Muskeln waren wie geschaffen, um
ebensowohl Schweigen zu gebieten, als auch zum
Reden zu bringen. Er besaß eine mehr kühne als
edle Miene. Seine stolze, wiewohl schmale Nase
trachtete nach Kampf. Zu jedweder Zeit hätte man
ihn für ein Parteihaupt gehalten. Hätte es damals
keine Reformation gegeben, würde er Pizarro, Ferdinand Cortez oder Morgan der Würger, irgendeine gewalttätige Natur gewesen sein.
Der auf einer Bank sitzende, in seinen Mantel ein-
gehüllte Unbekannte gehörte augenscheinlich der
höchsten Gesellschaftsklasse an. Die Feinheit seiner Wäsche, der Schnitt, der Stoff und der Duft
seiner Kleidung, Form und Leder seiner Handschuhe deuteten auf einen Hofmann, so wie seine
Pose und Kühnheit, seine Ruhe und sein Blick
den Krieger verkündeten. Sein Anblick wirkte sofort beruhigend und forderte zum Respekt heraus. Man respektiert einen Menschen, der sich
selbst respektiert. Klein und bucklig, wie er war,
machte sein Anstand im Nu die Nachteile seiner
Gestalt wett. War das Eis einmal gebrochen, so
besaß er eine frohe Entschiedenheit und eine un-
beschreibliche Munterkeit, die ihn jedem liebens-
wert machte. Er hatte blaue Augen, die Hakennase
des Hauses Navarra und den spanischen Schnitt
jenes so stark akzentuierten Gesichtes, welches der
Typ der Bourbonenkönige werden sollte.
Kurz, die Szene gewann eine ungeheure Bedeutung.

„Nun also", sagte Chaudieu im Augenblicke, da der junge Lecamus seinen Satz beendigte; „dieser Fährmann ist la Renaudie; und hier der gnädige Herr, der Prinz von Condé", fügte er, auf den kleinen Buckligen weisend, hinzu.

So repräsentieren diese vier Männer des Volkes Glauben, die Klugheit des Wortes, des Soldaten Hand und das im Dunkel verborgene Königtum.

„Ihr sollt wissen, was wir von Euch erwarten", fuhr der Prediger fort, nachdem er eine kleine Pause für das Erstaunen des jungen Lecamus gelassen hatte. „Damit Ihr keinen Irrtum begeht, sehen wir uns genötigt, Euch in die wichtigsten Geheimnisse der Reformation einzuweihen."

Der Prinz und la Renaudie setzten des Predigers Wort durch eine Geste fort. Der aber hatte geschwiegen, um den Prinzen, wenn er wollte, selber reden zu lassen. Wie alle großen Herren, die sich in Komplotte eingelassen haben und deren System darin besteht, sich erst im entscheidenden Augenblicke zu zeigen, wahrte der Prinz Schweigen, nicht aus Feigheit: in solcher Lage der Dinge war er die Seele der Verschwörung, schreckte vor keiner Gefahr zurück und setzte sein Haupt aufs Spiel. Doch einer Art königlicher Würde zufolge überließ er die Erklärung dieses Unternehmens dem Prediger und begnügte sich damit, das neue Instrument, dessen man sich bedienen mußte, zu studieren.

„Mein Kind," sagte Chaudieu in der Sprache der Hugenotten, „wir wollen der römischen Hure eine erste Schlacht liefern. In einigen Tagen werden unsere Streiter auf den Blutgerüsten sterben oder die Guisen haben zu leben aufgehört. Bald also werden der König und die beiden Königinnen sich in unserer Macht befinden. Das ist das erste zu den Waffen Greifen unserer Religion in Frankreich, und Frankreich wird die Waffen erst niederlegen, wenn es völlig besiegt worden ist: es handelt sich um die Nation, müßt Ihr verstehn, und nicht um das Königtum. Die meisten Großen des Königreichs sehen es in dem Kardinal von Lothringen und dem Herzoge, seinem Bruder, oder wollen, daß sie es erlangen. Unter dem Vorwande, die katholische Religion zu verteidigen, will das Haus Lothringen die Krone Frankreichs als sein Erbteil reklamieren. Auf die Kirche sich stützend, hat es sie zu einem furchtbaren Verbündeten gemacht, es hat die Mönche als Stützen, als Helfershelfer, als Spione. Als Vormund des Hauses Valois, welches es zu vernichten gedenkt, wirft es sich zum Schützer des Thrones auf, den es sich anmaßen will. Wenn wir uns entschließen, die Waffen zu ergreifen, so geschieht es, weil es sich zur nämlichen Zeit um die in gleicher Weise bedrohten Freiheiten des Volkes und Interessen des Adels handelt. Ersticken wir in seinen Anfängen einen ebenso verhaßten Aufstand wie den der Bourguignonen, die ehedem Paris und Frankreich in Feuer und Blut tauchten. Eines Ludwigs des Elften bedurfte es, um dem Streite der Bourguignonen und der Krone ein Ende zu bereiten; heute aber wird ein Prinz von Condé die Lothringer zu verhindern wissen, einen ähnlichen heraufzubeschwören. Es ist kein Bürgerkrieg, sondern ein Zweikampf zwischen den Guisen und der Reformation, ein Kampf auf Leben und Tod: wir werden ihre Köpfe heruntergeschlagen, oder sie werden unsere abmähen."

„Wohl gesprochen!" rief der Prinz.

„Unter sotanen Umständen, Christoph," fügte la Renaudie hinzu, „wollen wir nichts versäumen, um unsere Partei zu stärken; denn es gibt eine Partei in der Reformation, die Partei der verletzten Interessen, der den Lothringern aufgeopferten Adligen, der alten Hauptleute. Übel hat man denen in Fontainebleau mitgespielt: der Kardinal verbannte sie, indem er Galgen errichten ließ, um die daran aufzuhängen, welche vom Könige Geld für ihre Musterung und den rückständigen Sold verlangten."

„Das, mein Kind," fuhr Chaudieu fort, als er ein gewisses Entsetzen bei Christoph bemerkte, „verpflichtet uns, mit den Waffen anstatt durch Überzeugung und Martyrium zu kämpfen. Die Königin-Mutter steht im Begriff auf unsere Pläne einzugehen; nicht daß sie abschwören will, so weit ist sie noch nicht, wird aber vielleicht durch unseren Triumph dazu gezwungen werden. Wie immer dem auch sein möge, gedemütigt und verzweifelt wie sie ist, die Macht, die sie nach des Königs Tode auszuüben hoffte, in der Guisen Hände übergehen zu sehen, erschreckt über den Einfluß, welchen die junge Königin Maria, der Guisen Nichte und Bundesgenossin, erringt, muß die Königin Katharina geneigt sein, ihre Hilfe den Fürsten und edlen Männern angedeihen zu lassen, die, um sie zu befreien, einen Handstreich wagen wollen. Wiewohl sie anscheinend den Guisen in diesem Momente ergeben ist, haßt sie sie, wünscht sie ihr Verderben und wird sich unserer wider sie bedienen; der gnädige Herr aber wird sich ihrer wider uns bedienen. Die Königin-Mutter wird ihre Einwilligung zu unseren Plänen geben. Für uns werden wir den Konnetabel haben, den der gnädige Herr eben in Chantilly getroffen hat, der sich aber nur auf seiner Herren Befehl rühren will. Da er des gnädigen Herrn Oheim ist, wird er ihn niemals in der Klemme sitzen lassen, und der edle Prinz will sich ungesäumt in die Gefahr stürzen, damit Anne von Montmorency sich entscheidet. Alles ist bereit, und wir haben ein Auge auf Euch geworfen, um der Königin Katharina unseren Bündnisvertrag, die geplanten Edikte und die Basen der neuen Regierung mitzuteilen. Der Hof ist in Blois. Viele der Unsrigen sind gleichfalls dort; die aber sind unsere künftigen Häupter und dürfen wie der gnädige Herr", sagte er, auf den Prinzen zeigend, „niemals beargwöhnt werden. Wir alle müssen uns für sie opfern. Die Königin-Mutter und unsere Freunde sind Gegenstand einer so genauen Überwachung, daß man unmöglich eine bekannte oder einigermaßen gewichtige Persönlichkeit als Mittelsmann benutzen kann. Sofort würde sie in Verdacht geraten und sich nicht mit Frau Katharina in Verbindung setzen können. Gott schuldet uns in diesem Augenblick den Hirten David und seine Schleuder, um Goliath von Guise anzugreifen. Euer Vater — zu seinem Unglück ist er ein guter Katholik — ist Kürschner der beiden Königinnen und hat ihnen immer irgendwelchen Putz abzuliefern. Setzt es durch, daß er Euch an den Hof schickt. Ihr werdet keinen Argwohn erwecken und die Königin Katharina in keiner Weise bloßstellen. Mit ihrem Kopfe könnten alle unsere Führer eine Unvorsichtigkeit bezahlen, die glauben ließe, daß die Königin-Mutter mit ihnen unter einer Decke stecke. Da wo die Großen, einmal ertappt, die Aufmerksamkeit auf sich lenken, hat das für einen Kleinen wie Euch gar keine Folgen. Seht, die Guisen haben so viele Spione, daß wir nur den Fluß für uns hatten, um furchtlos miteinander plaudern zu können. Ihr nun, mein Sohn, seid wie die Schildwache verpflichtet, auf Eurem Posten zu sterben. Wisset: wenn Ihr überrumpelt werdet, lassen wir alle Euch im Stich; wenn es sein muß, wollen wir Schimpf und Schande auf Euch werfen. Im Notfalle werden wir sagen, Ihr wäret eine Kreatur der Guisen, welche Euch diese Rolle spielen ließen, um uns zu verderben. Also fordern wir ein gänzliches Opfer."

„Wenn Ihr umkommen solltet," sagte der Prinz von Condé, „wird Eure Familie – dafür verpfände ich Euch mein Edelmannswort – dem Hause Navarra heilig sein, ich werde sie in meinem Herzen tragen und ihr in jeder Sache dienen."

„Dies Wort, mein Prinz, genügt bereits", antwortete Christoph, ohne daran zu denken, daß dieser Aufwiegler ein Gaskogner war. „Wir leben in Zeiten, wo jedweder, Fürst oder Bürgersmann, seine Schuldigkeit tun muß."

„So spricht ein echter Hugenott. Wenn alle unsere Männer so wären," sagte la Renaudie, ein Hand auf Christophs Schulter legend, „würden wir morgen die Herren sein."

„Junger Mann," fuhr der Prinz fort, „ich hab' Euch zeigen wollen, daß, wenn Chaudieu predigt, wenn der Edelmann sich waffnet, der Fürst losschlägt. Alle Einsätze sind also bei dieser heißen Partie gleich."

„Hört," sagte la Renaudie, „ich werd' Euch die Papiere erst in Beaugency geben, man darf sie während der ganzen Reise nicht gefährden. Finden sollt Ihr mich am Hafen: mein Gesicht, meine Stimme, meine Kleider werden so verändert sein, daß Ihr mich nicht wiedererkennen sollt. Doch werd' ich zu Euch sagen: Seid Ihr ein flinker Mensch? Und Ihr sollt mir antworten: Zu dienen bereit. Was die Ausführung anlangt, so sind hier die Mittel und Wege. Im ‚schäumenden Schoppen', nahe bei Saint-Germain l'Auxerrois, werdet Ihr ein Pferd finden. Dort sollt Ihr nach Johann dem Bretonen fragen, der Euch in den Stall führen und Euch einen meiner Klepper geben wird, die dafür bekannt sind, daß sie ihre dreißig Meilen in acht Stunden machen. Geht durch das Bussytor hinaus, der Bretone hat einen Paß für mich, nehmt ihn für Euch und macht zu und beseht Euch die Städte von allen Seiten. In der Dämmerung könnt Ihr so nach Orleans kommen."

„Und das Pferd?" fragte der junge Lecamus.

„Vor Orleans wird es nicht krepieren", antwortete la Renaudie. „Laßt es beim Eingang in die Vorstadt Bannier zurück, denn die Tore sind gut bewacht, man soll keinen Argwohn erwecken. Euch, mein Freund, liegt's ob, Eure Rolle gut zu spielen. Ihr werdet eine Fabel erfinden, welche Euch am tauglichsten zu sein scheint, um nach dem dritten Hause linker Hand, wenn man Orleans betritt, zu gelangen. Es gehört einem gewissen Tourillon, einem Handschuhmacher. Dreimal sollt Ihr an die Tür pochen mit dem Rufe: Dienst der Herrn von Guise! Dem Anscheine nach ist der Mann ein wütender Guisenanhänger, doch nur wir vier wissen, daß er einer der Unsrigen ist. Er wird Euch einen ergebenen Fährmann bringen, einen anderen Guisenfreund, von seinem Schlage, wohl verstanden. Geht sofort zum Hafen hinunter. Dort sollt Ihr Euch in einem grüngestrichenen und weißbordierten Fahrzeuge einschiffen. Morgen früh, so um die Mittagszeit, werdet Ihr zweifelsohne in Beaugency anlegen. Dort will ich Euch eine Barke vorfinden lassen, in welcher Ihr ohne Gefahr zu laufen nach Blois fahrt. Unsere Feinde, die Guisen, bewachen nicht die Loire, sondern nur die Tore. Also werdet Ihr die Königin noch an dem Tage oder am anderen Morgen sehen können."

„Eure Worte sind hier eingemeißelt", sagte Christoph, auf seine Stirn weisend.

Chaudieu umarmte sein Kind, auf das er stolz war, mit einer merkwürdigen religiösen Wärme.

„Gott wache über dir!" sagte er, auf den Sonnenuntergang hindeutend, welcher die alten schindelbedeckten Dächer rot färbte und seine Strahlen durch den Wald von Pfahlwerk schickte, wo die Gewässer glucksten.

„Ihr seid vom Stamme des alten Jacques Bonhomme, der die aufrührerischen Bauern führte", sagte la Renaudie zu Christoph. Er drückte ihm fest die Hand.

„Wir werden uns wiedersehen, mein Herr", sagte der Prinz zu ihm. Er machte eine unendlich anmutige Handbewegung, worin etwas fast Freundschaftliches lag.

Ein Ruderstoß und la Renaudie setzte den jungen Verschwörer bei einer Treppenstufe, die ins Haus führte ab. Die Barke verschwand sofort unter den Bögen der Wechslerbrücke.

Christoph rüttelte an dem Eisengitter, welches die Treppe nach der Flußseite hin absperrte, und rief. Mademoiselle Lecamus hörte ihn, öffnete eines der Fenster im Hinterladen und fragte ihn, wie er dorthin käme. Christoph erwiderte, ihn fröre und man solle ihn zuerst einmal einlassen.
„Herr," sagte die Burgundermagd, „durch die Straßentüre seid Ihr fortgegangen und kehrt durch die Wasserpforte zurück? Euer Vater wird sich schön ärgern."
Betäubt durch eine vertrauliche Beratung, die ihn mit dem Prinzen Condé, la Renaudie und Chaudieu in Beziehung gebracht hatte, und noch mehr bewegt von dem Schauspiel des bevorstehenden Bürgerkrieges, antwortete Christoph nichts. Schnell ging er aus der Küche in den Hinterladen hinauf. Als aber seine Mutter, eine alteingefleischte Katholikin, ihn sah, konnte sie ihren Zorn nicht zurückhalten.
„Ich wette, die drei Männer, mit denen du plaudertest, waren Ref...?" fragte sie.
„Schweig doch still, Frau", sagte der kluge Greis mit weißen Haaren, welcher in einem dicken Buche blätterte... „Ihr großen Nichtstuer," fuhr er fort, sich an drei junge Burschen wendend, die schon lange mit dem Abendessen fertig waren, „was wartet ihr noch, um schlafen zu gehen? Es ist acht Uhr, ihr müßt um fünf in der Frühe aufstehn. Übrigens habt ihr dem Präsidenten von Thou noch Mütze und Mantel hinzubringen. Geht alle drei hin und nehmt eure Stöcke und eure Rapiere mit. Wenn ihr Windbeuteln gleich euch begegnet, seid ihr wenigstens in der Übermacht."
„Muß nicht auch die Hermelinschaube fortgebracht werden, welche die junge Königin heischte?

Sie soll im Hotel de Soissons abgegeben werden, von wo aus ein Expreß nach Blois an die Königin-Mutter geht!" fragte der Gehilfen einer.

„Nein", sagte der Syndikus. „Die Rechnung der Königin Katharina beläuft sich auf dreitausend Taler; schließlich müßte man sie doch kriegen; ich gedenke nach Blois zu reisen."

„Lieber Vater, ich werd' nicht leiden, daß Ihr bei Eurem Alter und bei dem jetzt herrschenden Wetter Euch den Fährnissen der Wege aussetzt. Ich bin zweiundzwanzig Jahre alt, Ihr könnt mich dazu gebrauchen"; sagte Christoph, die Schachtel beäugend, worinnen die Schaube sein mußte.

„Seid ihr an der Bank festgelötet", rief der Alte den Lehrlingen zu, die schnell nach ihren Rapieren, ihren Mänteln und Herrn von Thous Pelzwerk griffen.

Folgenden Morgens erhielt nämlich im Palais das Parlament diesen berühmten Mann als seinen Präsidenten, der, nachdem er das Todesurteil des Rates du Bourg unterzeichnet hatte, ehe das Jahr zur Neige ging, dem Prinzen von Condé das Urteil sprechen sollte.

„Burgunderin, geht," sagte der Alte, „und fragt meinen Gevatter Lallier, ob er mit uns zu Abend essen will. Er mag für den Wein sorgen, wir wollen die Speisen liefern. Sagt ihm vor allen Dingen, er solle seine Tochter mitbringen."

Der Syndikus der Kürschnerzunft war ein schöner sechzigjähriger Greis mit weißen Haaren und breiter offener Stirn. Da er seit vierzig Jahren Hofkürschner war, hatte er alle Revolutionen der Regierung Franz' des Ersten erlebt und sich trotz der Weiberrivalitäten in seinem königlichen Patente gehalten. Zeuge war er gewesen von der Ankunft der jungen Katharina von Medici bei Hofe, kaum fünfzehnjährig war die damals gewesen. Gesehen hatte er, wie sie hinter der Herzogin von Estampes, ihres Schwiegervaters Geliebten, zurückstehen mußte; zurückstehen mußte sie hinter der Herzogin von Valentinois, ihres Gatten, des verstorbenen Königs, Geliebten. Mit Anstand aber hatte der Kürschner sich aus den verschiedenen Phasen herausgezogen, in welchen die Kaufleute des Hofes so häufig die Ungnade der Geliebten auf sich luden. Seine Klugheit glich seinem Glück. Er verharrte in einer grenzenlosen Demut. Niemals hatte die Hoffart ihn in ihren Schlingen verstrickt. Dieser Kaufherr machte sich so klein, so sanftmütig, so gefällig, so arm bei Hofe, vor den Prinzessinnen, den Königinnen und den Favoritinnen, daß seine Bescheidenheit und Biederkeit ihm das Schild seines Hauses bewahrt hatten. Eine derartige Politik bewies zur Genüge den schlauen und scharfsinnigen Mann. So bescheiden er draußen schien, so despotisch war er zu Hause; bei sich war er absolut. Sehr verehrt wurde er von seinen Berufsgenossen, und da er seit langem den ersten Platz in seinem Handelszweige einnahm, war er natürlich sehr angesehen. Übrigens leistete er gern gute Dienste, und unter denen, die er geleistet, ist unstreitig einer der auffälligsten die Unterstützung, die er lange Zeit über dem berühmtesten Chirurgen des fünfzehnten Jahrhunderts, Ambrosius Paré, gewährte. Ihm hatte der es zu verdanken, daß er sich seinen Studien widmen konnte. Bei allen Schwierigkeiten, die unter Kaufleuten eintraten, zeigte Lecamus sich konziliant. Auch befestigte die allgemeine Schätzung seine Stellung unter seinesgleichen, wie sein scheinbarer Charakter ihm des Hofes Gunst bewahrte. Nachdem er aus Politik in seiner Pfarrei nach den Ehren des Kirchenvorstandes gehascht hatte, tat er das Notwendige, um im guten Geruch der Heiligkeit bei dem Pfarrer von Saint-Pierre aux Boeufs zu bleiben, der ihn für einen Mann hielt, der sich der katholischen Religion mit Leib und Seele verschrieben hatte. Auch ward er zur Zeit der Einberufung der Generalstände dank dem Einflusse der Pariser Pfarrer, welcher zu der Zeit unbeschreiblich groß war, einstimmig zum Repräsentanten des dritten Standes gewählt. Dieser Greis war einer jener heimlichen und kraß ehrgeizigen Männer, die sich zwanzig Jahre lang vor jedem bücken, indem sie von Posten zu Posten gleiten, ohne daß man eigentlich weiß, wie sie dazu gekommen sind; die dann aber ruhig an einem Ziele dasitzen, auf das selbst der kühnste nicht zu Beginn des Lebens ein Augenmerk zu richten wagen würde: so groß war die Entfernung, so viele Abgründe waren zu überschreiten, in die man doch hineinfallen konnte! Lecamus, der heimlich ein riesiges Vermögen besaß, wollte keine Gefahr laufen und bereitete seinem Sohn eine glänzende Zukunft vor. Statt jenen persönlichen Ehrgeiz zu besitzen, welcher die Zukunft so häufig der Gegenwart opfert, besaß er den Familienehrgeiz — ein heute abhanden gekommenes Gefühl, da es durch die törichte Verfügung unserer Gesetze über die Erbschaft erstickt worden ist. Als ersten Präsidenten sah Lecamus sich im Pariser Parlament in der Person seines Enkels.

Christoph, dem Patenkind des berühmten Historikers Thou, war die solideste Erziehung zuteil geworden. Doch hatte sie ihn zum Zweifel und zur Prüfung geführt, die bei den Studenten und den Fakultäten der Universität um sich griffen.
In diesem Augenblick lag Christoph seinen Studien ob, um als Advokat zu debutieren und damit die erste Stufe des Richterstandes zu erklimmen. Der alte Kürschner spielte hinsichtlich seines Sohnes den Unschlüssigen; bald wollte er Christoph allem Anscheine nach zu seinem Nachfolger machen, bald sollte er Advokat werden. Im Ernste zielte sein Ehrgeiz danach, diesem Sohne eine Ratstelle im Parlament zu verschaffen. Der Kaufherr wollte die Familie Lecamus zu dem Range jener alten und berühmten Pariser Bürgerfamilien erheben, aus welchen die Pasquier, die Molé, die Miron, die Sequier, Lamoingnon, du Tillet, Lecoigneux, die Goix, die Arnauld, die berühmten Schöffen und die großen Vorsteher der Kaufmannschaft hervorgegangen sind, unter denen der Thron so viele warme Verteidiger fand. Damit Christoph seinen Rang eines schönes Tages auch behaupten könne, wollte er ihn mit der Tochter des reichsten Goldschmieds der Altstadt, seines Gevatters Lallier, verheiraten, dessen Neffe Heinrich dem Vierten die Schlüssel von Paris darreichen sollte. Der Plan, welchen dieser Bürger in seines verschwiegenen Herzens geheimstem Kämmerchen hätschelte, ging darauf hinaus, die Hälfte seines und die Hälfte von des Goldschmieds Vermögen für den Erwerb einer großen und schönen adligen Besitzung zu verausgaben, was zu jenen Zeiten eine schwierige und lange Zeit in Anspruch nehmende

Angelegenheit war. Dieser tiefe Politiker kannte aber seine Zeit zu gut, als daß er nicht um die großen sich vorbereitenden Bewegungen gewußt hätte. Er sah gut und sah richtig, indem er die Spaltung des Königreichs in zwei Feldlager vorausahnte. Die zwecklosen Hinrichtungen auf dem Wippgalgenplatze, die Tötung des Schneiders Heinrichs des Zweiten, die des Rates Anne du Bourg, welche noch neueren Datums war, das augenblickliche Einverständnis der großen Herren, das einer Favoritin unter Franz' des Ersten Herrschaft mit den Reformierten waren schreckliche Anzeichen. Was immer auch kommen sollte, der Kürschner war fest entschlossen, katholisch, königstreu und Parlamentsmitglied zu bleiben. Ganz im stillen paßte es ihm aber, daß sein Sohn der Reformation angehörte. Er wußte sich reich genug, um Christoph loszukaufen, wenn er sich allzusehr bloßstellen sollte. Wenn Frankreich dann aber calvinistisch werden sollte, konnte sein Sohn seine Familie bei einem jener furchtbaren Pariser Aufstände retten, deren Erinnerung in dem Bürgertume lebte, das sie während vier Regierungen immer wieder neu anzetteln sollte. Ebenso wie Ludwig der Elfte teilte der alte Kürschner diese Gedanken aber nur sich selber mit; seine Unergründlichkeit ging so weit, daß er sogar sein Weib und seinen Sohn täuschte. Diese ernste Persönlichkeit war seit langem das Oberhaupt des reichsten und bevölkertsten Pariser Stadtteiles, des Zentrums, unter dem Titel eines Viertelsmeisters, welcher fünfzehn Jahre später so berühmt werden sollte. Wie alle vorsichtigen Bürgersleute, die den Gesetzen gegen den Aufwand gehorsamten, in

Tuch gekleidet, trug Ehren Lecamus — er legte
Wert auf diesen Titel, welchen Karl der Fünfte
den Pariser Bürgern gewährt hatte und der ihnen
erlaubte, Adelherrschaften zu kaufen und ihren
Frauen den schönen Titel Demoiselle beizule-
gen — weder eine Goldkette noch Seide, sondern
ein derbes Wams mit dicken angelaufenen Sil-
berknöpfen, Wollhosen, die bis an die Knie reichten, und lederne Spangenschuhe. Sein feines Lei-
nenhemd bauschte sich üppig der Zeitmode entsprechend aus seiner halboffenen Weste und seinen Kniehosen heraus.

Wiewohl des Greises schönes und schmales Antlitz
alle Helligkeit der Lampe empfing, war es Christoph doch unmöglich, die Gedanken zu erraten,
welche unter der kräftigen holländischen Hautfarbe
seines alten Vaters begraben lagen; nichtsdestoweniger begriff er, daß der Alte jeden Vorteil aus
seiner Liebe zu der hübschen Babette Lallier ziehen wollte. Als Mensch, der seinen Entschluß gefaßt hat, lächelte Christoph bitter, als er seine
Zukünftige eingeladen werden hörte.

Als die Burgunderin mit den Lehrlingen abge-
zogen war, schaute der alte Lecamus sein Weib
an, nun seinem ganzen festen und absoluten Charakter Ausdruck verleihend.

„Nicht eher wirst du zufrieden sein, als bis du das
Kind mit deiner verdammten Zunge an den Galgen
gebracht hast", sagte er mit strenger Stimme zu ihr.

„Ich möchte ihn lieber gerichtet, aber gerettet, als
lebendig und hugenottisch sehen", erklärte sie mit
düsterer Miene. „Kann man es sich denn nur denken, daß ein Kind, das neun Monate in meinem
Schoße hauste, kein guter Katholik ist und von

Nickels Kuh frißt* und für alle Ewigkeiten im Höllenpfuhle schmachten wird?"

Sie hub zu weinen an.

"Alte Närrin," sagte der Kürschner zu ihr, "laß ihn doch leben, und wär's auch nur, um ihn zu bekehren! Vor unseren Lehrlingen hast du ein Wort geäußert, daß Feuer an unser Haus zu legen vermag; wir können dann allgesamt wie Flöhe in Strohsäcken braten."

Die Mutter schlug ein Kreuz, setzte sich und schwieg.

"Nun denn, du," sagte der Biedermann, seinem Sohne einen Richterblick zuwerfend, "erkläre mir doch, was du auf dem Wasser tatest mit ... Komm hierher, daß ich mit dir spreche", sagte er, seinen Sohn beim Arme greifend und ihn an sich heranziehend, "... mit dem Prinzen von Condé", flüsterte er dem bebenden Christoph ins Ohr. "Glaubst du etwa des Hofes Kürschner kenne nicht alle seine Gesichter? Und meinst du etwa, ich wüßte nicht, was vorgeht? Der Herr Großmeister hat den Befehl erteilt, Truppen nach Amboise zu bringen. Aus Paris die Truppen zurückziehen und sie nach Amboise senden, wenn der Hof in Blois ist, und sie dann über Chartres und Vendôme gehen anstatt die Orleanser Straße ziehen zu lassen, da liegt's doch auf der Hand, daß es Trubel geben soll. Wenn die Königinnen ihre Schauben haben wollen, werden sie sie sich holen lassen. Der Prinz von Condé hat vielleicht beschlossen, die Herren von Guise über den Degen springen zu lassen; die ihrerseits hoffen sich seiner vielleicht zu entledigen. Um sich zu verteidigen, wird der Prinz sich der Hugenotten bedienen. Wozu würde

---
* Volkstümlicher Ausdruck für protestantisch sein.

ein Kürschnersohn in diesem Handel taugen? Wenn du erst verheiratet, wenn du erst Parlamentsadvokat bist, wirst du ebenso vorsichtig sein wie dein Vater. Um der neuen Religion anzugehören, muß ein Kürschnersohn warten, bis jedermann ihr anhängt. Ich verurteile die Reformatoren nicht, das ist nicht meines Amtes; aber der Hof ist katholisch, die beiden Königinnen sind katholisch, das Parlament ist katholisch; all die versorgen wir mit Ware, ergo müssen auch wir katholisch sein. Du wirst nicht von hier weggehn, Christoph, oder ich stecke dich zu deinem Paten, dem Präsidenten Thou; Tag und Nacht wird der dich bei sich behalten und dich gar viel Papier schwärzen lassen. Dann wird deine Seele schon nicht in der Küche jener verdammten Genfer schwarz werden."

„Mein Vater", sagte Christoph, sich auf die Lehne des Stuhles stützend, in welchem sein Vater saß; „schickt mich doch nach Blois, laßt mich der Königin Maria die Schaube bringen und bei der Königin-Mutter unser Geld eintreiben; sonst bin ich ja verloren. Und Ihr hängt doch an mir..."

„Verloren?" antwortete der Greis, ohne das geringste Erstaunen zu zeigen. „Wenn du hierbleibst, wirst du nicht verloren sein; immer werd' ich dich wiederfinden."

„Man wird mich töten..."

„Wie?"

„Die glühendsten Hugenotten haben ein Auge auf mich geworfen, um sich meiner in irgendwelcher Sache zu bedienen. Wenn ich nicht tue, was ich eben versprach, werden sie mich am hellichten Tage, auf der Straße, hier umbringen, wie man Minard getötet hat. Wenn Ihr mich aber in Euren

Angelegenheiten an den Hof sendet, könnt' ich mich wohl in gleicher Weise nach zwei Seiten hin rechtfertigen. Entweder werde ich Erfolg haben, ohne irgendeine Gefahr gelaufen zu sein, und mir so eine schöne Stellung in der Partei erwerben, oder wenn die Gefahr zu groß ist, werd' ich nur Eure Angelegenheit betreiben."

Der Vater sprang auf, wie wenn sein Sessel aus glühendem Eisen gewesen wäre. „Liebe Frau," sagte er, „verlaß uns und wache darüber, daß wir ganz allein sind, Christoph und ich."

Als Mademoiselle Lecamus hinausgegangen war, faßte der Kürschner seinen Sohn bei einem Rockknopfe und führte ihn in die Zimmerecke, welche in die Brücke hineinsprang.

„Christoph", flüsterte er ihm in die Ohrmuschel, wie vorhin, als er von dem Prinzen von Condé gesprochen hatte, „sei ein Hugenott, wenn du dem Laster fröhnst, aber sei es mit Vorsicht, in der Tiefe des Herzens und nicht so, daß man im Stadtviertel mit den Fingern auf dich zeigt. Was du mir eben anvertrautest, beweist mir, welch Vertrauen die Häupter in dich setzen. Was sollst du denn bei Hofe tun?"

„Ich wüßte es Euch nicht zu sagen," antwortete Christoph, „weiß ich's ja doch selber noch nicht."

„Hm, hm", machte der Greis, seinen Sohn anschauend. „Der Schelm will seinen Vater duppen, da kennt er mich aber schlecht. — Nun denn," fuhr er mit leiser Stimme fort, „du gehst nicht an den Hof, um den Herren von Guise oder dem kleinen König, unserm Gebieter, oder der kleinen Königin Maria irgend etwas Gutes zuzustecken. All' diese Herzen sind katholisch; doch möcht ich drauf schwören, daß die Italienerin der Schottländerin oder den Lothringern etwas am Zeuge flicken will; ich kenne sie. Sie hat eine rasende Lust, die Hand überall im Spiele zu haben. Der selige König fürchtete sie so sehr, daß er tat, wie die Uhrmacher tun; er entkräftete den Diamanten durch den Diamanten, ein Weib durch das andere. Daher stammt der Haß der Königin Katharina gegen die arme Herzogin von Valentinois, der sie das schöne Schloß von Chenonceaux abnahm. Ohne den Herrn Konnetabel würde die Herzogin zum mindesten erdrosselt worden sein ... Achtung, mein Sohn, begib dich nicht in die Hände dieser Italienerin, deren Liebe nur im Gehirne sitzt: ein schlechtes Stück von einem Weibe. Ja, was man dich am Hofe tun lassen will, wird dir vielleicht tüchtige Kopfschmerzen bereiten", rief der Vater, als er sah, daß Christoph nahe daran war zu antworten. „Mein Kind, ich habe Pläne für deine Zukunft, du würdest sie nicht stören, wenn du dich der Königin Katharina nützlich machtest; doch, bei Jesus Christus, setz deinen Kopf nicht aufs Spiel. Jene Herren von Guise würden ihn dir heruntersäbeln, wie unsere Burgunderin eine Kohlrübe abschneidet, denn die Leute, die dich benutzen, werden dich in jeder Weise verleugnen."

„Das weiß ich, mein Vater", sagte Christoph.

„Und doch machst du dich stark dazu? Du weißt es und wagst es!"

„Ja, mein Vater."

„Alle Wetter," schrie der Vater, der seinen Sohn in seine Arme preßte, „wir können uns verständigen; du bist deines Vaters würdig. Mein Kind, du wirst die Ehre der Familie werden, und ich sehe, daß dein alter Vater sich mit dir aussprechen kann. Solltest du aber nicht hugenottischer sein als die Herren von Coligny? Zieh nicht den Degen, du sollst ein Mann der Feder sein, verharre in deiner zukünftigen Juristenrolle. Nun denn, sag mir also nichts vor dem glücklichen Ausgange. Wenn du mich vier Tage nach deiner Ankunft in Blois nichts hast wissen lassen, soll dies Schweigen mir sagen, daß du in Gefahr schwebst. Der Alte wird dann den Jungen retten. Zweiunddreißig Jahre lang hab' ich Pelze verkauft, da kenne ich die Kehrseite der Hofkleider gut. Auch werde ich wohl etwas haben, um mir Türen und Tore öffnen zu lassen."

Christoph riß seine Augen weit auf, als er seinen Vater also reden hörte; doch fürchtete er eine väterliche Schlinge und wahrte Schweigen.

„Nun also, macht die Rechnung fertig, schreibt einen Brief an die Königin; ich will sofort abreisen. Würde mir doch sonst das größte Unheil widerfahren."

„Abreisen? Aber wie denn?"

„Ich werde mir ein Pferd kaufen... Schreibt, um Gottes willen!"

„He, Mutter! Geld für deinen Sohn!" rief der Alte seinem Weibe zu.

Die Mutter kam herein, eilte an ihre Truhe und reichte Christoph, der sie ganz gerührt umarmte, eine Börse.

„Die Rechnung lag schon fertig da," sagte der Vater, „hier hast du sie. Ich will denn noch den Brief schreiben."

Christoph nahm die Rechnung und steckte sie in seine Tasche.

„Aber du sollst wenigstens mit uns zu Abend essen", sagte der Biedermann. „In solch verzweiflungsvoller Lage müßt ihr eure Ringe wechseln, Lalliers Tochter und du."

„Schön also, da will ich sie holen gehen", rief Christoph.

Der junge Mann fühlte sich seines Vaters nicht ganz sicher, da er dessen Charakter noch nicht zur Genüge kannte. Er stieg in sein Zimmer hinauf, kleidete sich um, nahm ein Felleisen, schlich sich auf den Zehenspitzen herunter und legte es unter einen Ladentisch, seinen Degen und seinen Mantel ebenfalls.

„Was zum Teufel tust du da?" fragte sein Vater, als er ihn hörte.

„Ich will nicht, daß man meine Reisevorbereitungen sieht; hab' alles unter einen Tisch gesteckt", flüsterte er ihm ins Ohr.

„Da ist der Brief", sagte der Vater.

Christoph nahm das Papier und ging hinaus, wie wenn er die junge Nachbarin holen wollte.

Einige Augenblicke nach Christophs Abreise langten der Gevatter Lallier und seine Tochter an. Vor ihnen her ging eine Magd, welche drei Flaschen alten Weines trug.

„Nun, und wo ist Christoph?" fragten die beiden alten Leute.

„Christoph?" rief Babette, „wir haben ihn nicht gesehen."

„Mein Sohn ist doch ein kecker Wicht! Täuscht mich, wie wenn ich noch bartlos wäre. Mein Gevatter, was wirds jetzt geben? Zu Zeiten leben wir, wo die Kinder mehr Grips haben als ihre Väter."

„Seit langem schon erzählt sich das ganze Viertel, daß auch er von ‚Nickels Kuh fräße'", sagte Lallier.

„In dem Punkte müßt Ihr ihn in Schutz nehmen, Gevatter", erwiderte der Kürschner dem Goldarbeiter. „Die Jugend ist närrisch, allem Neuen läuft sie nach. Babette aber wird ihn schon zur Ruhe bringen, sie ist noch neuer als Calvin."

Babette lächelte. Sie liebte Christoph und nahm alles übel, was man gegen ihn sagte. Sie war ein Mädchen vom alten Bürgerschlage und unter den Augen ihrer Mutter aufgewachsen, die sie nicht verlassen hatte. Ihr Gehaben war sanft und korrekt wie ihr Gesicht. Gekleidet war sie in Wollstoffe von grauen und harmonischen Farben; ihr einfach gefälteter Halskragen stach seiner Weiße wegen grell von ihren Gewändern ab. Sie trug ein braunes Sammethäubchen, das große Ähnlichkeit mit einem Kindermützchen hatte, aber mit Rüschen und Zäckchen aus lohfarbener Gaze verziert war, die an jeder Seite des Gesichtes herunter hingen. Wiewohl sie blond und weiß war wie eine Blondine, schien sie schlau und listig zu sein, indem sie ihre Schalkheit immerhin unter der Miene eines ehrbar erzogenen jungen Mädchens zu verbergen suchte. Solange die beiden Mägde kamen und gingen, um das Tischtuch aufzudecken, die Bratspieße, die großen Zinnplatten und die Teller hinzustellen, blieben der Goldschmied und seine Tochter, der Kürschner und sein Weib vor dem hohen Kamin mit den rotzitzenen Vorhängen, die mit schwarzen Fransen besetzt waren, und redeten nichtiges Zeug. Babette mochte noch so schön fragen, wo Christoph sein könnte, Vater und Mutter des jungen Hugenotten gaben ausweichende Antworten. Als aber die beiden Familien zu Tische saßen und die beiden Dienerinnen in der Küche waren, sagte Lecamus zu seiner künftigen Schwiegertochter:

„Christoph ist an den Hof gereist."

„Nach Blois! Eine solche Reise zu machen, ohne mir Lebewohl zu sagen!" rief sie.

„Die Sache war eilig", erwiderte die Mutter.

„Lieber Gevatter," sagte der Kürschner, die aufgegebene Unterhaltung wieder aufgreifend, „Geraufe werden wir jetzt in Frankreich haben: die Reformierten rühren sich. Wenn sie triumphieren sollten, wird's doch erst nach großen Kriegen, bösen Kriegen sein."

„Und währenddem wird's dem Handel schlecht gehen", sagte Lallier, der nicht imstande war sich über die kommerzielle Sphäre hinaus zu erheben.

„Mein Vater, der das Ende der Kriege zwischen den Burgundern und Armagnacs miterlebte, sagte mir, daß unsere Familie nicht heil aus ihm herausgekommen sein würde, wenn nicht einer seiner Großväter, der Mutter Vater, ein Goix, einer jener berühmten Schlächter der Markthalle gewesen wäre, die zu den Burgundern hielten, während der andere, ein Lecamus, der Partei der Armagnacs angehörte. Vor der Welt schienen sie sich das Fell vom Leibe reißen zu wollen, im Familienkreise aber verstanden sie sich gut. Versuchen wir also Christoph zu retten; vielleicht wird er uns bei Gelegenheit retten."

„Ihr seid mir ein gerissener Kunde, Gevatter!" sagte der Goldschmied.

„Nein", antwortete Lecamus. „Die Bürgerschaft

muß an sich denken, Volk und Adel wollen ihr in gleicher Weise was am Zeuge flicken. Zu Befürchtungen gibt die Pariser Bürgerschaft jedem Manne außer dem König Veranlassung; und der weiß, daß sie seine Freundin ist."

„Wollet Ihr, der Ihr so weise seid und so viele Dinge gesehen habt," bat Babette schüchtern, „mir doch erklären, was die Reformierten wünschen."

„Sagt Ihr uns das, Gevatter?" rief der Goldschmied. „Ich kannte des seligen Königs Schneider und hielt ihn für einen Mann von einfachen Sitten, der keinen außergewöhnlichen Verstand besaß. Er war fast wie Ihr, man hätte nicht geglaubt, daß er ein Wässerchen trüben könnte, und doch hatte er's vielleicht faustdick hinter den Ohren, denn er ließ sich auf diese neue Religion ein, er, dessen beide Ohren einige hunderttausend Taler wert waren. Da mußte es doch Geheimnisse zu enthüllen geben, haben denn nicht der König und die Herzogin von Valentinois seiner Marter beigewohnt?

„Und zwar schreckliche!" sagte der Kürschner.

„Die Reformation, liebe Freunde," fuhr er mit gedämpfter Stimme fort, „würde die Kirchengüter unter die Bürgerschaft gelangen lassen. Wenn die geistlichen Privilegien erst unterdrückt sind, wollen die Reformierten darauf dringen, daß die Adligen und Bürgerlichen hinsichtlich der Steuern gleich sind und daß nur der König über jedermann steht, wenn man überhaupt noch einen König im Staate gelten läßt."

„Den Thron unterdrücken!" schrie der Goldschmied.

„He, Gevatter," sagte Lecamus, „in den Niederlanden regieren die Bürger sich selber durch Schöffen, die ihresgleichen sind und sich selber ein zeitliches Oberhaupt wählen."

„Bei Gottes Leibe, Gevatter, man müßte all die schönen Dinge tun und doch katholisch bleiben", rief der Goldschmied.

„Wir sind zu alt, um den Triumph des Bürgertums in Paris zu erleben; triumphieren wird's aber, Gevatter, die Zeit wird auch schon kommen. Ach, der König wird sich schon auf die Bürgerschaft stützen müssen, um Widerstand zu leisten, und wir haben ihm unsere Stütze immer gut verkauft. Beim letzten Male sind alle Bürgerlichen geadelt worden und ihnen war erlaubt, sich herrschaftliche Besitzungen zu kaufen und deren Namen zu führen, ohne daß man der Bestallungsbriefe des Königs bedurfte. Ihr wie ich, der Enkel der Goix von der Frauenseite her, gelten wir nicht ebensoviel wie die Edelleute?"

Dies Wort erschreckte den Goldschmied und die beiden Frauen so sehr, daß ihm ein tiefes Schweigen folgte. Die Gärstoffe von anno 1789 tobten bereits in Lecamus' Blute; er war noch nicht alt genug, um die bürgerlichen Kühnheiten der Liga nicht noch mitzuerleben.

„Und trotz solcher Unordnungen verkauft Ihr doch gut?" fragte Lallier die Lecamus.

„Das läßt immer etwas zu wünschen übrig", antwortete die.

„Darum hab ich auch eine große Lust einen Advokaten aus meinem Sohne zu machen", sagte Lecamus, „denn Rechtshändel gibt's immer."

Die Unterhaltung verharrte dann auf dem Gebiete der Gemeinplätze; zur großen Zufriedenheit des

Goldarbeiters, welcher weder politische Wirren noch kühne Gedanken liebte.

Die Ufer der Loire von Blois bis Angers sind Gegenstand besonderer Vorliebe der beiden letzten Zweige des königlichen Stammes gewesen, welche den Thron vor dem Hause Bourbon innehatten. Dies schöne Becken verdient die Ehren, welche ihm die Könige erwiesen, in jeder Beziehung; einer unserer elegantesten Schriftsteller äußerte sich unlängst folgendermaßen über dasselbe:
‚Eine Provinz gibt es in Frankreich, die man nie genugsam bewundert. In Duft getaucht wie Italien, mit Blumen besät wie die Ufer des Guadalquivirs und schön überdies in seiner besonderen Physiognomie, ist sie ganz französisch und immer französisch gewesen, im Gegensatz zu unseren nordischen Provinzen, die durch die Berührung mit Deutschland bastardiert wurden, und zu unseren südlichen Provinzen, die mit den Mauren, den Spaniern und allen Völkern, die ihr Augenmerk auf sie richteten, in wilder Ehe gelebt haben, und diese reine, keusche, tapfere und anhängliche Provinz ist die Touraine! Dort lebt das historische Frankreich. Die Auvergne ist die Auvergne, die Languedoc nur die Languedoc; die Touraine aber ist Frankreich, und der nationalste Fluß für uns ist die Loire, welche die Touraine bespült. Darum darf man sich durchaus nicht verwundern über die große Menge von Monumenten, die von den Bezirken umschlossen werden, welche den Namen und die Ableitungen des Namens dieses Flusses angenommen haben. Bei jedem Schritte, den man in diesem bezaubernden Lande tut, entdeckt man

ein Gemälde, dessen Verbrämung ein Fluß oder ein ruhiges Oval ist, in dessen feuchten Tiefen ein Schloß träumt mit seinen Türmchen, seinen Gehölzen und seinen sprudelnden Gewässern. Natürlich war es, daß dort, wo das Königtum mit Vorliebe wohnte, wo es solange seinen Hof unterbrachte, sich auch die großen Vermögen und Menschen, die sich durch Abstammung und Verdienst auszeichneten, ansiedelten und dort hohe Paläste wie das Königtum errichteten.'

Ist es nicht unbegreiflich, daß das Königtum den ihm indirekt von Ludwig dem Elften gegebenen Rat nicht befolgt und Tours zur Hauptstadt des Königreichs gemacht hat? Ohne große Kosten konnte die Loire dort für die Handelsschiffe und die leichten Kriegsfahrzeuge schiffbar gemacht werden. Dort wäre der Sitz der Regierung vor den Handstreichen eines Einfalls geschützt gewesen. Die Plätze des Nordens hätten dann nicht soviel Geld für ihre Befestigungen erfordert, die allein ebensoviel kosteten als die Versailler Luxusbauten. Wenn Ludwig der Vierzehnte auf Vaubans Rat gehört hätte, der ihm seine Residenz zwischen Loire und Cher zu Mont-Louis bauen wollte, würde die Revolution von 1789 vielleicht nicht stattgefunden haben. Diese schönen Ufer tragen also von Ort zu Ort die Zeichen königlicher Zärtlichkeit. Die Schlösser von Chambord, Blois, Amboise, Chenonceaux, Chaumont, Plessis-lez-Tours, alle die, welche die Geliebten unserer Könige, welche die Finanzleute und adligen Herren sich zu Véretz, Azay-le-Rideau, Ussé, Villandri, Valençay, Chanteloup, Duretal bauten, von denen einige verschwunden sind, deren Mehrzahl aber noch aufrecht steht, sind köstliche Monumente, welche die Wunder jener von der literarischen Sekte der Mittelalterverehrer so schlecht verstandenen Epoche ausatmen. Unter all diesen Schlössern hat dem von Blois, wo der Hof sich befand, die Prachtliebe der Orleans und der Valois ihr glänzendstes Siegel aufgedrückt. Für die Historiker, für die Archäologen und die Katholiken aber ist es das Interessanteste. Damals lag es völlig isoliert. Die mit starken, zinnenbewehrten Mauern umgürtete Stadt breitete sich zu Füßen der Festung aus, denn dies Schloß diente tatsächlich zugleich als Fort und als Lusthaus. Oberhalb der Stadt, deren zusammengepreßte Häuser und blaue Dächer sich heute wie damals bis zu dem Scheitel des Hügels erstrecken, welcher die linke Flußseite beherrscht, befindet sich ein dreieckiges Plateau, das im Westen durch einen Bach abgetrennt wird, der heute bedeutungslos ist, da er unter der Stadt hinfließt. Im fünfzehnten Jahrhundert bildete er aber nach den Worten der Historiker eine ziemlich bedeutende Schlucht, von der ein tiefer Hohlweg, der fast eine Kluft bildet, zwischen Vorstadt und Schloß übriggeblieben ist.

Auf diesem Plateau mit der doppelten Lage nach Norden und Süden bauten sich die Grafen von Blois im Geschmack der Architektur des zwölften Jahrhunderts eine Burg, worinnen der berüchtigte Thibault der Betrüger, Thibault der Alte und andere einen berühmten Hof hielten. In jenen Zeiten reiner Feudalität, wo der König dem schönen Ausspruche eines Polenkönigs gemäß ein primus inter pares war, führten die Grafen von Champagne, die Grafen von Blois, die von Anjou,

die einfachen Barone von der Normandie und die
Herzöge von der Bretagne das Leben von Souverainen und gaben den stolzesten Königreichen
Herrscher. Die Plantagenet von Anjou, die Lusignan von Poitou, die Robert von der Normandie förderten durch ihre Kühnheit die königlichen
Geschlechter, und es schlugen manchmal einfache
Ritter wie du Glaicquin den Purpur aus, indem
sie dem Konnetabeldegen den Vorzug gaben. Als
die Krone die Grafschaft von Blois mit ihrem Besitze vereinigt hatte, baute Ludwig der Zwölfte,
der diese Lage liebte, etwa um sich von du Plessis
furchtbaren Angedenkens fern zu halten, auf dem
Vorsprunge in der Doppellage nach Sonnenaufgang und Sonnenuntergang ein Hauptgebäude, welches das Schloß der Grafen von Blois mit den
Überbleibseln alter Konstruktionen verband, von
denen heute nur noch der große Saal vorhanden
ist, worin unter Heinrich dem Dritten die Generalstände tagten. Bevor Franz der Erste sich in
Chambord verliebte, wollte er das Schloß vollenden, indem er zwei andere Flügel anbaute, so
daß das Viereck vollkommen geworden wäre. Chambord aber lenkte ihn von Blois ab, wo er nur ein
Hauptgebäude aufführte, das für seine Zeit und
für seine Enkel das ganze Schloß vorstellte. Dies
dritte, von Franz dem Ersten aufgeführte Schloß
ist sehr viel geräumiger und weit mehr verziert
als der nach Heinrich dem Zweiten genannte
Louvre. Die Architekten behaupten, es stelle das
Phantasievollste vor, was in der Renaissance gebaut worden sei. In einer Zeit, wo eine eifersüchtige Architektur herrschte und wo man sich ums
Mittelalter wenig kümmerte, zu einer Epoche, wo

die Literatur sich noch nicht so innig wie zu unseren Tagen mit der Kunst verband, hat La Fontaine in seiner gutmütigen Sprache folgendes von dem Schloß Blois gesagt: ‚Was Franz der Erste hat aufführen lassen, befriedigte mich von außen gesehen mehr als alles übrige: es gibt da eine solche Masse kleiner Galerien, kleiner Fenster, kleiner Balkons, winziger Zierate ohne Regelmäßigkeit und Ordnung, und all das stellt etwas Großes vor, das mir recht gefällt.‘

Das Schloß von Blois hatte also das Verdienst drei verschiedene Architekturstile, drei Epochen, drei Systeme und drei Herrschaften zu repräsentieren. Auch gibt es vielleicht keine andere königliche Besitzung, welche in dieser Hinsicht mit dem Schlosse von Blois vergleichbar ist. Diese riesenhafte Konstruktion zeigt in einem Bezirke, im nämlichen Hofe ein vollkommen genaues Abbild jener großen Darstellung der Sitten und des Lebens der Nationen, die sich Architektur nennt.

Im Augenblick, wo Christoph an den Hof eilte, zeigte der Teil des Schlosses, der zu unseren Tagen von dem vierten Palaste eingenommen wird, den sich siebzig Jahre später dort während seiner Verbannung Gaston, der aufrührerische Bruder Ludwigs des Dreizehnten, baute, einen Zusammenklang von Blumenparterren und hängenden Gärten, die sich malerisch mit den stehenden Verzahnungen und den unvollendeten Türmen des Schlosses von Franz dem Zweiten vermischten. Diese Gärten standen durch eine Brücke von großartiger Kühnheit (Ortsansässige dürften sich noch erinnern, gesehen zu haben, wie sie zerstört ward) mit einem Parterre in Verbindung, das sich auf der anderen Schloßseite erhob und sich der Bodenbeschaffenheit zufolge auf gleicher Höhe mit ihnen fand. Die mit der Königin Anna von Bretagne verbundenen Edelmänner oder Leute dieser Provinz, die Ansuchen an sie stellen oder mit ihr verhandeln oder sie über das Geschick der Bretagne aufklären wollten, erwarteten dort die Stunde ihrer Audienzen, ihres Levers oder ihres Spazierganges. So hat die Geschichte denn auch diesem Parterre den Namen ‚Hühnerleiter der Bretonen' gegeben. Heute befindet sich dort der Obstgarten etwelcher Bürger und bildet einen Vorhof zu dem Jesuitenplatze. Dieser Platz wurde damals ganz in die Gärten der schönen Residenz, welche ihre oberen und unteren Gärten besaß, mit eingeschlossen. Noch heute sieht man in einer ziemlichen Entfernung vom Jesuitenplatze einen von Katharina von Medicis aufgeführten Pavillon, worinnen sie, den Historikern von Blois gemäß, ihre warmen Bäder untergebracht hatte. Diese Einzelheit erlaubt uns die sehr unregelmäßige Einteilung der Gärten wiederzuerkennen, die hinaufstiegen und herabführten, indem sie den Wellenlinien des Bodens folgten, der um das Schloß herum äußerst bewegt ist, was dessen Stärke ausmachte und wie man sehen wird, dem Herzog von Guise viel Aufregung bereitete. In die Gärten ging man durch innere und äußere Galerien, deren hauptsächlichste, ihrer Ausschmückung entsprechend, die Hirschgalerie hieß. Diese Galerie mündete auf eine prachtvolle Treppe, welche zweifelsohne die Anregung zu jener berühmten Doppeltreppe in Chambord gab und von Stockwerk zu Stockwerk zu den Gemächern führte. Wiewohl La Fontaine Franz des Ersten Schloß dem Ludwigs des Zwölften vorgezogen hat, wird die Naivität des Palastes des guten Königs wahren Künstlern um so mehr gefallen, als sie die Prachtliebe des Ritterkönigs bewundern werden. Die Eleganz der beiden Treppen, welche sich an jedem äußeren Ende des Schlosses Ludwigs des Elften befinden, die feinen und originellen Skulpturen, die dort in Fülle vorhanden sind, — zwar hat sie die Zeit zernagt, aber ihre Reste bilden noch immer das Entzücken der Altertumsliebhaber — alles bis auf die fast klösterliche Einteilung der Gemächer zeugt von großer Einfachheit der Sitten. Augenscheinlich existierte der Hof noch nicht und hatte sich noch nicht in der Weise entfaltet, wie es zum großen Nachteile der feudalen Sitten unter Franz dem Ersten und Katharina von Medici der Fall sein sollte. Wenn man die meisten Galerien, die Kapitelle einiger Säulen, bestimmte Figuren von erlesener Zartheit bewundert, muß man unbedingt zu der Vermutung kommen, daß Michel Columb, dieser große Bildhauer, der Michelangelo der Bretagne, dort seiner Königin Anna zu Gefallen einige Zeit gelebt hat. Auf dem Grabmale ihres Vaters, des letzten Herzogs der Bretagne, hat er sie unsterblich gemacht.

Wie La Fontaine auch darüber denken mag, nichts ist grandioser als die Behausung des verschwenderischen Franz des Ersten. Dank ich weiß nicht welcher rohen Gleichgültigkeit, dank dem Vergessen vielleicht, zeigen die Gemächer, die Katharina von Medici und ihr Sohn Franz der Zweite bewohnten, noch heute ihre ursprüngliche Anordnung. Dort kann auch der Historiker die tra-

gischen Szenen des Dramas der Reformation, in
welchem der Doppelkampf der Guisen und Bourbonen wider die Valois eine der kompliziertesten
Handlungen bildete, nochmals durchleben. Hier
ward sein Konflikt gelöst.
Franz des Ersten Schloß hat die naive Behausung
Ludwigs des Zwölften durch seine imposante Masse
völlig zermalmt. Auf der Seite der unteren Gärten, das heißt von dem heutigen Jesuitenplatze aus,
ist das Schloß fast doppelt so hoch als auf der Hofseite. Das Erdgeschoß, wo sich die berühmten Galerien befinden, bildete von der Gartenseite aus
die zweite Etage. Also ist das erste, wo damals
die Königin Katharina hauste, eigentlich das dritte
Stockwerk und die königlichen Gemächer liegen
im vierten Stock über den unteren Gärten, welche
in jener Zeit durch tiefe Wassergräben von den Gebäuden getrennt waren. Das Schloß, das schon von der
Hofseite aus kolossal wirkte, mußte von dem unteren Platze aus riesenhaft erscheinen. Von dort
aus sah es La Fontaine, der zugibt, weder den Hof
noch die Gemächer jemals betreten zu haben. Vom
Jesuitenplatze aus erscheint alles klein. Die Balkone, auf welchen man sich erging, die wunderbar
ausgeführten Galerien, die skulpierten Fenster, deren Nischen ebenso tief waren wie Boudoirs, und
die damals auch als solche benutzt wurden, gleichen den gemalten Phantasien moderner Operndekorationen, wenn die Maler dort Feenpaläste
darzustellen haben. Im Hofe aber, obwohl die drei
Stockwerke über dem Erdgeschoß noch ebenso
hoch sind wie der Uhrpavillon in den Tuilerien,
lassen sich die unendlichen Feinheiten der Architektur deutlich erkennen, und sie entzücken die er-

staunten Blicke. Dieses Hauptgebäude, worinnen Katharina von Medicis üppiger Hof und der der Maria Stuart sich aufhielten, ist durch einen sechseckigen Turm zerteilt, in dessen ausgehöhltem Gehäuse eine Steintreppe hochführt, eine von Riesen erdachte, von Zwergen gearbeitete maurische Laune, welche dieser Fassade ein traumhaftes Aussehen verleiht. Die Tribünen der Treppe bilden eine Schneckenlinie mit viereckigen Abteilungen, welche sich an die fünf Mauerstücke dieses Turmes heftet und von Zwischenraum zu Zwischenraum transversale Mauervorsprünge ergibt, die außen und innen über und über mit Arabesken verziert sind. Man kann diese betäubende Schöpfung erfinderischer und feiner Einzelheiten voll jener Wunder, welche diese Steine beredt machen, nur mit den reichen und sorgfältig ausgeführten Elfenbeinarbeiten aus Dieppe und China vergleichen. Kurz der Stein dort gleicht einer erhabenen Spitze. Die Blumen-, Menschen- oder Tierfratzen streben längs der Rippen empor, vervielfältigen sich von Stufe zu Stufe und krönen den Turm mit einem Gewölbeschlußstein, auf welchem die Meißel der Künstler des sechzehnten Jahrhunderts mit denen jener naiven Steinmetzen gewetteifert haben, die fünfzig Jahre vorher die Gewölbeschlußsteine der beiden Treppen im Schlosse Ludwigs des Zwölften ausgehauen hatten. Wie geblendet man angesichts dieser Überfülle von Formen auch sein mag, die mit unermüdlicher Weitschweifigkeit immer wieder entstehen, man merkt doch, daß es ebensowohl Franz dem Ersten für Blois als auch Ludwig dem Vierzehnten für Versailles an Geld mangelte. Mehr als eine Figur zeigt ihr hübsches zartes Köpfchen, das aus einem kaum grob behauenen Blocke hervorspringt. Mehr als eine phantastische Rosette ist einzig durch einige Meißelhiebe auf dem schnell wieder aufgegebenen Steine angedeutet; Feuchtigkeit läßt dort ihren grünlichen Schimmel wuchern. An der Fassade, zur Seite der Spitzenmuster eines Fensters, zeigt das Nachbarfenster rohe Steinmasse, die Zeit hat sie in ihrer Weise ausgemeißelt, hat sie zerstückelt. Für die Augen der Leute, die weniger Künstler und weniger geübt sind, gibt es da einen entzückenden Kontrast zwischen dieser Fassade, wo die Wunder nur so sprudeln, und der inneren Schloßfassade Ludwigs des Zwölften, die aus einem Erdgeschoß mit einigen Arkaden von duftiger Leichtigkeit, getragen von Säulchen, die unten auf eleganten Galerien ruhen, und zwei Etagen besteht, wo die Fenster mit einer reizvollen Sparsamkeit skulpiert sind. Unter den Arkaden zieht sich eine Galerie hin, deren Mauern Fresken trugen und deren Decke in gleicher Weise ausgemalt worden war, denn man findet noch heute einige Spuren dieser Malerei in einer den Italienern nachgeahmten Pracht, welche an die Heerzüge unserer Könige erinnern, denen das Mailänder Gebiet gehörte. Dem Schlosse Franz des Zweiten gegenüber befand sich damals die Kapelle der Grafen von Blois, deren Fassade fast im Einklange mit der Architektur der Behausung Ludwigs des Zwölften stand. Kein Bild würde die majestätische Solidität dieser drei Bauwerke ausmalen können und trotz des Mißklangs in der Ornamentation war das machtvolle und starke Königtum, welches die Größe seiner Befürchtungen durch die Größe seiner Vorsichtsmaßregeln bewies, das Band dieser drei Gebäude verschiedenen Charakters. Zwei von ihnen stießen an den riesigen Saal der Generalstände, welcher groß und hoch wie eine Kirche war. Wahrlich, weder die Naivität noch die Kraft jener bürgerlichen Existenzen, die zu Anbeginn dieser Geschichte geschildert worden sind, und bei denen die Kunst immer repräsentierte, fehlten dieser königlichen Behausung. Blois war gewißlich das glänzende und anregende Vorbild, welches Bourgeoisie und Feudalität, Geld und Adel in den Städten und auf dem Lande in lebendigster Weise immer und immer wiederholte. Anders würde man sich den Wohnsitz eines Fürsten, der über das Paris des sechzehnten Jahrhunderts herrschte, nicht gewünscht haben. Der Reichtum der edelherrlichen Gewänder, der Luxus der Damenkleider mußten in wunderbarer Weise mit der Toilette dieser so seltsam bearbeiteten Steine harmonieren. Wenn der König von Frankreich die wundervolle Treppe seines Schlosses von Blois hinanstieg, überschaute er von Stockwerk zu Stockwerk eine größere Strecke der schönen Loire, welche ihm die Neuigkeiten seines ganzen Königreiches zutrug, das sie in zwei sich die Stirne bietenden und fast rivalisierenden Hälften zerteilte.

Wenn Franz der Erste, statt sich in einer toten und düsteren Ebene sowie zwei Meilen fern von dort niederzulassen, sein Chambord neben diesem Schlosse und auf dem Platze gebaut hätte, wo sich damals jene Parterre ausdehnten, auf denen Gaston seinen Palast aufführte, würde Versailles nie erstanden sein; notgedrungenerweise wäre Blois Frankreichs Hauptstadt geworden. Vier Valois und Katharina von Medici verschwendeten ihre Reichtümer an das Schloß Franz des Ersten zu Blois. Wer aber würde nicht ahnen, welche Summen die Krone dort verschwendete, wenn er die mächtigen Scheidemauern, das Rückgrat dieses Schlosses, bewundert, worinnen sowohl tiefe Alkoven und Geheimtreppen als auch Kabinette untergebracht sind, welche so geräumige Säle wie den Beratungssaal, den der Wachen und königliche Gemächer umschließen, worinnen zu unseren Tagen bequem eine Infanteriekompagnie haust? Selbst wenn der Besucher nicht sofort begreifen sollte, daß die Wunder drinnen mit denen draußen im Einklang stehen, würden die Reste des Kabinetts der Katharina von Medici, in das Christoph geführt werden sollte, hinreichend die Feinheiten der Kunst bezeugen, welche diese Räumlichkeiten mit belebten Figurationen bevölkert hat, wo die Salamander in den Blumen schimmerten, wo die Palette des sechzehnten Jahrhunderts die düstersten Nebenausgänge mit ihren glänzendsten Malereien verschönte. In diesem Kabinette kann der Beobachter noch heutigen Tages die Spuren jener geschmackvollen Vergoldungen finden, welche Katharina aus Italien einführte; denn die Fürstinnen ihres Hauses liebten es, dem reizenden Ausdrucke des bereits zitierten Schriftstellers gemäß, in Frankreichs Schlössern das von ihren Vorfahren in Handel gewonnene Gold anzubringen und ihre Reichtümer auf die Mauern der königlichen Säle zu kleben.

Die Königin-Mutter bewohnte im ersten Stock die Gemächer der Königin Claudia von Frankreich, Franz des Ersten Gemahlin. In diesen sieht man noch die köstlichen Skulpturen des doppelten C, die mit Bildern von Schwänen und Lilien weiß in weiß verquickt sind. Das soll bedeuten: candior candidis (weißer als das Weißeste), welches die Devise dieser Königin war, deren Name wie der Katharinas (Cathérine) mit einem C anfing und die ebensogut auf Ludwigs des Zwölften Tochter wie auf die Mutter der letzten Valois paßte; denn trotz der wütendsten Calvinistenverleumdungen hat kein Argwohn die Treue befleckt, welche Katharina von Medici Heinrich dem Zweiten bewahrte.

Es leuchtet ein, daß die Königin-Mutter, deren Freiheit noch von zwei Kindern zarten Alters behindert ward, (dem späteren Herzog von Alençon und der Margarete, welche Heinrichs des Vierten Weib ward und die Karl der Neunte Margot nannte) dieses ganzen ersten Stockwerks bedurfte.

König Franz der Zweite und die Königin Maria Stuart hatten im zweiten Stock die königlichen Gemächer inne, die Franz dem Ersten gehört hatten und die dann Heinrich der Dritte bewohnte. Die königlichen, wie die von der Königin-Mutter mit Beschlag belegten Räumlichkeiten sind in der ganzen Länge des Schlosses und in jedwedem Stockwerke in zwei Teile geteilt durch jene berühmte etwa vier Fuß dicke Scheidemauer, an welche sich die starken Mauern lehnen, welche die Säle untereinander trennen. So bilden in der ersten wie in der zweiten Etage die Gemächer zwei unterschiedliche Teile. Der Teil, welcher Südlicht hatte und auf den Hof hinausging, diente zum Empfang und für Staatsgeschäfte, während die Wohnräume, um die Wärme zu mildern, auf die nördliche Seite verteilt worden waren, welche die köstliche Fassade mit Balkonen und Galerien bildet und in das Land von Vendôme, auf die Hühnerleiter der Bretonen und auf die Gräben der Stadt schaut, die einzige Seite, von der unser großer Fabeldichter, der gute La Fontaine, gesprochen hat.

Franz des Ersten Schloß ward damals von einem riesigen erst begonnenen Turme abgeschlossen, der dazu dienen sollte, den kolossalen Winkel zu betonen, welchen der Palast beschrieben haben würde, indem er sich um seine vier Seiten drehte. Gaston öffnete ihm später die Flanken, um dort seinen Palast anflicken zu können; doch vollendete er sein Werk nicht, und der Turm ist Ruine geblieben. Dieser königliche Hauptturm wurde damals als Gefängnis oder, wie das Volk sich ausdrückte, als Verließ benutzt. Wenn man heute durch die Säle dieses herrlichen Schlosses eilt, die für Kunst und Historie gleich kostbar sind, welch dichterisches Gemüt würde es nicht tausendmal bedauern oder für Frankreich betrübt sein, wenn es sieht, daß die köstlichen Arabesken des Kabinetts der Katharina seit der Cholera auf des Kasernenkommandanten Befehl mit Kalk übertüncht und schier verloren sind. Diese königliche Behausung ist heute eine Kaserne! Das Holzgetäfel in Katharinas von Medici Kabinette, von dem bald die Rede sein wird, ist die letzte Reliquie des von fünf kunstsinnigen Königen aufgestapelten reichen Hausrates. Wenn man durch diese Flucht von Zimmern, Sälen, Treppen und Türmen wandert, kann man sich mit schrecklicher Genauigkeit sagen: Hier liebkoste Maria Stuart im Interesse der Guisen ihren Gatten. Dort beleidigten die Guisen Katharina. Später fiel an dieser Stelle der zweite Balafré (der Benarbte) unter den Streichen derer, die die Krone rächten. Ein Jahrhundert vorher gab Ludwig der

Zwölfte von jenem Fenster aus dem Kardinal von Amboise, seinem Freunde, das Zeichen, daß er kommen solle. Auf diesem Balkon ward d'Epernon, Ravaillacs Mitwisser, von der Königin Maria von Medici empfangen, welche, wie es heißt, um den geplanten Königsmord wußte und ihn ausführen ließ! In der Kapelle, wo Heinrich der Vierte mit Margarete von Valois getraut wurde, dem einzigen Überbleibsel des Schlosses der Grafen von Blois, läßt das Regiment heute seine Stiefel besohlen! Dieses herrliche Bauwerk, an welchem für uns soviele Stile wieder lebendig werden, worin soviele große Dinge vor sich gegangen sind, befindet sich in einem Zustande der Erniedrigung, der Frankreich Schande macht. Welch ein Schmerz ist es für die, welche die Bauwerke Alt-Frankreichs lieben, zu wissen, daß von diesen beredten Steinen bald ebensowenig übrig sein wird wie von der Ecke der alten Kürschnerstraße: sie existieren vielleicht nur mehr noch in diesen Zeilen!

Notwendigerweise muß man bemerken, daß die Guisen, obwohl sie in der Stadt ein ihnen gehöriges Hotel besaßen, das noch vorhanden ist, um den Hof besser bewachen zu können, es durchgesetzt hatten, über den Gemächern des Königs Ludwig des Zwölften in den Räumlichkeiten zu wohnen, welche dort später die Herzogin von Nemours in den Giebeln des zweiten Stockwerks inne hatte.

Der junge Franz der Zweite und die junge Königin Maria Stuart, die verliebt in einander waren wie sechzehnjährige Kinder, so alt waren sie ja auch, wurden jählings durch den rauhen Winter aus dem Schlosse von Saint-Germain, das der Herzog von Guise für allzu leicht zu überrumpeln hielt, nach dem festen Platze geschleppt, welchen dazumal das Schloß von Blois bildete, da es auf drei Seiten durch Felsabstürze isoliert war und sein Eingang wunderbar leicht verteidigt werden konnte. Die Guisen, der Königin Oheime, hatten tiefere Gründe, um nicht in Paris zu wohnen und den Hof in einem Schlosse festzuhalten, dessen Umkreis sich leicht überwachen und verteidigen ließ. Um den Thron wogte ein Zweikampf zwischen dem Hause Lothringen und dem Hause Valois, der erst achtundzwanzig Jahre später, anno 1588, in dem nämlichen Schlosse entschieden werden sollte, als Heinrich der Dritte unter den nämlichen Augen, denen seiner in diesem Augenblicke tief von den Lothringern gedemütigten Mutter, den kecksten aller Guisen, den zweiten Balafré, fallen hörte. Der war der Sohn jenes ersten Balafré, von dem Katharina von Medici damals schnöde behandelt, gefangen gehalten, bespäht und bedroht ward.

Dies schöne Schloß von Blois bildete für Katharina das engste Gefängnis. Nach dem Tode ihres Gatten, durch den sie stets am Gängelbande gehalten worden war, hatte sie zu herrschen gehofft, sah sich aber im Gegenteil von Fremden, deren höfliches Gehaben tausendmal brutaler war als das von Kerkermeistern, in Sklaverei gehalten. Keiner ihrer Schritte konnte geheim bleiben. Die von ihren Frauen, welche ihr ergeben waren, hatten entweder den Guisen ergebene Liebhaber oder wurden von Argusaugen bewacht. Tatsächlich zeigten die Passionen zu jenen Zeiten die Wunderlichkeit, welche ihnen immer der Antagonismus verleihen wird, der im Staate zwischen entgegengesetzten Interessen herrscht. Die Galanterie, deren Katharina sich so sehr bediente, war auch eines der Guisenmittel. So besaß der Prinz von Condé, das Oberhaupt der Reformation, die Marschallin von Saint-André als Freundin, deren Ehemann sich dem Großmeister mit Leib und Seele verkauft hatte. Der Kardinal, dem die Affäre des Vizedoms von Chartres bewiesen hatte, daß Katharina mehr unbesiegt als unbesieglich war, machte ihr den Hof. Das Spiel aller Leidenschaften verquickte sich also eng mit dem der Politik, indem es ein doppeltes Schachspiel daraus machte, bei welchem man sowohl auf das Herz als auf den Kopf eines Menschen achtgeben mußte, um zu wissen, ob ersteres nicht gelegentlich den zweiten Lügen strafe. Während Katharina von Medici ständig in Gesellschaft des Kardinals von Lothringen oder des Herzogs Franz von Guise war, die ihr mißtrauten, war ihre intimste und geschickteste Feindin ihre Schwiegertochter, die Königin Maria, eine kleine Blondine, die boshaft wie eine Kammerkatze, stolz wie eine Stuart, die drei Kronen trug, unterrichtet wie ein alter Gelehrter und mutwillig wie eine Klosterpensionärin war. Sie liebte ihren Gatten, wie eine Kurtisane ihren Liebsten liebt, vertraute ihren Oheimen, die sie bewunderte, und war glücklich zu sehen, daß der König Franz mit ihrer Hilfe die gute Meinung teilte, die sie von ihnen hatte. Eine Schwiegermutter ist immer eine Persönlichkeit, die eine Schwiegertochter nicht liebt, vor allem wenn sie die Krone getragen hat und sie sich bewahren will, was die unvorsichtige Katharina sich nur allzusehr hatte anmerken lassen. Ihre frühere Lage, als Diana von Poitiers noch den König Heinrich den Zweiten beherrschte, war erträglicher gewesen: zum mindesten wurden ihr damals die einer Königin gebührenden Ehren und der Respekt des Hofes zuteil, während in diesem Augenblicke der Herzog und der Kardinal, die nur ihre Geschöpfe um sich sahen, sich scheinbar ein Vergnügen daraus machten, sie zu demütigen. Von Höflingen umgeben, empfing Katharina nicht nur täglich, sondern stündlich Schläge, die ihre Eigenliebe verletzten; denn die Guisen waren ihr gegenüber bestrebt, das System fortzusetzen, welches der verstorbene König wider sie angewendet hatte.

Die sechsunddreißig Jahre der Unglücksfälle, die Frankreich an den Rand der Verzweiflung führen sollten, haben vielleicht mit der Szene ihren Anfang genommen, in welchem dem Sohne des Kürschners der beiden Königinnen die gefährlichste der Rollen zugeschoben worden war; darum bildet er denn auch die Hauptfigur in dieser Novelle. Die Gefahr, in die dieser eifrige Reformierte geraten sollte, wird an dem nämlichen Morgen offenbar, da er mit kostbaren Dokumenten bewaffnet, welche die höchsten Häupter des Adels bloßstellten, den Hafen von Beaugency verließ, sich in Begleitung eines verschmitzten Parteigängers nach Blois einschiffte und dank dem unermüdlichen la Renaudie nach dem vor ihm liegenden Hafen gelangte.

Während das Fährboot, worauf Christoph sich befand, von einem leichten Westwinde dahingetrieben, die Loire hinanfuhr, betrachteten der berühmte Kardinal Karl von Lothringen und der zweite Herzog von Guise, einer der größten Kriegshelden seiner Zeit, wie zwei Adler von hohem

Felsen herab ihre Lage und spähten vorsichtig um sich, bevor sie zu jenem starken Schlage ausholten, mit dem sie zum ersten Male die Reformation in Frankreich, zu Amboise, zu töten versuchten, ein Beginnen, das zwölf Jahre später am vierundzwanzigsten August 1572 zu Paris wieder aufgenommen ward.

In der Nacht waren drei Edelleute, die eine große Rolle in jenem Drama der zwölf Jahre spielten, welches diesem Doppelkomplott, das in gleicher Weise von den Guisen wie den Reformierten angezettelt ward, folgte, jeder mit verhängten Zügeln angelangt. Ihre Pferde ließen sie halbtot am Ausfalltore des Schlosses zurück, das von Hauptleuten und Soldaten bewacht wurde, die dem Herzoge von Guise völlig ergeben waren, war er doch der Kriegsleute Idol. Ein Wort über diesen großen Mann, ein Wort, welches von vornherein erklärt, woher sein Glück rührte.

Seine Mutter war Antoinette von Bourbon, eine Großtante Heinrichs des Vierten. Wozu Verbindungen nicht alles dienen! In diesem Augenblick trachtete er seinem Vetter, dem Prinzen von Condé, nach dem Leben. Seine Nichte war Maria Stuart, sein Weib aber Anna, des Herzogs von Ferrara Tochter. Der stolze Kronfeldherr Anne von Montmorency redete den Herzog von Guise brieflich: Gnädiger Herr, wie einen König, an und unterfertigte seinen Brief mit einem: Euer sehr ergebener Diener. Als Großmeister des königlichen Hauses antwortete Guise ihm: Herr Kronfeldherr und unterzeichnete, wie er für das Parlament unterzeichnete: Euer wohlgeneigter Freund. Was den Kardinal anlangt, den man den transalpinen Papst nannte, und der von Estienne: Seine Heiligkeit genannt wurde, so hatte der die ganze mönchische Kirche Frankreichs für sich und verhandelte mit dem Papste wie mit seinesgleichen. Er war eitel auf seine Beredsamkeit, und man hielt ihn für einen der besten Theologen seiner Zeit; Frankreich und Italien überwachte er zu gleicher Zeit durch drei religiöse Orden, welche ihm durchaus ergeben waren, Tag und Nacht für ihn arbeiteten und ihm als Spione und Ratgeber dienten.

Diese wenigen Worte erklären, zu welcher Machthöhe der Kardinal und der Herzog gelangt waren. Trotz ihrer Reichtümer und der Einkünfte aus ihren Ämtern aber waren sie in jeder Beziehung uneigennützig und ließen sich durch den Lauf ihrer Politik mit fortreißen; waren auch so edelmütig, daß sie alle beide stets in Schulden steckten, zweifelsohne aber in der Weise, wie es bei Cäsar der Fall war. Als Heinrich der Dritte den ihn so sehr bedrohenden zweiten Balafré niedermachen ließ, war das Haus Guise notwendigerweise ruiniert. Die ein Jahrhundert lang gemachten Ausgaben, um sich der Krone zu bemächtigen, erklären die Erniedrigung dieses Hauses, in welcher es unter Ludwig dem Dreizehnten und Ludwig dem Vierzehnten verharrte, als der plötzliche Tod der Henriette von England ganz Europa sagte, bis zu welch ruchloser Rolle ein Chevalier von Lothringen sich erniedrigt hatte. Sich die Erben der um die Krone gebrachten Karolinger nennend, behandelten Kardinal und Herzog Katharina von Medici, ihrer Nichte Schwiegermutter, auf die schnödeste Weise. Die Herzogin von Guise ersparte Katharinen keine tödliche Beleidigung. Die

Herzogin war eine Este und Katharina eine Medici, die Tochter emporgekommener Florentiner Kaufleute, welche Europas Souveräne noch nicht in ihre königliche Brüderschaft aufgenommen hatten. Auch Franz der Erste hatte seines Sohnes Heirat mit einer Medici für eine Mesallianz erachtet und sie nur in dem Glauben gestattet, daß sein Sohn niemals Dauphin werden würde. Daher seine Wut, als der Thronfolger, von dem Florentiner Montecuculi vergiftet, starb. Die Este weigerten sich, die Medici als italienische Fürsten anzuerkennen. Diese ehemaligen Kaufherrn wollten tatsächlich in jenen Zeiten das unmögliche Problem eines von republikanischen Institutionen umgebenen Thrones lösen.

Der Titel Großherzog ward erst sehr spät von Philipp dem Zweiten den Medici verliehen, die ihn sich kauften, indem sie Frankreich, das ihr Wohltäter war, verrieten. Sie erlangten ihn durch eine sklavische Anhänglichkeit an den spanischen Hof, der ihnen heimlich überall in Italien entgegenarbeitete.

„Liebkost nur eure Feinde!" Dies große Wort Katharinas scheint das politische Gesetz dieser Kaufmannsfamilie gewesen zu sein, der es an bedeutenden Männern erst im Augenblicke gebrach, als ihr Schicksal groß wurde, und die ein wenig zu schnell jener Entartung erlag, durch welche sowohl Königsgeschlechter wie vornehme Familien endigen.

Drei Generationen über hat es einen Lothringer gegeben, der ein Kriegsheld, und einen Lothringer, der ein Kirchenmann war; was aber vielleicht nicht minder ungewöhnlich ist, der Kirchenmann zeigte stets, wie es damals der Kardinal auf seinem Antlitze zeigte, eine Ähnlichkeit mit Ximenes' Antlitz, dem auch der Kardinal von Richelieu geglichen hat. Diese fünf Kardinäle haben alle ein zugleich verschlagenes und schreckliches Gesicht gehabt, während das Antlitz des Kriegsmannes den baskischen und im Gebirge üblichen Typ besaß, den man in gleicher Weise auch auf Heinrichs des Vierten Antlitz sah. Der Guisen Antlitz aber bedeckte ein und dieselbe Verwundung bei Vater und Sohn mit Schmarren, ohne ihnen die Anmut und Leutseligkeit zu nehmen, durch welche sie die Soldaten ebensosehr wie durch ihre Tapferkeit verführten.

Nicht überflüssig ist's zu sagen, wo und wie der Großmeister diese Wunde erhielt, denn sie ward durch den Mut einer der Personen dieses Dramas, durch Ambrosius Paré, den Schuldner des Syndikus der Kürschnerzunft, geheilt. Bei der Belagerung von Calais wurde des Herzogs Gesicht von einer Seite bis zur anderen von einer Lanze durchbohrt, deren Stummel aber, nachdem er unterhalb des rechten Auges die Wange durchdrungen hatte, bis ins Genick unterhalb des rechten Ohres drang und im Gesichte stecken blieb. Inmitten allgemeiner Verzweiflung lag der Herzog in seinem Zelte und würde ohne Ambrosius Parés kühne Handlung und Aufopferung gestorben sein.

„Der Herzog ist nicht tot, meine Herren", sagte Ambrosius, die Anwesenden anblickend, die in Tränen vergingen; „wird aber bald sterben", fuhr er, sich sammelnd fort, „wenn ich ihn nicht wie irgendeinen Lümmel zu behandeln wage; und ich

werde mich daran machen, was immer auch mit mir geschehen möge! Sehet her!"
Und er stemmte den linken Fuß auf des Herzogs Brust, faßte das Holz der Lanze mit seinen Nägeln, erschütterte es nach und nach, und es gelang ihm schließlich das Eisen aus dem Kopfe zu ziehen, wie wenn es sich um eine Sache und nicht um einen Menschen gehandelt hätte. Wenn er den so kühnlich behandelten Fürsten auch heilte, verhindern konnte er es nicht, daß ihm im Gesicht die furchtbare Wunde zurückblieb, welche ihm seinen Beinamen verschaffte. Aus einer ähnlichen Ursache ward dieser Beiname auch der seines Sohnes.
Da sie in jeder Beziehung die Herren des Königs Franz des Zweiten waren, den seine Frau durch eine auf Gegenseitigkeit beruhende maßlose Liebe beherrschte, woraus sie auch noch ihren Vorteil zu ziehen wußten, regierten diese beiden großen lothringischen Fürsten damals in Frankreich und besaßen am Hofe keinen anderen Feind als Katharina von Medici. Niemals spielten große Politiker ein gewagteres Spiel. Die beiderseitige Lage der ehrgeizigen Witwe Heinrichs des Zweiten und des ehrgeizigen Hauses Lothringen wurde sozusagen durch den Platz erklärt, den sie auf der Schloßterrasse an dem Morgen innehatten, als Christoph anlangen sollte.
Die Königin-Mutter, die eine heiße Zuneigung zu den Guisen heuchelte, hatte um Mitteilung der Neuigkeiten gebeten, welche die aus den verschiedenen Enden des Königreichs anlangenden drei Edelleute mitbrachten. Doch mußte sie den tödlichen Verdruß erleben, von dem Kardinal höf-

lich verabschiedet zu werden. Sie lustwandelte an dem äußersten Ende der Parterre auf der Loireseite, wo sie für ihren Astrologen Ruggieri ein Observatorium erbaute, welches man noch dort sieht, und von wo aus man über die Landschaft dieses wundervollen Tales hinwegschaut. Die beiden lothringischen Fürsten waren auf der entgegengesetzten Seite, die auf die Vendômer Landschaft geht und von wo aus man den oberen Teil der Stadt, die Hühnerleiter der Bretonen und die Ausfallpforte des Schlosses erblickt.

Katharina hatte die beiden Brüder getäuscht und durch ein gespieltes Mißvergnügen überlistet, denn sie war sehr glücklich, mit einem der in aller Eile eingetroffenen Edelleute, ihrem heimlichen Vertrauten, reden zu können, der keck ein doppeltes Spiel spielte, dafür aber sicherlich reich belohnt ward. Dieser Edelmann war Chiverni, anscheinend des Kardinals von Lothringen mit Leib und Seele ergebener Höfling, in Wirklichkeit aber Katharinas Diener. Katharina besaß in den beiden Gondi, ihren Kreaturen, noch zwei ergebene Edelleute; diese beiden Florentiner aber waren den Guisen zu verdächtig, als daß sie sie nach außerhalb schicken konnte. So behielt sie sie denn bei Hofe, wo jeder ihrer Schritte und jedes ihrer Worte bespäht wurde, wo sie aber in gleicher Weise die Guisen bespähten und Katharinen mit Rat und Tat beistanden. Diese beiden Florentiner führten der Partei der Königin-Mutter einen anderen Italiener, Birago, zu, einen geschickten Piemontesen, welcher wie Chiverni scheinbar der Königin-Mutter abtrünnig geworden war, um sich zu den Guisen zu schlagen, die er in ihren Unternehmungen ermutigte, indem er sie auf Katharinas Rechnung ausspionierte.

Chiverni kam aus Ecouen und Paris. Der zuletzt Eingetroffene, Saint-André, war Marschall von Frankreich und wurde eine so einflußreiche Persönlichkeit, daß die Guisen, deren Kreatur er war, ihn zum dritten Manne in dem Triumvirate machten, das sie im folgenden Jahre gegen Katharina bildeten. Vor ihnen war Veilleville, der Erbauer des Schlosses von Duretal, der seiner Ergebenheit zu den Guisen wegen auch zum Marschall ernannt ward, heimlich gelandet und noch heimlicher wieder abgereist, ohne daß irgend jemand das Geheimnis der Mission durchdrungen hatte, die ihm vom Großmeister anvertraut worden war. Was Saint-André anlangt, so hatte er militärische Maßnahmen treffen müssen, um alle Reformierten bewaffnet nach Amboise zu locken, was in einer stattgehabten Beratung zwischen dem Kardinal von Lothringen, dem Herzog von Guise, Birago, Chiverni, Veilleville und Saint-André beschlossen worden war. Wenn die beiden Häupter des Hauses Lothringen sich Biragos bedienten, steht zu glauben, daß sie durchaus auf ihre Kräfte bauten, denn sie wußten, daß er der Königin-Mutter treu ergeben war; vielleicht aber behielten sie ihn bei sich, um die geheimen Pläne ihrer Rivalin zu durchdringen, wie diese ihn gleichermaßen bei ihnen beließ. In jener seltsamen Zeit war die Doppelrolle einiger Politiker beiden Parteien, die sie benutzten, bekannt; sie waren gleichsam wie die Karten in der Spieler Händen: gewonnen ward die Partie von der gewitztesten. Während dieser Beratung waren die beiden Brüder von einer un-

durchdringlichen Verschwiegenheit gewesen. Katharinas Unterhaltung mit ihren Freunden wird den Gegenstand der von den Guisen unter freiem Himmel gepflogenen Beratung erklären; fand sie doch bei Tagesanbruch in jenen hängenden Gärten statt, wie wenn alle Angst hätten, zwischen den Mauern des Schlosses von Blois miteinander zu sprechen.
Die Königin-Mutter erging sich an diesem Morgen in aller Frühe mit den beiden Gondis unter dem Vorwande, das Observatorium, das sie für ihren Astrologen erbauen ließ, besichtigen zu wollen, und beobachtete mit besorgter und neugieriger Miene die feindliche Gruppe. Da stieß Chiverni zu ihr. Sie stand an der Terrassenecke gegenüber der Sankt Nikolauskirche, und dort brauchte sie keinerlei Indiskretion zu befürchten. Die Mauer reichte da bis zur Turmhöhe hinauf, und die Guisen berieten sich immer noch in der anderen Terrassenecke, unten an dem begonnenen Turm, indem sie von der Hühnerleiter der Bretonen nach der Galerie über die Brücke, welche das Parterre, die Galerie und die Hühnerleiter miteinander verband, kamen und gingen.
Chiverni ergriff der Königin-Mutter Hand, um sie zu küssen, und ließ ein kleines Briefchen von Hand zu Hand gleiten, ohne daß die beiden Italiener es gesehen hätten. Katharina wandte sich lebhaft um, trat in die Ecke der Brüstung und las folgendes:

,Ihr seid mächtig genug, um das Gleichgewicht zwischen den Großen herzustellen und sie, wenn es Euch zum Vorteil gereicht und beliebt, einander bekämpfen zu lassen. Ihr habt Euer Haus voller Könige und braucht weder die Bourbonen noch die Guisen zu befürchten, wenn Ihr die einen den andern entgegenstellt; denn die einen wie die anderen wollen Euren Kindern die Krone rauben. Seid Herrin, nicht Sklavin Eurer Ratgeber, haltet die einen mit den anderen in Schach, sonst wird das Königreich vom Schlimmen zum Schlimmsten gelangen und schwere Kriege werden es durchtoben.

L'Hôpital.'

Die Königin schob die Zeilen in die Höhlung ihres Mieders und nahm sich fest vor, sie zu verbrennen, sobald sie allein sei.

„Wann habt Ihr ihn gesehen?" fragte sie Chiverni.

„Als ich vom Konnetabel zurückkehrte, in Melun, wo er mit der Herzogin von Berry durchkam, die er nach Savoyen bringen wollte, voller Ungeduld, hierher zurückzukehren und den Kanzler Olivier aufzuklären, der übrigens von den Lothringern an der Nase herumgeführt wird. Herr de L'Hôpital entschließt sich, Eure Interessen für die seinigen anzusehen, wenn er das Ziel erkennt, wonach die Herren von Guise trachten. Auch will er sich nach aller Möglichkeit mit seiner Rückkehr beeilen, damit er Euch seine Stimme im Rate gibt."

„Ist er aufrichtig?" fragte Katharina. „Wenn die Lothringer ihn in den Rat eintreten ließen, so geschah es, um sie dort herrschen zu lassen; das wißt Ihr ja."

„L'Hôpital ist ein Franzose von zu altem Schrot und Korn, um nicht aufrichtig zu sein", sagte Chiverni; „überdies verpflichtet ihn sein Briefchen doch sehr stark."

„Wie lautet des Kronfeldherrn Antwort an die Lothringer?"

„Er nennt sich des Königs Diener und wird seine Befehle erwarten. Um jeden Widerstand zu vermeiden, wird der Kardinal auf diese Antwort hin seines Bruders Ernennung zum Reichsverweser vorschlagen."

„Schon?" fragte Katharina schreckensstarr. „Nun gut, hat Herr von L'Hôpital Euch irgendwelchen andern Rat für mich gegeben?"

„Er hat mir gesagt, daß Ihr, Madame, allein Euch zwischen die Krone und die Herrn von Guise stellen könntet."

„Meint er denn aber, ich könnte mich der Reformierten als spanischer Reiter bedienen?"

„Ach, Madame," rief Chiverni, von solcher Scharfsinnigkeit hingerissen, „nicht geträumt haben wir davon, Euch in solche Schwierigkeiten zu stürzen."

„Wußte er, in welcher Lage ich bin?" fragte sie mit ruhiger Miene.

„Beinahe. Seiner Meinung nach seid Ihr die Betrogene gewesen, als Ihr nach des seligen Königs Ableben Euererseits die Brocken aus Madame Dianas Ruin fischtet. Die Herren von Guise glaubten der Königin gegenüber quitt zu sein, wenn sie die Frau befriedigten."

„Ja," sagte die Königin, die beiden Gondis anschauend, „damals hab ich einen großen Fehler begangen."

„Einen Fehler, wie ihn die Götter begehn", erwiderte Karl von Gondi.

„Meine Herren," sagte die Königin, „wenn ich mich offen zu den Reformierten schlage, werde ich Sklavin einer Partei."

„Madame," erwiderte Chiverni lebhaft, „ich billige Euren Entschluß durchaus. Doch muß man sich ihrer bedienen, nicht ihnen dienen."
„Wenn für den Augenblick dort auch Euer Schutz liegen mag," sagte Karl von Gondi, „so wollen wir uns doch nur ja nicht verheimlichen, daß Erfolg und Niederlage in gleicher Weise gefährlich sind."
„Das weiß ich!" sagte die Königin. „Einen falschen Schritt werden die Guisen sofort als Vorwand nehmen, um sich meiner zu entledigen."
„Die Papstnichte, die Mutter von vier Valois, eine Königin von Frankreich, des hitzigsten Hugenottenverfolgers Witwe, eine italienische Katholikin, Leos des Zehnten Tante könnte mit der Reformation gemeinsame Sache machen?" fragte Karl von Gondi.
„Heißt nicht aber die Guisen unterstützen," antwortete ihm Albert, „zu einer Usurpation die Hände reichen? Mit einer Familie haben wir zu schaffen, die in dem Streite zwischen Katholizismus und Reformation die Gelegenheit sieht, eine Krone zu erraffen. Man kann sich auf die Reformierten stützen, ohne abzuschwören. Denket daran, Madame, daß Euer Haus, welches dem Könige von Frankreich in jeder Weise ergeben sein müßte, in diesem Augenblick des Spanierkönigs Diener ist", sagte Chiverni. „Morgen würde es für die Reformation eintreten, wenn die Reformation den Herzog von Florenz zum König ernennen könnte."
„Schon bin ich in vieler Hinsicht geneigt, den Hugenotten für einen Augenblick die Hand zu reichen," sagte Katharina, „und wäre es auch nur, um mich an jenem Soldaten, jenem Priester und jenem Weibe zu rächen!"

Mit einem Italienerinnenblicke wies sie der Reihe nach auf den Herzog, den Kardinal und das Stockwerk des Schlosses hin, wo sich ihres Sohnes und Maria Stuarts Gemächer befanden.

„Aus den Händen hat mir dies Trio die Staatszügel gerissen, auf die ich so lange wartete und die jenes alte Weib so lang an meiner Statt hielt", erwiderte sie.

Sie schüttelte das Haupt, indem sie nach Chenonceaux hinwies, auf das Schloß, das sie eben mit Diana von Poitiers gegen Chaumont vertauscht hatte.

„Ma," sagte sie italienisch, „jene Herren Beffchenträger aus Genf scheinen nicht Verstand genug zu besitzen, sich an mich zu wenden!... Bei meinem Gewissen, zu ihnen kann ich nicht gehen. Nicht einmal einer von euch dürfte es wagen, ihnen ein Wörtchen zu überbringen."

Sie stampfte mit dem Fuße auf.

„Ich hoffte, Ihr hättet in Ecouen dem Buckligen begegnen können, er hat Verstand."

„Er war dort, Madame," antwortete Chiverni, „doch hat er den Konnetabel nicht bestimmen können, sich mit ihm zu verbinden. Herr von Montmorency will die Guisen, die seine Ungnade verschuldet haben, sehr gern stürzen, niemals aber der Ketzerei helfen."

„Wer, meine Herren, wird all die Einzelwillen brechen, die das Königreich belästigen? Man müßte, weiß Gott, diese Großen vernichten, die einen durch die anderen, wie es Ludwig der Elfte, der größte Eurer Könige, getan. Vier oder fünf Parteien gibt's in diesem Königreiche, und die schwächste ist die meiner Kinder."

„Die Reformation ist eine Idee," erklärte Karl von Gondi, „und die Parteien, die Ludwig der Elfte gebrochen hat, waren nur Interessen."

„Hinter den Interessen stehen immer Ideen", sagte Chiverni. „Unter Ludwig dem Elften hießen die Ideen: große Lehen..."

„Macht die Ketzerei zum Beil," äußerte Albert von Gondi, „das Odium der Martern würde dann nicht auf Euch fallen."

„Ach," rief die Königin, „ich kenne jener Leute Kräfte und Pläne nicht, kann mich mit ihnen nicht durch einen sicheren Vermittler auseinandersetzen. Würde ich bei einer Machination solcher Art überrumpelt, sei es durch die Königin, die mich mit ihren Augen wie ein Wiegenkind behütet, sei es durch ihre beiden Schergen, welche keinen Menschen in das Schloß hineinlassen, würde ich aus dem Königreich verbannt und unter einer schrecklichen, von einigen eingefleischten Guiseanhängern befehligten Bedeckung nach Florenz zurückgebracht werden! Dafür danke ich, meine Freunde! Oh, meine Schwiegertochter, ich wünschte Euch, daß Ihr eines Tages in Eurem Hause gefangen säßet, dann würdet Ihr wissen, was Ihr mich leiden laßt!"

„Großmeister und Kardinal kennen ihre Pläne," brach Chiverni aus, „die beiden Schlaufüchse sagen sie aber niemandem. Laßt sie Euch mitteilen, Madame, und ich will mich für Euch aufopfern und mich mit den Prinzen von Condé ins Benehmen setzen."

„Welche ihrer Entschließungen konnten sie nicht vor Euch geheimhalten?" fragte die Königin, auf die beiden Brüder zeigend.

„Herr von Veilleville und Herr von Saint-André haben eben Befehle erhalten, die uns unbekannt sind; es scheint aber, daß der Großmeister seine besten Truppen auf dem linken Flußufer konzentriert. In wenigen Tagen werdet Ihr in Amboise sein. Der Großmeister kam auf diese Terrasse, um die Lage zu prüfen, und findet Blois für seine geheimen Pläne durchaus nicht geeignet. Nun, was will er denn noch?" sagte Chiverni, auf die Abstürze hinweisend, die das Schloß umgeben. „Auf welchem Platze könnte der Hof sicherer sein vor einem Handstreiche, wenn er's nicht hier ist?"

„Dankt ab oder regiert", flüsterte Albert der Königin ins Ohr, die nachdenklich dastand.

Ein schrecklicher Ausdruck innerer Wut glitt über das schöne Elfenbeinantlitz der Königin, die noch keine vierzig Jahre alt war und seit sechsundzwanzig Jahren ohne irgendwelche Macht am französischen Hofe lebte, sie, die bei ihrer Ankunft dort die erste Rolle zu spielen gedachte. In Dantes Muttersprache kam folgende schreckliche Phrase über die Lippen:

„Nichts, solange dieser Sohn leben wird... Seine kleine Frau verzaubert ihn", fügte sie nach einer Pause hinzu.

Katharinas Exklamation war durch die seltsame Vorhersage eingegeben worden, die ihr wenige Tage zuvor im Schlosse zu Chaumont auf der entgegengesetzten Loireseite verkündigt wurde. Dahin war sie von Ruggieri, ihrem Astrologen, geführt worden, um über das Leben ihrer vier Kinder eine berühmte Zauberin um Rat zu fragen, die von Nostradamus, dem Haupte der Ärzte, heimlich dorthin gebracht war. In diesem großen sechzehnten Jahrhundert hingen Ärzte wie die Ruggieri, wie die Cardan, wie die Paracelsus und so viele andere den okkulten Wissenschaften an. Dieses Weib, dessen Leben der Geschichte entgangen ist, hatte Franz' des Zweiten Herrschaft nur ein Jahr Dauer gegeben.

„Und Eure Meinung über dies alles?" fragte Katharina Chiverni.

„Wir werden eine Schlacht haben", antwortete der vorsichtige Edelmann. „Der König von Navarra..."

„Oh, sagt lieber die Königin", entgegnete Katharina.

„Wahrlich die Königin", sagte Chiverni lächelnd, „hat den Reformierten als Anführer den Prinzen von Condé gegeben, der in der Eigenschaft eines jüngeren Sohnes alles wagen kann; auch spricht der Herr Kardinal davon, ihn hierher zu beordern."

„Möge er kommen," schrie die Königin, „und ich bin gerettet!"

Also hatten die Häupter der großen Bewegung der Reformation in Frankreich in Katharina mit Recht eine Verbündete erraten.

„Etwas Belustigendes liegt darin," rief die Königin, „daß die Bourbonen die Hugenotten an der Nase herumführen, und daß die Ehren Calvin, de Beza und andere den Bourbonen ein Schnippchen schlagen. Werden wir aber stark genug sein, um die Hugenotten, die Bourbonen und Guisen hinters Licht zu führen? Angesichts dieser drei Feinde sollte man sich doch den Puls fühlen lassen!"

„Sie haben den König nicht für sich", antwortete Albert ihr; „und Ihr werdet immer triumphieren, da Ihr den König auf Eurer Seite habt."

„Maladetta Maria!" zischelte Katharina zwischen den Zähnen.

„Die Lothringer sinnen bereits stark darauf, Euch der Bürgerschaft Zuneigung zu nehmen", sagte Birago.

Die Hoffnung, die Krone zu erhalten, war bei den beiden Häuptern der rührigen Familie der Guisen nicht das Ergebnis eines vorbedachten Planes; nichts rechtfertigte Plan oder Hoffnung. Die Umstände machten ihnen Mut. Die beiden Kardinäle und die beiden Balafrés waren zufällig vier ehrgeizige Männer, die allen sie umgebenden Politikern an Talenten überlegen waren. Auch ward diese Familie nur von Heinrich dem Vierten niedergeworfen, der als Aufrührer in jener großen Schule aufgezogen war, deren Lehrer Katharina und die Guisen waren. Aus allen ihren Lehren zog er Gewinn.

In diesem Momente aber waren die beiden Männer Schiedsrichter der größten seit der von Heinrich dem Achten in England versuchten Revolution. Diese war die Konsequenz der Entdeckung der Buchdruckerkunst. Als Widersacher der Reformation hielten sie die Macht in ihren Händen und wollten die Ketzerei ersticken, doch wenn er auch weniger berühmt war als Luther, so war Calvin, ihr Gegner, doch stärker als Luther. Calvin sah damals die Herrschaft da, wo Luther nur das Dogma gesehen hatte. Dort wo der fette Bierzecher, der verliebte Deutsche sich mit dem Teufel herumzankte und ihm sein Tintenfaß an den Kopf warf, schmiedete der leidende Hagestolz Feldzugspläne, lenkte Schlachten, bewaffnete Fürsten und wiegelte ganze Völker auf, indem er die republikanischen Doktrinen in die Herzen des Bürgertums säte, um seine ständigen Niederlagen auf den Schlachtfeldern durch neue Fortschritte im Geiste der Nationen wettzumachen.

Der Kardinal von Lothringen und der Herzog von Guise wußten ebensogut wie Philipp der Zweite und der Herzog von Alba, daß es auf die Monarchie abgesehen war und welch enger Bund zwischen Katholizismus und Königtum bestand.

Karl der Fünfte, der trunken war, weil er zu tief in Karls des Großen Becher hineingeschaut hatte und zu sehr an die Macht seiner Monarchie glaubte, indem er die Welt mit Soliman teilen zu können vermeinte, hatte anfangs gar nicht mal gefühlt, daß sein Kopf auf dem Spiele stand, und dankte ab, als der Kardinal Granvella ihn die Größe der Wunde sehen ließ. Die Guisen wurden von einem einzigen Gedanken, dem nämlich beseelt, die Ketzerei auf einen Hieb niederzuschlagen. Diesen Schlag versuchten sie dann zum ersten Male zu Amboise und ließen ihn ein zweites Mal in der Sankt Bartholomäusnacht versuchen, damals im Einverständnis mit Katharina von Medici, die erleuchtet worden war von den Flammen eines zwölfjährigen Krieges, erleuchtet vor allem durch das bezeichnende Wort: Republik, das später von den Schriftstellern der Reformation erfunden und gedruckt, aber bereits von Lecamus, diesem Typ der Pariser Bourgeoisie, vorhergefühlt ward.

Im Augenblick, wo die beiden Fürsten einen mörderischen Hieb nach dem Herzen des Adels führten, um ihn von Anbeginn an von einer religiösen Partei zu trennen, bei deren Triumphe er alles verlor, und miteinander ins reine kommen woll-

ten, wie sie dem Könige den Staatsstreich entdecken könnten, plauderte Katharina mit ihren vier Ratgebern.
„Johanna d'Albret hat genau gewußt, was sie tat, als sie sich zur Beschützerin der Hugenotten aufwarf. In der Reformation besitzt sie einen Sturmbock, mit dem sie gut umzugehen versteht", sagte der Großmeister, der die tiefgreifenden Pläne der Königin von Navarra verstand.
Johanna d'Albret war tatsächlich einer der klügsten Köpfe ihrer Zeit.
„Theodor von Béza ist in Nérac, nachdem er Calvins Befehle eingeholt hat."
„Welche Männer diese Bürger zu finden wissen!" rief der Großmeister.
„Ach, nicht einen Menschen haben wir vom Schlage eines la Renaudie," schrie der Kardinal, „er ist ein leibhaftiger Catilina."
„Solche Männer arbeiten immer nur für sich selber", antwortete der Herzog. „Hatte ich la Renaudie nicht erraten? Mit Gunstbeweisen hab' ich ihn überschüttet, hab' ihn nach seiner Verurteilung durchs burgundische Parlament entwischen lassen, ließ ihn wieder ins Königreich zurückkehren, indem ich die Revision seines Prozesses durchsetzte und gedachte alles für ihn zu tun, während er eine teuflische Konspiration wider uns anzettelte. Der Schuft hat die Protestanten Deutschlands mit Frankreichs Ketzern vereinigt, indem er die Schwierigkeiten, die hinsichtlich des Dogmas zwischen Luther und Calvin entstanden, beiseite schob. Er hat die mißvergnügten großen Herren mit der Reformpartei vereinigt, ohne sie den Katholizismus offen abschwören zu lassen. Seit dem letzten

Jahre hat er dreißig Hauptleute für sich! Überall war er zugleich, in Lyon, in Languedoc, in Nantes! Endlich hat er jenes Gutachten herausgeben lassen, das in ganz Deutschland zirkulierte, worin die Theologen erklären, daß man seine Zuflucht zur Macht nehmen könne, um den König unserer Herrschaft zu entziehen. Von Stadt zu Stadt hat man das weiter verbreitet. Und wenn man ihn auch überall sucht, nirgends findet man ihn. Und doch hab' ich ihm nur Gutes getan! Wie einen Hund müßte man ihn niederknallen oder ihm eine goldene Brücke zu bauen versuchen, damit er in unseren Dienst tritt."

"Die Bretagne, die Languedoc, das ganze Königreich ist bearbeitet worden, um uns einen Todesstoß zu versetzen", sagte der Kardinal. "Nach dem gestrigen Feste hab' ich den Rest der Nacht damit verbracht, alle Aufzeichnungen durchzulesen, die mir meine Mönche schickten. Kompromittiert aber haben sich nur arme Edelleute, Handwerker und Männer, bei denen es gleichgültig ist, ob man sie hängt oder laufen läßt. Die Coligny, die Condé treten da noch nicht in Erscheinung, wiewohl sie die Fäden dieser Verschwörung in Händen halten."

"Auch habe ich," sagte der Herzog, "sowie jener Advokat, jener Avenelles, die Lunte verkaufte, Braguelonne befohlen, er solle die Verschwörer bis zum Ziele gehen lassen. Sie sind ohne Mißtrauen, sie glauben uns zu überraschen; vielleicht zeigen sich ihre Anführer dann. Meine Ansicht würde dahin gehen, uns für achtundvierzig Stunden besiegen zu lassen ..."

"Eine halbe Stunde würde schon zu lange sein", sagte der Kardinal erschreckt.

„Da sieht man, wie tapfer du bist", antwortete der Balafré.
Ohne sich zu erregen, entgegnete der Kardinal:
„Ob der Prinz von Condé sich bloßstellt oder nicht, wenn wir sicher gehen, daß er der Anführer ist, schlagen wir seinen Kopf herunter und werden dann unsere Ruhe kriegen. Für dies Geschäft haben wir nicht so sehr Soldaten als Richter nötig, und an Richtern wird's uns niemals fehlen. Der Sieg ist immer sicherer im Parlament als auf dem Schlachtfelde und kostet auch weniger Geld."
„Gern willige ich darein", antwortete der Herzog; „glaubst du aber, daß der Prinz von Condé mächtig genug ist, um denen, die uns diesen ersten Ansturm liefern sollen, soviel Mut einzuflößen? Gibt's da nicht..."
„Den König von Navarra", sagte der Kardinal.
„Ein Tropf, der den Hut in der Hand mit mir redet", antwortete der Herzog. „Sollten dir der Florentinerin Koketterien denn etwa den Blick verdunkeln?..."
„Oh, ich habe bereits daran gedacht", erklärte der Priester. „Wenn ich mich in einen Liebeshandel mit ihr verwickelt sehen möchte, so geschieht es, um in ihrem Herzensgrunde zu lesen."
„Sie besitzt kein Herz," äußerte der Herzog lebhaft, „noch ehrgeiziger ist sie, als wir es sind."
„Du bist ein tapferer Hauptmann," sagte der Kardinal zu seinem Bruder, „doch glaube mir, unser beider Häute sind einander ganz gleich. Und ich habe sie durch Maria überwachen lassen, bevor du daran dachtest, sie zu beargwöhnen. Katharina ist weniger religiös als mein Schuh. Wenn sie nicht

die Seele der Verschwörung bildet, so liegt es nicht daran, daß sie es nicht wünscht. Doch wollen wir sie in ihrem Elemente beurteilen und sehen, wie sie uns unterstützen wird. Bis heute hatte ich die Gewißheit, daß sie mit den Ketzern nicht in der geringsten Verbindung steht."

„Es ist an der Zeit, dem Könige und der Königin-Mutter alles zu entdecken; von nichts weiß sie etwas", sagte der Herzog; „und das ist der einzige Beweis ihrer Unschuld; vielleicht wartet man noch auf einen letzten Augenblick, um sie durch die Möglichkeiten eines Erfolges zu blenden. La Renaudie kann durch meine Anordnungen erfahren haben, daß wir benachrichtigt wurden. Heute nacht hat Nemours den Abteilungen der Reformierten, die auf Schleichwegen anlangten, folgen müssen, und die Verschworenen werden gezwungen sein uns in Amboise anzugreifen, das ich sie alle betreten lassen will. Hier", sagte er, indem er, wie es Chiverni eben getan, auf die drei Felswände, auf denen das Schloß von Blois steht, hinwies, „würden wir einen ergebnislosen Ansturm haben, die Hugenotten würden ganz nach ihrem Belieben kommen und gehen. Blois ist ein Saal mit vier Türen, während Amboise ein Sack ist."

„Ich werde die Florentinerin nicht verlassen", sagte der Kardinal.

„Einen Fehler haben wir begangen," fing der Herzog wieder an, indem er sich damit belustigte, seinen Dolch in die Luft zu werfen und ihn mit dem Stichblatt wieder aufzufangen, „ihr gegenüber hätte man sich wie den Reformierten gegenüber benehmen müssen, man hätte ihr Handelsfreiheit lassen und sie bei der Tat überrumpeln sollen."

Einen Augenblick sah der Kardinal seinen Bruder kopfschüttelnd an.

„Was will Pardaillan von uns?" sagte der Großmeister, als er jenen jungen Edelmann auf die Terrasse kommen sah, der durch seinen Zusammenstoß mit la Renaudie und durch ihren beiderseitigen Tod so berühmt ward.

„Gnädiger Herr, ein junger, vom Kürschner der Königin abgesandter Mann ist vor dem Tor und behauptet ihr einen Hermelinputz abliefern zu sollen; darf man ihn einlassen?"

„Nun ja; eine Schaube, von der sie gestern sprach", entgegnete der Kardinal; „lasset den Ladenschwengel passieren, sie wird so etwas gebrauchen können, wenn wir die Loire entlang reisen."

„Woher ist er denn gekommen, daß man ihn nicht am Schloßtor festgehalten hat?" fragte der Großmeister.

„Das weiß ich nicht", antwortete Pardaillan.

„Danach werd' ich ihn bei der Königin fragen", sagte sich der Balafré; „er soll das Lever im Wachensaale abwarten. Doch, ... Pardillan, ist er jung?"

„Jawohl, gnädiger Herr; er gibt sich für den Sohn des Lecamus aus."

„Lecamus ist ein guter Christ," erklärte der Kardinal, welcher ebenso wie der Großmeister mit Caesars Gedächtnis ausgestattet war. „Der Pfarrer von Sankt Peter zu den Ochsen zählt auf ihn, denn er ist Viertelsmeister der Gerichtshausgegend. Laß nichtsdestoweniger den Sohn mit dem Hauptmann der Schottländergarde reden", sagte der Großmeister, der dies Verbum betonte, indem er ihm einen leicht zu verstehenden Sinn gab. „Aber

Ambrosius ist ja im Schlosse; durch ihn werden wir erfahren, ob es auch Lecamus' Sohn ist; ist er dem Vater doch von einstmals sehr verpflichtet. Bitte Ambrosius Paré her."

In diesem Augenblicke trat die Königin Katharina allein vor die beiden Brüder hin, die sich beeilten ihr entgegenzugehen, indem sie ihr eine Ehrfurcht bezeigten, worin die Italienerin nur ständigen Hohn sah.

Sie sagte:

„Meine Herren, wollet Ihr geruhen, mir anzuvertrauen, was sich vorbereitet? Sollte Eures ehemaligen Gebieters Witwe in Eurer Schätzung den Herren von Veilleville, Birago und Chiverni nachstehen?"

„Madame," sagte der Kardinal in seinem galanten Tone, „der Politikerpflicht geht die Mannespflicht vor, und nach der soll man Damen nicht durch falsche Gerüchte erschrecken. Heute früh aber muß eine Konferenz über Staatsgeschäfte stattfinden. Ihr werdet meinen Bruder entschuldigen, weil er damit begonnen hat rein militärische Befehle zu erteilen, die Euch fremd anmuten dürften: wichtige Dinge sind zu entscheiden. Wenn Ihr es für gut befindet, wollen wir zum Lever des Königs und der Königin gehen. Die Stunde ist da."

„Was geht vor, Herr Großmeister?" fragte Katharina, die Erschreckte spielend.

„Die Reformation, Madame, ist keine Ketzerei mehr, sondern eine Partei, die bewaffnet herkommen und Euch den König entreißen will."

Katharina, der Kardinal, der Herzog und die Edelleute wandten sich dann der Treppe zu durch die

Galerie, wo sich die Höflinge drängten, welche nicht das Recht auf den Eintritt in die königlichen Gemächer besaßen. Sie bildeten Spalier.
Während Katharina mit den beiden lothringischen Fürsten redete, hatte Gondi sie bespäht und sagte nun der Königin-Mutter folgende Worte ins Ohr: „Odiate e aspettate!" (Hasset und wartet!)
Sie wurden sprichwörtlich und erklären einen der Züge dieses großen königlichen Charakters.

Pardaillan, welcher dem wachhabenden Offizier in der Schloßvogtei den Befehl geben wollte, den Gesellen des Kürschners der Königin passieren zu lassen, fand Christoph mit offenem Munde vor der Vorhalle stehen, wo er damit beschäftigt war, die Fassade, welche man dem guten König Ludwig dem Zwölften zu verdanken hat, zu betrachten. Dort befanden sich damals in viel größerer Anzahl als heute — wenn man nach dem wenigen schließen darf, was heute davon übrig ist — drollige Skulpturen. So erblicken die Neugierigen dort eine Frauenfigur, die in das Kapitell einer der Säulen der Tür gehauen ist und mit zurückgestreiftem Kleide spöttisch, was Brunel der Marphisa zeigte, einen dicken Mönch sehen ließ, der auf dem Kapitäl der mit dem anderen Türpfosten des Gesimses dieser Tür korrespondierenden Säule niederhockte; über dieser stand damals das Standbild Ludwigs des Zwölften. Mehrere in diesem Geschmack gearbeitete Fenster, die leider zerstört worden sind, belustigten oder schienen Christoph zu belustigen. Die Arkebusiere der Wache ließen bereits ihre Späße auf ihn niederprasseln.
„Der würde sich gerne da einquartieren", sagte der

Gefreite, indem er die Ladungen der Hakenbüchse
liebkoste, die alle in Form von Zuckerbrot hergestellt
waren und an seinem Wehrgehänge bammelten.

„He, Pariser!" sagte ein Soldat, „so etwas hast du
wohl noch nie gesehen?"

„Er erkennt den guten König Ludwig den Zwölften
wieder", äußerte ein anderer.

Christoph tat, als hörte er nicht, und suchte sein
Erstaunen noch zu übertreiben, so daß seine törichte
Haltung vor der Wächterschar in Pardaillans Augen
ein ausgezeichneter Freibrief wurde.

„Die Königin ist noch nicht aufgestanden," erklärte
der junge Hauptmann, „komm und erwarte
sie im Saal der Garden."

Christoph folgte Pardaillan ziemlich langsam. Eigens
bewunderte er die hübsche als Arkade ausgeschnittene
Galerie, wo unter Ludwigs des Zwölften
Herrschaft die Höflinge auf die Empfangsstunde
im Trocknen warteten, wenn es schlechtes
Wetter war. Nun hielten sich hier einige den Guisen
anhängende Edelleute auf, denn die in unseren
Tagen so gut erhaltene Treppe, die zu ihren
Gemächern führte, befindet sich am Ende dieser
Galerie in einem Turme, dessen Architektur sich
der Bewunderung der Neugierigen empfiehlt.

„Nun, bist du etwa gekommen, um Bildhauerstudien
zu machen?" rief Pardaillan, als er sah, wie
Lecamus vor den hübschen Skulpturen der äußeren
Galerien stehen blieb, welche die Säulen jeder
Arkade voneinander trennen oder, wenn man will,
miteinander vereinigen.

Christoph folgte dem jungen Hauptmann nach
der Ehrentreppe, nicht ohne diesen fast mauri-

schen Turm mit einem entzückten Blicke gemustert zu haben.

An diesem schönen Morgen stand der Hof voller Ordonnanzhauptmänner und Edelleute, die in Gruppen plauderten und deren prächtige Anzüge diesen Ort belebten, welchen die über seine noch neue Fassade verstreuten Wunder der Architektur bereits so glänzend machten.

„Tritt da ein", sagte Pardaillan zu Lecamus, indem er ihm ein Zeichen gab, ihm durch die holzgeschnitzte Türe des zweiten Stockwerks zu folgen. Pardaillan erkennend, öffnete sie ein Türhüter.

Jedweder kann sich eine Vorstellung von Christophs Verwunderung machen, als er in diesen damals so weiten Saal der Wachen eintrat. Heute hat ihn militärische Genialität durch eine Zwischenwand in zwei Teile geteilt, um zwei Korporalschaftsstuben zu gewinnen. Tatsächlich nimmt er in der zweiten Etage beim König, wie in der ersten bei der Königin-Mutter ein Drittel der Fassade nach dem Hofe zu ein, denn er bekommt von zwei Fenstern zur rechten und zwei Fenstern zur linken Seite des Turmes Licht, in welchem sich die berühmte Treppe entfaltet. Der junge Hauptmann schritt nach der Zimmertür des Königs und der Königin, die in diesen weiten Saal führte und sagte zu einem der beiden diensthabenden Pagen, er solle Madame Dayelle, einer der Kammerfrauen der Königin, melden, daß der Kürschner mit seinen Schauben im Saale wäre.

Auf eine Handbewegung Pardaillans hin stellte Christoph sich in der Nähe eines auf einem Schemel sitzenden Offizieres auf. Der saß in der Ecke bei einem Kamin, welcher so groß war wie seines

Vaters Laden und sich an einem der Enden des riesigen Saales gegenüber einem absolut gleichen Kamin am anderen Ende befand. Während er immerfort mit diesem Leutenant schwätzte, gelang es ihm, diesen zu interessieren, indem er ihm die Nöte des Handels auseinandersetzte. Christoph schien so wahrhaft ein Kaufmann zu sein, daß der Offizier diese Meinung auch dem Hauptmann der Schottländerwache beibrachte, der vom Hofe her kam, um Christoph auszufragen, indem er ihn heimlich und mit aller Sorgfalt prüfte.
Wie sehr Christoph Lecamus auch vorbereitet war, er konnte die kalte Wildheit der Interessen, in welche Chaudieu ihn unvermerkt verwickelt hatte, doch nicht begreifen. Für einen Beobachtenden, der das Geheimnis dieser Szene erkannt hätte, wie es der Historiker heute kennt, wäre Grund genug zum Zittern vorhanden gewesen angesichts dieses jungen Mannes, der Hoffnung zweier Familien, welcher sich zwischen diese beiden mächtigen und mitleidlosen Maschinen: Katharina und die Guisen gewagt hatte. Gibt's aber viele mutige Leute, welche die Spannweite der Gefahren ermessen? Nachdem Christoph gesehen hatte, auf welche Weise Stadt, Schloß und Hafen von Blois bewacht wurden, war er sich gewärtig, überall Fallen und Spione zu finden; entschlossen hatte er sich daher die Schwere seiner Sendung und sein geistiges Angespanntsein unter der scheinbaren Albernheit eines Nur-Kaufmanns zu verbergen. So hatte er sich eben vor des jungen Pardaillans, des Wachtoffiziers und des Hauptmanns Augen gezeigt.
Die Aufregung, die in einem königlichen Schlosse die Leverstunde begleitet, hub an sich kundzutun.

Die großen Herren, deren Pferde und Pagen oder
Knappen im äußeren Schloßhofe zurückblieben —
denn außer dem Könige und der Königin hatte
niemand das Recht, den inneren Hof hoch zu
Roß zu betreten —, stiegen in Gruppen die herrliche Treppe hinan und überschwemmten den großen Saal der Garden mit den beiden Kaminen.
Heutzutage sind seine starken Balken bar ihres
Schmuckes, und elende kleine rote Klinker ersetzen die erfindungsreichen Mosaiken der Dielen;
die Gobelins der Krone aber verbargen damals
die heute mit Kalk beworfenen starken Mauern,
und um die Wette strahlten dort die Künste dieser in den Jahrbüchern der Menschheit einzig dastehenden Epoche.

Reformierte wie Katholiken kamen ebensosehr,
Neuigkeiten zu erfahren und die Gesichter zu
prüfen, als um dem König den Hof zu machen.
Franz' des Zweiten maßlose Liebe zu Maria Stuart,
der sich weder die Guisen noch die Königin-Mutter widersetzten, und die politische Gefälligkeit,
mit der Maria Stuart ihr entgegenkam, nahmen
dem Könige jegliche Macht. Wiewohl er siebzehn
Jahre alt war, kannte er vom Königtum nur die
Vergnügungen und von der Ehe nur die Wollüste
erster Leidenschaft. In Wirklichkeit machte jedweder der Königin Maria, ihrem Onkel, dem Kardinal von Lothringen, und dem Großmeister den Hof.
Ein Hin und Her entfaltete sich vor Christoph,
welcher die Ankunft jeder Persönlichkeit mit einer
sehr natürlichen Neugier studierte. Ein prachtvoller Vorhang — auf jeder Seite von ihm standen
zwei diensttuende Pagen und zwei Wächter der
schottischen Kompagnie — zeigte ihm den Eintritt

in jenes königliche Gemach an, welches dem Sohne des augenblicklichen Großmeisters, dem zweiten Balafré, so verhängnisvoll werden sollte; starb er doch zu Füßen des Bettes, worinnen damals Maria Stuart und Franz der Erste lagen. Die Ehrendamen der Königin hielten sich an dem Kamine auf, der dem, an welchem Christoph mit dem Hauptmann der Wache plauderte, gegenüber lag. Seiner Lage nach war dieser zweite Kamin der Ehrenkamin, denn er war in die dicke Mauer des Beratungssaales zwischen der Tür des königlichen Gemaches und der des Beratungssaales eingebaut worden, so daß die Fräulein und die Edelleute, die sich ihrer Berechtigung nach da aufhielten, sich dort befanden, wo der König und die Königinnen vorbeikommen mußten. Die Höflinge gingen sicher, Katharinen zu sehen, denn ihre Hofdamen kamen aus dem unteren Stockwerk herauf. Wie der ganze Hof waren sie in Trauer gekleidet und wurden von der Gräfin von Fiesco geführt; sie nahmen ihren Platz zur Seite des Beratungssaales ein, gegenüber den Ehrenfräulein der jungen Königin, die von der Herzogin von Guise geleitet wurden. Die hielten sich in der entgegengesetzten Ecke zur Seite des Königsgemaches auf. Zwischen diesen jungen Mädchen, welche den ersten Familien des Königreiches angehörten, ließen die Höflinge den Raum von einigen Schritten, den zu überschreiten nur die allervornehmsten Edelmänner das Recht hatten. Die Gräfin von Fiesco und die Herzogin von Guise saßen, dem Rechte ihrer Chargen entsprechend, inmitten dieser edlen Jungfrauen, die alle stehend verharrten.

Einer der ersten, die sich zwischen diese beiden

gefährlichen Schwadronen mischte, war der Herzog von Orleans, des Königs Bruder, welcher in Begleitung von Herrn von Cypierre, seinem Hofmeister, aus seinen darüberliegenden Räumen herunterkam. Der jugendliche Prinz, welcher vor Jahresende noch unter dem Namen Karl der Neunte zur Regierung kommen sollte, war damals zehn Jahre alt und maßlos schüchtern. Der Herzog von Anjou und der Herzog von Alençon, seine beiden Brüder, ebenso wie die Prinzessin Margarete, die Heinrichs des Vierten Weib wurde, waren noch zu jung, um an den Hof zu kommen, und blieben unter Aufsicht ihrer Mutter in ihren Gemächern. Sehr kostbar der Zeitmode entsprechend war der Herzog von Orleans gekleidet: er trug seidene Kniehosen, einen Knierock aus einem mit schwarzen Blumen durchwebten Goldbrokat und einen kleinen gestickten Sammetmantel; alles war schwarz gehalten, denn er trug noch Trauer um den König, seinen Vater. Er grüßte die beiden Oberhofmeisterinnen und blieb bei den Damen seiner Mutter. Bereits voller Abneigung gegen die Anhänger des Hauses Guise, antwortete er kühl auf die Worte der Herzogin und stützte seinen Arm auf die Rückenlehne des hohen Stuhles der Gräfin von Fiesco. Sein Hofmeister, einer der schönsten Charaktere dieser Zeit, Herr von Cypierre, blieb wie ein Schemen hinter ihm. Amyot in einfacher Abbésoutane begleitete den Prinzen ebenfalls; er war bereits sein wie auch der drei anderen Prinzen Lehrer; ihre Zuneigung sollte ihm so zum Nutzen gereichen. Zwischen dem Ehrenkamin und dem, um welchen sich am anderen Saalende die Garden, ihr Hauptmann, einige Höflinge und der mit seinem Karton beladene Christoph gruppierten, ging der Kanzler Olivier, l'Hôpitals Beschirmer und Vorgänger, gekleidet, wie es von alters her Frankreichs Kanzler stets gewesen sind, mit dem Kardinal von Tournon auf und nieder. Der war jüngst aus Rom zurückgekehrt. Dann und wann flüsterten sie sich einige Phrasen ins Ohr inmitten der allgemeinen Aufmerksamkeit, welche ihnen die Herrenschar schenkte, die längs der Mauer aufgereiht war, die den Saal von dem Königsgemache trennt. Die wirkte wie ein lebendiger Gobelin vor dem reichen echten Gobelin mit seinen Tausenden von Menschen. Trotz der ernsten Umstände zeigte der Hof das Bild, welches alle Höfe in allen Ländern, zu allen Zeiten und in den größten Fährnissen zeigen: Höflinge, die stets von gleichgültigem Zeug plaudern, wobei sie an ernsthafte Dinge denken, die scherzen und dabei die Gesichter studieren und sich inmitten der blutigsten Katastrophen mit Liebesdingen und Heiraten mit reichen Erbinnen befassen.

„Was sagt Ihr zum gestrigen Feste?" fragte Bourdeilles, Edelherr von Brantôme, sich Fräulein von Piennes, einem Hoffräulein der Königin-Mutter, nähernd.

„Die Herren du Baif und du Bellay haben wirklich nur schöne Ideen gehabt", sagte sie, auf die beiden Festordner hinweisend, die einige Schritte entfernt dastanden. — „Schrecklich geschmacklos fand ich's", fügte sie mit leiser Stimme hinzu.

„Euch war keine Rolle anvertraut worden?" fragte Fräulein von Lewiston von der anderen Seite.

„Was lest Ihr da, Madame?" fragte Amyot Frau von Fiesco.

„Den Amadis von Gallien vom edlen Herrn des Essarts, gewöhnlichen Bevollmächtigten des Geschützwesens des Königs."

„Ein reizendes Werk", sagte das schöne Mädchen, das später, als sie Ehrendame der Königin Margarete Navarra ward, unter dem Namen Fosseuse so berühmt werden sollte.

„Der Stil ist neuartig", sagte Amyot. „Würdet Ihr Euch auch mit solchen Barbarismen vertraut machen?" fügte er, Brantôme ansehend hinzu.

„Ja, was wollt Ihr? Er gefällt den Damen", rief Brantôme, welcher hinging und Frau von Guise begrüßte, die Boccaccios ‚Berühmte Damen' in der Hand hielt.

„Darunter müssen sich Frauen eures Hauses befinden, Madame", sagte er; „traurig ist's aber, daß Ehren-Boccaccio nicht unserer Zeit angehört, reiche Themen würde er jetzt finden, um seine Bände zu vermehren..."

„Wie geschickt dieser Herr von Brantôme ist", sagte das schöne Fräulein von Limeuil zur Gräfin von Fiesco. „Erst ist er zu uns gekommen, jetzt aber wird er im Guisenviertel bleiben."

„Pst!" sagte Frau von Fiesco, die schöne Limeuil anblickend. „Kümmert Euch um das, was Euch angeht..."

Das junge Mädchen wandte ihre Augen nach der Türe. Sie wartete auf Sardini, einen edlen Italiener, mit welchem die Königin-Mutter, ihre Verwandte, sie später nach dem Zwischenfalle verheiratete, der ihr in Katharinas Ankleideraume zustieß und ihr die Ehre einbrachte, eine Königin als Hebamme zu haben.

„Beim heiligen Alipantin, Fräulein Davila wird

scheint's jeden Tag hübscher", sagte Herr von Robertet, der Staatssekretär, die Gruppe der Königin-Mutter begrüßend. Die Ankunft des Staatssekretärs, der indessen genau das war, was heute ein Minister ist, erregte keinerlei Aufsehn.

„Wenn dem so ist, mein Herr, so leihet mir doch das gegen die Herrn von Guise geschriebene Pasquill; ich weiß, man hat's Euch gegeben", sagte Fräulein Davila zu Robertet.

„Ich hab's nicht mehr", antwortete der Staatssekretär, indem er hinging, um Frau von Guise zu begrüßen.

„Ich hab es", sagte der Graf von Grammont zu Fräulein Davila; „doch geb ich's Euch nur unter einer Bedingung..."

„Unter Bedingungen?... pfui!" rief Frau von Fiesco.

„Ihr wißt ja noch gar nicht, was ich verlange", antwortete Grammont.

„Oh, das errät man", sagte die Limeuil.

Der italienische Brauch, die Damen so zu nennen, wie die Bauern ihre Frauen: die Soundso, war damals am französischen Hofe Mode.

„Ihr irrt Euch," entgegnete der Graf lebhaft, „es handelt sich darum, Fräulein von Matha, einer der Damen vom anderen Ufer, einen Brief meines Vetters Jarnac einzuhändigen."

„Stellt mir meine Mädchen nicht bloß," sagte die Gräfin von Fiesco, „ich will ihn ihr selber übergeben."

„Wisset Ihr Neuigkeiten über die Vorgänge in Flandern?" fragte Frau von Fiesco den Kardinal von Tournon. „Herr von Egmont scheint auf etwas ganz Neues zu verfallen?"

„Er und der Prinz von Oranien", erwiderte Herr von Cypierre, mit einer bezeichnenden Achselbewegung.

„Der Herzog von Alba und der Kardinal Granvella sind dahin abgegangen, nicht wahr, mein Herr?" sagte Amyot zum Kardinal von Tournon, der nach seiner Unterhaltung mit dem Kanzler sich düster und unruhig zwischen den beiden Gruppen hielt.

„Glücklicherweise sind wir ruhig und haben die Ketzerei nur auf dem Theater zu besiegen", sagte der junge Herzog von Orleans, auf die Rolle anspielend, die er am Vorabend dargestellt, wo er einen Ritter gespielt hatte, welcher eine Hydra bändigte, auf deren Stirne das Wort Reformation geschrieben stand.

Im Einverständnis mit ihrer Schwiegertochter hatte Katharina von Medici einen Theaterraum aus dem riesigen Saale machen lassen, der später für die Stände in Blois hergerichtet ward, wo, wie bereits gesagt, das Schloß von Franz dem Ersten mit dem Ludwigs des Zwölften zusammenstieß.

Der Kardinal antwortete nichts und nahm seinen Gang durch den Saal wieder auf, indem er mit leiser Stimme mit Herrn von Robertet und dem Kanzler plauderte. Viele Leute wissen nicht, mit welchen Schwierigkeiten die später Ministerien gewordenen Staatssekretariate bei ihrer Einrichtung zu kämpfen hatten und welche Mühen es den Königen von Frankreich machte, sie zu schaffen. Zu jener Epoche war ein Staatssekretär wie Robertet einfach und ganz simpel ein Schreiber und ward kaum mit zu den Prinzen und Großen gerechnet, welche die Staatsgeschäfte entschieden. Es gab damals noch keine anderen ministeriellen Funktionen als die des Oberintendanten der Finanzen, des Kanzlers und des Großsiegelbewahrers.

Einen Platz in ihrem Staatsrat räumten die Könige durch Bestallungsschreiben denen ihrer Untertanen ein, deren Ansichten ihnen für die Leitung der öffentlichen Angelegenheiten nützlich erschienen. Zutritt zum Staatsrat gab man einem Präsidenten der Parlamentskammer, einem Bischof, einem titellosen Höfling. War der Untertan einmal zum Staatsrate zugelassen, so befestigte er seine Stellung dort, indem er sich mit Chargen der Krone bekleiden ließ, denen Befugnisse zugestanden wurden. Da gab es Statthalterschaften, den Degen des Kronfeldherrn, das Großmeistertum der Artillerie, den Marschallstab, den Generaloberstenposten eines Militärkorps, die Großadmiralschaft, das Generalkapitanat der Galeeren oder häufig auch eine Hofcharge wie die des Großmeisters des königlichen Hauses, welche damals der Herzog von Guise innehatte.

„Glaubt Ihr, der Herzog von Nemours heiratet Françoise?" fragte Frau von Guise des Herzogs von Orleans Lehrer.

„Ach, Madame," antwortete der, „ich verstehe mich nur aufs Lateinische."

Diese Antwort brachte alle zum Lachen, die in Hörweite standen.

In diesem Momente war die Verführung der Françoise von Rohan durch den Herzog von Nemours Gegenstand aller Unterhaltungen. Da der Herzog von Nemours aber Franz des Zweiten Vatter und durch seine Mutter in doppelter Weise mit dem Hause Valois verknüpft war, betrachteten ihn die

Guisen mehr als verführt denn als Verführer. Nichtsdestoweniger war der Einfluß des Hauses Rohan ein derartiger, daß nach Franz des Zweiten Regierung der Herzog von Nemours gezwungen wurde, Frankreich auf Grund des Prozesses zu verlassen, den die Rohans wider ihn anstrengten und der nur auf Einfluß der Guisen hin mit einem Vergleiche endigte. Seine Heirat mit der Herzogin von Guise nach Poltrots Mordtat vermag die Frage zu erklären, welche die Herzogin an Amyot richtete, indem sie die Nebenbuhlerschaft enthüllte, welche zwischen Fräulein von Rohan und der Herzogin bestehen mußte.

„Aber schaut doch ein bißchen auf die Gruppe der Unzufriedenen da unten", sagte der Graf von Grammont, indem er auf die Herren von Coligny, den Kardinal von Châtillon, Danville, Thoré, Moret und mehrere andere Edelleute wies, die verdächtigt wurden, mit der Reformation zu schaffen haben. Alle standen sie zwischen zwei Fenstern der anderen Kaminseite.

„Die Hugenotten rühren sich", sagte Cypierre. „Wir wissen, daß Theodor von Beza in Nérac ist, um bei der Königin von Navarra durchzusetzen, daß sie sich für die Reformierten erklärt, indem sie öffentlich abschwört", fügte er hinzu, den Bailli von Orleans dabei anschauend, der obendrein auch Kanzler der Königin von Navarra war und den Hof bespähte.

„Sie wird es tun!" antwortete der Bailli von Orleans trocken.

Diese Persönlichkeit, der orleanesische Jacques Coeur, das heißt ein großer Finanzmann, einer der reichsten Bürgerlichen dieser Zeit, hieß Groslot und besorgte Johanna d'Albrets Angelegenheiten am französischen Hofe.

„Glaubt Ihr es?" fragte der Kanzler von Frankreich den Kanzler von Navarra, indem er die Tragweite der Groslotschen Versicherung abwog.

„Wisset Ihr denn nicht," entgegnete der reiche Orleanese, „daß die Königin von der Frau nur die Merkmale des Geschlechts besitzt? Voll beschäftigt ist sie mit männlichen Dingen, für große Angelegenheiten besitzt sie den weitschauenden Geist und großen Gegnerschaften gegenüber das unbesiegliche Herz."

„Herr Kardinal", sagte der Kanzler Olivier zu Herrn von Tournon, welcher Groslot zugehört hatte, „was deucht Euch von solchem Mute?"

„Gut tat die Königin von Navarra daran, einen Mann zu ihrem Kanzler auszuersehen, bei dem das Haus Lothringen Anleihen machen kann, und der dem König seine Wohnung anbietet, wenn von einer Reise nach Orleans die Rede ist", antwortete der Kardinal.

Kanzler und Kardinal schauten sich daraufhin an, ohne es zu wagen, sich ihre Gedanken mitzuteilen; Robertet aber verlieh ihnen Ausdruck, da er es für nötig hielt, sich den Guisen ergebener zu zeigen als diese großen Persönlichkeiten, zumal er ja tiefer stand als sie.

„Ein großes Unglück ist es, daß das Haus Navarra, anstatt dem Glauben seiner Väter abzuschwören, nicht den Geiste der Rache und des Aufruhrs abschwört, den ihm der Kronfeldherr von Bourbon einflößte. Die Reibereien der Armagnacs und Burgunder werden wir wieder aufleben sehen."

„Nein," sagte Groslot, „denn in dem Kardinal von

Lothringen steckt etwas vom Geiste Ludwigs des Elften."
„Und auch in der Königin Katharina", antwortete Robertet.
In diesem Momente durchquerte Madame Dayelle, die Lieblingskammerfrau der Königin Maria Stuart, den Saal und ging nach der Königin Zimmer. Das Kommen der Kammerfrau verursachte einige Bewegung.
„Wir werden bald hineingehen", sagte Frau von Fiesco.
„Ich glaube es nicht", antwortete Frau von Guise; „Ihre Majestäten werden ausgehen, denn man beabsichtigt einen großen Staatsrat abzuhalten."
Die Dayelle glitt in das königliche Zimmer, nachdem sie an der Türe gekratzt hatte. Das war eine von Katharina von Medici erfundene Form des Respektes, die am Hofe von Frankreich zur Anwendung kam.
„Was für Wetter haben wir, meine liebe Dayelle?" fragte die Königin Maria, ihr weißes und frisches Gesicht außerhalb des Bettes zeigend, indem sie die Vorhänge teilte.
„Ach, Madame..."
„Was hast du, meine Dayelle? man möchte meinen, dir folgten die Häscher auf den Fersen."
„Oh, Madame, schläft der König noch?"
„Ja."
„Wir werden das Schloß verlassen, und der Herr Kardinal hat mich gebeten, es Euch zu sagen, damit Ihr den König dahinbringt, daß er seine Einwilligung dazu gibt."
„Weißt du, warum, meine gute Dayelle?"
„Die Reformierten wollen Euch entführen."

„Ach, will mir diese neue Religion denn keine Ruhe lassen? Heute nacht hab ich geträumt, ich säße im Gefängnis, ich, die ich die Kronen der drei schönsten Königreiche der Welt vereinigen soll."

„Es ist ja auch nur ein Traum, Madame."

„Entführen?... das wäre ja recht hübsch; doch wenn es der Religion wegen und von Ketzern geschieht, ist es etwas Gräßliches."

Die Königin sprang aus dem Bette und setzte sich in einen großen, mit rotem Sammet bezogenen Sessel vor den Kamin, nachdem Dayelle ihr einen schwarzsamtenen Schlafrock gereicht hatte, den sie mit einer Seidenschnur in der Taille leicht zusammenraffte. Dayelle zündete das Feuer an, denn Maimorgen an der Loire Ufer sind ziemlich frisch.

„Meine Oheime haben diese Nachrichten also während der Nacht erhalten?" fragte die Königin Dayelle, mit der sie sehr vertraulich umsprang.

„Seit heute früh promenieren die Herren von Guise auf der Terrasse, um von niemandem gehört zu werden, und haben dort Boten empfangen, die in aller Hast aus verschiedenen Gegenden des Königreiches, wo die Reformierten sich rühren, herbeigeeilt sind. Die Frau Königin-Mutter war auch dort mit ihren italienischen Herren und hoffte, um Rat gefragt zu werden, hat aber an dieser kleinen Beratung nicht teilgenommen."

„Sie muß wütend sein."

„Um so mehr, als sie noch Zorn von gestern herunterzuschlucken hatte", antwortete Dayelle. „Sie sei, heißt es, nicht froh gewesen, als sie Eure Majestät in Ihrer Robe aus gezwirntem Gold mit dem hübschen lohfarbenen Kreppschleier erscheinen sah..."

„Laß uns allein, meine gute Dayelle; der König wacht auf. Niemand belästige uns, selbst die kleinen Entrées fallen fort. Es handelt sich um Staatsgeschäfte, und meine Ohme werden uns nicht stören."
„Nun, meine liebe Marie, hast du das Bett denn schon verlassen? Ist es heller Tag?" sagte der erwachende junge König.
„Während wir schlafen, mein liebes Herz, wachen die Bösen und wollen uns zwingen diese schöne Besitzung zu verlassen."
„Was redest du da von bösen Leuten, mein Liebchen? Haben wir gestern abend nicht das hübscheste Fest von der Welt gehabt. Waren das nicht lateinische Worte, die jene Herren in unser liebes Französisch umgegossen haben?"
„Ach," sagte Maria, „diese Sprache ist sehr geschmackvoll, und Rabelais hat sie bereits in helles Licht gesetzt."
„Du bist eine Gelehrte, und ich bin recht ärgerlich, dich nicht in Versen feiern zu können; wenn ich nicht König wäre, würde ich meinem Bruder Meister Amyot wieder wegnehmen; der macht ihn so gelehrt..."
„Beneidet Euren Bruder doch um nichts; der macht Gedichte, zeigt sie mir und bittet mich, ihm meine zu zeigen. Geht, Ihr seid der beste von den Vieren und werdet auch ein ebenso guter König sein, als Ihr ein höfischer Liebster seid. Auch ist es vielleicht deswegen, daß Eure Mutter Euch so wenig liebt. Doch sei still. Ich, mein liebes Herz, werd' dich für die ganze Welt lieben..."
„Ich bin nicht so verdienstvoll, daß ich eine so vollkommene Königin lieben dürfte", sagte der kleine

König. „Ich weiß nicht, was mich zurückhielt, dich gestern vor dem ganzen Hofe zu umarmen, als du den Fackeltanz tanztest. Deutlich hab' ich gemerkt, daß alle Frauen neben dir aussehen, als ob sie Dienstmägde wären, meine schöne Marie..."

„Dafür, daß Ihr nur in Prosa redet, sprecht Ihr hinreißend, mein Liebling; dafür ist's auch die Liebe, die aus Euch spricht. Und Ihr, Ihr wißt es genau, daß ich, wenn Ihr auch nur ein kleiner Page wäret, Euch ebenso heiß lieben würde, als ich es so tue. Und dennoch gibt es nichts Süßeres, als sich sagen zu können: ‚Mein Liebster ist König!'"

„Oh, der hübsche Arm. Warum müssen wir uns anziehn? Viel lieber will ich mit meinen Fingern durch deine weichen Haare fahren, um ihre blonden Ringel zu verwirren... Ach ja, mein Lieb, laß deine Frauen nicht mehr deinen weißen Hals und diesen hübschen Rücken küssen; leid es nicht mehr! Schon zuviel ist's, daß die Nebel Schottlands darüber hingestrichen sind."

„Wollt Ihr Euch mein liebes Land nicht ansehen? Die Schotten werden Euch lieben, und dort wirds keinen Aufruhr geben wie hier."

„Wer stiftet Aufruhr in unserem Königreiche?" fragte Franz von Valois, sein Gewand übereinanderschlagend und Maria Stuart auf sein Knie ziehend.

„Oh, das alles ist sicherlich sehr hübsch", sagte sie, ihre Wange vom Könige wegkehrend; „doch habt Ihr zu regieren, wenn's Euch gefällig ist, mein süßer Sire."

„Was redest du von regieren, ich will heute morgen..."

„Muß man, wenn man alles kann, sagen, ich will?

Das heißt weder wie ein König noch wie ein Liebhaber reden. Aber nicht darum handelt es sich, laß das; wir haben ein wichtiges Geschäft."

„Oh," sagte der König, „lang ist's her, daß wir etwas zu tun gehabt haben. Ist es unterhaltend?"

„Nein," sagte Maria, „es handelt sich darum, umzuziehen."

„Ich wette, mein Liebchen, Ihr habt einen Eurer Ohme gesehen, welche alles so gut ordnen, daß ich mit meinen siebzehn Jahren den Schattenkönig spiele. Ich weiß wahrlich nicht, warum ich nach dem ersten Staatsrate fortgefahren habe, ihm weiterhin beizuwohnen. Sie könnten die Dinge da ebensogut erledigen, wenn sie eine Krone auf meinen Sessel legen; alles sehe ich mit ihren Augen an und entscheide blind darauf los."

„Oh, mein Herr", rief die Königin, von des Königs Knien aufspringend und eine leicht ärgerliche Miene aufsetzend, „es war abgemacht worden, daß Ihr mir in dieser Beziehung nicht die mindeste Not machen solltet... Und meine Oheime sollten zu Eures Volkes Wohlergehn die königliche Macht ausüben. Höflich ist's, dein Volk, und wenn du es regieren wolltest, du allein, würde es dich wie eine Erdbeere verschlucken. Es hat Kriegsleute nötig, bedarf eines rauhen Herren und eisenbewehrter Fäuste; während du ein Herzchen bist, das ich so liebe, daß ich nicht anders würde lieben können; versteht Ihr, mein Herr?" sagte sie, dies Kind auf die Stirne küssend. Das schien sich wider die Rede empören zu wollen, die Zärtlichkeit aber besänftigte es.

„Oh, wenn sie nicht Eure Oheime wären!" schrie Franz der Zweite. „Dieser Kardinal mißfällt mir aufs Äußerste, und wenn er seine fuchsschwänzige Miene aufsteckt und seine Untertänigkeitsbezeigungen heuchelt, um mir, sich verneigend, zu sagen: Sire, es handelt sich hier um die Ehre Eurer Krone und um Eurer Väter Glauben; Eure Majestät dürfen nicht dulden ... und dies und das, bin ich sicher, daß er nur für sein verfluchtes Haus Lothringen arbeitet."

"Wie gut du ihn nachgemacht hast", sagte die Königin. "Warum aber benutzt Ihr diese Lothringer nicht, um Euch über alles, was vorgeht, zu unterrichten, damit Ihr selber in einiger Zeit regieren könnt, wenn Ihr erst völlig mündig seid? Ich bin Euer Weib, und Eure ist meine Ehre. Wir wollen regieren, warte nur, mein Liebling! Bis zu dem Augenblicke, wo wir nach unserm Willen handeln können, werden wir nicht immer auf Rosen gebettet sein. Nichts Schwierigeres gibt's für einen König als das Regieren. Bin ich zum Beispiel nicht eine Königin? Wißt Ihr, daß Eure Mutter mir alles, was meine Oheime Gutes für Eures Thrones Glanz tun, übel auslegt? Und doch welch ein Unterschied besteht da. Meine Oheime sind große Fürsten, Abkömmlinge von Karl dem Großen, voller Aufmerksamkeiten, und würden das Leben für Euch lassen, während diese Arzt- oder Kaufmannstochter, die der Zufall zur Königin Frankreichs machte, bösartig ist wie eine Bürgerin, welche über ihren Haushalt nicht allein bestimmt. Mißvergnügt, weil sie hier nicht alles entzweien kann, zeigt diese Italienerin mir jedweden Augenblick ihr bleiches und ernstes Gesicht, und ihrem zusammengekniffenen Munde entringt sich dann ein: ‚Meine Tochter, Ihr seid die Königin, und ich bin nur mehr die zweite Frau im Königreiche. (Außer sich ist sie vor Wut, begreifst du, mein Herz?) Doch wenn ich an Eurer Stelle wäre, würd' ich keinen Scharlachsammet tragen, während der Hof in Trauer ist. Ich würde nicht vor der Öffentlichkeit mit schlichtem Haar und ohne Geschmeide erscheinen; denn wenn es sich schon für eine einfache Dame nicht schickt, schickt es sich für eine Königin noch viel weniger. Auch würde ich für meine Person nicht tanzen, würde mich begnügen, dem Tanze zuzuschauen!' Seht das alles sagt sie zu mir."

„Oh, mein Gott, ich vermeinte sie zu hören. Gott, wenn sie wüßte..."

„Oh, Ihr zittert noch vor ihr? Sie langweilt dich, sag an? Wir wollen sie zurückschicken. Meiner Treu, dich täuschen, geht noch an, die gute Frau stammt aus Florenz, aber dich langweilen..."

„In des Himmels Namen, Marie, schweig still!" sagte Franz unruhig und zufrieden zugleich; „ich möchte nicht, daß du ihre Freundschaft verlörest."

„Habt keine Sorge, daß sie sich je mit mir entzweit, die ich die drei schönsten Kronen der Welt tragen werde, mein lieber kleiner König", sagte Maria Stuart. „Wiewohl sie mich aus tausenderlei Gründen haßt, liebkost sie mich, um mich von meinen Oheimen loszureißen."

„Dich hassen!..."

„Ja, mein Engel, und wenn ich nicht tausend jener Beweise an Hand hätte, die sich Frauen untereinander von diesem Gefühle geben und deren Bösartigkeit nur von ihnen selbst verstanden wird, würde mir einzig und allein ihr Widerstand gegen unserer Liebe süße Freuden genügen. Ist es mein

Fehl, wenn dein Vater Fräulein von Medici nie hat ausstehen können? Kurz, sie liebt mich so wenig, daß Ihr eigentlich in Zorn geraten müßtet, weil wir nicht jeder unser Gemach für uns haben, hier und in Saint-Germain. Sie behauptet, das sei so gebräuchlich bei den Königen und Königinnen von Frankreich... Gebräuchlich war es bei Eurem Vater so, dafür gibt's eine Erklärung. Und was Euren Großvater Franz anlangt, so hatte der Gevatter diesen Brauch um der Bequemlichkeit seiner Liebschaften willen eingeführt. Also wacht auch gut darüber, daß wir, wenn wir hier fortgehn, nicht vom Großmeister getrennt werden."
„Wenn wir fort von hier gehn, Maria? Aber ich will dies hübsche Schloß nicht verlassen; wir sehen die Loire und das Land, eine Stadt liegt zu unsern Füßen, und der hübscheste Himmel der Erde spannt sich über unsere Häupter; und dann die herrlichen Gärten. Wenn ich fort von hier gehe, geschieht's nur, um mit dir nach Italien zu reisen, um Raffaels Gemälde und Sankt Peter zu sehen."
„Und die Orangenhaine? Oh, mein süßer König, wenn du wüßtest, welche Lust deine Marie hat, sich unter blühenden und zugleich fruchttragenden Orangenbäumen zu ergehen! Oh, unter diesen in Duft getauchten Bäumen, am Bord des blauen Meeres, unter blauem Himmel ein italienisches Lied zu hören und uns so umschlungen zu halten!"
„Brechen wir gleich auf", sagte der König.
„Aufbrechen", rief der Großmeister eintretend.
„Ja, Sire, es handelt sich darum Blois zu verlassen; verzeiht meine Kühnheit, doch die Umstände sind stärker als die Etikette; und ich bitte Euch flehentlich, Staatsrat zu halten."

Hastig hatten Marie und Franz sich getrennt, als sie sich überrascht sahen, und ihr Antlitz zeigte den nämlichen Ausdruck beleidigter königlicher Majestät.
„Ein allzu großer Herr seid Ihr, Herr von Guise", sagte der junge König, seinen Zorn bezähmend.
„Zum Teufel mit dem Verliebten", murmelte der Kardinal Katharinen ins Ohr.
„Mein Sohn," antwortete die Königin-Mutter, welche sich hinter dem Kardinal zeigte, „es handelt sich um Eure Person und um Eures Reiches Sicherheit."
„Die Ketzerei wacht, während Ihr schlaft, Sire", erklärte der Kardinal.
„Zieht Euch in den Saal zurück, wir werden dann Staatsrat halten."
„Madame," sagte der Großmeister zur Königin, „der Sohn Eures Kürschners bringt Euch Eure Pelze, die für die Reise ersprießlich sind, denn wahrscheinlich werden wir die Loire entlang fahren ... Doch auch Euch, Madame," sagte er, sich an die Königin-Mutter wendend, „will er sprechen. Während der König sich ankleidet, möget Ihr und die Frau Königin ihn sofort abfertigen, damit wir uns durch diese Bagatelle nicht ablenken lassen."
„Gern", sagte Katharina, indem sie bei sich selber hinzufügte: „Wenn er sich meiner durch solche Listen zu entledigen gedenkt, kennt er mich schlecht."
Kardinal und Herzog zogen sich zurück, indem sie die beiden Königinnen und den König verließen. Als er durch den Wachensaal schritt, den er von neuem durchquere, um in den Conseilsaal zu gehen,

sagte der Großmeister zum Türhüter, er solle ihm
den Kürschner der Königin vorführen. Als Christoph diesen Türhüter, den er seinem Anzug nach
für eine hohe Persönlichkeit hielt, von einem Ende
des Wachensaales zum anderen auf sich zukommen sah, versagte sein Herz. Diese beim Nähern
des kritischen Momentes so natürliche Erregung
ward furchtbar, als der Türhüter, dessen Bewegung
das Resultat hatte, daß die Augen der ganzen glänzenden Gesellschaft sich auf Christoph, auf seine
armselige Miene und seine Pakete richteten, zu
ihm sagte: „Die erlauchten Herren, der Kardinal
von Lothringen und der Großmeister, entbieten
Euch, um mit Euch zu reden, in den Conseilsaal."
Sollte man mich verraten haben? fragte sich der
gebrechliche Gesandte der Reformierten.
Mit niedergeschlagenen Augen folgte Christoph
dem Türhüter; auf schlug er sie erst wieder, als
er sich in dem riesigen Ratsaale befand, dessen
Ausdehnung fast die gleiche ist wie die des Wachensaales.
Die beiden lothringischen Fürsten standen dort
allein und aufrecht vor dem prächtigen Kamin,
der an den stieß, an welchem im Wachensaale
sich die Hofdamen der beiden Königinnen aufhielten.
„Du kommst aus Paris; welchen Weg hast du denn
eingeschlagen?" sagte der Kardinal zu Christoph.
„Ich bin zu Wasser gekommen, Monseigneur",
antwortete der Reformierte.
„Wie bist du denn in Blois hineingekommen?"
fragte der Großmeister.
„Durch den Hafen, Monseigneur."
„Niemand hat dich beunruhigt?" fragte der Her-

zog, der den jungen Menschen unaufhörlich prüfte.

„Nein, gnädiger Herr, dem ersten Soldaten, der Miene machen wollte mich festzunehmen, sagte ich, ich käme im Dienste der beiden Königinnen, deren Kürschner mein Vater sei."

„Was gab's denn in Paris?" fragte der Kardinal.

„Man forschte immer noch nach dem, der den Mord an dem Präsidenten Minard beging."

„Bist du nicht der Sohn von meines Chirurgen bestem Freunde?" forschte der Herzog getäuscht von der Offenherzigkeit, die Christoph, als sich seine Verwirrung einmal gelegt hatte, bezeigte.

„Ja, Monseigneur."

Der Großmeister ging hinaus, hob schnell die Portiere auf, welche die Doppeltüre des Conseilsaales verbarg, und zeigte sein Gesicht jener ganzen Audienz, in deren Mitte er des Königs ersten Chirurgen suchte. Ambrosius, der aufrecht in einem Winkel stand, wurde durch den Blick getroffen, welchen der Herzog auf ihn warf, und trat zu ihm. Ambrosius, der bereits der reformierten Religion zuneigte, trat schließlich zu ihr über; die Freundschaft der Guisen aber und die der Könige von Frankreich bewahrte ihn vor all den Unglücksfällen, welche die Reformierten trafen. Der Herzog, der sich Ambrosius Paré für sein Leben verpflichtet fühlte, hatte ihn seit einigen Tagen zu des Königs erstem Chirurgen ernennen lassen.

„Was wünscht Ihr, gnädiger Herr?" sagte Ambrosius. „Sollte der König krank sein? Ich möcht's schier glauben."

„Warum?"

„Die Königin ist zu hübsch", erwiderte der Chirurg.

„Ach", machte der erstaunte Herzog. „Dennoch handelt es sich nicht darum", fuhr er nach einer Pause fort. „Ich will dich deiner Freunde einen sehen lassen, Ambrosius", sagte er, ihn auf die Türschwelle des Conseilgemachs führend und auf Christoph weisend.

„Ach, das ist wahr, gnädiger Herr", schrie der Chirurg, Christoph die Hand entgegenstreckend.

„Wie geht's deinem Vater, mein Junge?"

„Gut, Meister Ambrosius", antwortete Christoph.

„Und was willst du bei Hofe machen?" sagte der Chirurg; „dein Amt ist's doch nicht, Pakete zu tragen; dein Vater bestimmt dich doch für die Rechtsverdrehung. Suchst du den Schutz der beiden großen Fürsten hier, um Advokat zu werden?"

„O mein Gott, ja," sagte Christoph, „doch in meines Vaters Interessen. Und wenn Ihr für uns eintreten könnt, so verbindet Euch mit uns," erklärte er, eine klägliche Miene aufsteckend, „um von dem gnädigen Herrn Großmeister einen Zahlungsbefehl für die Summen zu erwirken, die meinem Vater geschuldet werden; weiß er doch nicht, wie er sich über Wasser halten soll."

Der Kardinal und der Großmeister blickten sich an und schienen befriedigt.

„Verlaßt uns jetzt", erklärte der Großmeister, indem er Ambrosius ein Zeichen machte. — „Und Ihr, mein Freund," sagte er zu Christoph, „erledigt schnell Eure Angelegenheiten und kehret nach Paris zurück. Mein Sekretär wird Euch einen Paß geben, denn, potzblitz, auf den Straßen wird's nicht geheuer sein."

Keiner der beiden Brüder argwöhnte auch nur im entferntesten die schweren Interessen, die auf Chri-

stoph lasteten, nachdem sie sich einmal vergewissert hatten, daß er bestimmt der Sohn des guten Katholiken Lecamus, des Hofkürschners, und nur hergekommen war, um Schulden einzutreiben.
„Führ ihn in die Nähe des Gemaches der Königin, die zweifelsohne nach ihm verlangen wird", sagte der Kardinal zum Chirurgen, auf Christoph hinweisend.
Während der Kürschnersohn sich mit seinem Verhör im Conseilsaal abzufinden hatte, ließ der König die Königin in ihrer Schwiegermutter Gesellschaft. Er selber zog sich in sein Ankleidezimmer zurück, welches man durch ein an das Gemach stoßendes Kabinett betrat.
Aufrecht in der tiefen Nische des riesigen Fensters stehend, blickte Königin Katharina in die Gärten hinunter. Traurigste Gedanken waren sie überkommen. Sie sah einen der größten Heerführer dieses Jahrhunderts unter dem schrecklichen Namen eines Reichsverwesers an diesem Morgen, jetzt im Augenblicke, neben ihren Sohn, den König, gestellt werden. Vor dieser Gefahr stand sie allein, ohne Tatkraft, verteidigungslos. Auch konnte man sie in ihrem Trauergewande, das sie seit Heinrichs des Zweiten Tode ständig trug, einem Gespenste vergleichen, so unbeweglich war ihr bleiches Antlitz vom vielen Nachsinnen. Ihr schwarzes Auge schweifte mit jener Unbestimmtheit umher, die man großen Politikern so sehr zum Vorwurf macht und die bei ihnen von der Spannweite des Blickes selber herrührt, mit welcher sie alle Schwierigkeiten umfassen, die einen durch die anderen kompensieren und alle Chancen sozusagen summieren, ehe sie zu einem Entschlusse kommen.

Es brauste vor ihren Ohren, ihr Blut war in Wallung und nichtsdestoweniger blieb sie ruhig, würdig, indem sie die Tiefe des politischen Abgrundes mit dem wirklichen zu ihren Füßen verglich. Seit dem Tage der Verhaftung des Vicedoms von Chartres war dies der zweite jener schrecklichen Tage, von denen der ganze Rest ihres königlichen Lebens so reich durchsetzt ist. Aber es war dies auch ihr letzter Fehler in der Schule der Macht. Wiewohl das Zepter ihre Hände zu fliehen schien, wollte sie es fassen. Und sie faßte es zufolge jener Willensmacht, die weder durch die Verächtlichkeiten ihres Schwiegervaters, Franz des Ersten und seines Hofes, an welchem sie, obwohl sie Dauphine war, nichts gegolten hatte, noch durch die ständigen Zurückweisungen Heinrichs des Zweiten, noch durch Dianas von Poitiers, ihrer Nebenbuhlerin, gräßlichen Widerstand müde geworden war. Ein Mann würde das innere Leben dieser Königin in nichts verstanden haben, die blonde Maria aber, die so listig, so geistreich, so jung und schon so unterrichtet war, beobachtete sie aus dem Augenwinkel, indem sie anscheinend eine italienische Arie trällerte und eine sorglose Miene zeigte. Ohne die Stürme des zurückgedämmten Ehrgeizes, welche der Florentinerin einen leichten kalten Schweiß verursachten, zu begreifen, wußte die junge Schottin mit dem eigenwilligen Gesichte, daß ihres Onkels, des Herzogs von Guise, Erhebung Katharinen innerlich empörte. Nun, nichts machte ihr mehr Spaß, als ihre Schwiegermutter zu bespähen. In ihr sah sie eine Intrigantin, eine gedemütigte Emporkömmlingin, die stets rachebereit war. Der einen Antlitz war ernst und finster, auch wohl ein wenig schrecklich anzuschauen dank jener fahlen Italienerinnenfarbe, die den Teint tagsüber einem gelblichen Elfenbein gleichen läßt, wenn schon er bei Kerzenschimmer wieder strahlend erscheint. Der anderen Gesicht aber war frisch und froh. Mit sechzehn Jahren hatte Maria Stuarts Kopf jenen weißen Blondinenteint, der sie so berühmt machte. Ihr edel geschnittenes, frisches, pikantes Gesicht strahlte von jener Kinderbosheit, welche durch die Regelmäßigkeit ihrer Brauen, ihre lebhaften Augen und die Schalkheit ihres hübschen Mundes so freimütig ausgedrückt ward. Sie entfaltete damals jene Grazie einer jungen Katze, die nichts, weder die Gefangenschaft, noch der Anblick ihres fürchterlichen Schafotts zu vernichten vermochte. Diese beiden Königinnen, die eine in der Morgenröte, die andere im Sommer des Lebens stehend, bildeten also den vollkommensten Kontrast. Katharina war eine imposante Königin, eine undurchdringliche Witwe, die nur eine Leidenschaft: die Macht kannte. Maria war eine Schäkerin, eine sorglose junge Frau, die ihre Kronen als Spielbälle benutzte. Die eine sah ungeheure Unglücksfälle voraus, sie mutmaßte den Mord der Guisen, indem sie erriet, daß er das einzige Mittel sein würde, Männer niederzuwerfen, die sich über Thron und Parlament zu erheben vermochten; kurz, sie ahnte die Blutströme eines langen Kampfes. Die andere dachte nicht daran, daß sie gerichtet und gemordet werden würde. Eine seltsame Erwägung verschaffte der Italienerin wieder einige Ruhe.

‚Der Zauberin und Ruggieris Worten gemäß geht diese Herrschaft ihrem Ende zu, all das Lästige wird nicht von Dauer sein', dachte sie.

So diente, was doch seltsam ist, eine heute vergessene okkulte Wissenschaft, die Astrologie, Katharinen damals wie in ihrem ganzen Leben als Stützpunkt, denn ihr Glaube wuchs, als sie sah, daß die Vorhersagen derer, die sich dieser Wissenschaft weihten, sich mit minutiöser Genauigkeit erfüllten.

„Ihr seid recht düster, Madame?" sagte Maria Stuart, aus Dayelles Händen jene kleine auf den Scheitel ihrer Haare gesteckte Haube nehmend, deren Flügel aus kostbarer Spitze sich um die blonden Büschel schmiegten, die ihre Schläfen einrahmten.

Der Pinsel der Maler hat diesen Kopfputz so trefflich charakterisiert, daß er ausschließlich der Königin von Schottland gehört, obwohl Katharina ihn für sich erfunden hatte, als sie für Heinrich den Zweiten Trauer anlegte. Doch verstand sie ihn nicht ebensogut wie ihre Schwiegertochter zu tragen, die er sehr viel besser kleidete. Der Groll darüber war nicht der geringste von all denen, welche die Königin-Mutter wider die junge Königin hegte.

„Soll das ein Vorwurf sein, den mir die Königin macht?" sagte Katharina, sich ihrer Schwiegertochter zuwendend.

„Ich schulde Euch Ehrfurcht und würde mir einen solchen nie herausnehmen", erwiderte boshaft die Schottin, die Dayelle anblickte.

Zwischen beiden Königinnen verharrte die Lieblingskammerfrau, ohne eine Miene zu verziehen; ein billigendes Lächeln konnte sie das Leben kosten.

„Wie kann ich froh sein gleich Euch, nachdem ich den seligen König verloren habe und nun sehe, wie meines Sohnes Königreich in Flammen auflodern will?"

„Politik geht Frauen wenig an", erwiderte Maria Stuart, „übrigens sind meine Oheime ja da."

Unter den augenblicklichen Umständen waren diese beiden Worte zwei vergiftete Pfeile.

„Sehen wir doch unser Pelzwerk an, Madame," antwortete die Italienerin voller Hohn, „damit wir uns mit unseren eigentlichen Angelegenheiten beschäftigen, während Eure Ohme die des Königreichs entscheiden."

„Oh, wir sollen aber am Conseil teilnehmen, Madame, und wir sind dort viel nützlicher, als Ihr glaubt."

„Wir?" sagte Katharina mit erstaunter Miene. „Aber ich verstehe doch kein Lateinisch."

„Ihr haltet mich für gelehrt!" sagte lachend Maria Stuart. „Nun wohl, ich schwöre Euch, Madame, daß ich in diesem Augenblicke mich des Studiums befleißige, um mit den Medici auf gleicher Höhe zu stehn; denn eines Tages möchte ich des Königreichs Wunden heilen können."

Katharina wurde von diesem Stich ins Herz getroffen, spielte er doch auf den Ursprung der Medici an, die nach den Worten der einen von einem Arzte, nach anderen Leuten von einem reichen Drogisten abstammen. Sie blieb wortlos. Dayelle errötete, als ihre Herrin sie anblickte, indem sie jenen Beifall suchte, den jedermann, selbst Königinnen, wenn Zuschauer ermangeln, von tief unter ihnen Stehenden erwarten.

„Eure bezaubernden Worte, Madame, vermögen leider weder des Staates noch der Kirche Wunden zu heilen", antwortete Katharina mit kalter und ruhiger Würde. „Das Wissen meiner Väter von diesen Dingen hat ihnen Throne eingebracht; während Ihr, wenn Ihr so in der Gefahr zu spaßen fortfahrt, Eure verlieren könntet."

In diesem Augenblicke öffnete Dayelle Christoph die Türe, welchen der erste Chirurg selber anmeldete.

Der Reformierte wollte Katharinas Antlitz studieren, indem er eine Verwirrung heuchelte, die an einem solchen Orte ziemlich natürlich ist. Überrascht aber ward er von der Lebhaftigkeit der Königin Maria, die nach den Kartons sprang, um ihre Schaube zu sehen.

„Madame..." sagte Christoph, sich an die Florentinerin wendend.

Der anderen Königin und Dayelle wandte er den Rücken zu und wollte schnell die Aufmerksamkeit, welche die beiden Frauen den Pelzsachen widmeten, benutzen, um alles zu wagen.

„Was wollt Ihr von mir?" sagte Katharina, ihm einen durchbohrenden Blick zuwerfend.

Christoph trug den vom Prinzen von Condé vorgeschlagenen Vertrag, den Plan der Reformierten und die Einzelheiten über ihre Kräfte zwischen seinem Hemd und dem tuchenen Knierock auf dem Herzen, hatte sie aber in die Rechnung eingewickelt, die Katharinas Schulden bei dem Kürschner enthielt.

„Madame," sagte er, „mein Vater befindet sich in furchtbaren Geldverlegenheiten, und wenn Ihr geruhen wolltet einen Blick auf Eure Rechnungen zu werfen," fügte er, das Blatt entfaltend und den Vertrag oben drauflegend, hinzu, „würdet Ihr sehen, daß Eure Majestät ihm sechstausend Taler schulden. Seid gütig und habt Mitleid mit uns. Sehet her, Madame!"

Und er streckte ihr den Vertrag hin.
„Leset. Dies hier datiert von der Thronbesteigung des verstorbenen Königs her."
Katharina war verblüfft durch die Einleitung des Vertrages; doch verlor sie den Kopf nicht. Lebhaft rollte sie das Papier zusammen, indem sie des jungen Mannes Geistesgegenwart bewunderte. Nach diesem Meisterstreich fühlte sie, daß sie verstanden werden würde, und schlug ihn mit der Papierrolle an den Kopf.
„Recht ungeschickt seid Ihr, mein kleiner Freund, die Rechnung eher als die Pelzsachen zu präsentieren. Lernt die Frauen besser kennen. Unsere Rechnungen muß man uns immer erst in dem Momente überreichen, wo wir befriedigt sind."
„Ist das eine Tradition?" fragte die junge Königin ihre Schwiegermutter.
Die entgegnete nichts.
„Ach, edle Frauen, entschuldigt meinen Vater", sagte Christoph. „Wenn er kein Geld nötig hätte, würdet Ihr Eure Pelzwerke nicht bekommen haben. Die Länder stehen unter Waffen, und es war so gefährlich auf den Straßen einherzuziehen, daß es schon unserer ganzen Trostlosigkeit für mich bedurfte, um hierherzukommen. Nur ich allein wollte mich daran wagen."
Der Bursche ist ein Original, sagte Maria Stuart lächelnd.
Zum besseren Verständnis dieser kleinen, so wichtigen Szene ist es nicht überflüssig darauf hinzuweisen, daß eine Schaube eine Art enganschließender Spenzer ist, den die Frauen über ihre Taille ziehen und der sie bis an die Hüften einhüllt, indem er ihre Umrisse hervortreten läßt. Dies Klei-

dungsstück schützte Rücken, Brust und Hals gegen Kälte.

Die Schauben waren innen mit Pelz gefüttert, welcher den Stoff mit einem mehr oder minder breiten Saum verbrämte. Als Maria Stuart ihre Schaube anprobierte, betrachtete sie sich in einem hohen venezianischen Spiegel, um zu sehen, wie sie von hinten wirke; so hatte sie ihrer Schwiegermutter die Möglichkeit gelassen, die Papiere, deren Umfang ohne diesen Umstand ihr Mißtrauen erregt haben würden, bequem zu überfliegen.

,,Erzählt man denn jemals Frauen von den Gefahren, die man gelaufen ist, um sie zu sehen, wenn man heil und gesund vor ihnen steht?" sagte sie, sich Christoph zuwendend.

,,Ach, Madame, Eure Rechnung hab ich auch bei mir", erklärte er, sie mit gut gespielter Albernheit anschauend.

Die junge Königin maß ihn mit einem Blicke, ohne das Papier hinzunehmen, und bemerkte, ohne im Moment jedoch auch nur die mindeste Konsequenz daraus zu ziehen, daß er der Königin Katharina Rechnung aus seinem Busen gezogen hatte, während er die ihrige aus der Tasche holte. Auch sah sie ferner in dieses Burschen Augen nicht jene Bewunderung, die ihr Anblick bei jedermann erweckte. Sie war aber so sehr mit ihrer Schaube beschäftigt, daß sie sich nicht gleich fragte, woher solche Gleichgültigkeit stammen möchte.

,,Nimm, Dayelle," sagte sie zu ihrer Kammerfrau, ,,du sollst die Rechnung Herrn von Versailles (Loménie) geben und ihm von meiner Seite sagen, daß er sie bezahlen möge."

,,Oh, Madame, wenn Ihr mir nicht eine Zahlungsanweisung vom Könige oder von dem gnädigen Herrn Großmeister, der sich dort befindet, unterfertigen laßt, wird Euer liebenswürdiges Wort ohne Wirkung bleiben."

„Ihr seid sehr viel kecker, als es sich für einen Untertan schickt, mein Freund", äußerte Maria Stuart. „Königlichen Worten schenkt Ihr also keinen Glauben?"

Der König zeigte sich mit seinen seidenen Trikots, seinen Schenkelhosen, den Beinkleidern jener Zeit, bekleidet, aber ohne Wams und Mantel; er trug einen reichen samtenen Überrock, der mit Grauwerk eingefaßt war; dies Wort der modernen Sprache kann allein den Begriff von des Königs Negligé geben.

„Wer ist der Schelm, der an Eurem Worte zweifelt?" fragte der junge Franz der Zweite, welcher trotz der Entfernung seines Weibes letztes Wort hörte.

Die Kabinettür war durch das königliche Bett verdeckt. Dies Kabinett ward später ‚altes Kabinett' genannt; um es von dem reich ausgemalten Kabinett zu unterscheiden, das Heinrich der Dritte am anderen Ende dieses Gemaches auf der Seite des Generalständesaals einrichten ließ. Heinrich der Dritte ließ die Mörder sich in dem alten Kabinett verbergen und dem Herzog von Guise sagen, daß er ihn dort aufsuchen solle, während er bei dem Morde im neuen Kabinett versteckt blieb. Das verließ er nur, um jenen kühnen Untertanen, für welchen es weder Gefängnis, noch Gericht, weder Richter noch Gesetze im Königreiche gab, verscheiden zu sehen. Ohne diese schrecklichen Umstände würde der Historiker heute die Bestimmung dieser Säle und Kabinette, die voller Soldaten sind, schwerlich wiedererkennen. Ein Feldwebelschreiber kritzelt einen Brief an seine Liebste an dem nämlichen Platze, wo einst Katharina in tiefem Sinnen sich zu ihrem Kampfe mit den Parteien entschloß.

„Kommt, mein Freund", sagte die Königin-Mutter; „Ihr wollt bezahlt werden. Der Handel muß leben, und das Geld ist sein Hauptnerv."

„Geht nur, mein Lieber," rief die Königin lachend, „meine erlauchte Mutter versteht sich besser als ich auf Handelsgeschäfte."

Katharina wollte hinausgehn, ohne auf dies neue Epigramm zu antworten, dachte aber, ihre Gleichgültigkeit möchte einen Argwohn erwecken und antwortete ihrer Schwiegertochter lebhaft:

„Und Ihr, meine Liebe, versteht Euch besser auf Liebesgeschäfte..."

Dann stieg sie die Treppe hinunter.

„Schließt all das weg, Dayelle. ... Und gehn wir zum Conseil, mein Herr", sagte die junge Königin zum König. Entzückt war sie, die so schwerwiegende Frage der Reichsverweserschaft in der Königin-Mutter Abwesenheit zur Entscheidung bringen zu können. Maria Stuart nahm den König beim Arm. Dayelle ging als erste hinaus und sagte den Pagen ein Wort. Einer von ihnen, der junge Téligny, der in der Bartholomäusnacht so elendiglich ums Leben kommen sollte, rief:

„Der König!"

Als die beiden Arkebusiere dies Wort hörten, schulterten sie ihre Büchsen und die beiden Pagen schritten voran nach dem Conseilzimmer inmitten des Spaliers, das die Höflinge und die Ehrenfräu-

lein beider Königinnen bildeten. Alle Ratsmitglieder verfügten sich dann an die Türe dieses Saales, die sich in einer kleinen Entfernung von der Treppentür befindet. Der Großmeister, der Kardinal und der Kanzler gingen den beiden jungen Souveränen entgegen. Diese lächelten einigen jungen Damen zu oder antworteten auf die Fragen einiger Höflinge, die ihnen näherstanden als die übrigen. Die augenscheinlich aber sehr ungeduldige junge Königin zog Franz den Zweiten in den riesigen Beratungssaal. Als der dumpfe Ton der Arkebusen auf dem Estrich widerhallte und damit ankündigte, daß das Königspaar eingetreten war, setzten die Pagen ihre Mützen wieder auf den Kopf, und die privaten Unterhaltungen zwischen den Edelleuten über den Ernst der Geschäfte, die zur Erledigung kommen sollten, setzten wieder ein.
„Den Kronfeldherrn wollte man durch Chiverny holen lassen, aber er hat der Aufforderung nicht Folge geleistet", sagte einer.
Der Kanzler und Herr von Tournon waren recht sorgenvoll.
„Kein Prinz von Geblüt ist da", bemerkte ein anderer.
„Der Großmeister hat dem Reichssiegelverwahrer sagen lassen, er solle es nicht unterlassen, sich zu diesem Conseil einzufinden, zweifelsohne wird's einige Bestallungen regnen."
„Wie, und die Königin-Mutter bleibt unten in ihren Gemächern in solch einem Augenblick?"
„Man wird uns übel zurichten", sagte Groslot zum Kardinal von Châtillon.
Kurz, jeder brachte ein Wort an. Die einen kamen und gingen in diesem Riesensaale, andere umflat-

terten die Hofdamen der beiden Königinnen, wie wenn man irgendwelche Worte durch die drei Fuß starken Mauern, durch beide Türen und die reichen Vorhänge, die sie einhüllten, aufschnappen könnte.

Oben an dem langen, mit blauem Sammet bedeckten Tisch, der sich in Saales Mitte befand, saß der König, neben ihm hatte die junge Königin Platz genommen; er wartete auf seine Mutter. Robertet schnitt seine Federn. Die beiden Kardinäle, der Großmeister, der Kanzler, der Großsiegelverwahrer, kurz die ganze Ratsversammlung blickte den kleinen König an und fragte sich, warum er nicht Befehl zum Platznehmen gäbe.

„Wird man in Abwesenheit der Frau Königin-Mutter beraten?" forschte dann der Kanzler, sich an den jungen König wendend.

Die beiden lothringischen Fürsten schrieben Katharinas Abwesenheit irgendeiner List ihrer Nichte zu. Gereizt überdies durch einen bedeutsamen Blick sagte der kühne Kardinal zum König:

„Ist es des Königs allergnädigster Wille, daß man ohne seine Frau Mutter beginne?"

Ohne eine Erklärung zu wagen, antwortete Franz der Zweite:

„Nehmet Platz, meine Herren."

Der Kardinal setzte unverzüglich die Gefahren der Lage auseinander. Dieser große Politiker, welcher unter solchen Umständen von erstaunlicher Geschicklichkeit war, brachte inmitten des tiefen Schweigens der Anwesenden die Rede auf die Reichsverweserschaft. Zweifelsohne fühlte der junge König einen Druck und erriet, daß seine Mutter das Gefühl vom Rechte der Krone und die Kennt-

nis von der Gefahr besitze, worin seine Macht schwebe. Auf eine positive Frage des Kardinals antwortete er dann:
„Erwarten wir die Königin, meine Mutter."
Verdutzt durch die unbegreifliche Verzögerung der Königin Katharina vereinigte Maria Stuart plötzlich zu einem einzigen Gedanken drei Umstände, deren sie sich lebhaft erinnerte. Zuerst den Umfang und die Dicke der ihrer Schwiegermutter präsentierten Rechnungen, was sie frappiert hatte, so zerstreut wie sie auch gewesen war. Denn ein Weib, das nichts zu sehen scheint, ist wie ein Luchs. Dann die Stelle, wo Christoph sie untergebracht hatte, um sie von den ihrigen zu trennen. ‚Warum das?' fragte sie sich.
Endlich erinnerte sie sich des frostigen Blickes des jungen Mannes, welchen sie plötzlich dem Hasse der Protestanten wider die Guisennichte zuschrieb. Eine Stimme rief in ihr: Sollte er nicht ein Abgesandter der Hugenotten sein?
Wie lebhafte Naturen ihrer ersten Bewegung gehorchend, sagte sie:
„Ich selber werde meine Mutter holen."
Dann eilte sie jählings hinaus, stürzte zum größten Erstaunen der Höflinge und der Damen nach der Treppe, eilte zu ihrer Schwiegermutter hinunter, durchquerte dort den Wachensaal, öffnete die Zimmertür mit Diebesvorsicht, glitt wie ein Schatten über den Teppich und bemerkte sie nirgends. Sie gedachte sie in dem köstlichen Kabinette zu überraschen, das sich zwischen diesem Zimmer und dem Betgemach befand. Noch heute erkennt man vollkommen genau die Anordnungen dieses Betraumes wieder, dem die Sitten jener

Epoche im privaten Leben die Rolle verliehen hatten, die heute ein Boudoir spielt.

Durch einen, man muß schon sagen unerklärlichen Zufall — wenn man an den Zustand des Verfalls denkt, worin die Krone dies Schloß gelassen hat — existiert das wunderbare Getäfel in Katharinas Kabinett noch und in diesem wunderbar geschnitzten Getäfel können Neugierige noch in unseren Tagen die Spuren italienischen Glanzes und die Verstecke sehen, welche die Königin-Mutter dort eingerichtet hatte. Eine genaue Beschreibung dieser Merkwürdigkeiten ist sogar notwendig für das Verständnis dessen, was sich hier ereignen sollte. Dies Getäfel war damals aus etwa einhundertachtzig kleinen oblongen Füllungen zusammengesetzt, wovon etwa noch hundert existieren. Alle zeigen sie dem Blicke Arabesken von verschiedener Art, zu denen augenscheinlich die reizendsten Italiens als Vorbild genommen wurden. Das Getäfel besteht aus Eichenholz. Das Rot, welches man unter dem Kalkanstrich findet, den man — eine höchst zwecklose Vorsichtsmaßregel — der Cholera wegen hat machen lassen, zeigt zur Genüge an, daß der Fond der Füllungen vergoldet war. Die Stellen, wo das Ätzmittel fehlt, lassen vermuten, daß bestimmte Teile des Musters sich in blauer, roter oder grüner Farbe von der Vergoldung abhoben. Die Menge dieser Füllungen offenbart deutlich die Absicht, die Nachforschungen zu täuschen; wenn man aber daran zweifeln möchte, zeigt der Schloßkastellan, indem er Katharinas Gedächtnis dem Abscheu heutiger Geschlechter weiht, dem Besucher am unteren Rande des Getäfels und auf dem Fußboden eine ziemlich plumpe Platte, die sich hebt und unter der sich noch geschickt angebrachte Federn befinden. Wenn die Königin auf eine so versteckte Feder drückte, konnte sie die nur ihr bekannten Füllungen öffnen, hinter denen sich in der Mauer ein wie die Füllung oblonges, aber mehr oder minder tiefes Versteck befindet. Noch heute würde das geübteste Auge nur schwer unter all diesen Füllungen die herauskennen, welche sich in unsichtbaren Scharnieren bewegen. Wenn die Augen aber durch Farben und Vergoldungen, die geschickt kombiniert sind, um die Spalten zu verdecken, ergötzt werden, wird man leicht glauben, daß es ein Ding der Unmöglichkeit ist, ein oder zwei Füllungen unter diesen zweihundert herauszukennen.

Im Moment, da Maria Stuart die Hand auf die Klinke des ziemlich komplizierten Schlosses dieses Kabinetts legte, hatte die Italienerin, die sich von der Größe der Prinz Condéschen Pläne bereits hatte überzeugen können, die in der Platte verborgene Feder spielen lassen, eine der Füllungen hatte sich jäh in den Scharnieren zurückgeklappt und Katharina drehte sich um und wollte die Papiere vom Tisch nehmen, um sie zu verstecken und für die Sicherheit des ergebenen Boten, welcher sie ihr brachte, zu sorgen. Als sie die Tür sich öffnen hörte, erriet sie, daß nur die Königin Maria kommen könnte, ohne sich anmelden zu lassen.

„Ihr seid verloren," sagte sie zu Christoph, als sie merkte, daß sie weder die Papiere verstecken, noch die Füllung so schnell zu schließen vermöchte, daß das Geheimnis ihres Verstecks nicht aufgespürt wurde.

Christoph antwortete mit einem Heldenblick.

„Povero mio!" flüsterte Katharina, ehe sie ihre Schwiegertochter anblickte.
„Verrat, Madame, ich habe sie ertappt!" schrie sie dann. „Lasset den Kardinal und den Herzog kommen. Daß der," sagte sie, auf Christoph zeigend, „nicht entwischt!"
In einem Augenblick hatte dies geschickte Weib die Notwendigkeit erkannt, den armen jungen Mann zu opfern. Sie konnte ihn nicht verbergen, unmöglich war's, ihn und andere zu retten. Acht Tage früher wäre noch Zeit gewesen, seit diesem Morgen aber kannten die Guisen das Komplott, mußten die Listen besitzen, die sie in der Hand hielt, und lockten die Reformierten augenscheinlich in eine Falle. So war sie denn sehr glücklich, bei ihren Widersachern den Geist zu finden, den sie ihnen gewünscht hatte; die Politik verlangte aber, daß, nachdem der heimliche Anschlag einmal ausgespürt, sie sich das zum Verdienste machte. Diese furchtbaren Berechnungen wurden in dem jähen Augenblicke angestellt, während welchem die junge Königin die Tür aufriß. Einen Moment blieb Maria Stuart still. Ihr Blick verlor seine Heiterkeit und nahm jene Schärfe an, welche der Verdacht jedwedem Auge verleiht. Bei ihr sah das dem jähen Kontrast zufolge schrecklich aus. Ihre Augen flogen von Christoph zur Königin-Mutter und von der Königin-Mutter zu Christoph und drückten boshafte Vermutungen aus. Dann griff sie nach einer Glocke, auf deren Geräusch hin eine von den Damen der Königin-Mutter hereinkam.
„Fräulein von Rouet, laßt den diensthabenden Hauptmann kommen", sagte Maria Stuart zu der Ehrendame, die Etikette mißachtend, die unter

sotanen Umständen notwendigerweise verletzt werden mußte.

Während die junge Königin diesen Befehl erteilte, hatte Katharina Christoph betrachtet und ihm mit ihrem Blicke Mut eingeflößt.

Der Reformierte verstand alles und antwortete mit einem anderen Blick, der sagen wollte: ‚Opfert mich, wie sie mich opfern!'

„Zählt auf mich", sagte Katharina mit einer Geste. Dann, als ihre Schwiegertochter sich umdrehte, versenkte sie sich in die Papiere.

„Ihr gehört der reformierten Religion an?" fragte Maria Stuart Christoph.

„Ja, Madame", antwortete er.

„Ich hatte mich nicht getäuscht", fügte sie murmelnd hinzu, als sie in des Reformierten Augen jenen nämlichen Blick wiederfand, worin Kälte und Haß sich unter einem demütigen Ausdruck verstecken.

Pardaillan zeigte sich plötzlich, von den beiden lothringischen Fürsten und dem Könige geschickt. Der von Maria Stuart verlangte Offizier folgte dem jungen Manne, der einer der ergebensten Guisenanhänger war.

„Geht und sagt dem Könige, dem Großmeister und dem Kardinal meinerseits, sie möchten sich hierher bemühen, wobei Ihr ihnen zu bedenken geben wollt, daß ich mir eine solche Freiheit nicht herausnehmen würde, wenn nicht Dinge von höchster Wichtigkeit vor sich gegangen wären... Geht, Pardaillan... Was dich anlangt, Lewiston, so wache über diesen reformierten Verräter", sagte sie, auf Christoph deutend, zu dem Schotten in ihrer Muttersprache.

Die junge Königin und die Königin-Mutter wahrten bis zu der Fürsten und des Königs Ankunft ihr Schweigen. Dieser Moment war furchtbar.
Maria Stuart hatte ihrer Schwiegermutter, und zwar in ihrer ganzen Spannweite, die Rolle entdeckt, die ihre Oheime sie spielen ließen. Ihr gewöhnliches und ständiges Mißtrauen hatte sich verraten, und ihr junges Gewissen fühlte, wie entehrend solch ein Métier für eine große Königin war. Katharina ihrerseits hatte sich eben aus Angst preisgegeben und fürchtete durchschaut zu sein; sie bebte für ihre Zukunft. Jede dieser beiden Frauen — die eine voller Scham und Zorn, die andere hassend und ruhig — trat in die Fensternische, sich dort anlehnend, die eine rechts, die andere links. Aber sie drückten ihre Gefühle in so beredten Blicken aus, daß sie die Augen niederschlugen und es durch einen Kunstgriff doch fertigbrachten, den Himmel durch das Fenster zu beschauen. Die beiden so hochstehenden Frauen besaßen im Augenblick nicht mehr Geist als die vulgärsten. Vielleicht geht das immer so zu, wenn Umstände Menschen schier zermalmen. Stets gibt es einen Moment, wo selbst das Genie angesichts großer Katastrophen seine Kleinheit fühlt. Was Christoph anlangt, so war er nur noch ein Mensch, der in einen Abgrund rollt, Lewiston, der schottländische Hauptmann, belauschte dies Schweigen und betrachtete Kürschnersohn und beide Königinnen mit soldatischer Neugier. Des jungen Königs und seiner beiden Oheime Eintritt machte dieser peinlichen Situation ein Ende. Der Kardinal ging gleich zu der Königin-Mutter.
„Ich halte alle Fäden der ketzerischen Verschwö-

rung in den Händen, sie sandten mir dies Kind, welches mir den Vertrag und die Dokumente hier brachte", sagte Katharina mit leiser Stimme zu ihm. Während der Zeit, in welcher Katharina sich mit dem Kardinal verständigte, flüsterte die Königin Maria dem Großmeister einige Worte ins Ohr.
„Worum handelt es sich?" fragte der junge König, der inmitten dieser heftigen aufeinander prallenden Interessen allein blieb.
„Die Beweise dessen, was ich Eurer Majestät sagte, haben nicht auf sich warten lassen", erklärte der Kardinal, welcher nach den Papieren griff.
Der Herzog von Guise nahm seinen Bruder beiseite, ohne sich darum zu kümmern, ob er ihn unterbräche, und raunte ihm ins Ohr:
„Dieser Streich macht mich widerstandslos zum Reichsverweser."
Ein feiner Blick bildete des Kardinals ganze Antwort; damit ließ er seinen Bruder verstehen, daß er sich bereits aller Vorteile, die aus Katharinas falscher Stellung zu ziehen waren, bemächtigt habe.
„Wer hat Euch geschickt?" sagte der Herzog zu Christoph.
„Der Prediger Chaudieu", antwortete der.
„Du lügst, junger Mann", rief der Kriegsheld lebhaft, „der Prinz von Condé tat es."
„Der Prinz von Condé, gnädiger Herr?" antwortete Christoph mit erstaunter Miene, „dem bin ich nie begegnet. Ich bin Jurist, studiere bei Herrn von Thou, ich bin sein Sekretär, und er weiß nicht, daß ich reformiert bin. Ich habe des Predigers Bitten nachgegeben."
„Genug", erklärte der Kardinal. „Ruft Herrn von Robertet," sagte er zu Lewiston, „denn dieser junge

Schelm ist listiger als alte Politiker, er hat uns getäuscht, meinen Bruder und mich, der ich ihm ohne Beichte das Abendmahl würde gegeben haben."

„Du bist kein Kind, potzblitz," schrie der Herzog, „und wir werden dich wie einen Mann behandeln."

„Man wollte Eure erlauchte Mutter verführen", sagte der Kardinal, sich an den König wendend. Er wollte ihn beiseite ziehen, um ihn für seine Absichten gefügig zu machen.

„Ach!" antwortete die Königin ihrem Sohne, eine vorwurfsvolle Miene annehmend, indem sie ihn in dem Momente zurückhielt, wo ihn der Kardinal ins Betzimmer führen wollte, um ihn seiner gefährlichen Beredsamkeit zu unterwerfen; „da seht Ihr, wie die Situation wirkt, in welcher ich mich befinde: man hält mich des wenigen Einflusses wegen, den ich auf die öffentlichen Angelegenheiten habe, für gereizt, mich, die Mutter von vier Prinzen aus dem Hause Valois!"

Der junge König wurde aufmerksam. Als Maria Stuart sah, wie des Königs Stirn sich in Falten legte, nahm sie ihn mit sich und führte ihn in die Fensternische, wo sie ihn mit süßen Worten liebkoste. Sie sprach sie mit leiser Stimme; zweifellos glichen sie denen, die sie vorhin bei seinem Aufstehen an ihn richtete. Die beiden Brüder lasen dann die von der Königin Katharina ausgelieferten Papiere. Als sie dort Aufschlüsse fanden, von denen ihre Spione, Herr von Braguelonne, der Kriminalleutnant des Châtelet, nichts wußten, waren sie versucht, an Katharina von Medicis Aufrichtigkeit zu glauben. Robertet kam und empfing einige Christoph anlangende heimliche Befehle. Das junge Werkzeug der Anführer der Reformation ward dann von vier Wächtern der Schottländerkompagnie abgeführt; sie ließen ihn die Treppe hinabsteigen und lieferten ihn an Herrn von Montrésor, den Schloßprofoß, ab. Von fünf seiner Häscher begleitet, führte diese schreckliche Persönlichkeit selber Christoph ins Schloßgefängnis, das in den gewölbten Kellern des Turmes liegt, der heute Ruine ist. Der Schloßvogt von Blois zeigt ihn euch mit den Worten, daß sich dort die Verließe befanden.

Nach einem solchen Ergebnis konnte der Conseil nur mehr eine Scheinhandlung sein: der König, die junge Königin, der Großmeister und der Kardinal von Lothringen kehrten dorthin zurück, die besiegte Katharina nahmen sie mit sich; sie sprach dort nur, um die von den Lothringern verlangten Maßnahmen zu billigen. Trotz des schwachen Widerstandes des Kanzlers Olivier, der die einzige Persönlichkeit war, welche Worte verlauten ließ, worin die für die Ausübung seines Amtes notwendige Unabhängigkeit einen breiten Raum einnahm, ward der Herzog von Guise zum Reichsverweser des Königreichs ernannt. Robertet brachte die Einsetzungsurkunden mit einer Schnelligkeit, die eine Ergebenheit bewies, welche man Mitschuld hätte nennen können.

Seiner Mutter den Arm reichend, durchquerte der König von neuem den Wachensaal und verkündigte dem harrenden Hofe, daß er folgenden Morgens schon nach dem Schlosse von Amboise reisen werde. Diese Residenz war aufgegeben worden, seitdem Karl der Achte sich dort auf höchst unfreiwillige Weise den Tod gegeben hatte, indem er an das Gesims einer Türe stieß, die er ausschnitzen ließ; er hatte geglaubt hindurchgehen zu können, ohne sich vor dem Gerüste bücken zu müssen. Um die Pläne der Guisen zu bemänteln, erklärte Katharina die Absicht zu haben, auf Kosten der Krone das Schloß von Amboise fertigzustellen, gleichzeitig würde man ihr Schloß zu Chenonceaux vollenden. Niemand aber ließ sich von diesem Vorwande hinters Licht führen, und der Hof war großer Ereignisse gewärtig.

Nachdem er etwa zwei Stunden damit zugebracht hatte, sich in der Dunkelheit seines Gefängnisses auszukennen, fand Christoph schließlich, daß es mit einem plumpen Täfelwerk von hinreichender Stärke versehen war, um dies viereckige Loch gesund und bewohnbar zu machen. Die Tür – sie ähnelte der eines Schweinekobens – hatte ihn gezwungen, sich um die Hälfte kleiner zu machen, um hindurchzugehn. Zur Seite dieser Tür sorgte ein dickes Eisengitter, das nach einer Art von Korridor hin offen war, für etwas Licht und Luft. Diese Gefängniseinrichtung ähnelte in allen Punkten den Brunnengefängnissen in Venedig und bewies zur Genüge, daß der Architekt des Schlosses zu Blois jener venezianischen Schule angehörte, welche Europa im Mittelalter mit so vielen Baumeistern versorgte. Als Christoph das Gefängnis oberhalb der Täfelung untersuchte, bemerkte er, daß beide Mauern, die es rechts und links von zwei ähnlichen Brunnengefängnissen trennten, aus Ziegeln bestanden. Als er sie beklopfte, um ihre Dicke festzustellen, hörte er zu seiner großen Überraschung auch auf der anderen Seite klopfen.

„Wer seid Ihr?" fragte ihn sein Nachbar, der durch den Flur mit ihm sprach.

„Ich bin Christoph Lecamus."

„Ich," antwortete die Stimme, „ich bin der Hauptmann Chaudieu, des Predigers Bruder. Heut nacht hat man mich in Beaugency festgenommen, glücklicherweise aber spricht nichts gegen mich."

„Alles ist entdeckt", sagte Christoph. „Also habt Ihr Euch vor dem Schlimmsten gerettet."

„In diesem Augenblick haben wir dreitausend Mann in den Wäldern vom Vendomois stehen, und all das sind Leute, entschlossen genug, die Königin-Mutter und den König während ihrer Reise wegzuschnappen. Glücklicherweise ist la Renaudie schlauer gewesen als ich und hat sich gerettet. Ihr hattet uns gerade verlassen, als die Guisenfreunde uns überrannten."

„Aber ich kenne la Renaudie ja gar nicht..."

„Bah, mein Bruder hat mir alles erzählt", antwortete der Hauptmann.

Auf dies Wort hin setzte Christoph sich auf seine Bank und antwortete nichts mehr auf all das, was der angebliche Hauptmann ihn auch fragen mochte; war er doch schon zur Genüge unter die Gerichtsleute gekommen, um zu wissen, daß man in Gefängnissen nicht vorsichtig genug sein kann. Inmitten der Nacht sah er das bleiche Licht einer Laterne in dem Korridor, nachdem er die dicken Schlösser der eisernen Türe, die den Keller verschloß, hatte kreischen hören.

Der Großprofoß erschien selber, um Christoph zu holen. Diese Sorge für einen Menschen, den man in seinem Gefängnis ohne Nahrung gelassen hatte, erschien Christoph als ungewöhnlich; doch der große Umzug des Hofes hatte die Leute zweifelsohne daran gehindert, an ihn zu denken. Einer der Häscher des Profosses band ihm die Hände mit einem Strick zusammen und hielt ihn an diesem Strick fest, bis sie in einem der niedrigen Säle des Schlosses Ludwigs des Zwölften angekommen waren, welcher sicherlich als Vorzimmer für die Wohnung irgendeiner Persönlichkeit diente. Der Häscher und der Großprofoß ließen ihn sich auf eine Bank setzen, wo der Häscher ihm die Füße zusammenband, wie er seine Hände gebunden hatte. Auf ein Zeichen von Herrn von Montrésor hin entfernte sich der Häscher.

„Hör mir gut zu, mein Freund", sagte zu Christoph der Großprofoß, der mit der Halskette seines Ranges spielte, denn diese Persönlichkeit befand sich zur vorgerückten Nachtstunde in Tracht. Dieser kleine Umstand gab dem Kürschnersohne viel zu denken. Christoph sah gut, daß noch nicht alles zu Ende war. In diesem Augenblicke handelte es sich wahrlich nicht darum, ihn aufzuhängen oder ihn zu richten.

„Grausame Qualen kannst du dir ersparen, mein Freund, wenn du mir hier alles sagst, was du von dem geheimen Einverständnis des Herrn Prinzen von Condé mit der Königin Katharina weißt. Nicht nur wird dir keinerlei Übel geschehen, sondern du wirst auch noch in des gnädigen Herrn Reichsverwesers Dienste treten, der kluge Leute sehr gern hat. Deine gute Miene hat einen lebhaften Eindruck auf ihn gemacht. Die Königin-Mutter wird nach Florenz zurückgeschickt werden und Herrn von Condé wird man zweifellos das Urteil sprechen. Also, glaub mir, die Kleinen müssen sich

den Großen, die da herrschen, anschließen. Sag mir alles, du wirst dich wohl dabei befinden."
„Ach, mein Herr," antwortete Christoph, „ich habe nichts zu sagen, hab' alles, was ich weiß den Herren von Guise in der Königin Zimmer gestanden. Chaudieu hat mich veranlaßt, der Königin-Mutter Papiere zu Gesicht zu bringen; er machte mich glauben, es handele sich um des Reiches Frieden."
„Den Prinzen von Condé habt Ihr niemals gesehen?"
„Niemals", sagte Christoph.
Darauf verließ Herr von Montrésor Christoph und ging in ein Nebenzimmer. Nicht lange blieb Christoph allein. Die Tür, durch die er gekommen war, öffnete sich bald, ließ mehrere Männer durch, die sie nicht zumachten und wenig erheiternde Geräusche im Hofe hören ließen. Hölzer und Maschinen brachte man, die augenscheinlich für die Marter des Sendboten der Reformierten bestimmt waren. Christophs Neugierde fand bald Stoff zum Nachdenken in den Vorbereitungen, welche die Neuangekommenen im Saale und unter seinen Augen trafen. Zwei schlechtgekleidete und plumpe Diener gehorsamten einem kräftigen und stämmigen dicken Kerl, der bei seinem Hereinkommen den Blick des Menschenfressers auf sein Opfer, auf Christoph, warf; als Kenner der Nerven, ihre Kraft und ihren Widerstand berechnend, hatte er ihn gemustert und abgeschätzt. Dieser Mensch war der Henker von Blois. Auf mehreren Gängen brachten seine Leute eine Matratze, Hammer, Holzkeile, Bretter und Gegenstände, deren Gebrauch dem armen Jungen, den solche Vorbereitungen angingen, weder klar war, noch heilsam erschien.

Einer gräßlichen, aber unbestimmten Ahnung zufolge fror ihm das Blut in seinen Adern. Zwei Leute traten ein, im Augenblick, wo Herr von Montrésor wiedererschien.

„Nun, nichts ist fertig?" sagte der Großprofoß, den die beiden eben Angekommenen ehrfurchtsvoll begrüßten. „Wißt ihr," fügte er, sich an den dicken Kerl und seine beiden Diener wendend, hinzu, „daß der Herr Kardinal euch bei der Arbeit glaubt? Doktor," fuhr er fort, sich an die eine der beiden neuen Persönlichkeiten wendend, „da ist Euer Mann."

Und er deutete auf Christoph hin.

Der Arzt trat auf den Gefangenen zu, löste seine Hände, klopfte ihm auf die Brust und auf den Rücken. Die Wissenschaft befaßte sich ernsthaft mit des Henkers heimlichem Examen. Während dieser Zeit brachte ein Diener in der Livrée des Guiseschen Hauses mehrere Sessel, einen Tisch und alles, was zum Schreiben nötig war.

„Beginnt mit dem Protokoll", sagte der Herr von Montrésor, indem er die zweite schwarzgekleidete Person, die ein Kanzlist war, an den Tisch verwies. Dann kam er und setzte sich wieder zu Christoph, zu dem er mit honigsüßer Stimme sagte: „Als der Kanzler hörte, mein Freund, daß Ihr nicht in befriedigender Weise auf meine Fragen antworten wollt, hat er beschlossen, daß Ihr die gewöhnliche und außergewöhnliche peinliche Frage erleiden sollt."

„Ist er bei guter Gesundheit und kann er sie aushalten?" fragte der Schreiber den Arzt.

„Jawohl", antwortete der Gelehrte, welcher einer der Ärzte des lothringischen Hauses war.

„Nun schön denn, zieht Euch in den Saal hier nebenan zurück, jedesmal, wenn es nötig sein sollte, Euch zu konsultieren, werden wir Euch rufen lassen."
Der Arzt ging hinaus.
Als sein erster Schrecken vorüber war, faßte Christoph wieder Mut: seines Martyriums Stunde war gekommen. Von nun an schaute er mit kühler Neugier den Anordnungen zu, welche der Henker und seine Knechte trafen. Nachdem sie in Eile ein Bett aufgeschlagen, richteten die beiden Männer jene Maschinen her, die man spanische Stiefel nennt und die aus mehreren Brettern bestehen, zwischen die man jedes der Beine des zu Folternden legt, das sich dort in kleinen Polstern festgehalten findet. Die so hergerichteten Beine werden einander genähert.
Der Apparat, welcher von den Buchbindern angewendet wird, um ihre Bücher zwischen zwei Bretter zu klemmen, die sie mit Stricken handhaben, kann einen sehr genauen Begriff von der Art und Weise geben, in welcher Lage sich jedes Bein des zu Folternden befand. Jedweder wird sich nun die Wirkung ausdenken können, welche ein Keil hervorrief, den man mit Hammerschlägen zwischen die beiden Teile des Apparates trieb, durch die das Bein festgehalten wurde, und die, selber durch Taue zusammengepreßt, nicht nachgaben. Man trieb die Keile in der Knie- und Knöchelhöhe ein, wie wenn es sich darum handelte, ein Holzstück zu zerspalten. Die Wahl dieser beiden, des Fleisches baren Stellen, wo der Keil sich infolgedessen auf Kosten der Knochen Raum schaffte, machte diese Folter schrecklich schmerzhaft. Bei der gewöhn-

lichen peinlichen Frage trieb man vier Keile ein, zwei bei den Knöcheln und zwei bei den Knien; bei der außergewöhnlichen aber ging man bis zu acht, vorausgesetzt, daß die Ärzte das Empfindungsvermögen des Angeklagten für nicht erschöpft erachteten. Zu jener Zeit wandte man spanische Stiefel auch in gleicher Weise für die Hände an; da aber die Zeit drängte, hatten der Kardinal, der Reichsverweser und der Kanzler Christoph davon dispensiert.

Das Protokoll ward aufgenommen, der Großprofoß hatte, mit nachdenklicher Miene auf und ab gehend, einige Phrasen diktiert und Christoph auch seinen Namen und Vornamen, sein Alter und seinen Beruf angeben lassen. Dann fragte er ihn, von welcher Person er die Papiere erhalten hätte, die er der Königin eingehändigt.

„Vom Prediger Chaudieu!"

„Wo hat er sie Euch gegeben?"

„Bei mir zu Hause, in Paris."

„Als er sie Euch übergab, hat er Euch erklären müssen, ob die Königin-Mutter Euch mit Freuden aufnehmen würde."

„Nichts dergleichen hat er mir gesagt", antwortete Christoph. „Er hat mich einzig und allein gebeten, sie der Königin Katharina heimlich zuzustecken."

„Ihr habt also Chaudieu oft gesehen, daß er von Eurer Reise unterrichtet war?"

„Der Prediger hat nicht von mir erfahren, daß ich, wenn ich die Pelzwerke der beiden Königinnen ablieferte, von meines Vaters Seiten die Summe einfordern sollte, die ihm die Königin-Mutter schuldet; und ich habe keine Zeit gehabt ihn zu fragen, wer ihm das gesagt."

„Jene Papiere aber, die man Euch weder eingeschlossen noch versiegelt übergab, enthielten einen Vertrag zwischen den Rebellen und der Königin Katharina. Ihr habt sehen müssen, daß Ihr Euch der Todesstrafe aussetztet, die Leute erleiden müssen, die an einer Rebellion teilhaben."
„Ja."
„Die Personen, welche Euch zu einem solchen Hochverratsakte verleiteten, haben Euch Belohnungen und der Königin-Mutter Schutz versprechen müssen."
„Ich habe es aus Anhänglichkeit an Chaudieu getan, der einzigen Person, die ich sah."
„Beharrt Ihr also noch bei Eurer Aussage, daß Ihr den Prinzen von Condé nicht gesehen habt?"
„Ja."
„Hat Euch der Prinz von Condé nicht gesagt, die Königin-Mutter sei gewillt, auf seine Absichten wider die Herren von Guise einzugehen?"
„Ich habe ihn nicht gesehen."
„Nehmt Euch in acht! Einer Eurer Mitwisser, la Renaudie, ist verhaftet. Wie stark er auch sein mag, der peinlichen Frage, die auch Eurer harrt, hat er nicht widerstehen können; schließlich hat er zugegeben, er habe ebenso wie der Prinz eine Zusammenkunft mit Euch gehabt. Wenn Ihr die Qualen der peinlichen Frage vermeiden wollt, fordere ich Euch auf, einfach die Wahrheit zu sagen. Vielleicht erhaltet Ihr so Eure Begnadigung."
Christoph antwortete, nicht etwas versichern zu können, wovon er niemals Kenntnis besessen, auch könne er keine Komplizen angeben, da er keine gehabt habe.
Als der Großprofoß diese Worte hörte, machte er

dem Henker ein Zeichen und ging in den Nebensaal. Bei diesem Zeichen runzelte sich Christophs Stirne; durch eine Nervenkontraktion zogen sich seine Augenbrauen zusammen; er bereitete sich auf die Leiden vor. Seine Finger schlossen sich mit einer so heftigen Kontraktion, daß sich seine Nägel in das Fleisch gruben, ohne daß er es gewahr ward.

Die drei Männer bemächtigten sich seiner und schleppten ihn auf das Feldbett, wo sie ihn hinlegten, indem sie seine Beine herunterhängen ließen. Während der Henker seinen Körper mit dicken Tauen auf dies Bett schnallte, steckte jeder seiner Gehilfen ein Bein in die spanischen Stiefel. Bald wurden die Stricke mittels einer Kurbel angezogen, ohne daß dieser Druck dem Reformierten großen Schmerz bereitete. Als jedes Bein wie in einem Schraubstock festgehalten war, griff der Henker nach seinem Hammer, seinen Keilen und sah nacheinander den zu Folternden und den Gerichtsschreiber an.

,,Verharrt Ihr im Leugnen?" fragte der Schreiber.

,,Ich hab die Wahrheit gesagt", antwortete Christoph.

,,Nun denn, beginnt", sagte der Gerichtsschreiber, die Augen schließend.

Die Stricke wurden mit äußerster Gewalt angezogen. Dieser Moment war vielleicht der schmerzhafteste der Marter. Die Fleischteile wurden heftig zusammengepreßt; das Blut flutete jäh in den Oberkörper zurück. Auch konnte der arme Jüngling nicht umhin, furchtbare Schreie auszustoßen; fast schien er ohnmächtig zu werden. Man rief den Arzt. Er fühlte Christoph den Puls und sagte, man solle eine Viertelstunde mit dem Eintreiben der Keile warten, um dem Blute Zeit zu lassen, sich zu beruhigen, auch damit Christophs Sensibilität sich völlig wieder einstellte. Mitleidsvoll stellte der Gerichtsschreiber Christoph vor, daß, wenn er den Anfang der Schmerzen, denen er sich nicht entziehen könne, nicht besser ertrüge, es vorteilhafter für ihn sei, sich zu einem Geständnisse zu bequemen. Christoph aber antwortete nur mit folgenden Worten:

„Des Königs Schneider! Des Königs Schneider!"
„Was wollt Ihr mit den Worten sagen?" fragte der Gerichtsschreiber.

„Indem ich sehe, welcher Höllenqual ich widerstehen muß," sagte Christoph langsam, um Zeit zu gewinnen und sich auszuruhen, „rufe ich all meine Kraft herbei und suche sie zu vermehren, indem ich an das Martyrium denke, das um der heiligen Sache der Reformation willen des seligen Königs Schneider ausgehalten hat. Den ließ man die peinliche Frage in der Frau Herzogin von Valentinois und des Königs Gegenwart erleiden; versuchen will ich, seiner würdig zu sein!"

Während der Arzt den Unglücklichen ermahnte, er solle nicht zugeben, daß man zu außergewöhnlichen Mitteln die Zuflucht nähme, zeigten sich der Kardinal und der Herzog, voller Ungeduld, das Ergebnis dieses Verhörs zu erfahren, und forderten Christoph auf, unverzüglich die Wahrheit zu sagen. Des Kürschners Sohn wiederholte die einzigen Geständnisse, die er sich zu machen erlaubte und die nur Chaudieu belasteten. Die beiden Fürsten gaben ein Zeichen. Auf dies Zeichen hin griffen der Henker und sein erster Knecht nach ihren Hämmern, nahmen jeder einen Keil und schlugen ihn ein. Der eine hielt sich rechts, der andere links zwischen den beiden Apparaten. Der Henker übernahm die Kniehöhe, der Helfer die Füße bei den Knöcheln. Die Augen der Zeugen dieser entsetzlichen Scene hefteten sich auf Christophs Augen, der, zweifelsohne durch die Anwesenheit dieser vornehmen Persönlichkeiten aufgereizt, ihnen so beseelte Blicke zuschleuderte, daß sie den Glanz einer Flamme bekamen. Bei den beiden nächsten Keilen ließ er sich einen furchtbaren Seufzer entfahren. Als er sah, daß man nach den Keilen der außergewöhnlichen peinlichen Frage griff, schwieg er; sein Blick aber bekam eine solch heftige Festigkeit und strömte auf die ihn betrachtenden Edelleute ein so durchdringendes Fluidum aus, daß Herzog und Kardinal die Augen niederschlagen mußten.

Die nämliche Schlappe ward von Philipp dem Schönen erlitten, als er in seiner Gegenwart den Templern die peinliche Frage des Prägstocks geben ließ. Diese Höllenpein bestand darin, des Patienten Brust dem Schlage eines der Prägstockbalken auszusetzen, womit man Geld schlug und den man mit einem ledernen Dämpfer überzog. Ein Ritter war unter ihnen, dessen Blick sich so wild an den König heftete, daß der faszinierte König seine Augen nicht von denen des Dulders abzuwenden vermochte. Beim dritten Balkenschlage ging der König hinaus, nachdem er seine Zitierung vor das Gericht Gottes im nämlichen Jahre vernommen hatte; vor welchem er dann auch erschien.

Beim fünften Keile, dem ersten der außerordentlichen Frage, sagte Christoph zum Kardinal:

„Kürzt meine Todespein ab, gnädiger Herr, sie ist zwecklos!"

Der Kardinal und der Herzog gingen darauf wieder in den Nebensaal und Christoph hörte dann folgende von der Königin Katharina geäußerten Worte:

„Nur immer zu, denn alles in allem ist er doch nur ein Ketzer!"

Sie hielt es für klug, ihrem Mitwisser gegenüber strenger als die Henker selber zu erscheinen.

Man trieb den sechsten und siebenten Keil ein, ohne daß Christoph sich beklagte; sein Antlitz strahlte in einem außerordentlichen Glanze, welcher zweifelsohne von dem Übermaß der Kraft herrührte, die ihm der aufgepeitschte Fanatismus verlieh. Wo übrigens sollte man anders den Stützpunkt, der nötig ist, um derartigen Leiden zu widerstehen, als im Gefühle suchen? Schließlich fing Christoph in dem Augenblicke zu lächeln an, wo der Henker nach dem achten Keile griff. Der Gerichtsschreiber holte den Arzt, um zu wissen, ob man den achten Keil eintreiben könnte, ohne des Dulders Leben zu gefährden. Während dieser Zeit kam der Herzog wieder, um nach Christoph zu schauen.

„Gottsdonner, du bist ein kühner Geselle", sagte er zu ihm, sich über sein Ohr neigend. „Mutige Leute liebe ich. Tritt in meinen Dienst, glücklich wirst du und reich werden, meine Gunstbeweise sollen deine gequälten Gliedmaßen kurieren. Ich werde dir keine Feigheit zumuten wie etwa, zu deiner Partei zurückzukehren, um uns ihre Pläne anzugeben: Verräter gibt's immer, und der Beweis davon sitzt im Gefängnis zu Blois. Doch sag mir nur, in welchen Beziehungen stehen die Königin-Mutter und der Prinz Condé."

„Ich weiß nichts dergleichen, gnädiger Herr", schrie Lecamus.

Der Arzt kam, prüfte das Opfer und erklärte, es könnte noch den achten Keil aushalten.

„Treibt ihn ein!" rief der Kardinal. „Wie die Königin sagt, ist er alles in allem doch nur ein Ketzer", fügte er Christoph anblickend, hinzu. Auch ein schreckliches Lächeln warf er ihm zu.

Langsamen Schrittes kam Katharina aus dem Nebensaale, stellte sich vor Christoph hin und betrachtete ihn kalt. Da war sie Gegenstand lebhaftester Aufmerksamkeit der beiden Brüder, die abwechselnd Katharina und ihren Mitschuldigen betrachteten. Von dieser feierlichen Probe hing für das ehrgeizige Weib ihre ganze Zukunft ab: eine lebhafte Bewunderung für Christophs Mut stieg in ihr auf, sie betrachtete ihn streng. Sie haßte die Guisen, aber sie lächelte ihnen zu.

„Nun denn," sagte sie, „junger Mann, gesteht, daß Ihr den Prinzen von Condé gesehen habt, reich sollt Ihr belohnt werden."

„Ach, welch Handwerk treibt Ihr, Madame!" schrie Christoph, sie beklagend.

„Er beleidigt mich. Wollt ihr ihn nicht hängen?" sagte sie zu den beiden Brüdern, die nachdenklich dastanden.

„Welch ein Weib!" rief der Großmeister in der Fensternische. Sein Blick fragte den Bruder um Rat.

‚Ich bleibe in Frankreich und werde mich an ihnen rächen', dachte die Königin.

„He, er soll gestehen oder verrecken!" schrie sie, sich an Herrn von Montrésor wendend.

Der Großprofoß wandte die Augen ab, die Henker waren beschäftigt und Katharina konnte dem Märtyrer einen Blick zuwerfen, der von niemandem gesehen ward. Wie ein Tautropfen fiel er auf Christoph. Die Augen dieser großen Königin schienen ihm feucht zu sein, tatsächlich rollten in ihnen zwei zurückgehaltene Tränen, die sofort trockneten.

Der Keil ward eingetrieben, eine der Planken, zwischen die man ihn hämmerte, zerbarst. Christoph ließ seiner Brust einen gräßlichen Schrei entfahren, nach welchem er schwieg und ein strahlendes Antlitz zeigte. Er vermeinte zu sterben.

„Er soll verrecken?" schrie der Kardinal, der Königin letztes Wort mit einer gewissen Ironie wiederholend, „Nein, nein! Zerreißt diesen Faden nicht", sagte er zum Großprofoß.

Herzog und Kardinal berieten sich nun mit leiser Stimme.

„Was soll man mit ihm machen?" fragte der Henker.

„Schickt ihn in die Gefängnisse von Orleans," sagte der Herzog, „und vor allem," fuhr er, sich an Herrn von Montrésor wendend, fort, „hängt ihn mir ja nicht auf ohne mein ausdrückliches Geheiß."

Die übermäßige Zartheit, welche die Sensibilität der inneren Organe erlangt hatte, gewachsen durch den Widerstand, der den Gebrauch aller menschlichen Kräfte notwendig machte, bestand im nämlichen Grade in allen Sinnen Christophs. Er allein hörte die folgenden Worte, die der Herzog von Guise dem Kardinal ins Ohr flüsterte:

„Ich verzichte noch nicht darauf, die Wahrheit von diesem kleinen Biedermanne zu erfahren."

Als die beiden Fürsten den Saal verlassen hatten, machten die Henker des Gemarterten Beine ohne jegliche Vorsicht los.

„Hat man je einen Verbrecher mit solcher Kraft gesehen?" sagte der Henker zu seinen Gehilfen. „Der Schelm hat den achten Keil ausgehalten, er mußte sterben, ich verliere den Wert seines Körpers..."

„Bindet mich los, ohne mich leiden zu lassen, meine Freunde"; hauchte der arme Christoph. „Eines Tages werd ich Euch dafür belohnen."

„Heda, seid menschlich!" schrie der Arzt. „Der gnädige Herr Herzog schätzt den jungen Mann und hat ihn mir anempfohlen."

„Ich gehe mit meinen Gehilfen nach Blois," erwiderte der Henker grob, „pflegt ihn selber. Da ist übrigens der Kerkermeister."

Der Henker ging fort und ließ Christoph in des übertrieben freundlichen Arztes Händen, welcher ihn mit Hilfe seines künftigen Wächters auf ein Bett trug, ihm Fleischbrühe brachte, sie ihm einflößte, sich an seine Seite setzte, seinen Puls fühlte und ihm Tröstungen spendete.

„Ihr werdet nicht daran sterben", sagte er zu ihm. „Ihr müßt eine innere Genugtuung verspüren in dem Bewußtsein, Eure Pflicht getan zu haben. Die Königin hat mich beauftragt, über Euch zu wachen", fügte er mit leiser Stimme hinzu.

„Die Königin ist recht gütig", sagte Christoph, in dem die maßlosen Leiden auch eine wunderbare geistige Klarheit entwickelt hatten. Nachdem er so große Leiden ertragen, wollte er die Ergebnisse seiner Aufopferung nicht zu Schanden werden lassen. — „Aber sie hätte mir so große Schmerzen ersparen können, indem sie mich nicht meinen Verfolgern auslieferte und ihnen selber die Geheimnisse sagte, die ich ja nicht weiß."

Als er diese Antwort hörte, griff der Arzt nach Mütze und Mantel und ließ Christoph daliegen. Von einem Menschen solchen Schlages meinte er nichts erfahren zu können.

Der Kerkermeister von Blois ließ den armen Jungen von vier Männern auf eine Tragbahre legen und brachte ihn in das Stadtgefängnis, wo Christoph in jenen tiefen Schlummer fiel, in welchen nach den schrecklichen Schmerzen der Entbindung, wie es heißt, fast alle Mütter versinken.

Als die beiden lothringischen Fürsten den Hof in das Schloß von Amboise brachten, rechneten sie nicht damit, dort das Haupt der reformierten Partei, den Prinzen von Condé, zu sehen, den sie den König dorthin hatten entbieten lassen, um ihm eine Falle zu stellen. Als Vasall der Krone und als Prinz von Geblüt mußte Condé des Königs Befehlen Folge leisten. Wenn er nicht nach Amboise kam, war das ein Lehnsfrevel. Wenn er sich aber dorthin verfügte, lieferte er sich der Krone aus. In diesem Momente nun waren Krone, Conseil, Hof, alle Mächte in des Herzogs von Guise und in des Kardinals von Lothringen Händen vereinigt. Der Prinz von Condé zeigte bei dieser so kitzligen Konjunktur jenen listigen und entschlossenen Geist, der ihn zu Johanna d'Albrets würdigem Dolmetscher und zum herzhaften General der Reformierten machte. Er reiste im Nachtrabe der Verschworenen nach Vendôme, um sie im Falle eines Erfolges zu unterstützen. Als dies erste zu den Waffen Greifen durch das kurze Scharmützel beendigt ward, wobei die Blüte des von Calvin verwirrten Adels umkam, langte der Prinz im Gefolge von fünfzig Edelleuten am nämlichen Morgen nach dieser Affäre, welche die kluge Politik der Lothringer den Tumult von Amboise nannte, im Schlosse von Amboise an. Sowie die Lothringer von des Prinzen Ankunft hörten, sandten sie ihm den Marschall von Saint-André in Begleitung von hundert Mann entgegen. Als der Béarnaiser und seine Schar am Schloßtor anlangten, verweigerte der Marschall des Prinzen Edelleuten den Eintritt.

„Ihr dürft nur allein eintreten, gnädiger Herr", sagten der Kanzler Olivier, der Kardinal von Tournon und Birago, die sich vor dem Fallgatter befanden, zum Prinzen.

„Und warum?"

„Ihr seid des Lehnfrevels verdächtig", antwortete ihm der Kanzler.

In diesem Augenblick sah der Prinz sein Gefolge von dem Herzog von Nemours eingekreist. Ruhig entgegnete er:

„Wenn es sich so verhält, werd' ich allein zu meinem Vetter hineingehen und ihm meine Unschuld beweisen."

Er saß ab, plauderte mit vollkommener geistiger Freiheit mit Birago, dem Kardinal von Tournon, dem Kanzler Olivier und dem Herzoge von Nemours, die er nach den Einzelheiten des Tumultes fragte.

„Gnädiger Herr," sagte der Herzog von Nemours, „die Rebellen unterhielten geheime Verbindungen in Amboise. Der Hauptmann Lanoue hatte bewaffnete Männer hineingebracht, die ihnen dies Tor öffneten. Sie sind eingedrungen und hier die Herren gewesen..."

„Das heißt, Ihr habt ihnen einen Sack aufgemacht", antwortete der Prinz, Birago anblickend.

„Wenn sie durch den Angriff unterstützt worden wären, den Hauptmann Chaudieu, des Pariser Predigers Bruder, auf das Tor Bons-Hommes machen sollte, würde der Erfolg auf ihrer Seite gewesen sein", antwortete der Herzog von Nemours; „aber der Stellung nach, die der Herzog von Guise mich einnehmen ließ, mußte Hauptmann Chaudieu, um Kampf zu vermeiden, mich umgehen. Statt wie die anderen um Mitternacht anzukommen, langte der Rebell erst mit der Morgendämmerung in dem Momente an, wo des Königs Truppen den in die Stadt gedrungenen Rebellen den Garaus machten."

„Und Ihr hattet ein Reservekorps, um das Tor zu gewinnen, welches ihnen überlassen worden war?"

„Der Herr Marschall von Saint-André befand sich dort mit fünftausend Bewaffneten."

Der Prinz spendete diesen militärischen Maßnahmen das größte Lob.

„Um also vorzugehen," erklärte er endigend, „mußte der Reichsverweser die Geheimnisse der Reformierten kennen. Die Leute sind zweifelsohne verraten worden."

Man ging immer härter gegen den Prinzen vor. Denn nachdem man ihn von den Seinigen getrennt hatte, als er ins Schloß einziehen wollte, versperrten der Kardinal und der Kanzler ihm den Weg, als er sich der Treppe zuwandte, die nach des Königs Gemächern führte.

„Vom Könige sind wir beauftragt worden, gnädiger Herr, Euch nach Euren Gemächern zu geleiten."

„Gefangener bin ich also?"

„Wenn das des Königs Absicht wäre, würdet Ihr nicht von einem Kirchenfürsten und mir begleitet werden", sagte der Kanzler.

Die beiden Herren führten den Prinzen in ein Gemach, wo ihm Wachen, angeblich eine Ehrenwache, gegeben wurde. Dort blieb er, ohne einige Stunden über jemanden bei sich zu sehen. Von seinem Fenster aus schaute er über die Loire und die Gefilde hinweg, die von Amboise bis Tour ein so schönes Becken bilden. Und er dachte über seine Lage nach und fragte sich, was die Lothringer wohl wagen möchten wider seine Person zu unternehmen, als er die Tür seines Zimmers sich öffnen hörte und Chicot, des Königs Narren, eintreten sah. Der hatte ihm einst angehört.

„Es heißt, du wärest in Ungnade", sagte der Prinz zu ihm.

„Ihr könnt Euch nicht denken, wie vernünftig der Hof seit dem Tode König Heinrichs des Zweiten geworden ist."

„Doch will der König ja sehr gern lachen."

„Welcher? Franz der Zweite oder Franz von Lothringen?"

„Du fürchtest also den Herzog nicht, da du so redest?"

„Deswegen wird er mich nicht züchtigen, gnädiger Herr", antwortete Chicot lächelnd.

„Und wem verdanke ich die Ehre deines Besuches?"

„He, kommt der Euch nicht von Rechts wegen nach Eurer Ankunft zu? Ich bringe Euch meine Schellenkappe und meine Pritsche."

„Ich kann doch nicht ausgehen?"

„Versuchts!"

„Und wenn ich hinausgehe?"
„Werd ich sagen, daß Ihr das Spiel gewonnen habt, indem Ihr regelwidrig spieltet."
„Chicot, du jagst mir Angst ein ... Bist du denn von irgend jemandem geschickt worden, der Anteil an mir nimmt?"
„Ja", nickte Chicot.
Er näherte sich dem Prinzen und machte ihm begreiflich, daß sie beobachtet und belauscht würden.
„Was hast du mir also zu sagen?" forschte der Prinz von Condé.
„Mut allein kann Euch aus der Affäre ziehen, und das läßt Euch die Königin-Mutter sagen", erklärte der Narr, der dem Prinzen seine Worte unvermerkt ins Ohr flüsterte.
„Sag denen, die dich schicken", antwortete der Prinz, „daß ich, wenn ich mir irgend etwas vorzuwerfen oder irgend etwas zu befürchten hätte, nicht ins Schloß gekommen wäre."
„Diese wackre Antwort will ich schnell überbringen", schrie der Narr.
Zwei Stunden später, um ein Uhr nachmittags, vor des Königs Mittagsmahle erschienen der Kanzler und der Kardinal von Tournon und holten den Prinzen ab, um ihn Franz dem Zweiten in der großen Galerie vorzustellen, wo man Conseil abgehalten hatte. Dort, vor versammeltem Hofe spielte der Prinz von Condé den Erstaunten. Er wunderte sich über die Kälte, welche ihm der kleine König bezeigte, und fragte ihn nach der Ursache.
„Man klagt Euch an, mein Vetter," sagte die Königin-Mutter streng, „Euch an der Verschwörung der Reformierten beteiligt zu haben, und Ihr müßt

Euch als einen treuen Untertanen und guten Katholiken bezeigen, wenn Ihr des Königs Zorn nicht auf Euer Haupt lenken wollt."

Inmitten tiefsten Schweigens hatte Katharina diese Worte gesagt; dann reichte sie dem König, ihrem Sohn, den Arm. Der Herzog von Orleans stand ihr zur Linken. Als der Prinz diese Worte hörte, fuhr er drei Schritte zurück, legte mit einer Bewegung voller Kühnheit die Hand an seinen Degen und sah alle Personen, die um ihn herum standen, an.

„Die das gesagt haben, Madame," schrie er mit erregter Stimme, „haben frech gelogen."

Er schleuderte seinen Handschuh vor des Königs Füße und sagte:

„Wer solcher Verleumdung das Wort reden will, möge sich hervorwagen!"

Der ganze Hof bebte, als man den Herzog von Guise seinen Platz verlassen sah.

Doch statt, wie man meinte, den Handschuh aufzuraffen, trat er auf den unerschrockenen Buckligen zu.

„Wenn Ihr eines Sekundanten bedürft, mein Prinz, so erweist mir die Ehre und nehmt mich als solchen an", sagte er; „ich stehe für Euch ein, und Ihr werdet den Reformierten beweisen, wie sehr sie sich täuschen, wenn sie Euch zum Führer nehmen wollen..."

Der Prinz war gezwungen, dem Reichsverweser die Hand hinzustrecken. Chicot hob den Handschuh auf und gab ihn Herrn von Condé zurück.

„Lieber Vetter," erklärte der kleine König, „Euren Degen sollt Ihr nur zur Verteidigung der Krone ziehen; kommet zum Essen."

Ganz überrascht über seines Bruders Tun führte der Kardinal von Lothringen Franz von Guise in ihre Gemächer.

Der Prinz von Condé war der schwersten Gefahr entronnen; er reichte der Königin Maria Stuart die Hand, um sich in den Speisesaal zu begeben; indem er der jungen Königin Schmeicheleien sagte, forschte er nach, welche Falle ihm in diesem Augenblicke des Balafré Politik stellte. Der Prinz mochte sich noch so sehr den Kopf darüber zerbrechen, des Lothringers Plan erriet er erst, als die Königin Maria ihn ihm entdeckte.

„Schade wär es gewesen", sagte sie lachend zu ihm, „einen so geistreichen Kopf fallen zu sehen. Gesteht, mein Oheim ist doch sehr edelmütig."

„Ja, Madame, mein Kopf ist nur etwas wert, solange er auf meinen Schultern sitzt, wenn auch die eine merklich viel dicker ist als die andere. Edelmut bei Eurem Oheim? Wär das nicht ein allzu wohlfeil gekauftes Verdienst? Meint Ihr, es sei so leicht, einem Prinzen von Geblüt den Prozeß zu machen?"

„Es ist noch nicht alles zu Ende", erwiderte sie. „Erst wollen wir sehen, wie Ihr Euch bei der Hinrichtung der mit Euch befreundeten Edelleute benehmen werdet. Der Conseil hat beschlossen, das größte Gepränge dabei zu entfalten."

„Ich werde tun," sagte der Prinz, „was der König tun wird."

„Der König, die Königin-Mutter und ich selber werden ihr mit dem gesamten Hofe und den Gesandten allen beiwohnen..."

„Ein Fest also?..." sagte der Prinz ironisch.

„Mehr als das," erwiderte die junge Königin, „ein

Glaubensakt, eine Handlung von hoher Politik. Es handelt sich darum, die Edelleute Frankreichs der Krone zu unterwerfen und ihnen ein für allemal den Geschmack an Aufruhr und Kabalen zu nehmen."

„Indem Ihr ihnen solche Gefahren zeigt, werdet Ihr ihnen den kriegerischen Mut nicht rauben, Madame; bei solchem Spiele setzt Ihr die Krone selber aufs Spiel..." antwortete der Prinz.

Am Ende dieses ziemlich feierlichen Mittagmahles hatte die Königin Maria den traurigen Mut, öffentlich die Unterhaltung auf den Prozeß zu lenken, den man in diesem Momente den Edelleuten machte, die mit den Waffen in der Hand festgenommen worden waren. Sie sprach, wie nötig es wäre, ihre Hinrichtung mit größtem Gepränge vornehmen zu lassen.

„Genügt es dem Könige von Frankreich nicht, Madame," äußerte Franz der Zweite, „zu wissen, daß so vieler tapferer Edelleute Blut dahinfließen wird? Muß man einen Triumph daraus machen?"

„Nein, Sire, aber ein Beispiel", antwortete Katharina.

„Euer Großvater und Euer Vater hatten die Gewohnheit, der Verbrennung der Ketzer beizuwohnen", erklärte Maria Stuart.

„Die Könige, die vor mir regierten, handelten nach ihrem Belieben, und ich will nach meinem handeln", antwortete der König.

„Philipp der Zweite," fuhr Katharina fort, „der gewißlich ein großer Monarch ist, ließ neulich, als er in den Niederlanden weilte, einen Glaubensakt bis auf seine Rückkehr nach Valladolid verschieben."

„Was haltet Ihr davon, mein Vetter?" sagte der König zum Prinzen von Condé.
„Sire, Ihr werdet Euch nicht davon dispensieren können, der Nuntius des Papstes und die Gesandten sind zugegen. In dem Augenblicke, wo Damen dabei sind, werd' ich selber gern daran teilnehmen..."
Auf Katharina von Medicis Blick hin hatte der Prinz von Condé tapfer seinen Entschluß gefaßt.
Während der Prinz von Condé ins Schloß von Amboise einritt, langte der Kürschner der beiden Königinnen dort ebenfalls aus Paris an; herbeigelockt hatte ihn die Unruhe, in welche die Ereignisse des Tumultes seine und Lalliers Familie versetzten. Als der Alte sich am Schloßtore zeigte, antwortete ihm der Hauptmann bei dem Worte: Kürschner der Königin:
„Wenn du gehängt werden willst, wackerer Mann, brauchst du nur den Fuß in den Hof zu setzen."
Als er solche Worte hörte, ließ sich der verzweifelte Vater einige Schritte davon auf einer Schranke nieder und wartete, daß ein Diener einer der beiden Königinnen oder irgendeine Frau vorübergehen würde, um etwelche Nachricht über seinen Sohn zu erhaschen. Den ganzen langen Tag aber harrte er dort, ohne einen Bekannten zu erblicken; dann sah er sich genötigt, in die Stadt hinunterzugehen, wo er sich, nicht ohne Mühe, in einem Gasthofe an dem Platze einmietete, wo die Hinrichtungen vor sich gehen sollten. Er sah sich gezwungen täglich einen Taler zu bezahlen, um ein Zimmer zu bewohnen, dessen Fenster auf den Platz ging. Folgenden Tags besaß er den Mut, von seinem Fenster aus der Hinrichtung der Begünstiger der Rebellion beizuwohnen, welche als Leute

geringen Standes verurteilt worden waren, gerädert oder gehängt zu werden. Der Syndikus der Kürschnerbruderschaft war sehr glücklich, seinen Sohn nicht unter den Delinquenten zu sehen. Als die Hinrichtung zu Ende war, stellte er sich dem Gerichtsschreiber in den Weg. Nachdem er seinen Namen genannt und ihm eine Börse voller Goldstücke in die Hand gedrückt hatte, bat er ihn, nachzuforschen, ob bei den drei vorhergehenden Hinrichtungen einer namens Christoph Lecamus dabeigewesen wäre. Gerührt durch das Gebaren und den Tonfall dieses verzweifelten Vaters nahm der Schreiber ihn mit sich in seine Behausung. Nach sorgfältiger Nachforschung gab er dem Greise die Versicherung, daß besagter Christoph sich weder unter den bisher vom Leben zum Tode Gebrachten, noch unter denen befände, die an den folgenden Tagen den Tod erleiden sollten.

„Mein lieber Meister," sagte der Gerichtsschreiber zum Syndikus, „das Parlament ist jetzt mit dem Prozesse der in die Angelegenheit verwickelten Edelleute und der hauptsächlichen Anführer beschäftigt. So wird Euer Sohn vielleicht in den Schloßgefängnissen festgehalten und für die glänzende Hinrichtung aufgespart, welche unsere gnädigen Herren, der Herzog von Guise und der Kardinal von Lothringen, vorbereiten. Siebenundzwanzig Baronen, elf Grafen und sieben Markgrafen, im ganzen fünfzig Edelleuten oder Häuptern der Reformation muß man den Kopf abschneiden. Da das Gericht der Grafschaft Touraine nichts mit dem Pariser Parlamente zu schaffen hat, so sucht, wenn Ihr durchaus Nachrichten über Euren Sohn haben wollt, zu dem gnädigen Herrn Kanzler Olivier zu gelangen, der bei dem Prozesse auf des Reichsverwesers Geheiß in hervorragender Weise die Hand im Spiele hat."

Dreimal ging der arme Greis zum Kanzler und stellte sich im Hofe mit einer Unzahl von Leuten an, die für ihre Verwandten ein gutes Wort einlegen wollten. Da aber die titulierten Herrschaften den Bürgerlichen vorgingen, mußte er notgedrungen darauf verzichten, den Kanzler zu sprechen. Er sah ihn aber mehrere Male, als er seine Behausung verließ, um sich zu der vom Parlament ernannten Kommission inmitten einer Gasse von Bittstellern, welche die Wachen zurückhielten, um ihm freie Bahn zu schaffen, ins Schloß zu begeben. Es war eine schrecklich verzweifelte Szene, denn es befanden sich unter den Bittstellern Frauen, Töchter oder Mütter, ja ganze in Tränen aufgelöste Familien. Der alte Lecamus verteilte viel Gold unter die Schloßdiener, indem er sie bat, Briefe zu übergeben, die er, sei es an die Dayelle, der Königin Maria Kammerfrau, sei es an die der Königin-Mutter schrieb; die Dienerschaft aber nahm wohl des Biedermanns Taler, lieferte aber dem Geheiß des Kardinals gemäß die Briefe an den Generalprofoß des Hofes aus.

Indem sie eine unerhörte Grausamkeit obwalten ließen, mußten die lothringischen Fürsten Racheakte befürchten; daher ließen sie niemals strengere Vorsichtsmaßregeln treffen als während des Aufenthalts des Hofes zu Amboise, so daß weder die tatkräftigste Bestechung, nämlich die mit Gold, noch die wirksamsten Schritte, die der Syndikus der Kürschnergilde tat, ihm Aufklärungen über seines Sohnes Schicksal zu verschaffen vermochten. Mit düsterer Miene irrte er durch die kleine Stadt und erblickte forschend die riesigen Vorbereitungen, welche der Kardinal für das furchtbare Schauspiel, dem der Prinz von Condé beiwohnen sollte, treffen ließ. Man stachelte damals die öffentliche Neugier von Nantes bis Paris durch Mittel auf, welche zu jenen Zeiten üblich waren. Die Hinrichtung ward von allen Predigern und Pfarrern von der Kanzel aus gleichzeitig mit dem Siege des Königs über die Ketzer verkündigt. Drei elegante Tribünen, wovon die mittlere noch prächtiger zu werden schien als die anderen, wurden an die Plattform des Amboiser Schlosses angebaut, zu dessen Füßen die Hinrichtung vollzogen werden sollte. Um diesen Platz herum führte man aus Planken Stufentritte auf, die von einer ungeheuren Menschenmenge eingenommen werden sollten, welche durch die Feierlichkeit, die man diesem Glaubensakte zu geben wußte, herbeigelockt ward. Etwa zehntausend Menschen kampierten im Freien in der Nacht vor dem Tage, an welchem dies schreckliche Schauspiel statthatte.

Die Dächer waren mit Menschen besät und für die Fenster zahlte man bis zu zehn Talern, eine für jene Zeit riesige Summe. Wie man sich wohl denken kann, hatte der arme Vater einen der besten Plätze, um das Theater zu überschauen, worauf soviele Edelleute endigen sollten und in dessen Mitte er ein mit schwarzem Tuch beschlagenes Blutgerüst aufgebaut werden sah. Am Morgen des verhängnisvollen Tages brachte man den Eselskopf dorthin – so nannte man den Klotz, auf den der Verurteilte kniend seinen Kopf legen mußte – und einen schwarzverhängten Sessel für den Parlamentsschreiber, der die Edelleute aufrufen und ihnen ihr Urteil vorlesen mußte. Der Umkreis ward seit frühstem Morgen von der Schottländerkompagnie und von den Gendarmen des königlichen Hauses bewacht, die verhüten sollten, daß die Menge den Platz vor der Hinrichtung überschwemmte.

Nach einer in den Stadtkirchen und im Schlosse gelesenen feierlichen Messe führte man die Edelleute herbei, die letzten, die von allen Verschworenen übriggeblieben waren. Einige davon hatten die Tortur erlitten. Man vereinigte sie am Fuße des Blutgerüsts; Mönche leisteten ihnen Beistand und versuchten sie den Calvinischen Lehren abwendig zu machen. Keiner der Edelleute aber hörte auf die Stimmen dieser Männer, die ihnen der Kardinal von Lothringen zugesellt hatte. Unter ihnen fürchteten die Edelleute zweifelsohne lothringische Spione zu finden. Um sich von den Verfolgungen ihrer Widersacher freizumachen, stimmten sie einen von Clemens Marot in französische Verse übertragenen Psalm an. Bekanntlich hatte Calvin angeordnet, in jeder Landessprache zu Gott zu beten; dies war ebensosehr eine Vernunftsmaßnahme als ein Angriff auf den römischen Kult. Ein rührendes Zusammentreffen war es für alle die, welche diese Edelleute in der Menschenmenge beklagten, als sie im Augenblicke, wo der Hof anlangte, von ihnen folgenden Vers intonieren hörten:

> Gott des Himmels, Herr der Gnaden,
> Schenk uns deines Segens Fülle,
> Laß in deinem Glanz uns baden,
> Uns mit Güte lind umhülle.

Alle Blicke der Reformierten richteten sich auf ihr Oberhaupt, den Prinzen von Condé, welchen man absichtlich zwischen die Königin Maria und den Herzog von Orleans gesetzt hatte. Die Königin Katharina befand sich bei ihrem Sohne und hatte den Kardinal zu ihrer Linken. Des Papstes Nuntius stand aufrecht hinter den Königinnen. Der Reichsverweser war hoch zu Rosse unter der Estrade mit den beiden Marschallen von Frankreich und seinen Hauptleuten.

Als der Prinz von Condé erschien, zogen alle Edelleute, die enthauptet werden sollten und ihn kannten, ihren Hut. Der unerschrockene Bucklige erwiderte ihren Gruß.

„Leuten gegenüber, die sterben sollen, nicht höflich sein, ist ein schwierig Ding", sagte er zum Herzoge von Orleans.

Die beiden Tribünen füllten sich mit Eingeladenen, Höflingen und Personen des Hofdienstes. Es waren die Leute des Schlosses von Blois, die so von einem Feste zur Hinrichtung eilten, wie sie später von den Hofvergnügungen in die Gefahren des Krieges mit einer Leichtfertigkeit stürmten, die von Fremden stets für eine der Triebfedern der Politik in Frankreich gehalten werden wird.

Der arme Syndikus der Pariser Kürschner verspürte die lebhafteste Freude, als er seinen Sohn nicht unter den fünfzig zum Tode verurteilten Edelleuten erblickte.

Auf des Herzogs von Guise Zeichen rief der auf dem Schafott sitzende Gerichtsschreiber sofort mit weithallender Stimme:

„Johann Ludwig Alberich, Baron von Raunay, Ihr seid schuldig der Ketzerei, des Verbrechens der

Majestätsbeleidigung und des Angriffs mit bewaffneter Hand wider des Königs Person."
Ein schöner hochgewachsener Mann stieg sicheren Fußes auf das Blutgerüst, grüßte Volk und Hof und sagte:
„Das Urteil lügt; bewaffnet hab ich mich, um den König von seinen Feinden, den Lothringern, zu befreien!"
Er legte seinen Kopf auf den Block. Der Kopf fiel.
Die Reformierten sangen:

> „Deine Blicke auf uns ruhten,
> Prüfend unsres Glaubens Wahrheit,
> Und wie Gold in Feuersgluten,
> Läutertest du uns zur Klarheit."

„Robert Johann Rainer Briquemaut, Graf von Villemongis, Ihr seid schuldig des Hochverrats und des Attentats wider die Person des Königs", schrie der Schreiber.
Der Graf benetzte seine Hände mit des Barons von Raunay Blute und sagte:
„Möge dies Blut über die wirklichen Schuldigen kommen."
Die Reformierten sangen:

> „Ach, in unsrer Feinde Schlingen
> Fielen wir und sind gefangen,
> Deine Netze uns umringen
> Und umschnüren uns viel Bangen."

„Das müsset Ihr schon zugeben, Herr Nuntius," sagte der Prinz von Condé, „wenn französische Edelleute zu konspirieren wissen, dann wissen sie auch zu sterben."
„Welche Fülle des Hasses, mein Bruder," äußerte

die Herzogin von Guise dem Kardinal von Lothringen gegenüber, „lenkt Ihr auf unserer Kinder Haupt."
„Von diesem Schauspiel wird mir übel", erklärte der junge König, der angesichts des verspritzten Blutes erbleichte.
„Bah! Rebellen!..." sagte Katharina von Medici.
Immerfort hörte man Gesänge und immerfort wütete das Beil.
Das erhabene Schauspiel von Leuten, die singend in den Tod gingen, und vor allem der Eindruck, welchen der immer dünner werdende Gesang auf die Menge machte, siegte über die Furcht, welche die Lothringer einflößten.
„Gnade!" schrie das Volk wie mit einer Stimme, als man nur mehr die schwachen Töne eines Edelmannes hörte. Es war der vornehmste von allen, den man für den letzten Hieb aufgespart hatte.
Er stand allein am Fuße der Treppe, auf der man zum Blutgerüst hinaufstieg und sang:

> „Gott des Himmels, Herr der Gnaden,
> Schenk uns deines Segens Fülle,
> Laß in deinem Glanz uns baden,
> Uns mit Güte lind umhülle."

„Heda, Herzog von Nemours," rief der Prinz von Condé, der seiner Rolle müde war, „haltet Ihr, dem man den guten Ausgang des Scharmützels verdankt und mit dessen Hilfe man all die Leute hier festnahm, Euch nicht für verpflichtet, für den da um Gnade zu bitten? Castelnau ist's, der, wie man mir sagte, Euer Wort empfing, höfisch behandelt zu werden, wenn er sich ergäbe..."
„Hab' ich denn mit seiner Rettung gewartet, bis

er dort steht?" schrie der Herzog von Nemours, den dieser harte Vorwurf wie eine Ohrfeige traf.
Langsam und zweifellos absichtlich langsam las der Schreiber:

„Michel Johann Ludwig Baron von Castelnau-Chalosse, angeklagt und überführt des Hochverrats und des Attentats gegen des Königs Person."

„Nein," sagte Castelnau stolz, „es kann kein Verbrechen sein, wenn man sich der Tyrannei und der von den Guisen geplanten Usurpation widersetzt!"

Der müde Scharfrichter, welcher einige Bewegung auf der Tribüne sah, machte sich an seinem Beile zu schaffen.

„Herr Baron," flüsterte er, „ich möchte Euch nicht leiden lassen und ein Augenblick mehr kann Euch retten."

Das ganze Volk schrie von neuem:

„Gnade!"

„Los denn," sagte der König, „Gnade für den armen Castelnau, der den Herzog von Orleans rettete."

Absichtlich mißverstand der Kardinal das Wort: los denn. Er gab dem Scharfrichter ein Zeichen, so daß Castelnaus Kopf in dem Augenblicke herunterflog, als der König ihn begnadigte.

„Der, Kardinal, geht auf Eure Rechnung", sagte Katharina.

Am Morgen nach diesen schrecklichen Hinrichtungsszenen reiste der Prinz von Condé nach Navarra.

Diese Angelegenheit erregte größtes Aufsehen in Frankreich und an allen fremden Höfen. Die Ströme edlen Blutes aber, die damals vergossen wurden, verursachten dem Kanzler Olivier einen so großen Schmerz, daß dieser würdige Beamte, endlich das Ziel bemerkend, das sich die Guisen unter dem Vorwande, Thron und Religion zu verteidigen, gesteckt hatten, sich nicht mehr stark genug fühlte, ihnen die Wage zu halten. Wiewohl er ihre Kreatur war, wollte er ihnen nicht sowohl Pflicht wie Monarchie opfern; er zog sich von den öffentlichen Angelegenheiten zurück, indem er ihnen l'Hôpital als seinen Nachfolger bezeichnete. Als Katharina Oliviers Wahl hörte, schlug sie Birago als Kanzler vor und setzte sich mit größtem Eifer für seine Erwählung ein. Der Kardinal, dem der Umstand des von l'Hôpital an Katharina geschriebenen Billetts unbekannt war und ihn stets für treu dem Hause Lothringen ergeben hielt, machte ihn zu Biragos Konkurrenten und die Königin-Mutter ließ sich scheinbar imponieren. Sofort nach seinem Amtsantritt traf l'Hôpital Maßnahmen gegen die Inquisition, die der Kardinal von Lothringen in Frankreich einzuführen gedachte, und durchkreuzte alle antigallikanischen und politischen Bestrebungen der Guisen so gut, bewies sich als einen so guten Franzosen, daß man ihn, um ihn mit Gewalt zur Vernunft zu bringen, drei Monde nach seiner Ernennung auf seine Besitzung Vignay bei Estampes verbannen mußte.

Voller Ungeduld wartete der Biedermann Lecamus darauf, daß der Hof Amboise verließe, denn er hatte weder Gelegenheit finden können mit der Königin Maria noch mit der Königin Katharina zu sprechen. Er gedachte sich dem Hof in dem Augenblicke in den Weg zu stellen, wo er den Flußdamm entlang reisen würde, um nach

Blois zurückzukehren. Der Syndikus verkleidete sich auf die Gefahr hin, als Spion festgenommen zu werden, als Bettler, und dank dieser Vermummung konnte er sich unter die Unglücklichen mischen, die sich längs des Weges hielten. Nach des Prinzen von Condé Abreise glaubten Herzog und Kardinal den Reformierten Schweigen auferlegt zu haben und ließen der Königin-Mutter ein bißchen mehr Freiheit. Lecamus wußte, daß Katharina, anstatt in einer Sänfte zu reisen, lieber auf einen Tritt zu Pferde stieg; das war der Name, den man damals einem von oder für Katharina von Medici erfundenen Steigbügel gab, die einer Beinverletzung wegen ihre Füße auf eine Art Packsattel von Sammet stützte, indem sie sich seitlich auf den Pferderücken setzte und ein Bein in einem bogenförmigen Ausschnitt des Sattels unterbrachte. Da die Königin sehr schöne Beine hatte, sagte man ihr nach, diese Mode erfunden zu haben, um die zu zeigen. Der Greis konnte also vor Katharina von Medicis Augen treten; sobald sie ihn aber erkannte, schien es, als ob sie in Zorn gerate.

„Entfernt Euch von hier, guter Mann, und daß man Euch nicht mit mir reden sieht", sagte sie mit einer gewissen Angst zu ihm. „Lasset Euch von der Pariser Gilde zum Deputierten bei den Generalständen ernennen, und seid bei der Versammlung zu Orleans für mich, dann sollt Ihr wissen, was sich für Euren Sohn tun läßt..."

„Lebt er noch?" fragte der Greis.

„Ach," seufzte die Königin, „ich hoffe es."

Lecamus sah sich genötigt mit diesem traurigen Wort und dem Geheimnis von der Berufung der

Generalstände, das die Königin ihm eben anvertraut hatte, nach Paris zurückzukehren.

Vor einigen Tagen hatte der Kardinal Denunziationen über die Straffälligkeit des Hofes von Navarra erhalten. Zu Lyon, zu Mouvans in der Dauphiné hatten von dem unternehmungslustigsten Prinzen des Hauses Bourbon befehligte Protestanten die Bevölkerungen aufzuwiegeln gesucht. Diese Kühnheit nach den blutigen Amboiser Bestrafungen setzte die lothringischen Fürsten in Erstaunen. Um nun der Ketzerei mit Mitteln, deren Geheimnis von ihnen gewahrt wurde, ein Ende zu machen, schlugen sie vor, die Generalstände in Orleans zusammenzurufen. Mit Freuden hatte Katharina von Medici, die in der Volksvertretung eine Stütze für ihre Politik erblickte, dareingewilligt. Der Kardinal wollte seine Beute wieder fassen und das Haus Bourbon niederschlagen und rief die Stände nur zusammen, um den Prinzen von Condé und den König von Navarra, Anton von Bourbon, Heinrichs des Vierten Vater, dorthin kommen zu lassen. Dann wollte er sich Christophs bedienen, um den Prinzen, wenn es ihm nochmals gelänge, ihn in des Königs Gewalt zu bringen, des Hochverrats zu überführen.

Nachdem er zwei Monde im Gefängnis zu Blois verbracht, ward Christoph eines schönen Morgens in einer Sänfte, auf einem Bette liegend, in ein Fahrboot gebracht und fuhr nach Orleans hinauf, wohin ihn ein Westwind trieb. Dort kam er am Abend an und wurde in den berühmten Saint-Aignanturm gebracht. Christoph, der nicht wußte, was er von einer solchen Überführung zu halten hatte, war genügend Zeit geblieben, um über seine

Aufführung und seine Zukunft nachzudenken. Dort blieb er zwei weitere Monate auf seiner elenden Matratze, ohne die Beine rühren zu können. Ihre Knochen waren gebrochen. Als er den Beistand eines Chirurgen der Stadt verlangte, antwortete ihm der Kerkermeister, daß die Befehle, wie er sich ihm gegenüber zu verhalten habe, so streng seien, daß er nicht einmal die Sorge, ihm Nahrungsmittel zu bringen, jemand anderem überlassen könne. Diese Strenge — man wollte damit bewirken, daß niemand etwas von seinem Verbleib erführe — setzte Christoph in Erstaunen: er konnte sich nur denken, daß man ihn hängen oder freilassen könnte; die Amboiser Ereignisse waren ihm gänzlich unbekannt.

Trotz der heimlichen Aufforderungen, zu Hause zu bleiben, die Katharina von Medici ihnen zukommen ließ, waren die beiden Häupter des Hauses Bourbon zu dem Entschlusse gelangt, sich zu den Ständen zu begeben, solche Sicherheit hatten die handschriftlichen Briefe des Königs in ihnen erweckt. Und als der Hof sich in Orleans einrichtete, erfuhr man, nicht ohne Erstaunen, von Groslot, dem Kanzler von Navarra, der Fürsten Ankunft.

Franz der Zweite ließ sich im geräumigen Hause des Kanzlers von Navarra nieder, der auch Schultheiß von Orleans war. Dieser Groslot, dessen Doppelstellung eine der Wunderlichkeiten jener Zeit war, wo die Reformierten Abteien besaßen, Groslot, der, wie Jacques Coeur der Finanzmann von Bourges, der von Orleans war, einer der reichsten Bürgerlichen jener Epoche, hinterließ seinem Hause nicht einmal den Namen. Später wurde es die Ballei genannt, denn zweifelsohne ward es

von den Erben entweder an die Krone oder die
Provinz verschachert, die das Gericht darin unterbrachte. Diesen reizvollen Bau verdankt man dem
Bürgertum des sechzehnten Jahrhunderts. Er ver-
vollständigt so gut die Geschichte jener Zeit, wo
der König, der Adel und das Bürgertum in Anmut, Gefälligkeit und Reichtum der Bauten ihrer
Behausung wetteiferten. Beweise davon sind Va-
rangeville, Angos herrliche Besitzung, und das sogenannte Herkuleshotel in Paris. Es besteht zwar
noch in unseren Tagen, befindet sich aber in
einem Zustande, daß die Archäologen und Freunde
des Mittelalters darüber schier außer sich geraten
vor Verzweiflung. Unmöglich kann man in Orleans gewesen sein, ohne dort auf dem Estapeplatze das Stadthaus gesehen zu haben. Dies Stadthaus ist die ehemalige Ballei, das Hotel Groslot,
das berühmteste und das am meisten vernach-
lässigte Haus von Orleans.

In den Augen der Archäologen zeigen die Über-
reste dieses Hotels an, wie prachtvoll es zu einer
Epoche war, wo die Bürgerhäuser mehr aus Holz
als aus Steinen erbaut wurden, und die Edelleute
allein das Recht besaßen sich steinerne Wohn-
sitze zu errichten. Um dem König zu einer Zeit,
wo der Hof soviel Luxus und Pomp entfaltete, als
Wohnsitz zu dienen, mußte das Hotel Groslot damals das größte und glänzendste Haus in Orleans
sein. Auf diesem Estapeplatze ließen die Guisen
und der König die Bürgergarde, der man während
des Königs Anwesenheit Herrn von Cypierre als
Oberhaupt gab, an sich vorbeiziehen. Zu jener
Epoche befand sich die heilige Kreuzkirche, die
später von Heinrich dem Vierten vollendet ward —

damit wollte er einen Beweis von der Aufrichtigkeit seiner Bekehrung geben — im Bau, und ihre Umgebung, wo Steine aufgeschichtet lagen und Zimmerhöfe den Weg versperrten, ward von den Guisen occupiert, die im heute zerstörten Bischofspalaste wohnten.
Die Stadt wurde militärisch besetzt, und die Maßnahmen, welche die Lothringer trafen, zeigten an, wie wenig Freiheit sie den Generalständen einzuräumen gedachten, deren Mitglieder in die Stadt strömten, wodurch die Mieten für die kleinsten Löcher furchtbar in die Höhe geschraubt wurden. Der Hof, die Bürgermiliz, der Adel und das Bürgertum waren denn auch eines Staatsstreiches gewärtig, und ihre Erwartung ward bei der Ankunft der Prinzen von Geblüt nicht getäuscht. Als die beiden Prinzen des Königs Gemach betraten, bemerkte der Hof mit Entsetzen des Kardinals von Lothringen Unverschämtheit, der, um seinen Absichten öffentlich Ausdruck zu verleihen, bedeckten Hauptes verharrte, während der König von Navarra mit gezogenem Hute vor ihm stand. Katharina von Medici schlug die Augen nieder, um ihre Entrüstung nicht sehen zu lassen. Es fand dann eine feierliche Auseinandersetzung zwischen dem jungen Könige und den beiden Häuptern des jüngeren Zweiges statt. Sie war von kurzer Dauer. Denn auf die ersten Worte, die der Prinz von Condé äußerte, schloß sie Franz der Zweite mit folgenden schrecklichen Worten:
„Meine Herren Vettern, ich hatte gemeint, die Amboiser Angelegenheit sei erledigt, dem ist nicht so, und man will uns die Duldsamkeit, die wir dort bezeigten, bereuen lassen."

„Nicht mehr der König, sondern die Herren von Guise sprechen zu uns", erwiderte der Prinz von Condé.

„Lebt wohl, mein Herr", erklärte der kleine König, dem der Zorn Purpurröte ins Gesicht jagte.

In dem großen Saale wurde dem Prinzen der Weg von den beiden Wachhauptmännern versperrt. Als der der französischen Kompagnie vortrat, zog der Prinz einen Brief aus seinem Wams und sagte angesichts des versammelten Hofes:

„Wollt Ihr mir das hier vorlesen, Herr von Maillé-Brézé?"

„Gern", erwiderte der Hauptmann der französischen Kompagnie.

„Mein Vetter, kommt in aller Sicherheit; mein königliches Wort gebe ich Euch, daß Ihr es könnt. Wenn Ihr eines Geleitsbriefes bedürft, mögen Euch diese Zeilen dazu dienen."

„Unterzeichnet?..." rief der boshafte und mutige Bucklige.

„Unterzeichnet: Franz", sagte Maillé.

„Nein, nein," fuhr der Prinz fort, „da steht: Euer guter Vetter und Freund Franz! Meine Herren," rief er den Schottländern zu, „ich folge Euch in das Gefängnis, wohin Ihr mich seitens des Königs zu führen beauftragt seid. Genug Adlige stehen hier im Saale herum, um das zu verstehen."

Das tiefe Schweigen, das im Saale herrschte, hätte die Guisen aufklären müssen; auf Schweigen aber hören Fürsten am wenigsten.

„Gnädiger Herr," sagte der Kardinal von Tournon, der dem Prinzen folgte, „seit der Amboiser Affaire habt Ihr in Lyon und in Mouvans in der Dauphiné Dinge wider die königliche Autorität unternommen, von denen der König keinerlei Kenntnis besaß, als er Euch dies schrieb."

„Schurkerei!" schrie lachend der Prinz.

„Ihr habt eine öffentliche Erklärung gegen die Messe und für die Ketzerei abgegeben..."

„Die Herren sind wie in Navarra", sagte der Prinz.

„Ihr wollt sagen in Béarn? Aber der Krone schuldet Ihr Ehrfurcht", antwortete der Präsident von Thou.

„Ach, Ihr seid hier, Präsident?" schrie der Prinz voller Hohn. „Seid Ihr mit dem ganzen Parlamente hier?"

Nach diesen Worten warf der Prinz dem Kardinal einen Blick voller Verachtung zu und verließ den Saal. Er begriff, daß es um seinen Kopf ging.

Als am folgenden Morgen die Herren von Thou, von Viole, von Espesse, der Generalprokurator Bourdin und Hauptgerichtsschreiber du Tillet sein Gefängnis betraten, ließ er sie stehend verharren und drückte ihnen sein Bedauern aus, sie mit einer Angelegenheit betraut zu sehen, die sie nichts angehe; dann sagte er zu dem Schreiber:

„Schreibt!"

Und er diktierte folgendes:

„Ich, Ludwig von Bourbon, Prinz von Condé, Pair des Königreichs, Marquis von Conti, Graf von Soissons, Prinz vom Geblüte Frankreichs, erkläre ausdrücklich, mich zu weigern, irgendeine Kommission anzuerkennen, die ernannt worden ist, mich zu richten, sintemalen ich in meiner Eigenschaft und kraft des Privilegs, das mit jedem Gliede des königlichen Hauses verknüpft ist, angeklagt, verhört und verurteilt nur von dem Parlament werden kann, das aus allen Pairs, allen versammelten Kammern zusammengesetzt ist, in welchem der König großen Gerichtstag hält.

Ihr müßtet das besser wissen als jeder andere, meine Herren. Das ist alles, was Ihr bei mir erlangen werdet. Im übrigen vertraue ich auf mein Recht und auf Gott."

Die Richter machten dem Prinzen ungeachtet seines hartnäckigen Schweigens den Prozeß. Der König von Navarra war in Freiheit, wurde aber überwacht; sein Gefängnis war größer als das des Prinzen; das war der ganze Unterschied zwischen seiner und seines Bruders Lage; denn des Prinzen von Condé und sein Haupt mußten mit demselben Hiebe fallen.

Christoph war also auf die Anordnungen des Kardinals und des Reichsverwesers hin insgeheim so streng bewacht, um den Richtern einen Beweis der Straffälligkeit des Prinzen zu liefern. Die bei La Sagne, des Prinzen Sekretär, beschlagnahmten Briefe konnten nur Staatsmänner verstehen, sie waren für die Richter nicht deutlich genug. Der Kardinal dachte daran, den Prinzen und Christoph zufällig zu konfrontieren; nicht ohne Absicht hatte man diesen in einem Parterreraum des Saint-Aignanturmes untergebracht, dessen Fenster sich nach dem Gefängnishofe hin öffneten. Bei jedem Verhör, welchem die Richter Christoph unterwarfen, beschränkte er sich auf ein System absoluten Leugnens, was den Prozeß natürlich bis zur Eröffnung der Ständeversammlung hinzog.

Lecamus hatte es nicht versäumt, sich von der Pariser Bourgeoisie zum Deputierten des dritten Standes ernennen zu lassen. Einige Tage nach des Prinzen Verhaftung langte er in Orleans an. Diese

Nachricht, die ihm in Estampes zu Ohren kam, verdoppelte seine Unruhe, denn er begriff, da er um das einzige Zusammentreffen des Prinzen und seines Sohnes unter der Wechslerbrücke wußte, daß Christophs Los eng mit dem des kühnen Oberhauptes der Reformationszeit verquickt war. So entschloß er sich denn, die finsteren Machenschaften zu studieren, die seit der Eröffnung der Stände sich am Hofe kreuzten, um ein Mittel zu seines Sohnes Errettung zu finden. Er durfte nicht an die Königin Katharina denken, die sich weigerte, ihren Kürschner zu empfangen. Keiner der Hofleute, die er zu sehen vermochte, gab ihm befriedigende Nachrichten über seinen Sohn, und er war darob einem solchen Übermaße der Verzweiflung verfallen, daß er sich an den Kardinal selber wenden wollte, als er hörte, daß Herr von Thou, was ein Fleck auf seinem Leben ist, eingewilligt hatte, einer der Richter des Prinzen von Condé zu sein. Der Syndikus besuchte seines Sohnes Beschützer und erfuhr, daß Christoph noch am Leben, aber Gefangener sei.

Der Handschuhmacher Tourillon, zu dem la Renaudie Christoph geschickt, hatte Ehren Lecamus für die ganze Dauer der Generalstände ein Zimmer in seinem Hause angeboten. Der Handschuhmacher meinte, der Kürschner hinge wie er selber heimlich der reformierten Religion an, sah aber bald, daß ein Vater, der für seines Sohnes Leben fürchtet, religiöse Nuancen nicht mehr begreift und sich Hals über Kopf an Gottes Busen wirft, ohne sich um die Flitter zu kümmern, die ihm die Menschen anlegen. Mit all seinen Versuchen scheiternd, ging der Greis wie ein Trunkener durch die Straßen.

Wider alle Erwartung war ihm all sein Gold zu nichts nütze. Herr von Thou hatte ihm erklärt, daß, wenn er irgendeinen Diener des Guiseschen Hauses besteche, das zu Nichts führen würde, denn der Herzog wie der Kardinal ließen nichts von dem, was Christoph anlangte, durchblicken. Dieser Justizbeamte, dessen Ruhm ein wenig befleckt ist durch die Rolle, die er damals spielte, hatte dem verzweifelten Vater etwas Hoffnung zu machen versucht, zitterte selber aber dermaßen für seines Patenkindes Tage, daß seine tröstenden Worte den Kürschner nur noch mehr beunruhigten. Der Greis umschlich das Haus. In drei Monden war er ganz mager geworden. Seine einzige Hoffnung setzte er auf die innige Freundschaft, die ihn seit langem mit dem Hippokrates des sechzehnten Jahrhunderts verknüpfte. Als er des Königs Gemach verließ, versuchte Ambrosius der Königin Maria ein Wort zu sagen, sobald er aber Christophs Namen geäußert hatte, antwortete die Stuarttochter, erregt über das ihrer harrende Schicksal, wenn dem Könige, den sie auf Grund der Plötzlichkeit seiner Erkrankung für vergiftet durch die Reformierten hielt, ein Unglück zustieße:
„Wenn meine Ohme auf mich hörten, würde solch ein Fanatiker bereits am Galgen hängen!"
Am Abend, als Lecamus diese furchtbare Antwort von seinem Freunde Paré auf dem Estapeplatze übermittelt ward, kam der Alte halbtot nach Hause und ging in sein Gemach. Er weigerte sich, Nahrung zu sich zu nehmen.
Besorgt ging Tourillon zu ihm hinauf, fand den Greis in Tränen vor, und da die Greisenaugen des armen Kürschners das Innere der faltigen und ge-

röteten Lider sehen ließen, meinte der Handschuhmacher, er weine Blut.

„Tröstet Euch, mein Vater," sagte der Reformierte, „die Bürger von Orleans sind wütend, daß ihre Stadt behandelt wird, wie wenn man sie im Sturme genommen hätte. Herrn von Cypierres Soldaten müssen sie bewachen. Wenn des Prinzen von Condé Leben in Gefahr schwebte, würden wir den Saint-Aignanturm bald demoliert haben; denn unsere Stadt ist für die Reformation und wird sich auflehnen, seid dessen gewiß."

„Würde mir, ach, wenn man die Lothringer aufknüpfte, ihr Tod meinen Sohn zurückgeben?" antwortete der trostlose Vater.

In diesem Moment klopfte man leise an Tourillons Tür. Er stieg hinunter, um selber zu öffnen. Es war finstere Nacht. In solch wirren Zeiten traf jedweder Hausherr peinlichste Vorsichtsmaßregeln. Tourillon spähte durch das an seiner Türe angebrachte Guckloch und sah einen Fremden, an dessen Tonfall er den Italiener erriet. Dieser schwarzgekleidete Mann verlangte in Handelsangelegenheiten mit Lecamus zu sprechen und Tourillon führte ihn hinauf. Angesichts dieses Fremden zitterte der Kürschner furchtbar; der Fremde aber hatte Zeit, einen Finger an seine Lippen zu legen. Diese Geste verstehend, sagte Lecamus dann zu ihm: „Ihr kommt zweifelsohne, um mir Pelze anzubieten?"

„Si...." antwortete der Fremde leise italienisch.

Diese Persönlichkeit war niemand anders als der berühmte Ruggieri, der Astrolog der Königin-Mutter. Tourillon ging in seine Wohnung hinunter, da er begriff, daß er bei seinem Gaste im Wege war.

„Wo können wir miteinander plaudern, ohne befürchten zu müssen, daß man uns hört?" fragte der vorsichtige Florentiner.
„Da müßten wir auf freiem Felde sein," antwortete Lecamus; „man wird uns aber nicht hinausgehen lassen; Ihr wißt, mit welcher Strenge die Tore bewacht werden. Ohne einen Paß von Herrn von Cypierre verläßt kein Mensch die Stadt, und wäre er auch wie ich Mitglied der Stände. Gleich morgen müssen wir uns auch alle in unserer Sitzung über diesen Freiheitsmangel beschweren."
„Arbeitet wie ein Maulwurf, laßt aber niemals, bei was es auch sein möge, Eure Pfoten sehen", sagte der listige Florentiner zu ihm. „Der morgige Tag wird zweifelsohne manches entscheiden. Nach meinen Beobachtungen werdet Ihr morgen oder später Euren Sohn vielleicht wiederhaben."
„Daß Gott Euch hörte, Euch, der Ihr dafür bekannt seid, nur den Teufel um Rat zu fragen!"
„Kommt doch zu mir", sagte der Astrolog lächelnd. „Um die Sterne zu beobachten, hab ich den Ehren Touchet von Beauvais gehörenden Turm eingeräumt bekommen; der ist der Balleiverweser, seine Tochter gefällt dem kleinen Herzog von Orleans so gut. Der Kleinen hab ich das Horoskop gestellt, und es erwies sich tatsächlich, daß sie eine große Dame und von einem Könige geliebt werden wird. Der Verweser ist ein Schöngeist, er liebt die Wissenschaften, und die Königin hat mich bei diesem Biedermanne unterbringen lassen, der, Karls des Neunten Herrschaft erwartend, so schlau ist, ein rasender Guisenfreund zu sein."
Kürschner und Astrolog begaben sich, ohne gesehen zu werden, in Ehren von Beauvais' Hotel. Auch be-

gegnete ihnen niemand. Im Falle aber, wo Lecamus
Besuch entdeckt werden würde, wollte der Florentiner vorschützen, der Alte sei wegen einer astrologischen Konsultation über Christophs Los zu
ihm gekommen. Als sie oben in dem Turme angelangt waren, wo der Astrolog seinen Arbeitsraum
eingerichtet hatte, sagte Lecamus zu ihm:

„Mein Sohn ist also noch ganz gewiß am Leben?"

„Noch", antwortete Ruggieri; „und es handelt sich
darum, ihn zu retten. Bedenkt, Fellhändler, daß
ich keine zwei Heller für Euer Leben gebe, wenn
Euch jemals in Eurem ganzen Leben ein Wort von
dem entschlüpft, was ich Euch sagen will."

„Die Ermahnung ist zwecklos, mein Meister; seit
dem seligen König Ludwig dem Zwölften bin ich
Hoflieferant; und das hier ist die vierte Regierung,
die ich erlebe."

„Bald werdet Ihr die fünfte sagen", antwortete
Ruggieri.

„Was wißt Ihr von meinem Sohne?"

„Nun, er hat eine peinliche Frage erleiden müssen."

„Armes Kind!" hauchte der Biedermann, die Augen
gen Himmel richtend.

„Knie und Knöchel sind ein bißchen zerstoßen;
aber er hat einen königlichen Schutz erworben,
der sich über sein ganzes Leben erstrecken wird",
erklärte der Florentiner lebhaft, als er des Vaters
Entsetzen sah. „Euer kleiner Christoph hat unserer
großen Königin Katharina einen Dienst geleistet.
Wenn wir Euren Sohn den Fängen der Lothringer
entreißen, werdet Ihr ihn eines schönen Tages als
Parlamentsrat begrüßen. Dreimal läßt man sich
die Knochen zerbrechen, um bei unserer lieben
Herrscherin in hohen Gnaden zu stehen! Sie ist

eine geniale Frau, die über alle Hindernisse obsiegen wird. Ich habe das Horoskop des Herzogs von Guise gestellt: in spätestens einem Jahre wird er getötet werden. Also, Christoph hat den Prinzen von Condé gesehen..."

„Ihr, der Ihr die Zukunft wißt, solltet die Vergangenheit nicht kennen?" sagte der Kürschner.

„Ich frage Euch nicht, Biedermann, ich belehre Euch. Wenn nun Euer Sohn, der morgen dem Prinzen in den Weg gestellt werden wird, ihn erkennt, oder, wenn der Prinz Euren Sohn erkennt, dann wird Herrn von Condés Kopf herunterfliegen. Gott weiß, was mit seinem Mitschuldigen geschehen wird! Nun, beruhigt Euch. Weder Euer Sohn noch der Prinz werden den Tod erleiden, ich habe ihre Horoskope gestellt, sie müssen leben; doch weiß ich noch nicht, auf welche Weise sie sich aus der Affäre ziehen werden. Ohne uns auf die Sicherheit meiner Berechnungen zu verlassen, wollen wir Ordnung da hineinbringen. Morgen wird der Prinz aus sicheren Händen ein Gebetbuch empfangen, in das wir eine Benachrichtigung hineinlegen werden. Wolle Gott, daß Euer Sohn verschwiegen ist, denn er kann nicht benachrichtigt werden. Ein einziger Blick, der auf Bekanntschaft hinweist, wird dem Prinzen das Leben kosten. Wiewohl die Königin-Mutter allen Grund hat, auf Christophs Treue zu rechnen..."

„Man hat sie auf harte Proben gestellt!" schrie der Kürschner.

„Sprecht nicht so! Meint Ihr, die Königin sei auf Rosen gebettet? Auch wird sie Maßnahmen treffen, wie wenn die Guisen des Prinzen Tod beschlossen hätten. Und gut tut sie daran, die weise und vorsichtige Königin! Sie rechnet nun damit, in jeder Weise von Euch unterstützt zu werden. Ihr habt einigen Einfluß auf den dritten Stand, in dem Ihr die Pariser Gewerbe repräsentiert. Wenn die Guisenfreunde Euch auch versprechen sollten, Euren Sohn in Freiheit zu setzen, versucht ihnen ein Schnippchen zu schlagen und wiegelt Eure Klasse wider die Lothringer auf. Verlangt die Königin-Mutter als Regentin; morgen in der Ständesitzung wird der König von Navarra öffentlich seine Zustimmung dazu geben."

„Aber der König?"

„Der König wird sterben," antwortete Ruggieri, „ich habe sein Horoskop gestellt. Was die Königin Euch bittet, für sie vor den Ständen zu tun, ist ganz einfach; doch erwartet sie noch einen größeren Dienst von Euch. Ihr habt den großen Ambrosius Paré beim Studium unterstützt, seid sein Freund..."

„Heute liebt Ambrosius den Herzog von Guise mehr als mich; und er hat recht, ihm verdankt er Amt und Würden. Doch ist er dem Könige treu. Wiewohl er der Reformation zuneigt, wird er nichts wider seine Pflicht tun."

„Die Pest möge über all die honetten Leute kommen", schrie der Florentiner. „Ambrosius hat sich heute abend gerühmt, den kleinen König aus der Affäre ziehen zu können. Wenn der König die Gesundheit wiedererlangt, triumphieren die Guisen, sterben die Prinzen, wird das Haus Bourbon zu Ende sein, werden wir nach Florenz zurückkehren, wird Euer Sohn gehängt und die Lothringer werden die anderen Kinder Frankreichs zu billigem Preise haben..."

„Großer Gott!" schrie Lecamus.

„Schreit nicht so verwundert auf, das tut kein Bürger, der etwas von Hofdingen weiß, sondern geht sofort zu Ambrosius und kriegt aus ihm heraus, was er zu tun beabsichtigt, um den König zu retten. Wenn Ihr was Sicheres wißt, kommt zu mir und sagt mir, auf was für eine Operation er so fest vertraut."

„Aber..." sagte Lecamus.

„Gehorcht blindlings, mein Lieber, anderenfalls werdet Ihr geblendet."

‚Er hat recht', dachte der Kürschner.

Und eilte zu des Königs erstem Chirurgen, welcher in einem Gasthofe auf dem Martroiplatze wohnte.

In diesem Augenblick befand sich Katharina von Medici in einer politisch verzweifelten Lage, die der ähnelte, worin Christoph sie zu Blois gesehen. Wenn sie sich auch zum Kampfe formiert, wenn sie ihre Intelligenz bei dieser ersten Niederlage auch geübt hatte, so war ihre Lage doch, wiewohl unverändert, viel kritischer und viel gefährlicher als zur Zeit des Amboiser Tumultes geworden. Die Ereignisse waren ebenso wie das Weib ins Große gewachsen. Obwohl sie scheinbar in Übereinstimmung mit den lothringischen Fürsten vorwärtsschritt, hielt Katharina die Fäden einer klug angezettelten Verschwörung wider ihre schrecklichen Bundesgenossen in den Händen und wartete auf einen günstigen Moment, um die Maske vom Antlitz zu reißen. Eben war es dem Kardinal zur Gewißheit geworden, daß er von Katharina hintergangen worden war. Die geschickte Italienerin hatte in dem jüngeren Zweige des Königshauses ein Mittel gesehen, das sie den Prätentionen der Guisen entgegenstellen konnte;

und trotz der Ansicht der beiden Gondi, die ihr rieten, die Guisen sich zu Gewalttätigkeiten gegen die Bourbons hinreißen zu lassen, hatte sie, indem sie die Königin von Navarra benachrichtigte, dafür gesorgt, daß der von den Guisen mit Spanien abgekartete Plan, sich des Béarn zu bemächtigen, scheiterte. Da dies Staatsgeheimnis nur den beiden lothringischen Fürsten und der Königin-Mutter bekannt war, wollten die, von der Doppelzüngigkeit ihrer Verbündeten überzeugt, sie nach Florenz zurückschicken. Gerade um sich von Katharinas Verrat dem Staate gegenüber — und das Haus Lothringen war der Staat — zu vergewissern, hatten der Herzog und der Kardinal ihr ihr Vorhaben, sich den König von Navarra vom Halse zu schaffen, anvertraut. Die sofort von Anton von Navarra getroffenen Vorsichtsmaßnahmen bewiesen den beiden Brüdern, daß dies nur ihnen dreien bekannte Geheimnis von der Königin-Mutter verraten worden war. Auf der Stelle warf der Kardinal von Lothringen der Königin-Mutter ihren Treubruch Franz dem Zweiten gegenüber vor und drohte ihr mit einem Verbannungsbefehl, falls neue Indiskretionen den Staat in Gefahr brächten. Katharina sah sich nun in äußerster Gefahr und mußte wie ein großer König handeln. Auch lieferte sie sofort einen Beweis ihrer hohen geistigen Fähigkeiten; doch muß man zugeben, daß sie von ihren guten Freunden auch sehr gut bedient ward. L'Hôpital ließ der Königin ein folgendermaßen abgefaßtes Billett zukommen:

„Lasset keinen Prinzen von Geblüt durch eine Kommission zum Tode verurteilen, sonst würde es Euch bald ähnlich ergehen."

Katharina sandte Birago nach Vignay, um dem Kanzler sagen zu lassen, er solle, trotzdem er in Ungnade sei, zu den Ständen kommen. Birago traf in dieser nämlichen Nacht drei Meilen vor Orleans mit L'Hôpital zusammen, der sich für die Königin-Mutter erklärte. Chiverni, dessen Treue damals mit gutem Rechte von den Herren von Guise beargwöhnt wurde, hatte sich aus Orleans gerettet und nach einem Marsche, der ihn fast das Leben kostete, in zehn Stunden Ecouen erreicht. Er meldete dem Kronfeldherrn, in welcher Gefahr sein Neffe, der Prinz von Condé, schwebte und wie kühn die Lothringer geworden wären.

Anne von Montmorency schäumte vor Wut, als er erfuhr, daß der Prinz nur dem plötzlichen Auftreten des Leidens, woran Franz der Zweite starb, sein Leben verdanke, und langte mit fünfzehnhundert Reitern und hundert Edelleuten an. Um die Herren von Guise noch mehr zu überraschen, hatte er um Paris einen Bogen gemacht, indem er von Ecouen nach Corbeil und von Corbeil durch das Essonnetal nach Pithiviers zog.

„Hauptmann wider Hauptmann, da werden die Fetzen fliegen", sagte er anläßlich dieses kühnen Marsches.

Anne von Montmorency, welcher Frankreich bei Karls des Fünften Einfall in die Provence gerettet, und der Herzog von Guise, welcher des Kaisers zweiten Einfall bei Metz aufgehalten hatte, waren tatsächlich Frankreichs größte Kriegsmänner zu jener Epoche. Eben diesen Moment hatte Katharina abgewartet, um den Haß des durch die Lothringer in Ungnade gefallenen Kronfeldherrn wieder neu zu entflammen. Nichtsdestoweniger sprang der Marquis von Simeuse, Kommandant von Gien, als er von der Ankunft eines so stattlichen Korps, wie es das des Konnetabels war, hörte, auf sein Pferd, da er hoffte, den Herzog noch zur rechten Zeit benachrichtigen zu können. In der Gewißheit, daß der Kronfeldherr seinem Neffen zu Hilfe kommen würde, und voller Vertrauen auf die Ergebenheit des Kanzlers für die königliche Sache, hatte die Königin-Mutter die Hoffnungen und den Mut der reformierten Partei neubelebt. Die Coligny und die Freunde des bedrohten Hauses Bourbon hatten mit der Königin-Mutter Parteigängern gemeinsame Sache gemacht. Eine Koalition zwischen den entgegengesetzten Interessen, die von einem gemeinsamen Feinde angegriffen wurden, bildete sich stillschweigend inmitten der Stände, wo laut davon die Rede war, Katharina zur Reichsregentin zu ernennen, falls Franz der Zweite sterben sollte. Katharina, deren Glaube an die Astrologie größer war als der an die Kirche, hatte alles wider ihre Bedränger gewagt, als sie ihren Sohn zu dem Termine im Sterben liegen sah, der ihr von der berühmten Zauberin angegeben worden war, welche ihr Nostradamus ins Schloß zu Chaumont gebracht. Einige Tage vor dem schrecklichen Ausgange seiner Herrschaft, hatte Franz der Zweite an der Loire lustwandeln wollen, um nicht in der Stadt zu weilen, wenn der Prinz von Condé hingerichtet werden würde. Nachdem er dem Kardinal von Lothringen des Prinzen Haupt überlassen hatte, fürchtete er einen Aufstand ebensosehr wie der Prinzessin von Condé Flehensbitten. Im Augenblicke des Einschiffens verursachte ihm einer jener frischen Winde, die bei Winters Nahen an der Loire sich bemerkbar machen, ein so schmerzliches Ohrenweh, daß er sich genötigt sah, in die Stadt zurückzukehren. Er legte sich ins Bett, das er nur als Toter verlassen sollte. Trotz der Kontroverse der Ärzte, die außer Chapelain seine Feinde und Widersacher waren, behauptete Paré, daß in des Königs Haupte sich Eiter angesammelt habe; wenn man dem keinen Ausfluß verschaffe, würde man immer mehr mit des Königs Ableben rechnen müssen.

Trotz der vorgerückten Stunde und des Lichtverbots, welches in Orleans, das sich damals wirklich wie im Belagerungszustande befand, streng durchgeführt ward, glänzte Parés Lampe an seinem Fenster. Er studierte. Lecamus rief hinauf, und als er seinen Namen genannt hatte, befahl der Chirurg, man sollte seinem alten Freunde öffnen.

„Du gönnst dir keine Ruhe, Ambrosius, und anderen das Leben schenkend, verschwendest du deins", sagte der Kürschner beim Eintreten.

Tatsächlich sah er den Chirurgen vor seinen aufgeschlagenen Büchern sitzen. Seine Instrumente lagen umher. Vor ihm lag ein frisch ausgescharrter Totenkopf, der vom Friedhof gestohlen worden war; er hatte ein Loch.

„Es handelt sich darum den König zu retten ..."

„Bist du deiner Sache denn so gewiß, Ambrosius?" rief bebend der Greis.

„Wie meines Daseins. Der König, mein alter Beschützer, hat schlechte Säfte, die auf sein Hirn drücken und hineinfließen wollen. Die Krise steht bevor. Wenn ich seinen Schädel aber aufmeißle,

rechne ich damit, daß die Säfte abfließen; dann wird sein Kopf wieder frei. Diese von einem Piemontesen erfundene Operation hab' ich schon dreimal ausgeführt und konnte sie glücklicherweise noch sehr vervollkommnen.
Die erste hab' ich bei der Metzer Belagerung an Herrn von Piennes vorgenommen. Den habe ich gerettet und er ist seitdem nur klüger dadurch geworden: er hatte eine Eiteransammlung, die durch einen Arquebusenschuß im Kopf hervorgerufen worden war. Die zweite hat einem Armen das Leben gerettet, an welchem ich gerne die Güte dieser kühnen Operation, zu der sich Herr von Piennes hergegeben hatte, erproben wollte. Die dritte endlich fand in Paris an einem Edelmanne statt, dem es prächtig geht. Die Trepanation — diesen Namen hat man der Erfindung gegeben — ist noch wenig bekannt. Der Unvollkommenheit der Instrumente wegen, die ich schließlich aber zu verbessern wußte, schrecken die Kranken davor zurück. Ich versuche mich daher an diesem Kopfe, um mich morgen an dem des Königs nicht zu versehen."

„Du mußt deines Tuns ja sehr sicher sein, denn dein Kopf geriete in Gefahr, falls..."

„Ich möchte mein Leben wetten, daß er geheilt wird", antwortete Ambrosius mit der Sorglosigkeit des genialen Menschen. „Ach, mein alter Freund, was ist denn dabei, wenn man einen Kopf mit aller Vorsicht öffnet? Die Soldaten im Kriege tun das doch tagtäglich ohne irgendwelche Vorsicht!"

„Mein Kind," sagte der kühne Bürger, „weißt du, daß den König retten soviel heißt wie Frankreich zugrunde richten? Weißt du, daß dies Instrument die Krone der Valois auf des Lothringers Haupt setzen wird, der sich Karls des Großen Erben nennt? Weißt du, daß Chirurgie und Politik in diesem Momente sich feindlich gegenüber stehen? Ja, der Triumph des Genies ist deiner Religion Verderben. Wenn die Guisen die Regentschaft behalten, wird der Reformierten Blut in Strömen dahinfließen. Sei größer als Bürger denn als Chirurg und schlaf morgen bis in den hellen, lichten Tag hinein, indem du des Königs Schlafgemach den Ärzten freigibst, die, wenn sie den König nicht retten, doch Frankreich retten werden!"

„Ich", schrie Paré, „soll einen Menschen umkommen lassen, wenn ich ihn zu retten vermag? Nein, nein! Und sollte ich als Calvins Begünstiger gehängt werden, ich geh' morgen frühzeitig zu Hofe. Weißt du nicht, daß ich mir als einzige Gunst, wenn ich den König gerettet habe, deines Christophs Leben erbitten will? Einen Augenblick wirds ganz gewißlich geben, wo die Königin Maria mir nichts verweigern wird."

„Ach, mein Freund," erwiderte Lecamus, „hat der kleine König nicht des Prinzen von Condé Begnadigung der Prinzessin verweigert? Töte deine Religion nicht, indem du dem zu weiterem Leben verhilfst, der sterben muß."

„Suchst du dich darein zu mengen, wie Gott die Zukunft bestimmen will?" schrie Paré. „Honette Leute haben nur diese eine Devise: Tu, was du mußt, komme, was kommen mag! Das hab ich bei der Belagerung von Calais getan, als ich meinen Fuß auf des Großmeisters Antlitz setzte; da lief ich Gefahr, von allen seinen Freunden, allen seinen Dienern zerrissen zu werden; und heute bin ich des Königs Chirurg. Kurz, ich bin Reformierter und habe doch die Herren von Guise zu Freunden. Ich werde den König retten!" rief der Chirurg mit dem heiligen Enthusiasmus der Überzeugung, welche das Genie verleiht, „und Gott wird Frankreich retten."

Es ward an die Türe geklopft und einige Minuten später händigte einer von Ambrosius Dienern Lecamus ein Papier ein. Mit lauter Stimme las er folgende finstere Worte:

„Man errichtet das Blutgerüst im Rekollektenkloster, um dem Prinzen von Condé morgen den Kopf herunterzuschlagen."

Ambrosius und Lecamus blickten einander an; beide wurden sie von dem tiefsten Entsetzen gepackt.

„Davon will ich mich überzeugen", sagte der Kürschner.

Auf dem Platze packte Ruggieri Lecamus beim Arme und fragte ihn nach Ambrosius' Geheimnis, um den König zu retten. Der Greis aber fürchtete irgendeine List und gab vor, zuvor das Schafott sehen zu wollen. Astrolog und Kürschner gingen also gemeinsam bis zu den Rekollekten und fanden dort tatsächlich Zimmerleute vor, die bei Fackellicht arbeiteten.

„Heda, mein Freund," sagte Lecamus zu einem Zimmermann, „was tut Ihr denn da?"

„Wir bereiten das Henken der Ketzer vor, da der Amboiser Aderlaß sie nicht heilte," sagte ein junger Rekollekt, welcher die Arbeiter überwachte.

„Der hochwürdige Herr Kardinal tut sehr recht

daran," erklärte der vorsichtige Ruggieri, „in unserer Heimat aber besorgen wir das viel besser."
„Und was tut Ihr?" fragte der Rekollekt.
„Man verbrennt sie, mein Bruder."
Lecamus sah sich genötigt, sich auf den Astrologen zu stützen, seine Beine versagten ihren Dienst; denn er dachte, sein Sohn könne morgen an einem dieser Galgen hängen. Der arme Greis stand zwischen zwei Wissenschaften, zwischen der Astrologie und der Chirurgie, die ihm alle beide das Heil seines Sohnes versprachen, für den das Blutgerüst augenscheinlich aufgeführt ward. Im Trubel der Vorstellungen ließ er sich von dem Florentiner wie weiches Wachs kneten.
„Nun, mein respektabler Kaufherr in Grauwerk, was sagt Ihr zu diesen lothringischen Scherzen?" fragte Ruggieri.
„Ach, Ihr wißt ja, daß ich meine Haut hingeben würde, um meinen Sohn gesund und munter zu sehen."
„Das heißt wie ein Hermelinhändler gesprochen", erwiderte der Italiener; „setzt mir also klipp und klar die Operation auseinander, die Ambrosius an dem Könige vornehmen will, und ich stehe Euch für Eures Sohnes Leben ein..."
„Wirklich?" schrie der alte Kürschner.
„Was soll ich Euch alles schwören?" erklärte Ruggieri.
Auf diese Worte hin erzählte der arme Greis seine Unterhaltung mit Ambrosius dem Florentiner, der den verzweifelten Vater auf der Straße stehen ließ, sobald ihm des großen Chirurgen Geheimnis offenbart worden war.
„Welchem Teufel will er zu Leibe, dieser schreck-

liche Ungläubige?" schrie der Greis, als er Ruggieri sich leichtfüßig nach dem Estapeplatze hin entfernen sah.

Lecamus ahnte nichts von der furchtbaren Szene, die sich am königlichen Bette abspielte und den Befehl zur Folge hatte, des Prinzen Blutgerüst zu errichten, dessen Verurteilung durch ein Kontumazurteil sozusagen verkündigt worden war. Seine Vollstreckung war der Krankheit des Königs wegen verschoben worden. Es befanden sich in dem Saale, auf den Treppen und im Hofe der Ballei nur Leute, die durchaus zum Dienste gehörten. Die Menge der Höflinge belagerte das Haus des Königs von Navarra, dem nach den Reichsgesetzen die Regentschaft zustand. Der überdies durch die Kühnheit der Guisen erschreckte französische Adel empfand das Bedürfnis, sich um das Haupt des jüngeren Hauses zu scharen, da er in der Königin-Mutter eine Sklavin der Guisen sah und deren Italienerinnenpolitik auch nicht verstand. Seiner geheimen Abmachung mit Katharina getreu mußte Anton von Bourbon zu ihren Gunsten in dem Momente auf die Regentschaft verzichten, wo die Stände sich zu dieser Frage äußern würden. Die tiefe Einsamkeit hatte sehr auf den Großmeister gewirkt; bei der Rückkehr von einer vorsichtshalber durch die Stadt gemachten Runde fand er beim Könige nämlich nur die mit seinem Glücke verbundenen Freunde vor. Das Zimmer, in welchem man Franz des Zweiten Bett aufgestellt hatte, stieß an den großen Balleisaal. Er war damals mit Eichenholz getäfelt. Die Decke, aus kleinen länglichen, geschickt aneinandergepaßten und bemalten Brettern zusammengesetzt, zeigte blaue

Arabesken auf Goldgrund, von denen ein Teil, der vor bald fünfzig Jahren heruntergenommen ward, von einem Altertumsliebhaber gesammelt worden ist. Dies mit Gobelins verkleidete Zimmer, auf dessen Fußboden sich Teppiche breiteten, war so düster, daß ihm die angezündeten Fackeln auch nur wenig Helligkeit zu spenden vermochten. Das breite Bett mit vier Säulen und seidenen Vorhängen glich einer Gruft. Auf einer Seite dieses Lagers, am Kopfende, saßen die Königin Maria und der Kardinal von Lothringen; Katharina saß in einem Sessel. Der berühmte Johann Chapelain, der diensttuende Arzt, welcher später Karls des Neunten Leibarzt war, stand aufrecht am Kamin. Tiefstes Schweigen herrschte. Der abgemagerte, bleiche König lag wie verloren in seinen Leintüchern und ließ auf dem Kopfpfühle kaum sein schmales verzerrtes Antlitz sehen. Die auf einem Schemel sitzende Herzogin von Guise stand der jungen Königin Maria bei, und neben Katharina, von einer Fensternische aus, bespähte Frau von Fiesco der Königin-Mutter Gebärden und Blicke, denn sie wußte ja, wie gefährlich deren Lage war.
Im Saale nahm trotz der vorgerückten Abendstunde Herr von Cypierre, des Herzogs von Orleans Hofmeister, der ja auch Stadtkommandant war, eine Kaminecke mit den beiden Gondis ein. Der Kardinal von Tournon, welcher sich bei dieser Krise für der Königin-Mutter Interessen einsetzte, da er sich vom Kardinal von Lothringen wie ein Untergebener behandelt fühlte, dem er doch vom kirchlichen Standpunkte aus durchaus gleichgestellt war, plauderte leise mit den Gondis. Die Marschalle von Vieilleville und Saint-André

und der Großsiegelverwahrer, der den Ständen vorsaß, unterhielten sich mit leiser Stimme über die Gefahren, denen die Guisen ausgesetzt waren. Der Reichsverweser durchquerte den Saal, den er mit einem schnellen Blicke überflog und begrüßte den Herzog von Orleans, welchen er dort erblickte.

„Gnädiger Herr," sagte er, „jetzt könnt Ihr die Menschen kennenlernen: der katholische Adel des Königreichs weilt bei einem ketzerischen Fürsten, da er annimmt, daß die Stände den Erben des Verräters, der Euren erlauchten Großvater solange im Kerker zurückhalten ließ, die Regentschaft zusprechen werden!"

Diese Worte sollten einen tiefen Eindruck in des Prinzen Herzen hinterlassen. — Dann ging er in das Gemach, wo der junge König lag. Der war mehr in dumpfe Schlaffheit versunken, als daß er schlief. Gewöhnlich wußte der Herzog von Guise den finstern Anblick seines benarbten Antlitzes unter einer sehr liebenswürdigen Miene zu verbergen; in diesem Momente aber, als er das Werkzeug seiner Macht zerbrechen sah, besaß er nicht die Kraft zu lächeln. Der Kardinal, welcher ebensoviel Zivilistenmut als sein Bruder Soldatenmut besaß, tat zwei Schritte und kam dem Reichsverweser entgegen.

„Robertet glaubt, der kleine Pinard sei von der Königin-Mutter gekauft worden," flüsterte er ihm ins Ohr, indem er ihn in den Saal führte, „man hat sich seiner bedient, um die Ständemitglieder zu bearbeiten."

„Ach, was macht's, daß wir von einem Schreiber verraten werden, wenn uns alles verrät!" schrie der Reichsverweser. „Die Stadt ist für die Reformation, und wir stehen am Vorabend einer Revolte. Ja, die Wespentiere sind mißvergnügt," fuhr er, den Leuten von Orleans ihren Spitznamen gebend, fort, „und wenn Paré nicht den König rettet, werden wir einen schrecklichen Aufstand erleben. Vor kurzem noch hätten wir Orleans belagern können, das ein hugenottisches Krötenloch ist."

„Seit einem Augenblick", entgegnete der Kardinal, „beobachte ich die Italienerin, die da in tiefer Gefühllosigkeit verharrt; sie belauert ihres Sohnes Tod. Gott verzeihe ihr! Und ich frage mich, ob wir nicht besser täten, sie wie den König von Navarra zu verhaften."

„Es ist schon zu viel, daß wir den Prinzen von Condé im Gefängnis sitzen haben", antwortete der Herzog.

Der Lärm eines mit verhängten Zügeln herbeisprengenden Reiters hallte vor dem Tore der Ballei wieder. Die beiden lothringischen Fürsten traten ans Fenster und beim Scheine der immer unter dem Torgange brennenden Fackeln des Türhüters und der Wache erkannte der Herzog am Hute jenes berühmte lothringische Kreuz, welches der Kardinal seine Parteigänger gerade zu tragen geheißen hatte. Er schickte einen der Arkebusiere, die im Vorzimmer standen, hinaus, um dem Ankömmling sagen zu lassen, daß er eintreten solle; gefolgt von seinem Bruder ging er ihm selber bis auf den Treppenabsatz entgegen.

„Was gibt's, mein lieber Simeuse?" fragte der Herzog in der liebenswürdigen Art, die er Kriegsleuten gegenüber entfaltete, als er den Kommandanten von Gien sah.

„Der Kronfeldherr reitet in Pithiviers ein; er hat

Ecouen mit fünfzehnhundert Meldereitern und hundert Edelleuten verlassen..."

„Sind sie in Begleitung?" fragte der Herzog.

„Ja, gnädiger Herr," antwortete Simeuse, „alles in allem sinds ihrer zweitausendsechshundert. Wie einige sagen, bildet Thoré mit einem Streifkorps Infanterie den Nachtrab. Wenn der Konnetabel sich aufhält, um seinen Sohn zu erwarten, habt Ihr Zeit, ihn abzutun."

„Weiter wißt Ihr nichts? Sind die Gründe dieses Zu-den-Waffen-Greifens bekannt? Anne spricht ebensowenig, als er schreibt. Geht ihm entgegen, mein Bruder, während ich ihn mit seines Neffen Kopf begrüßen will", sagte der Kardinal, der den Befehl erteilte, Robertet zu holen.

„Vieilleville," rief der Herzog dem herankommenden Marschall entgegen, „der Kronfeldherr besitzt den Mut, sich in Waffen zu zeigen; steht Ihr mir dafür ein, daß Ihr die Stadt in Schach haltet, wenn ich ihm entgegenziehe?"

„Sobald Ihr hinausgeht, werden die Bürger zu den Waffen greifen. Und wer kann wissen, wie eine Affäre zwischen Rittern und Bürgern in diesen engen Straßen ausläuft?" antwortete der Marschall.

„Gnädiger Herr," sagte Robertet, der die Treppe heraufgestürzt kam, „der Kanzler steht vor den Toren, soll man ihm aufmachen?"

„Öffnet", antwortete der Kardinal von Lothringen. „Konnetabel und Kanzler zusammen würden zu gefährlich sein, man muß sie trennen. Bei L'Hôpitals Wahl für dies Amt sind wir böse von der Königin-Mutter genasführt worden."

Mit dem Kopfe gab Robertet einem Hauptmann, der unten an der Treppe auf eine Antwort wartete, ein Zeichen. Und dann wandte er sich schnell um, des Kardinals Befehlen harrend.

„Ich nehme mir die Freiheit, gnädiger Herr," sagte er, noch eine Anstrengung machend, „Euch vorzustellen, daß das Urteil vom Könige und seinem Rat gebilligt werden muß. Wenn Ihr für einen Prinzen von Geblüt das Gesetz verletzt, wird man es weder einem Kardinal noch einem Herzog von Guise gegenüber respektieren."

„Pinard hat dich verwirrt, Robertet", sagte der Kardinal streng. „Weißt du nicht, daß der König das Urteil unterfertigte am Tage, wo er aus der Stadt zog, um es uns vollstrecken zu lassen?"

„Obwohl Ihr mir schier meinen Kopf abverlangt, indem Ihr mich mit diesem Dienste betraut, der übrigens von dem Profoß der Stadt vollzogen werden wird, will ich es tun, gnädiger Herr."

Der Großmeister hörte dies Gespräch an, ohne mit der Wimper zu zucken; aber er ergriff seinen Bruder beim Arme und führte ihn in eine Ecke des Saales.

„Gewiß", sagte er zu ihm, „haben Karls des Großen Erben das Recht, eine Krone wieder an sich zu reißen, die ihrem Hause von Hugo Capet abgenommen wurde; aber können sie es? Die Frucht ist noch nicht reif. Unser Neffe stirbt und der ganze Hof harrt beim Könige von Navarra."

„Des Königs Herz ist schwach geworden. Wäre es anders, hätte der Bearnaise den Daggert zwischen den Rippen," entgegnete der Kardinal, „und mit all den Kindern würden wir leichtes Spiel haben."

„Der Platz hier ist nicht günstig für uns", sagte der Herzog. „Der Aufstand der Stadt würde von den Ständen unterstützt werden. L'Hôpital, den wir

so sehr beschützten und dessen Ernennung sich die
Königin Katharina so lebhaft widersetzte, ist heute
gegen uns; und wir bedürfen der Justiz. Die Königin-Mutter hat heute zu viele Leute hinter sich,
als daß wir sie nach Hause schicken könnten...
Überdies noch drei Prinzen!"
"Sie ist nicht mehr Mutter, nur mehr Königin",
sagte der Kardinal; "meines Ermessens wäre jetzt
der rechte Augenblick, um einmal mit ihr Schluß
zu machen. Energie und nochmals Energie: das ist
mein Rezept."
Nach diesem Wort ging der Kardinal in des Königs
Gemach zurück. Der Herzog folgte. Der Priester
trat auf Katharina zu.
"In La Sagnes Papieren, der des Prinzen von Condé
Sekretär ist, hat man Euch einsehen lassen; Ihr
wißt, daß die Bourbonen Eure Kinder entthronen
wollen?" sagte er zu ihr.
"All das weiß ich", entgegnete die Italienerin.
"Nun denn, wollt Ihr den König von Navarra verhaften lassen?"
"Es gibt ja einen Reichsverweser", erwiderte sie.
In diesem Augenblick beklagte Franz der Zweite
sich über heftige Ohrenschmerzen. In jämmer-
lichem Tone hub er zu greinen an. Der Arzt verließ den Kamin, an dem er sich wärmte, und untersuchte den Zustand des Kopfes.
"Nun, Herr?" fragte der Großmeister, sich an den
Leibarzt wendend.
"Ich wage es auf mich zu nehmen, einen Breium-
schlag anzuwenden, um die Säfte anzuziehen.
Meister Ambrosius hat versprochen, den König
durch eine Operation zu retten, ich würde dagegen
sein."

„Verschieben wir das auf morgen," sagte Katharina kalt, „und alle Ärzte sollen dabei sein. Ihr wißt ja zu welchen Verleumdungen der Fürsten Tod Anlaß gibt."

Sie küßte ihrem Sohn die Hände und zog sich zurück.

„Mit welcher Seelenruhe diese kecke Kaufmannstochter von des Dauphins Tode spricht. Von Montecuculi, einem Florentiner ihres Gefolges, ward er vergiftet!" rief die Königin Maria.

„Maria," schrie der kleine König, „mein Großvater hat ihre Unschuld niemals angezweifelt..."

„Kann man es verhindern, daß dies Weib morgen kommt?" fragte die Königin ihre Oheime mit leiser Stimme.

„Was wird aus uns, wenn der König sterben sollte?" antwortete der Kardinal, „Katharina würde uns alle in sein Grab sinken lassen."

So ward in dieser Nacht zwischen Katharina von Medici und dem Hause Lothringen klar und deutlich die Frage gestellt. Des Kanzlers und des Konnetabels Ankunft deuteten auf eine Revolte hin. Am Morgen des folgenden Tages mußte es sich also entscheiden.

Am kommenden Morgen erschien die Königin-Mutter als erste. In ihres Sohnes Gemach traf sie nur die Königin Maria Stuart an; bleich war die und übermüdet, sie hatte betend die Nacht am Bette zugebracht. Die Herzogin von Guise hatte der Königin Gesellschaft geleistet, und die Hofdamen hatten sich wieder eingefunden. Der junge König schlief. Weder der Herzog noch der Kardinal waren bislang erschienen. Der Priester, kühner als der Soldat, hatte, hieß es, in der vergangenen Nacht alle seine Energie entfaltet, ohne den Herzog jedoch soweit zu bringen, daß er sich zum König machte. Angesichts der versammelten Generalstände und der drohenden Schlacht, die er dem Kronfeldherrn von Montmorency liefern mußte, fand der Balafré die Umstände nicht günstig. Er weigerte sich, den König von Navarra, die Königin-Mutter, den Kanzler, den Kardinal von Tournon, die Gondis, Ruggieri und Birago festzunehmen, indem er auf den Aufstand hinwies, der solchen Gewaltmaßnahmen folgen würde. Seines Bruders Pläne machte er von Franz des Zweiten Leben abhängig.

Tiefstes Schweigen herrschte im Königsgemach. In Begleitung von Frau von Fiesco trat Katharina an den Rand des Bettes und betrachtete ihren Sohn mit wunderbar gespielter Schmerzensmiene. Sie hielt ihr Taschentuch vor die Augen und setzte sich in die Fensternische, wohin Frau von Fiesco ihr einen Sessel rückte. Von dort aus irrten ihre Augen über den Hof.

Zwischen Katharina und dem Kardinal von Tournon war abgemacht worden, daß der Kardinal, wenn der Konnetabel glücklich in die Stadt eindränge, in Begleitung der beiden Gondis kommen sollte. Falls ein Unglück geschähe, sollte er allein erscheinen. Um neun Uhr morgens kamen die beiden lothringischen Fürsten in Begleitung ihrer Edelleute, die im Wohngemach zurückblieben, zum König herauf. Der diensttuende Hauptmann hatte ihnen gemeldet, daß Ambrosius Paré eben mit Chapelain und drei anderen, von Katharina bearbeiteten Ärzten angelangt sei; die alle haßten Ambrosius.

In wenigen Augenblicken bot der große Balleisaal den nämlichen Anblick wie der Wachensaal zu Blois am Tage, wo der Herzog von Guise zum Reichsverweser ernannt und Christoph auf die Folter gespannt ward, mit dem Unterschied freilich, daß damals Liebe und Freude das Königsgemach erfüllten, daß die Guisen triumphierten, während heute dort Trauer und Tod herrschten und die Lothringer die Macht ihren Händen entgleiten fühlten.

Die Hoffräulein beider Königinnen befanden sich in zwei Lagern je in einer Ecke des Kamins, in welchem ein tüchtiges Feuer brannte. Der Saal war mit Höflingen angefüllt. Die Kunde hatte sich verbreitet — durch wen weiß man nicht —, daß Ambrosius eine kühne Operation vornehmen wolle, um dem König das Leben zu retten, und diese Neuigkeit hatte alle Edelleute herbeigelockt, die das Recht besaßen, bei Hof zu erscheinen. Die äußere Balleitreppe und der Hof standen voller unruhiger Gruppen. Das gegenüber dem Rekollektenkloster für den Prinzen von Condé errichtete Blutgerüst setzte den ganzen Adel in Erstaunen. Man plauderte mit leiser Stimme und die Gespräche zeigten wie in Blois den nämlichen Mischmasch von ernsthaften und frivolen, von leichtfertigen und tiefen Dingen. Man hub an, sich an die Wirren, an jähe Revolutionen, das Zu-den-Waffen-Greifen, an Rebellion und die plötzlichen großen Ereignisse zu gewöhnen, die sich wie ein roter Faden durch die lange Periode hinzogen, in welcher trotz aller Anstrengungen der Königin Katharina das Haus Valois erlosch.

Ein tiefes Schweigen herrschte bis zu einer gewissen Entfernung des königlichen Gemaches um die Tür herum, die von zwei Hellebardenträgern, zwei Pagen und dem Hauptmanne der Schottländergarde bewacht wurde. Anton von Bourbon, der in seinem Hotel gefangen gehalten ward, hörte dort, als er sich allein sah, von den Hoffnungen des Hofes und wurde durch die Nachricht von den in der Nacht für seines Bruders Hinrichtung getroffenen Anstalten schwer niedergedrückt.

Vor dem Kamin der Ballei stand eine der schönsten und größten Männergestalten jener Zeit: der Kanzler de L'Hôpital in seinem roten hermelinverbrämten Talare. Dem Privilegium seines Amtes gemäß war sein Haupt mit der mörserförmigen Mütze bedeckt. Als er in seinen Wohltätern Aufrührer sah, hatte der mutige Mann die Interessen seiner Könige, die von der Königin-Mutter repräsentiert wurden, zu seinen eigenen gemacht. Auf die Gefahr hin, um seinen Kopf zu kommen, war er nach Ecouen gegangen, um sich mit dem Kronfeldherrn zu beraten. Niemand wagte ihn in dem Nachdenken, in das er versunken war, zu stören. Robertet, der Staatssekretär, zwei Marschalle von Frankreich, Vieilleville und Saint-André, und der Großsiegelverwahrer bildeten vor dem Kanzler eine Gruppe. Die Höflinge lachten nicht gerade, führten aber immerhin boshafte Redensarten im Munde, und besonders die, welche nicht zu den Guisen hielten.

Endlich hatte der Kardinal den Schotten Stuart, des Präsidenten von Minard Mörder, erwischt und ließ ihm gerade in Tours den Prozeß machen. Ebenfalls hatte er in den Schlössern von Blois und

Tours eine ziemlich stattliche Anzahl von Edelleuten, die sich kompromittiert hatten, festgesetzt, um dem Adel einen gewissen Schrecken einzujagen; doch der ließ sich durch nichts einschüchtern und fand in der Reformation einen Rückhalt für seine Vorliebe zu Revolten, welche durch das Gefühl seiner ursprünglichen Gleichheit mit dem Könige bedingt wurde.

Die Gefangenen in Blois nun hatten Mittel und Wege zur Flucht gefunden, und ein merkwürdiges Verhängnis wollte, daß die Gefangenen von Tours die von Blois nachahmten.

„Gnädige Frau," sagte der Kardinal von Châtillon zu Frau von Fiesco, „wenn sich irgendwer für die Gefangenen von Tours interessiert: sie schweben in einer großen Gefahr."

Als der Kanzler diese Phrase hörte, wandte er den Kopf einer Gruppe von der Königin-Mutter Hoffräulein zu.

„Ja, der junge Desvaux, des Prinzen von Condé Junker, den man in Tours zurückhielt, fügte seiner Flucht einen bittren Spott hinzu. Er hat, heißt es, den Herren von Guise folgendes Wörtchen geschrieben:

‚Wir haben von dem Entweichen Eurer Gefangenen in Blois gehört, das hat uns so verdrossen, daß wir ihnen flugs nachgejagt sind. Haben wir sie erst gepackt, bringen wir sie Euch zurück."

Obwohl ihm der Spaß gefiel, blickte der Kanzler Herrn von Châtillon mit strenger Miene an. In diesem Moment erhoben sich in des Königs Gemach Stimmen. Robertet und der Kanzler, desgleichen die beiden Marschalle traten näher zusammen, handelte es sich doch nicht nur für den

König um Leben und Tod; der ganze Hof wußte, welche Gefahr der Kanzler, Katharina und ihre Anhänger liefen. Das Schweigen, das nun entstand, war denn auch tief.

Ambrosius hatte den König untersucht, der Augenblick schien ihm günstig für seine Operation; wenn sie jetzt nicht sofort vorgenommen wurde, konnte Franz der Zweite von Minute zu Minute sterben. Sobald die Herren von Guise hereingekommen waren, hatte er die Ursachen von des Königs Krankheit auseinandergesetzt, hatte bewiesen, daß er äußersten Falls trepanieren müsse, und erwartete den Befehl der Ärzte.

„Meines Sohnes Kopf wie ein Brett durchbohren und das mit diesem furchtbaren Instrumente!" schrie Katharina von Medici, „Meister Ambrosius, das werde ich nie und nimmer zugeben."

Die Ärzte berieten untereinander; Katharinas Worte aber wurden so laut geäußert, daß sie, ihrer Absicht entsprechend, auch vor der Türe gehört wurden.

„Aber, Madame, wenn es nur mehr dies einzige Rettungsmittel gibt?" sagte Maria Stuart weinend.

„Ambrosius," schrie Katharina, „denkt daran, daß Ihr mir mit Eurem für des Königs Kopf haftet!"

„Wir widersetzen uns dem Mittel, das Meister Ambrosius zum Vorschlag bringt", sagten die drei Ärzte. „Man kann den König retten, indem man in des Königs Ohr ein Heilmittel träufelt, das die schlechten Säfte durch den natürlichen Kanal hinausbefördert."

Der Großmeister, der Katharinas Gesicht studiert hatte, ging plötzlich zu ihr und führte sie in die Fensternische.

„Madame," sagte er zu ihr, „Ihr wollt Eures Kindes Tod, Ihr stimmt mit unseren Feinden überein und das seit Blois. Heute morgen hat der Rat Viole dem Sohne Eures Kürschners gesagt, daß dem Prinzen von Condé der Kopf heruntergehauen würde. Der junge Mann, der während seiner peinlichen Frage jede Verbindung mit dem Prinzen von Condé abgeleugnet hatte, hat ihm ein Lebewohlzeichen zugewinkt, als er vor seinem Gefängnisfenster vorüberging. Mit königlicher Gefühllosigkeit habt Ihr Eurem unglücklichen Mitwisser bei der peinlichen Frage ins Auge geschaut. Heute wollt Ihr Euch der Errettung Eures ältesten Sohnes widersetzen. Ihr macht uns glauben, daß des Dauphins Tod, dem der verstorbene König die Krone aufs Haupt setzte, kein natürlicher gewesen ist und daß Montecuculi Euer …"

„Herr Kanzler", schrie Katharina, auf deren Zeichen hin Frau von Fiesco beide Flügel der Türe aufriß. Die Anwesenden sahen nun das Schauspiel im Königsgemach: der kleine König lag fahl da, sein Gesicht war erloschen, die Augen glanzlos, aber er lallte das Wort Maria und hielt der weinenden jungen Königin Hand. Erschrocken über Katharinas Kühnheit war die Herzogin von Guise aufgesprungen. Die beiden lothringischen Prinzen, in gleicher Weise beunruhigt, standen zu Seiten der Königin-Mutter und waren entschlossen, sie von Maillé-Brézé verhaften zu lassen. Der große Ambrosius Paré endlich, dem des Königs Arzt Beistand leistete, hielt seine Instrumente in der Hand und wagte nicht, seine Operation vorzunehmen, für die eine unumschränkte Ruhe ebenso notwendig war wie die Zubilligung der Ärzte.

„Herr Kanzler," sagte Katharina, „die Herren von Guise wollen eigenmächtig an des Königs Person eine seltsame Operation vornehmen lassen. Ambrosius bietet sich an, ihm den Kopf zu durchbohren. Ich als Mutter wie als Teilnehmerin des Regentschaftsrates protestiere gegen das, was mir ein Majestätsverbrechen zu sein scheint. Die drei Ärzte sind für eine Einspritzung, die meines Dafürhaltens auch genügt und minder gefährlich ist als das wüste Vorgehen des Ambrosius."

Auf diese Worte hin erhob sich ein finsterer Lärm. Der Kardinal ließ den Kanzler eintreten und schloß die Tür.

„Ich aber bin Reichsverweser," sagte der Herzog von Guise, „und Ihr werdet wissen, Herr Kanzler, daß Ambrosius, des Königs Chirurg, uns für dessen Leben haftet."

„Ach, die Dinge stehen so," rief der große Ambrosius Paré, „nun gut, jetzt weiß ich, was ich zu tun habe."

Er reckte die Hand über das Bett.

„Dies Lager und der König gehören mir", fuhr er fort. „Ich werfe mich zum einzigen und einzig verantwortlichen Herren auf, ich kenne die Pflichten meines Amtes und werde den König ohne der Ärzte Geheiß operieren..."

„Rettet ihn," flüsterte der Kardinal, „Frankreichs reichster Mann sollt Ihr dann werden!"

„Fangt doch an", sagte Maria Stuart, Ambrosius' Hand drückend.

„Verhindern kann ich nichts," erklärte der Kanzler, „ich konstatiere aber den Protest der Frau Königin-Mutter."

„Robertet!" rief der Herzog.

Als Robertet eingetreten war, zeigte der Reichsverweser auf den Kanzler.

„Ihr seid Kanzler von Frankreich an Stelle dieses Verräters", sagte er zu ihm. „Herr von Maillé, führt Herrn von L'Hôpital in des Prinzen von Condé Gefängnis. — Was Euch anlangt, Madame," sagte er zu Katharina, „Euer Protest wird nicht angenommen. Ihr könntet doch daran denken, daß ein solcher Akt eine hinreichende Macht hinter sich stehen haben müßte. Ich handle als treuer Untertan und loyaler Diener des Königs Franz des Zweiten, meines Herrn... Beginnt, Ambrosius", fügte er, den Chirurgen anblickend, hinzu.

„Herr von Guise," sagte L'Hôpital, „wenn Ihr, sei es dem Könige, sei es Frankreichs Kanzler gegenüber Gewalt gebraucht, so denkt daran, daß es in diesem Saale genug französische Adlige gibt, um Verräter zu verhaften!"

„O, meine gnädigen Herren," schrie der große Chirurg, „wenn Ihr Euch so weiter streitet, könnt Ihr bald rufen: Es lebe der König Karl der Neunte! denn der König wird sterben."

Kaltblütig schaute Katharina aus dem Fenster.

„Wenden wir also Gewalt an, um die Herren in des Königs Zimmer zu sein", sagte der Kardinal, der die Türe schließen wollte.

Aber er prallte erschreckt zurück, denn die Ballei lag völlig vereinsamt da. Der Hof hielt des Königs Tod für gewiß und war zu Anton von Navarra gelaufen.

„Nun denn, so beginnt doch", rief Maria Stuart Ambrosius zu. „Ich und Ihr, Herzogin," sagte sie zu Frau von Guise, „wir werden ihn schützen."

„Gnädige Frau," sagte Ambrosius, „mein Eifer hat

mich fortgerissen; außer meinem Freunde Chapelain sind alle Ärzte für eine Einspritzung. Ihnen schulde ich Gehorsam. Er würde gerettet sein, wenn ich Leibarzt und Leibchirurg gewesen wäre. Gebt her, meine Herren", sagte er, eine kleine Spritze aus des Leibarzts Händen nehmend und sie füllend.

„Mein Gott!" rief Maria Stuart, „ich befehle Euch..."

„Ach, Madame," erklärte Ambrosius, „von den Herren hier bin ich abhängig."

Die junge Königin stellte sich mit der Großmeisterin zwischen den Chirurgen, die Ärzte und die anderen Personen. Der Leibarzt hielt des Königs Kopf und Ambrosius machte die Einspritzung ins Ohr. Die beiden lothringischen Fürsten sahen voller Spannung zu. Robertet und Herr von Maillé verharrten unbeweglich. Ohne gesehen zu werden, verließ Frau von Fiesco auf ein Zeichen Katharinas hin den Raum. In diesem Augenblick öffnete L'Hôpital kühn die Tür von des Königs Gemach.

„Ich komme gerade zur rechten Zeit", sagte ein Mann, dessen hastige Schritte im Saale widerhallten; in einem Momente stand er auf der Schwelle des Königszimmers. „Ah, meine Herren, Ihr wollt meinem schönen Neffen, dem Prinzen von Condé, seinen Kopf vor die Füße werfen?... Da habt Ihr aber den Löwen aus seiner Höhle hervorgelockt, und er ist hier!" fügte der Konnetabel von Montmorency hinzu. — „Mit Euren Instrumenten sollt Ihr meines Königs Kopf nicht durchstöbern, Ambrosius. Nur von ihrer Feinde Eisen, in der Schlacht, lassen sich Frankreichs Könige so berühren. Der erste Prinz von Geblüt, Anton von Navarra, der Prinz von Condé, die Königin-Mutter, der Kronfeldherr und der Kanzler widersetzen sich solcher Operation."

Zu Katharinas größter Genugtuung zeigten sich der König von Navarra und der Prinz von Condé alsogleich.

„Was soll das bedeuten?" fragte der Herzog von Guise, seine Hand an den Daggert legend.

„In meiner Eigenschaft als Kronfeldherr habe ich die Wachen aller Posten fortgeschickt. Gottsdonner, wir sind hier nicht in Feindesland, meine ich. Der König, unser Herr, ist inmitten seiner Untertanen, und die Reichsstände müssen in aller Freiheit beraten können. Ich komme aus der Ständeversammlung meine Herren! Hab meines Neffen Condé Protest abgegeben, ihn aber haben dreihundert Edelleute befreit. Ihr wollt königliches Blut fließen lassen und des Reiches Adel dezimieren. Ach, fortan mißtraue ich allem, was Ihr beabsichtigt, meine Herren von Lothringen! Wenn Ihr befehlt, des Königs Haupt zu öffnen, bei diesem Degen, welcher Frankreich vor Karl dem Fünften unter seinem Großvater gerettet hat, es wird nicht geschehen..."

„Um so mehr," sagte Ambrosius Paré, „als jetzt alles zwecklos ist, die Auflösung beginnt."

„Eure Herrschaft ist zu Ende, meine Herren", sagte Katharina zu den Lothringern, als sie an Ambrosius Miene sah, daß er keine Hoffnung mehr hegte.

„Ach, gnädige Frau, Ihr habt Euern Sohn getötet", schrie Maria Stuart ihr zu, die wie eine Löwin vom Bette an das Fenster stürzte. Sie packte die

Florentinerin beim Arm und drückte ihn mit aller Gewalt.

„Mein Liebchen", antwortete Katharina Maria Stuart mit einem feinen und kalten Blicke, der ihrem seit sechs Monden aufgespeicherten Hasse freien Lauf ließ, messend, „Ihr mit Eurer hitzigen Liebe seid an diesem Tode schuld. Ihr werdet jetzt in Eurem Schottland regieren und morgen dahin aufbrechen. Jetzt erkennt in mir die Regentin."

Die drei Ärzte hatten der Königin-Mutter ein Zeichen gegeben.

„Meine Herren," sagte diese die Guisen anblickend, „zwischen Herrn von Bourbon, der von den Ständen zum Reichsverweser ernannt ward, und mir ist abgemacht worden, daß die Leitung der Angelegenheiten uns angeht. Kommt, Herr Kanzler."

„Der König ist tot", sagte der Großmeister, der notgedrungen den Pflichten seines Amtes nachkommen mußte.

„Es lebe der König Karl der Neunte!" schrien die Edelleute. Sie waren mit dem Konnetabel, dem König von Navarra und dem Prinzen von Condé zurückgekehrt.

Die Zeremonien, die bei eines französischen Königs Ableben vor sich gehen, fanden in der Einsamkeit statt. Als der Wappenherold nach des Herzogs von Guise offizieller Meldung dreimal in den Saal rief: ‚Der König ist tot!' waren dort nur wenige Leute anwesend, die da schrien: ‚Es lebe der König!'

Die Gräfin von Fiesco hatte den Herzog von Orleans herbeigeführt, der vor einigen Augenblicken Karl der Neunte geworden war; Katharina ging hinaus, ihren Sohn an der Hand haltend; der ganze Hof folgte ihr. Zurück blieben nur die beiden Lothringer, die Herzogin von Guise, Maria Stuart und Dayelle in dem Gemache, wo Franz der Zweite seinen letzten Seufzer tat; vor der Türe harrten zwei Wächter, die Pagen des Großmeisters, des Kardinals und ihre Privatsekretäre.

„Es lebe Frankreich!" schrien einige Reformierte, und ließen damit den ersten Oppositionsruf ertönen. Alles, was dem Kardinal und dem Herzoge zu Dank verpflichtet gewesen, verband sich, im Schrecken über ihre Pläne und verfehlten Unternehmungen, mit der Königin-Mutter, der die Gesandten Spaniens, Englands, des deutschen Kaiserreichs und Polens unter des Kardinals von Tournon Führung auf der Treppe entgegenschritten. Er hatte sie benachrichtigt, nachdem er sich Katharinen im Hofe in dem Momente gezeigt hatte, als sie gegen Ambrosius Parés Operation protestierte.

„Nun gut, Ludwigs des Seefahrers Söhne, Karls von Lothringen Erben, haben des Muts ermangelt", sagte der Kardinal zum Herzog.

„Man würde sie nach Lothringen zurückgeschickt haben", antwortete der Herzog... „Ich erkläre Euch feierlich, Karl, wenn die Krone da läge, ich würde nicht die Hand ausstrecken, um sie aufzuheben. Das soll meines Sohnes Sache sein."

„Wird er jemals wie Ihr Heer und Kirche für sich haben?"

„Etwas Besseres wird er sein Eigen nennen."

„Und was?"

„Das Volk!"

„Und nur ich weine um dies arme Kind, das mich so sehr liebte!" rief Maria Stuart, ihres ersten entschlafenen Gatten kalte Hand haltend.

„Wie soll man nun wieder anknüpfen mit der Königin?" fragte der Kardinal.

„Wartet, bis sie sich mit den Hugenotten entzweit", antwortete die Herzogin.

Die Interessen des Hauses von Bourbon, Katharinas, der Guisen und der reformierten Partei riefen eine solche Verwirrung in Orleans hervor, daß des Königs Leiche — vollkommen vergessen hatte sie in der Ballei gelegen und war von niedrigen Dienern in einen Sarg gebettet worden — drei Tage später auf einer offenen Karre, nur vom Bischof von Senlis und zwei Edelleuten begleitet, nach Saint-Denis abreiste. Als dieser traurige Zug in der kleinen Stadt Étampes anlangte, heftete einer der Diener des Kanzlers von L'Hôpital folgende, von der Historie überlieferte, schreckliche Inschrift an den Karren: „Tanneguy du Chastel, wo bist du? Aber du warst ja ein Franzose!" Ein blutiger Vorwurf, der auf Katharina, Maria Stuart und auf die Lothringer fiel. Welcher Franzose weiß nicht, daß Tanneguy du Chastel dreißigtausend Taler seinerzeit, das sind eine Million heutiger Währung, für das Leichenbegängnis Karls des Siebenten verausgabte, welcher der Wohltäter seines Hauses gewesen war.

Sobald der Glockenpuls Orleans verkündigte, daß Franz der Zweite tot sei, und sobald der Konnetabel von Montmorency die Stadttore öffnen ließ, eilte Tourillon auf seinen Speicher und suchte ein Versteck auf.

„Nun, sollte er tot sein?" rief der Handschuhmacher.

Dies Wort hörend, stand ein Mann auf und antwortete: „Dienstbereit!" Das Losungswort der mit Calvin verknüpften Reformierten.

Dieser Mann war Chaudieu, dem Tourillon die Ereignisse der letzten acht Tage erzählte, währendwelcher er den Prediger mit einem Zwölf-Pfundbrot als einzige Nahrung in seinem Versteck allein gelassen hatte.

„Lauf zu dem Prinzen von Condé, Bruder, und bitte ihn um einen Geleitsbrief für mich. Such auch ein Pferd," schrie der Prediger, „ich muß im Augenblick aufbrechen."

„Schreibt ihm ein Wort, damit ich empfangen werde."

„Halt," sagte Chaudieu, nachdem er einige Zeilen geschrieben hatte, „verlang einen Paß vom Könige von Navarra, denn unter den augenblicklichen Verhältnissen muß ich nach Genf eilen."

In zwei Stunden war alles bereit und der glühende Prediger auf dem Wege in die Schweiz. Ein Edelmann des Königs von Navarra begleitete ihn. Der übermittelte Instruktionen an die Reformierten der Dauphiné, und Chaudieu sollte für seinen Sekretär gelten. Chaudieus hastige Abreise wurde sogleich in Katharinas Interesse gutgeheißen, die, um Zeit zu gewinnen, einen kühnen Vorschlag machte, über den man tiefstes Schweigen wahrte. Dies ungewöhnliche Vorgehen erklärt die so plötzliche Übereinstimmung zwischen ihr und den Häuptern der reformierten Partei. Um ihre Aufrichtigkeit zu dokumentieren, hatte das listige Weib ein gewisses Verlangen geäußert, die Verschiedenheiten der beiden Kirchen in einer Versammlung auszugleichen, die weder eine Synode, noch ein Conseil, noch ein Konzil sein konnte, und für die man einen neuen Namen, vor allem aber Calvins Zustimmung finden mußte. Als dies Geheimnis ans

Tageslicht kam, veranlaßte es, nebenbei bemerkt, das Bündnis zwischen den Guisen und dem Konnetabel von Montmorency gegen Katharina und den König von Navarra. Eine bizarre Allianz, die in der Geschichte unter dem Namen Triumvirat bekannt ist, weil der Marschall von Saint-André der dritte Mann dieser rein katholischen Koalition ward, welche dieser seltsame Kolloquiumsvorschlag heraufbeschwor.

Katharinas tiefe Politik ward damals von den Guisen richtig beurteilt. Sie verstanden, daß die Königin sich sehr wenig um diese Versammlung kümmern würde. Sie wollte ihren Verbündeten gegenüber bis zu Karls des Neunten Majorität Zeit gewinnen. Auch sie täuschten den Kronfeldherrn, indem sie ihn an eine Interessengemeinschaft zwischen den Bourbonen und Katharina glauben machten, während Katharina sie alle nasführte. Wie man sieht, war die Königin binnen kurzer Zeit überaus mächtig geworden. Der damals vorherrschende Diskussions- und Disputiergeist begünstigte diesen Versammlungsvorschlag außerordentlich. Katholiken und Reformierte mußten alle, die einen wie die anderen, bei diesem Wortturnier glänzen. Und eben gerade das traf ein. Ist es nicht ganz sonderbar, daß die Historiker die geschicktesten Schachzüge der Königin für Unsicherheit gehalten haben? Niemals ging Katharina direkter auf ihr Ziel los, als wenn sie sich solcher Mittel bediente, womit sie sich scheinbar von ihm entfernte. Der König von Navarra war nicht fähig, Katharinas Gründe zu durchschauen und schickte eilends Chaudieu zu Calvin. Ersterer hatte es sich im stillen vorgenommen, die Ereignisse in Orleans zu beobachten, obwohl er stündlich festgenommen, und wie jeder, der unter dem Blitzstrahl eines Verbannungsbefehls steht, ohne Prozeß aufgeknüpft werden konnte. Nach der Art und Weise gerechnet, wie man damals Reisen machte, konnte Chaudieu nicht vor dem Februarmonde zu Genf anlangen. Die Verhandlungen durften frühestens im März beendigt sein und die Versammlung tatsächlich erst gegen Beginn des Maimonats 1561 stattfinden. Katharina rechnete damit, Hof und Parteien mit des Königs Salbung und seinem ersten großen Gerichtstag im Parlamente zu unterhalten, wo L'Hôpital und Thou dann die Erklärung in die Register eintragen sollten, worin Karl der Neunte im Einverständnis mit dem Reichsverweser, Anton von Navarra, dem schwächsten Fürsten jener Zeit, des Reichs Verwaltung seiner Mutter anvertraute.

Ist es nicht eines der seltsamsten Schauspiele, daß ein ganzes Königreich von dem Ja oder Nein eines französischen Bürgers in der Schwebe gehalten ward, der lange Zeit über gänzlich unbekannt war und damals in Genf hauste? Der Papst jenseits der Alpen wurde von dem Genfer Papste in Schach gehalten! Jene beiden, unlängst noch so mächtigen lothringischen Fürsten wurden durch das momentane Einverständnis zwischen dem ersten Prinzen von Geblüt, der Königin-Mutter und Calvin paralysiert. Ist es nicht eine der furchtbarsten Lehren, die den Königen von der Geschichte erteilt wird, eine Lehre, die sie dazu bringt, sich mit dem Genie zusammenzutun und es, wie Ludwig der Vierzehnte es verstand, überall zu finden, wo Gott es aussät. Calvin, der nicht Calvin, sondern Cauvin hieß, war ein Böttchersohn aus Noyon in der Picardie. Aus seiner Heimat Charakter läßt sich bis zu einem gewissen Punkte sein mit bizarrer Lebhaftigkeit vermischter Starrsinn erklären, der diesen Schiedsrichter der Lose Frankreichs im sechzehnten Jahrhundert charakterisierte. Niemand ist weniger bekannt als dieser Mann, der Genf und den Geist dieses Gemeinwesens erzeugte. Jean-Jacques Rousseau, der wenig historische Kenntnisse besaß, hat nichts von dem Einflusse dieses Mannes auf seine Republik gewußt. Und anfangs hatte Calvin, der in einem der bescheidensten Häuser im hochgelegenen Genf bei der Sankt Peterskirche über einem Tischler wohnte – das ist eine erste Ähnlichkeit mit Robespierre – keine sehr große Autorität in Genf. Voller Haß ward seine Macht lange Zeit über von den Genfern eingeschränkt. Im sechzehnten Jahrhundert besaß Genf in Farel einen jener berühmten Mitbürger, die der ganzen Welt, oft der Heimat selber, unbekannt bleiben. Gegen 1537 hielt dieser Farel Calvin in seiner Vaterstadt fest, indem er sie ihm als das sicherste Bollwerk einer Religion hinstellte, die sich als aktiver erwies als die lutherische. Farel und Calvin sahen das Luthertum als ein unvollständiges Werk an, das für Frankreich nicht genug Möglichkeiten bot. Genf, das zwischen Italien und Frankreich lag, das sich der französischen Sprache bediente, war wunderbar gelegen, um mit Deutschland, mit Italien und Frankreich Verbindungen zu unterhalten. Calvin nahm Genf als den Sitz seines geistigen Seins an und machte es zur Zitadelle seiner Ideen.

Der von Farel bestürmte Genfer Rat erlaubte Calvin im Septembermonde 1538 dort Theologieunterricht zu geben. Das Predigen überließ Calvin Farel, seinem ersten Schüler, und widmete sich geduldig der Aufzeichnung seiner Lehre. Jene Autorität, die in seinen letzten Lebensjahren souverän ward, sollte sich nur schwer durchsetzen. Der große Agitator stieß auf so ernsthafte Hindernisse, daß er eine Zeitlang der Strenge seiner Reform wegen aus Genf verbannt wurde. Dort gab es eine Partei von redlichen Leuten, die sich für den alten Luxus und die ehemaligen Sitten einsetzten. Immer aber fürchten sich solche Leute vor der Lächerlichkeit, wollen das Ziel ihrer Bestrebungen nicht eingestehen und kämpfen um Punkte, die mit der eigentlichen Frage nichts zu schaffen haben.

Calvin wollte, daß man sich gesäuerten Brotes zur Kommunion bediene und daß es außer dem Sonntage keine Feste mehr gäbe. Diese Neuerungen wurden in Genf und Lausanne mißbilligt. Man bedeutete also den Schweizern, sich nach dem Schweizer Ritus zu richten, Calvin und Farel leisteten Widerstand, und ihre politischen Feinde stützten sich auf diese Uneinigkeit, um sie aus Genf zu verjagen; tatsächlich wurden sie für einige Jahre verbannt. Von seiner Herde zurückverlangt, kehrte Calvin später wie im Triumphzuge dorthin zurück. Solche Verfolgungen verwandeln sich stets in Weihe der moralischen Macht, wenn der Schriftgelehrte zu warten weiß. Die Rückkehr ward denn auch in gewisser Weise der Anfang der stolzen Aera dieses Propheten. Die Hinrichtungen begannen, und Calvin organisierte seinen religiösen Terror. Im Augenblicke, da er als Beherrscher wieder erschien, ward er in die Genfer Bourgeoisie aufgenommen; nach einem vierzehnjährigen Aufenthalte aber gehörte er noch nicht dem Rate an. Im Momente, da Katharina von Medici einen Gesandten an ihn schickte, besaß dieser König der Ideen keinen anderen Titel als den eines Pfarrers der Genfer Kirche. Calvin hatte übrigens nie mehr als einhundertfünfzig Franken in bar, fünfzig Zentner Getreide und zwei Tonnen Weins an Jahresgehalt. Sein Bruder, ein simpler Schneider, hatte seinen Laden einige Schritte vom Sankt Petersplatze in der Straße, wo sich heute eine der Genfer Buchdruckereien befindet. Bildet solche Uneigennützigkeit, welcher Voltaire, Newton und Bacon ermangeln, die sich aber wie ein glänzender Faden durch Rabelais', Campanellas, Luthers, Vicos, Descartes', Malebranches, Spinozas, Loyolas, Kants und Jean-Jacques Rousseaus Leben zieht, nicht einen köstlichen Rahmen zu dem Bilde jener feurigen und erhabenen Geister?

Robespierres so ähnliches Dasein allein kann den Zeitgenossen das Calvins begreiflich machen, der seine Macht auf die nämlichen Basen gründete, ebenso grausam und ebenso absolut war wie der Advokat aus Arras. Es ist seltsam, die Picardie, Arras und Noyon, hat jene beiden Werkzeuge der Reformation hervorgebracht. Alle, welche die Gründe der von Calvin befohlenen Todesstrafen studieren wollen, werden ein anderes ganzes 1793 in Genf finden. Calvin ließ Jacob Gruet den Kopf abschneiden, weil er „gottlose Briefe" geschrieben, „leichtfertige Lieder" gedichtet und danach getrachtet hatte, die „geistlichen Befehle null und nichtig zu machen". Überlegt euch dies Urteil, fragt euch, ob die schrecklichsten Tyrannen in ihren Ausschweifungen Beweggründe aufzeigen, die in grausamerer Weise närrisch waren. Valentin Gentilis, der wegen unfreiwilliger Ketzerei zum Tode verurteilt ward, entrann der Hinrichtung nur durch eine öffentliche Kirchenbuße, die viel schimpflicher war als die von der katholischen Kirche auferlegte.

Sieben Jahre vor der Konferenz, die der Vorschläge der Königin-Mutter wegen bei Calvin stattfinden sollte, war Michel Servet, ein Franzose, der durch Genf reiste, dort festgenommen, auf Calvins Anklage hin gerichtet, verurteilt und bei lebendigem Leibe verbrannt worden, weil er „das Mysterium der Dreieinigkeit" in einem Buche angegriffen hatte, welches zu Genf weder geschrieben noch veröffentlicht worden war. Erinnert euch der beredten Verteidigungen des Jean-Jacques Rousseau, dessen Buch, das die katholische Religion auf den Kopf stellte — geschrieben war es in Frankreich, gedruckt in Holland, aber vertrieben ward es in Paris — einfach durch Henkershand verbrannt wurde; sein Verfasser, ein Ausländer, ward lediglich aus dem Königreiche verbannt, wo er die fundamentalen Wahrheiten der Religion und der Macht zu vernichten suchte, — und vergleicht des Parlaments Benehmen mit dem des Genfer Tyrannen. Bolsaeus ward gleichfalls vor Gericht gestellt, „weil er andere Gedanken als Calvin über die Prädestination gehabt hatte". Wägt diese Betrachtungen ab und fragt euch, ob Fouquier-Tinville Schlimmeres getan hat. Calvins wütende religiöse Intoleranz ist moralisch viel kompakter, viel unversöhnlicher gewesen, als es Robespierres wilde politische Intoleranz war. Auf einer größeren

Bühne als Genf es war, würde Calvin mehr Blut vergossen haben als der schreckliche Apostel der mit der katholischen assimilierten politischen Gleichheit. Drei Jahrhunderte vorher hatte ein Mönch, ein Picarde, Peter der Einsiedler, den ganzen Okzident auf den Orient gehetzt. Peter der Einsiedler, Calvin und Robespierre, drei Picarden, sind, jeder mit dreihundert Jahren Zwischenraum, politisch gesprochen, Hebel des Archimedes gewesen. Zu jeder Epoche fand ein Gedanke einen Stützpunkt bei den Interessen und bei den Menschen.

Calvin ist also ganz gewißlich der fast unbekannte Begründer dieser traurigen, Genf genannten, Stadt, wo vor zehn Jahren ein Mann auf einen Torweg, den ersten, der in Genf eingerichtet worden war (vorher gabs dort nur mittelgroße Türen) in der oberen Stadt hindeutend sagte: Durch dies Tor ist der Luxus in Genf eingezogen!

Durch die Strenge seiner Exekutionen und seiner Doktrin führte Calvin dort jenes scheinheilige Wesen ein, welches das Wort Muckertum so trefflich kennzeichnet. Sittlich sein heißt den Muckern, auf die Künste und Lebensannehmlichkeiten verzichten, gut, aber nicht üppig essen und in aller Stille Geld aufhäufen, ohne sich dessen anders zu erfreuen, als es Calvin tat, dem seine Macht in Gedanken Freude bereitete. Calvin gab allen Bürgern die nämliche finstere Livrée und breitete sie über das ganze Leben. In dem Konsistorium hatte er ein wahres Calvinistisches Inquisitionstribunal geschaffen, welches Robespierres Revolutionstribunal durchaus glich. Das Konsistorium bezeichnete dem Rat die zu verurteilenden Leute, und Calvin herrschte dort, wie Robespierre über den Konvent durch den Jakobinerklub herrschte. Ein hervorragender Genfer Gerichtsbeamter ward zu zwei Monaten Gefängnis verurteilt, verlor Amt und Würden und die Fähigkeit, je wieder über andere zu richten, „weil er ein liederliches Leben führte und sich mit Calvins Feinden verbunden hatte". In dieser Beziehung war Calvin ein Gesetzgeber: er hat strenge, nüchterne, bürgerliche, gräßlich triste, aber tadellose Sitten geschaffen, die sich bis heute noch in Genf erhalten haben. Vorausgegangen sind sie den allgemein mit dem Worte puritanisch bezeichneten englischen Sitten, die man aber den Caméroniern zu verdanken hat, den Schülern Camérons, eines der von Calvin abstammenden französischen Doctores, die Walter Scott so wundervoll schilderte. Die Armut eines durchaus souveränen Mannes, der mit Königen wie mit seinesgleichen unterhandelte, der ihnen Schätze und Heere abverlangte, der mit vollen Händen für die Unglücklichen aus ihren Säckeln schöpfte, beweist, daß der Gedanke, als einziges Mittel zum Herrschen verstanden, politische Geizhälse erzeugt, die nur durch das Hirn genießen und ähnlich wie die Jesuiten Macht um der Macht willen wollen. Pitt, Luther, Calvin, Robespierre, alle diese Harpagons der Herrschaft sterben, ohne einen roten Heller zu besitzen. Das nach Calvins Tode in seiner Wohnung aufgenommene Inventar, das, die Bücher einbegriffen, keine fünfzig Taler wert war, ist von der Historie aufbewahrt worden: das Luthersche erreichte fast die nämliche Summe. Seine Witwe, die berühmte Katharina von Bora, sah sich genötigt, um eine Pension von hundert Talern zu bitten, die ihr von einem deutschen Kurfürsten gewährt ward. Potemkin, Mazarin, Richelieu, diese Männer des Denkens und Handelns, die alle drei Kaiserreiche geschaffen oder vorbereitet haben, hinterließen jedweder dreihundert Millionen. Die hatten ein Herz, liebten Frauen und Künste, bauten und eroberten; während mit Ausnahme von Luthers Weibe, der Helena dieser Ilias, alle anderen sich keinen an eine Frau verschwendeten Herzschlag vorzuwerfen hatten. Diese kurze Erklärung war nötig, um Calvins Stellung in Genf zu erklären.

In den ersten Tagen des Februarmondes anno 1561 langten an einem jener milden Abende, denen man zu dieser Jahreszeit am Genfersee begegnet, zwei Reiter bei der Bischofswiese an, so genannt nach dem ehemaligen Landhause des Bischofs von Genf, den man, es mochte dreißig Jahre her sein, verjagt hatte. Diese beiden Männer, die zweifellos die Genfer Gesetze über das Schließen der Tore kannten, — damals waren sie notwendig, heute sind sie reichlich lächerlich — wandten sich nach dem Rivestore, hielten ihre Pferde aber jählings angesichts eines fünfzigjährigen Mannes an, der auf den Arm einer Dienerin gestützt lustwandelte. Augenscheinlich strebte er der Stadt zu. Dieser ziemlich wohlbeleibte Mann schritt langsam und schwerfällig einher und setzte nicht ohne Schmerzen einen Fuß vor den anderen. Er trug runde schwarze samtene Schnürschuhe.

„Er ist's", sagte zu Chaudieu der andere Reiter, welcher vom Pferde stieg, seinem Gefährten die Zügel reichte und sich dem Spaziergänger mit ausgebreiteten Armen näherte.

Dieser Spaziergänger, welcher tatsächlich Johann Calvin war, fuhr zurück, um die Umarmung zu vermeiden, und warf den strengsten Blick auf seinen Schüler. Mit fünfzig Jahren schien Calvin siebzigjährig zu sein. Dick und fett, wie er war, sah er um so kleiner aus, als schreckliche Blasenschmerzen ihn zwangen, gebeugt einherzugehen. Diese Schmerzen komplizierten sich durch Attacken einer Gicht von übelstem Charakter. Jedermann würde vor diesem fast ebenso breiten wie langen Gesichte gezittert haben. Trotz seiner Rundlichkeit war auf ihm nicht mehr Leutseligkeit zu entdecken als auf dem des schrecklichen Heinrich des Achten, welchem Calvin sehr ähnlich sah. Die Leiden, die ihm keine Ruhe ließen, verrieten sich in zwei tiefen Furchen, die von jeder Seite der Nase ausgingen, indem sie der Schnurrbartlinie folgten und in einem breiten grauen Backenbarte verliefen.

Wiewohl es rot und flammend war wie das eines Trinkers, zeigte dies Antlitz stellenweise Flecken, wo die Hautfarbe gelb war. Trotz der schwarzen Sammetmütze aber, die den enormen viereckigen Schädel bedeckte, konnte man eine hohe, wohlgeformte Stirn bewundern, unter der zwei braune Augen brannten, die in Zornausbrüchen Flammen sprühten. Sei es seiner Fettleibigkeit, sei es seiner steten Nachtwachen und ewigen Arbeiten zufolge, Calvins Kopf verkroch sich zwischen die breiten Schultern, was ihn zwang, nur eine schmale kleine Röhrenkrause zu tragen, auf welcher sein Kopf wie Johannes des Täufers Haupt auf einer Schüssel lag. Zwischen Schnurr- und Backenbart sah man seinen hübschen beredten Mund, der klein und mit wunderbarer Vollendung gezeichnet war. Das Gesicht ward von einer viereckigen Nase geteilt, die bemerkenswert war durch den Bogen, der sich über ihre ganze Länge spannte und am Ende bezeichnende Halbflächen aufwies, die mit der wunderbaren, auf diesem königlichen Haupte zum Ausdruck kommenden Kraft im Einklang standen. Obwohl man auf diesen Zügen nur schwer die Spuren der wöchentlichen Migränen zu entdecken vermochte, welche Calvin mit dem leichten Fieber befielen, von dem er verzehrt ward, verlieh das unaufhörlich durch Studium und Willen bekämpfte Leiden dieser anscheinend blühenden Maske etwas unbeschreiblich Schreckliches, das aber einigermaßen erklärlich war durch die Farbe des Fettpolsters, welches von den seßhaften Gewohnheiten des Arbeiters zeugte. Es trug die Spuren des ständigen Kampfes seines kränklichen Temperamentes mit einer der stärksten Willenskräfte, die in der Geschichte des menschlichen Geistes bekannt sind. Wiewohl der Mund reizend war, wies er einen grausamen Zug auf. Die Keuschheit, von ungeheuren Plänen vorgeschrieben und von soviel kränklicher Disposition gefordert, stand auf diesem Gesichte zu lesen. Trauer breitete sich über die Heiterkeit der machtvollen Stirn, und Schmerz lag in dem Blicke der Augen, deren Ruhe erschreckte.

Calvins Kleidung ließ seinen Kopf scharf hervortreten, denn er trug den berühmten schwarzen Tuchtalar, der von einem schwarztuchenen Gürtel mit Kupferschließe zusammengehalten ward, welcher das Kostüm der calvinistischen Prediger wurde und der, den Blick nicht auf sich lenkend, die

Aufmerksamkeit zwang, sich nur mit dem Gesichte zu beschäftigen.

„Ich leide zu sehr, Theodor, um Euch umarmen zu können", sagte Calvin dann zu dem eleganten Reiter.

Theodor von Beza war damals zweiundvierzigjährig und seit zwei Jahren auf Calvins Bitten hin unter die Genfer Bürger aufgenommen worden. Er bildete den lebhaftesten Kontrast zu dem schrecklichen Seelenhirten, den er zu seinem Herrn erwählt. Calvin wurde wie alle Bürgerlichen, die sich zu einer moralischen Souveränität erheben, oder wie alle Erfinder sozialer Systeme von Eifersucht verzehrt. Er verabscheute seine Schüler, wollte seinesgleichen nicht und duldete nicht den geringsten Widerspruch. Doch bestand zwischen Theodor von Beza und ihm ein zu großer Unterschied; diesen eleganten, mit einer angenehmen Figur ausgestatteten Reiter, der voller Höflichkeit und gewöhnt war, an Höfen zu verkehren, fand er so seinen wilden Janitscharen so unähnlich, daß er ihm gegenüber von seinen üblichen Gefühlen Abstand nahm. Niemals liebte er ihn, denn der rauhe Gesetzgeber wußte nichts von Freundschaft. Da er aber in Theodor von Béza keinen Nachfolger zu finden fürchtete, liebte er es, mit ihm zu spielen, wie es Richelieu sehr viel später mit seiner Katze tat; er fand ihn geschmeidig und bequem. Als er sah, wie Béza in all seinen Missionen große Erfolge erzielte, liebte er dies geschmeidige Werkzeug, für dessen Seele und Lenker er sich hielt. So wahr ist's, daß die sprödesten Menschen sich eines Scheines von Zuneigung nicht entschlagen können. Theodor war Calvins Hätschelkind; nie zürnte der große Reformator mit ihm; seine Regellosigkeiten, seine Liebschaften, die schönen Kleider und seine gewählte Sprache übersah er. Vielleicht war es Calvin zufrieden, zu zeigen, daß die Reform voller Grazie mit Hofleuten zu streiten vermochte. Theodor von Béza wollte in Genf das Gefallen an Künsten, an Literatur und Dichtung einführen, und Calvin hörte seinen Plänen zu, ohne mit seinen dicken grauen Brauen zu zucken. So war der Kontrast des Charakters und der Person ebenso vollständig wie der geistige Kontrast dieser beiden berühmten Männer.

Calvin nahm Chaudieus gar demütiglichen Gruß mit einem leichten Neigen des Kopfes entgegen. Chaudieu wickelte die Zügel der beiden Pferde um seinen rechten Arm und folgte den beiden großen Reformationsmännern, indem er sich in einiger Entfernung von Theodor von Bézas Linken hielt, der neben Calvin einherschritt. Calvins Pflegerin eilte voraus, um zu verhindern, daß man das Rivestor schlösse, indem sie dem wachhabenden Hauptmann erklärte, der Pastor sei von stechenden Schmerzen überrascht worden.

Theodor von Béza war ein Sohn jener Gemeinde Vézelay, die sich als erste confoederierte. Einer der Thierry hat ihre sehr interessante Geschichte geschrieben. So hat denn der bürgerliche Geist des Widerstandes, der in Vézelay endemisch war, zweifelsohne sein Teil zu der großen Revolte der Reformierten in der Person dieses Mannes beigetragen, der sicherlich eine der seltsamsten Figuren der Ketzerei ist.

„Ihr leidet also immer?" sagte Theodor zu Calvin.
„Ein Katholik würde sagen wie ein Verdammter",

antwortete der Reformator mit jener Bitterkeit, womit er die nichtigsten Worte vorbrachte. „Ach, es geht mit mir zu Ende, mein Kind! Und was wird aus euch ohne mich?"

„Wir werden uns zur Klarheit Eurer Schriften durchkämpfen", sagte Chaudieu.

Calvin lächelte. Sein purpurnes Gesicht bekam einen anmutigen Ausdruck, und er warf Chaudieu einen gewogenen Blick zu.

„Nun, und was bringt Ihr mir für Neuigkeiten?" fuhr er fort.

„Hat man viele der Unsrigen massakriert?" fragte er lächelnd. Er zeigte eine spöttische Freude, die in seinen braunen Augen glänzte.

„Nein," sagte Chaudieu, „alles ist in Frieden."

„Desto schlimmer, desto schlimmer", rief Calvin. „Jede Friedensstiftung würde ein Übel bedeuten, wenn sie nicht jedesmal eine Falle wäre. Die Verfolgung ist unsere Kraft. Wohin würden wir geraten, wenn die Kirche sich der Reformation bemächtigte?"

„Doch gerade das scheint mir die Königin-Mutter tun zu wollen", sagte Theodor.

„Dazu wäre sie wohl imstande", antwortete Calvin. „Ich studiere dieses Weib..."

„Von hier aus?" rief Chaudieu.

„Bestehen Zwischenräume für das geistige Auge?" erwiderte Calvin streng.

Er fand die Unterbrechung unehrerbietig.

„Katharina wünscht die Macht, und Frauen mit solchem Gesichtspunkt besitzen weder Ehre noch Treue. Um was handelt es sich denn?"

„Nun, sie schlägt uns eine Art Konzil vor," sagte Theodor von Béza.

„In der Nähe von Paris?" forschte Calvin jäh.
„Ja."
„Ah, um so besser!" erklärte Calvin.
„Und wir wollen dort versuchen, uns Gehör zu verschaffen und ein öffentliches Protokoll aufnehmen, um die beiden Kirchen zu verschmelzen. Ach, wenn sie den Mut aufbrächte, die französische Kirche von der römischen Kurie zu trennen und in Frankreich ein Patriarchat zu schaffen wie in der griechischen Kirche!" schrie der Reformator, dessen Augen bei dem Gedanken glänzten, etwa einen Thron besteigen zu können. „Kann eine Papstnichte aber aufrichtig sein, mein Sohn? Zeit will sie gewinnen."
„Bedürfen wir deren nicht, um unseren Amboiser Verlust wettzumachen und an allen Enden des Reiches einen furchtbaren Widerstand zu organisieren?"
„Sie hat die Schottenkönigin nach Hause geschickt," sagte Chaudieu.
„Eine weniger!" erklärte Calvin, das Rivestor durchschreitend. „Elisabeth von England wird sie im Zaume halten. Zwei benachbarte Königinnen werden bald in Streit geraten: die eine ist schön, die andere reichlich häßlich. Erster Grund zu einem gereizten Zustande. Dann gibts überdies die Illegitimitätsfrage..."
Er rieb sich die Hände. Und seine Freude hatte einen so wilden Charakter, daß Béza zusammenschauderte, denn er sah das Meer von Blut, das sein Meister seit einem Moment vor Augen hatte.
„Die Guisen haben das Haus Bourbon gereizt", sagte Béza nach einer Pause, „in Orleans hat es mit ihnen gebrochen."

„Nun", fuhr Calvin fort, „du glaubtest mir bei deiner letzten Abreise nach Nérac ja nicht, als ich dir sagte, daß wir schließlich zwischen den beiden Seitenlinien des französischen Königshauses einen Kampf auf Leben und Tod hervorrufen würden. Kurz und gut, ich habe einen König, einen Hof, eine Familie in meiner Partei. Meine Lehre hat jetzt ihre Wirkung auf die Massen getan. Die Bürger haben mich begriffen, fortan werden sie die, die zur Messe gehen, die Mauern ihrer Kirchen bemalen und dort Bilder und Statuen aufstellen, Götzenknechte heißen. Ach, viel leichter ist's für das Volk, Kathedralen und Paläste zu verwüsten, als über den heiligen Glauben und über die wirkliche Gegenwart Gottes zu disputieren. Luther war ein Disputator; ich, ich bin ein Heer. Er war ein Schwätzer, ich bin ein System. Kurz, meine Kinder, ein Zänker war er, ich bin ein Denker! O, meine Getreuen werden die Kirchen zerstören, werden die Bilder zerbrechen, werden Mühlsteine aus den Statuen machen, um der Völker Getreide zu malen. In den Staaten gibt es Körperschaften, ich aber will dort nur Individuen haben. Die Körperschaften widerstehen allzusehr und sehen da klar, wo die Massen blind sind. Jetzt muß man mit dieser tatkräftigen Doktrin politische Interessen vermengen, die sie konsolidieren und das Materielle meiner Armeen unterhalten. Befriedigt hab ich die Logik haushälterischer Gemüter und den Kopf der Denker durch diesen nackten, beraubten Kult, welcher die Religion in die Welt der Ideen überträgt. Dem Volke habe ich die Vorteile der Abstellung der Zeremonien begreiflich gemacht, dir, Theodor, das Werben um die Inter-

essen. Geht nicht weiter. Alles ist geschehen, alles ist jetzt als Doktrin gesagt; kein Jota soll man mehr hinzufügen! Warum befaßt sich Caméron, jener kleine Gascogner Pfarrer mit Schreiben?..."
Calvin, Theodor von Béza und Chaudieu stiegen die Straßen der höhergelegenen Stadt inmitten der Menge hinan, ohne daß die Menge denen, welche die Massen in den Städten entfesselten und Frankreich verheerten, die geringste Aufmerksamkeit schenkte.
Nach dieser furchtbaren Tirade schritten sie schweigend einher, langten auf dem kleinen Sankt Peterplatze an und wandten sich des Pfarrers Hause zu. Im zweiten Stockwerk dieses kaum berühmten Hauses, von dem auch heute niemand mehr in Genf, wo Calvin übrigens kein Denkmal besitzt, etwas erzählt, bestand seine Wohnung aus drei Zimmern. Sie hatten fichtene Fußböden und waren mit Fichtenholz getäfelt; seitlich von ihnen lagen die Küche und der Dienerin Wohnraum. Wie in den meisten Bürgerwohnungen Genfs trat man durch die Küche ein, die nach einem kleinen zweifenstrigen Saale führte, der als Sprechzimmer, als Wohnraum und Speisegemach diente. Das Arbeitszimmer, wo seit vierzehn Jahren sich Calvins Gedanken mit seinen Schmerzen stritten, folgte dann; daran stieß das Schlafgemach. Vier eichene mit Teppichstoff bezogene Stühle, die um einen viereckigen Tisch herum standen, bildeten den ganzen Hausrat des Sprechzimmers. Ein weißer Kachelofen in einer der Zimmerecken spendete eine milde Wärme. Eine Verkleidung aus natürlichem Fichtenholz ohne irgendwelchen Zierat zog sich die Mauern entlang. So stand die

Kahlheit der Räumlichkeiten in Einklang mit des Reformators nüchternem und einfachem Leben.
„Nun," begann Béza beim Eintreten — er benutzte den Augenblick, wo Chaudieu sie allein gelassen hatte, um die beiden Pferde in einer benachbarten Herberge unterzubringen — „Was soll ich tun? Nehmt Ihr das Kolloquium an?"
„Sicherlich", sagte Calvin. „Ihr, mein Kind, habt dort zu kämpfen. Seid scharf, absolut. Niemand, weder die Königin, noch die Guisen, noch ich will einen Frieden daraus entstehen lassen, der uns ja nicht zusagt. Vertrauen habe ich zu Duplessis-Mornay, man muß ihm die erste Rolle überlassen. Wir sind allein", sagte er, einen mißtrauischen Blick in die Küche werfend, deren Tür halboffen stand und wo auf einem Strick zwei aufgehängte Hemden und einige Kragen trockneten. — „Nun", fuhr er fort, als Theodor die Türen geschlossen hatte, „man muß den König von Navarra dahinbringen, daß er sich mit den Guisen und dem Konnetabel verbindet, indem man ihm die Königin Katharina von Medici aufzugeben rät. Ziehen wir jeden Vorteil aus der Schwäche dieses traurigen Krippensetzers. Wenn er der Italienerin den Laufpaß gibt, wird sie sich bar dieser Stütze notgedrungen mit dem Prinzen von Condé und mit Coligny verbinden. Vielleicht kompromittiert sie dies Manöver so sehr, daß sie uns bleiben wird..."
Theodor von Béza hob Calvins Rocksaum auf und küßte ihn.
„O, mein Meister," sagte er, „Ihr seid groß!"
„Ich sterbe leider, lieber Theodor. Wenn ich stürbe, ohne dich wiederzusehen", flüsterte er seinem Minister für auswärtige Angelegenheiten ins Ohr,

„denk daran, durch einen unserer Märtyrer etwas
Großes ausführen zu lassen!..."
„Noch einen Minard töten?"
„Etwas Besseres als einen Robenträger."
„Einen König?"
„Noch mehr! Einen Mann, der einer werden
will."
„Den Herzog von Guise!" schrie Theodor, der sich
zu einer abwehrenden Handbewegung hinreißen
ließ.
„Nun wohl", rief Calvin, der Ablehnung oder
Widerstreben zu bemerken glaubte und den Prediger Chaudieu nicht hereinkommen sah. „Haben
wir nicht das Recht zu schlagen, wie man uns
schlägt? Ja, im Dunkeln und in der Stille. Können wir Wunden nicht mit Wunden heimzahlen,
Tod nicht mit Tod? Lassen die Katholischen sich
eine Gelegenheit entgehen, um uns Schlingen zu
legen und uns niederzumetzeln? Ich rechne sehr
damit! Brennt ihre Kirchen nieder, meine Kinder. Wenn Ihr ergebene junge Männer habt.."
„Ich habe einen", sagte Chaudieu.
„Bedient Euch ihrer als Kriegsmaschinen... Unser
Triumph läßt alle Mittel zu. Gleich mir ist der Balafré, jener schreckliche Soldat, mehr als ein
Mensch; er ist eine Dynastie, wie ich ein System
bin, er ist imstande, uns den Garaus zu machen.
In den Tod also mit dem Lothringer!"
„Ich möchte lieber einen friedlichen Sieg sehen, der
mit der Zeit und durch die Vernunft herbeigeführt würde", sagte Béza.
„Mit der Zeit?" schrie Calvin, seinen Stuhl auf die
Erde schleudernd, „durch Vernunft? Aber seid Ihr
denn verrückt? Die Vernunft! Eine Eroberung

machen? Also nichts versteht Ihr von den Menschen, Ihr, der Ihr Euch mit ihnen abgebt, dummer Tropf! Was meiner Lehre schadet, dreifacher Alberjahn, ist, das man ihr mit Vernunft beikommen kann. Bei Sankt Pauli Blitz, bei des Tapfern Degen seht Ihr, Theodor, mit Eurem Kürbisschädel denn nicht, wieviel meine Reformation durch das Amboiser Gemetzel an Kraft gewonnen hat? Ideen sprießen nur, wenn sie mit Blut begossen werden! Der Mord an dem Herzog von Guise würde Ursache zu einer schrecklichen Verfolgung sein und sehnlichst verlange ich nach der! Unsere Niederlagen taugen mehr als Erfolge! Die Reformation kann es sich leisten, sich schlagen zu lassen, versteht Ihr das denn nicht, Ihr dünkelhafter Tropf? Während der Katholizismus verloren ist, wenn wir eine einzige Schlacht gewinnen. Was aber sind meine Stellvertreter? Schmutzlumpen statt Menschen! Zweibeinige Kaldaunensäcke, getaufte Paviane. O mein Gott, wirst du mir noch zehn Lebensjahre schenken! Wenn ich zu früh sterbe, ist die Sache der wahren Religion mit solchen Lümmeln verloren! Ebenso dumm bist du wie Anton von Navarra! Geh, laß mich, ich will einen besseren Unterhändler haben! Du bist nur ein Esel, ein Zieraffe, ein Dichter. Mach Catullerien, Tibulliaden, Akrostichen! Los!"
Die Blasenschmerzen waren völlig vom Feuer dieses Zornes gebändigt worden. Die Gicht schwieg vor solch schrecklicher Erregung. Wie ein Himmel bei Sturm war Calvins Antlitz purpurgeflammt. Seine rote Stirn glänzte, seine Augen sprühten Feuergarben. Er war sich nicht mehr ähnlich. Er überließ sich jener gewissen epileptischen Wut,

die ihm zu eigen war. Vom Schweigen seiner beiden Zuhörer aber ergriffen und Chaudieu bemerkend, der Béza etwas vom feurigen Busch zu Horeb zuflüsterte, setzte sich der Pfarrer nieder, schwieg und bedeckte sich das Gesicht mit seinen beiden, von Gichtknoten entstellten Händen, die trotz ihrer Dicke krampfhaft zuckten.

Einige Augenblicke später, noch den letzten Erschütterungen des durch sein keusches Leben erzeugten jähen Wutschauers als Beute ausgeliefert, sagte er mit bewegter Stimme zu ihnen:

„Meine Fehler, die zahlreich sind, zu bändigen, kostet mich weniger Kraft, als meine Ungeduld zu zähmen. O, wütiges Tier, werd ich dich niemals besiegen?" fügte er, sich vor die Brust schlagend, hinzu.

„Mein lieber Meister," sagte Béza mit einschmeichelnder Stimme, Calvins Hand ergreifend und küssend, „Jupiter donnert, weiß aber auch zu lächeln."

Calvin betrachtete seinen Schüler mit besänftigtem Auge und sagte zu ihm:

„Versteht mich recht, meine Freunde."

„Ich verstehe, daß der Völker Hirten schreckliche Bürden zu tragen haben", antwortete Theodor. „Ihr tragt eine Welt auf Euren Schultern."

„Ich habe," erklärte Chaudieu, den des Meisters heftiger Verweis stutzig gemacht hatte, „ich habe drei Märtyrer, auf die wir rechnen können. Stuart, der den Präsidenten tötete, ist frei..."

„Ein Irrtum", sagte Calvin sanft und lächelnd, wie alle großen Menschen, die auf trübes heitres Wetter auf ihrem Gesichte folgen lassen, wie wenn sie sich schämten, daß dort Sturm geherrscht. „Ich

kenne die Menschen. Einen Präsidenten tötet man,
nicht aber ihrer zwei."

„Ist es denn durchaus notwendig?" fragte Béza.

„Schon wieder?" entgegnete Calvin, seine Nüstern
blähend. „Haltet ein; laßt mich, Ihr versetzt mich
wieder in Wut. Geht mit meinem Bescheid. Du,
Chaudieu, gehe deines Weges und halte deine
Pariser Herde in Schach. Gott möge Euch leiten!
Dinah!... leuchtet meinen Freunden."

„Erlaubt Ihr mir nicht, Euch zu umarmen?" sagte
Theodor gerührt. „Wer von uns kann wissen, was
ihm morgen zustößt? Trotz aller Geleitsbriefe
können wir festgenommen werden..."

„Und du willst sie schonen?" sagte Calvin, Béza
umarmend.

Er nahm Chaudieus Hand und sagte zu ihm:

„Vor allem keine Hugenotten, keine Reformierten,
werdet Calvinisten! Sprecht nur vom Calvinismus!... Ach, kein Ehrgeiz ist das, denn ich sterbe.
.... aber von Luther muß man alles zerstören
bis auf den Namen Lutheraner und Luthertum."

„Aber göttlicher Mann," rief Chaudieu, „solche
Ehren verdienet Ihr wahrlich!"

„Haltet fest an der Gleichförmigkeit der Lehre
und laßt nichts mehr prüfen oder umarbeiten.
Verloren sind wir, wenn aus unserem Schoße
neue Sekten hervorgehen."

Den Ereignissen dieser Novelle vorausgreifend, und
um mit Theodor von Béza zu Ende zu kommen,
der mit Chaudieu nach Paris ging, muß man bemerken, daß Poltrot, der achtzehn Monde später
einen Pistolenschuß auf den Herzog von Guise abfeuerte, auf der Folter angab, von Theodor von
Béza zu diesem Verbrechen angestiftet worden zu

sein; nichtsdestoweniger zog er dies Geständnis bei späteren Folterungen zurück. Auch Bossuet, der alle historischen Überlegungen genau abwog, hat nicht geglaubt, den Gedanken an dies Verbrechen Theodor von Béza zuschreiben zu müssen. Nach Bossuet aber hat eine anscheinend leichtfertige Abhandlung, die über ein berühmtes Lied geschrieben ward, einen Kompilator des achtzehnten Jahrhunderts zu dem Beweise verleitet, daß das Lied auf den Herzog von Guise, welches von den Hugenotten in ganz Frankreich gesungen wurde, Theodor von Bézas Werk sei. Ebenso ward auch bewiesen, das berühmte Bänkelsängerlied auf Marlborough sei ein Plagiat von dem Theodor von Bézaschen.

Am Tage, da Theodor von Béza und Chaudieu in Paris anlangten, war der Hof aus Reims dorthin zurückgekehrt, wo Karl der Neunte gesalbt worden war. Dank dieser Zeremonie, die Katharina sehr glänzend gestaltete und die Anlaß zu rauschenden Festen gab, konnte die Königin-Mutter alle Parteihäupter um sich scharen. Nachdem sie alle Interessen und Parteien sondiert hatte, stand es bei ihr, zwischen folgenden Alternative zu wählen: entweder alles wieder um den Thron zu sammeln oder die einen den anderen entgegenzustellen. Als Katholik par excellence tadelte der Kronfeldherr von Montmorency, dessen Neffe, der Prinz von Condé, Haupt der Reformation war und dessen Söhne dieser Religion zuneigten, der Königin-Mutter Bund mit den Reformierten sehr. Die Guisen ihrerseits arbeiteten darauf hin, Anton von Bourbon, einen charakterlosen Fürsten, für sich zu gewinnen und ihn in ihre Partei zu ziehen, was sein Weib, die Königin von Navarra, die von Béza davon in Kenntnis gesetzt worden war, geschehen ließ. Diese Schwierigkeiten machten Katharinen, deren aufkeimende Autorität einiger Ruhezeit bedurfte, stutzig; so wartete sie denn ungeduldig auf die Antwort Calvins, an welchen der Prinz von Condé, der König von Navarra, Coligny, d'Andelot und der Kardinal von Châtillon Béza und Chaudieu gesandt hatten. Währenddem aber war die Königin-Mutter ihrem Versprechen dem Prinzen von Condé gegenüber getreu. Der Kanzler machte dem Verfahren gegen Condé ein Ende und brachte die Angelegenheit vor das Pariser Parlament, welches das Urteil der Kommission kassierte, indem es des weiteren erklärte, daß es nicht in deren Macht stünde, einen Prinzen von Geblüt zu richten. Auf der Guisen und der Königin-Mutter Betreiben nahm das Parlament den Prozeß wieder auf. La Sagnes Papiere waren Katharinen eingehändigt worden; sie verbrannte sie. Dieses Nachgeben war das erste Pfand, welches der Königin-Mutter ganz zwecklos von den Guisen gegeben ward. Als das Parlament diese entscheidenden Beweise nicht mehr vorfand, setzte es den Prinzen wieder in alle seine Rechte, Güter und Ehren ein. Christoph war schon bei dem Tumulte anläßlich des Ablebens des Königs befreit worden, das Verfahren gegen ihn wurde niedergeschlagen und auf Herrn von Thous Betreiben ward er, um für seine Leiden entschädigt zu werden, zum Parlamentsadvokaten ernannt.

Das Triumvirat, jene künftige Koalition der durch Katharinas erste Handlungen bedrohten Interessen, bereitete sich also unter ihren Augen vor. Ebenso wie in der Chemie die feindlichen Substanzen sich schließlich beim ersten Stoße, der ebenso ihren erzwungenen Bund trübt, trennen, ebenso sind in der Politik Bündnisse entgegengesetzter Interessen von kurzem Bestand. Katharina begriff sehr wohl, daß sie früher oder später auf die Guisen und den Konnetabel zurückkommen müßte, um den Hugenotten eine Schlacht zu liefern.

Dies Kolloquium, welches der Eigenliebe der Redner jedweder Partei schmeichelte, das der Salbung eine imposante Zeremonie nachfolgen lassen und den blutigen Teppich dieses begonnenen Religionskrieges erheitern sollte, war in der Guisen sowohl wie in Katharinas Augen völlig zwecklos. Die Katholiken verloren dabei, denn unter dem Vorwande zu konferieren, proklamierten die Hugenotten vor dem Angesichte Frankreichs unter dem Schutze des Königs und seiner Mutter ihre Lehre. Der Kardinal von Lothringen, dem Katharina geschmeichelt hatte, daß die Ketzer dabei durch der Kirchenfürsten Beredsamkeit geschlagen werden würden, ließ seinen Bruder die Einwilligung dazu geben. Für die Königin-Mutter bedeutete das mehr als sechs Friedensmonde.

Ein kleines Ereignis sollte diese Macht, die Katharina so mühselig errichtete, in Frage stellen. Folgende von der Geschichte überlieferte Szene spielte sich am nämlichen Tage ab, wo Genfs Gesandte im Hotel Coligny in der Rue Béthisy anlangten. Bei der Salbung ernannte Karl der Neunte seinen Lehrer Amyot, den er sehr liebte, zum Großalmosenier von Frankreich. In gleicher Weise wurde diese Freundschaft von dem Herzoge von Anjou, Heinrich dem Dritten, Amyots anderem Schüler, geteilt. Während der Reise von Reims nach Paris hörte Katharina diese Neuigkeit von den beiden Gondis.

Sie rechnete mit diesem Amte der Krone, um sich in der Kirche eine Stütze zu verschaffen und um jemanden zu haben, den sie dem Kardinal von Lothringen entgegenstellen könnte und wollte den Kardinal von Tournon damit bekleiden, um an ihm wie an L'Hôpital eine zweite „Krücke" — dieses Wortes bediente sie sich — zu erhalten. Bei ihrer Ankunft im Louvre ließ sie den Lehrer vor sich kommen. Als sie das Mißgeschick sah, welches ihre Politik durch den Ehrgeiz dieses emporgekommenen Schustersohnes traf, war ihr Zorn so groß, daß sie ihm folgende seltsamen Worte sagte, die von einigen Memoirenschreibern wiederholt worden sind:

„Was, ich treibe die Guisen, die Coligny, die Kronfeldherren, das Haus Navarra und den Prinzen von Condé aus dem Bau und sollte nicht mit einem Pfäfflein, wie du eines bist, das nicht genug hat am Bistum Auxerre, fertig werden?"

Amyot entschuldigte sich. Tatsächlich hatte er nichts erbeten, der König bekleidete ihn nach seinem eigenen Gefallen mit diesem Amte, dessen er, ein armer Schulmeister, sich nicht für würdig hielt.

„Sei versichert, Meister," antwortete Katharina ihm, (so nannten die Könige Karl der Neunte und Heinrich der Dritte diesen großen Schriftsteller) „keine vierundzwanzig Stunden wirst du mehr auf deinen Beinen einherlaufen, wenn du deinen Schüler nicht von seinem Vorhaben abbringst."

Zwischen dem so unverhüllt angekündigten Tode

und dem Verzicht auf das höchste geistliche Amt der Krone entschloß sich der sehr lüstern gewordene Schustersohn, der vielleicht voller Ehrgeiz nach einem Kardinalshut trachtete, sich aufs Hinauszögern zu verlegen; er verbarg sich in der Abtei von Saint-Germain. Als Karl der Neunte bei seinem ersten Mahle Amyot nicht sah, fragte er nach ihm. Irgendein Guisenfreund unterrichtete den König zweifelsohne von allem, was sich zwischen Amyot und der Königin-Mutter zugetragen hatte.

„Was, weil ich ihn zum Großalmosenier ernannt habe, hat man ihn verschwinden lassen?"

In dem heftigen Unwillen, der Kinder überkommt, wenn einer ihrer Launen widersprochen ward, eilte er zu seiner Mutter:

„Madame", sagt er beim Eintreten, „habe ich nicht in gefälliger Weise die Erklärung signiert, um welche Ihr mich für das Parlament batet, und kraft der Ihr mein Königreich regiert? Habt Ihr mir, als Ihr es mir zeigtet, nicht versprochen, daß mein Wille Eurer sein würde? Und schon erweckt die einzige Gunst, die ich zu verschenken beabsichtige, Eure Eifersucht. Der Kanzler spricht davon, mich mit vierzehn Jahren, also in drei Jahren, für großjährig zu erklären, und Ihr wollt mich wie ein Kind behandeln ... Ich werde, bei Gott, König, wie mein Vater und mein Großvater Könige waren!"

An dem Tone und der Art und Weise, wie diese Worte geäußert wurden, offenbarte sich Katharinen ihres Sohnes wahrer Charakter. Es war wie ein Dolchstich in ihren Busen.

‚Zu mir spricht er so, zu mir, die ich ihn zum König gemacht habe!' dachte sie.

„Gnädiger Herr", antwortete sie ihm, „in den jetzigen Zeitläuften ist der Königsberuf recht schwierig, und Ihr kennt die Herren noch nicht, mit denen Ihr es zu tun habt. Niemals werdet Ihr einen Freund haben, der aufrichtiger und zuverlässiger ist als Eure Mutter, niemals treuere Diener als die, welche sie seit langem an sich gefesselt hat und ohne deren Dienste Ihr heute vielleicht nicht da stündet, wo Ihr steht. Die Guisen wollen Euch sowohl Eure Krone wie Euer Leben rauben; wisset das. Wenn sie mich in einen Sack nähen und in den Fluß dort", sagte sie, auf die Seine hinweisend, „werfen könnten, würde es heute abend geschehen. Diese Lothringer fühlen, daß ich die Löwin bin, die ihre Jungen verteidigt, die ihre kecken, nach der Krone greifenden Hände zurückstößt. An wem, an was hängt Euer Lehrer; wo sind seine Verbindungen? Welches Ansehen besitzt er? Welche Dienste wird er Euch leisten? Wie gewichtig wird sein Wort sein?... Anstatt Eure Macht zu stützen, habt Ihr sie geschwächt. Der Kardinal von Lothringen bedroht Euch, er spielt den König und behält vor dem ersten Prinzen von Geblüt den Hut auf dem Kopfe. Wäre es also nicht dringend notwendig, ihm einen anderen Kardinal entgegenzustellen, der mit einer der seinigen überlegenen Autorität versehen ist? Ist Amyot, dieser Schuster, imstande, ihm, der ihm Trotz bieten wird, die Schuhbänder zu lösen? Kurz, Ihr liebt Amyot, habt ihn ernannt. Mag Euch Euer erster Wille durchgehen, mein Herr! Ehe Ihr aber etwas wünscht, fragt mich in aller Freundschaft um Rat. Gebt der Staatsräson nach, und Euer gesunder Kinderverstand wird sich vielleicht mit meiner alten

Erfahrung in Einklang bringen lassen, um zu entscheiden, wenn Ihr erst die Schwierigkeiten kennenlernt."

„Ihr sollt mir meinen Meister wiedergeben!" sagte der junge König, ohne allzusehr auf seine Mutter zu hören, da er nichts als Vorwürfe aus ihrer Antwort herauslas.

„Ja, Ihr sollt ihn haben," antwortete sie. „Aber weder er, noch etwa gar der rohe Cypierre sollen Euch das Regieren lehren."

„Das werdet Ihr tun, meine liebe Mutter", sagte er, durch seinen Triumph zufriedengestellt, und steckte eine andere Miene auf als jene drohende und heimtückische, die seiner Physiognomie von Natur aufgeprägt war.

Katharina ließ den neuen Großalmosenier durch Gondi suchen. Als der Florentiner Amyots Zufluchtstätte entdeckte und man dem Bischof sagte, daß der Höfling von der Königin-Mutter abgesandt worden sei, ward er von Schrecken gepackt und wollte die Abtei nicht verlassen. In solcher Verlegenheit sah sich Katharina genötigt, selber an den Lehrer in solchen Ausdrücken zu schreiben, daß er zurückkam und von ihr die Zusicherung ihres Schutzes erhielt, jedoch nur unter der Bedingung, daß er ihr blindlings bei Karl dem Neunten diene.

Nachdem dieser kleine häusliche Sturm sich gelegt, beriet Katharina, die nach einer mehr als jährlichen Abwesenheit in den Louvre zurückgekehrt war, mit ihren Intimen, wie sie sich dem Könige gegenüber, den Cypierre zu seiner Festigkeit beglückwünscht hatte, verhalten solle.

„Was soll ich machen?" sagte sie zu den beiden

Gondis, zu Ruggieri, Birago und zu Chiverni, welcher des Herzogs von Anjou Gouverneur und Kanzler geworden war.

„Vor allem", sagte Birago, „schickt Cypierre fort. Der ist kein Hofmann, wird sich niemals Euren Ansichten anbequemen und sein Amt zu erfüllen glauben, wenn er Euch entgegenarbeitet."

„Auf wen soll ich mich verlassen?" rief die Königin.

„Auf einen von uns", entgegnete Birago.

„Meiner Treu," erwiderte Gondi, „ich verspreche Euch den König ebenso nachgiebig zu machen wie den Navarresen."

„Den seligen König habt Ihr umkommen lassen, um Eure anderen Kinder zu retten; nun also, tut, was die großen Herrn in Konstantinopel tun: macht die Zornausbrüche und Launen dieses Kindes zunichte", sagte Albert von Gondi. „Er liebt die Künste, die Dichtung, die Jagd und ein kleines Mädchen, das er zu Orleans gesehen. Das ist wahrlich genug, um ihn zu beschäftigen."

„Ihr wollt also des Königs Gouverneur werden?" fragte Katharina den fähigeren der beiden Gondis.

„Wenn Ihr mir die für einen Gouverneur notwendige Autorität verleihen wollt; vielleicht muß man mich zum Marschall von Frankreich und zum Herzoge machen. Cypierre ist in keiner Weise Manns genug, um dieses Amt weiterhin zu bekleiden. In Zukunft muß des Königs von Frankreich Gouverneur etwa ein Marschall und Herzog sein."

„Er hat Recht," sagte Birago.

„Poet und Jäger", sagte Katharina mit dem Tone der Träumerei.

„Wir werden jagen und lieben", rief Gondi.

„Übrigens seid Ihr Amyots sicher", erklärte Chiverni, „im Falle des Ungehorsams wird er immer Angst vor einem Gifttränklein haben, und mit Gondi werdet Ihr den König in Schach halten."

„Ihr habt Euch darein gefunden, ein Kind zu verlieren, um Eure drei Söhne und die Krone zu retten. Da müßt Ihr auch den Mut haben, dieses ‚zu beschäftigen', um das Königreich, vielleicht auch Euch selber zu retten", sagte Ruggieri.

„Eben hat er mich schwer beleidigt", äußerte Katharina von Medici.

„Er weiß nicht, was alles er Euch verdankt; und wenn er's wüßte, würdet Ihr in Gefahr geraten", antwortete Birago, auf seine Worte Nachdruck legend, ernst.

„Abgemacht," erwiderte Katharina, in der diese Antwort eine heftige Wirkung erzeugte, „Ihr sollt des Königs Gouverneur werden. Der König muß mir für einen der Meinigen die Gunst gewähren, auf die ich gerade dieses plattfüßigen Bischofs wegen ein Anrecht erlangte. Der Schelm hat sich eben um den Kardinalshut gebracht; ja, solange ich lebe, werde ich dawider sein, wenn der Papst ihm einen verleihen will. Wenn wir den Kardinal von Tournon für uns gehabt hätten, wären wir sehr stark gewesen. Welch ein Trio: der Großalmosenier, L'Hôpital und Thou! Was die Pariser Bourgeoisie anlangt, so denke ich sie durch meinen Sohn verhätscheln zu lassen, dann können wir uns auf sie stützen..."

Und tatsächlich ward Gondi Marschall, wurde zum Herzog von Retz und einige Tage später zu des Königs Gouverneur ernannt.

Im Augenblick, wo diese kleine Beratung endigte,

meldete der Kardinal von Tournon der Königin Calvins Sendboten an; um ihnen Respekt zu verschaffen, begleitete sie der Admiral Coligny. Sofort scharte die Königin ihre gefährlichen Ehrendamen um sich und schritt in jenen, von ihrem Gatten erbauten Empfangssaal, welcher im heutigen Louvre nicht mehr vorhanden ist.
Zu jenen Zeiten befand sich die Louvretreppe im Uhrenturm. Katharinas Gemächer lagen in den alten Bäulichkeiten, die teilweise im Museumshofe fortbestehen. Die heutige Museumstreppe ist auf dem Platze des Ballettsaals erbaut worden. Ein Ballett war damals eine Art dramatischer Lustbarkeit, das vom ganzen Hofe dargestellt wurde. Die revolutionären Leidenschaften haben hinsichtlich des Louvre den lächerlichsten Irrtum über Karl den Neunten in Umlauf gebracht. Während der Revolution hat ein diesem Könige feindlich gesinnter Glaube — sein Charakter ist so wie so travestiert worden — ein Ungeheuer aus ihm gemacht. Chéniers Tragödie wurde unter dem Einflusse einer Inschrift verfaßt, die unter dem Fenster jenes vorgelagerten Gebäudeteils angebracht ist, der auf den Quai hinaus geht. Man liest dort folgende Worte: „Aus diesem Fenster hat Karl der Neunte verruchten Angedenkens auf französische Bürger gezielt." Es geziemt sich, künftigen Historikern und ernsten Leuten mitzuteilen, daß dieser ganze Louvretrakt, welcher heute der alte Louvre genannt wird, der in den Quai hineingreift und den Saal mit dem Louvre durch die sogenannte Apollogalerie und den Louvre mit den Tuilerien durch die Museumssäle verbindet, niemals unter Karl dem Neunten existiert hat. Der größte Teil des Platzes,

wo die Quaifassade sich erhebt oder wo sich der sogenannte Infantinnengarten hinzieht, ward vom Hotel Bourbon eingenommen, welches damals ja noch dem Hause Navarra gehörte. Rein technisch war es Karl dem Neunten unmöglich, vom Louvre Heinrichs des Zweiten aus auf eine mit Hugenotten angefüllte Barke, welche den Fluß durchquerte, zu schießen, wiewohl er die Seine von den heute vermauerten Fenstern dieses Louvreteils aus sehen konnte. Wiewohl sogar die Gelehrten und die Bibliotheken keine Karten besitzen, worauf der Louvre unter Karl dem Neunten vollkommen angegeben ist, weist das Monument selber die Widerlegung dieses Irrtums auf. Alle Könige, welche an diesem ungeheuren Werke mitgeholfen, haben es niemals unterlassen, ihre Anfangsbuchstaben oder irgendein Anagramm dort anzubringen. Dieser ehrwürdige und heute ganz schwarze Teil des Louvre, der auf den sogenannten Infantinnengarten blickt und sich dem Quai nähert, trägt Heinrichs des Dritten und Heinrichs des Vierten Initialen, die sehr verschieden von denen Heinrichs des Zweiten sind, der sein H mit den beiden C von Catharina verband, indem er ein D daraus machte, welches oberflächliche Leute täuscht. Heinrich der Vierte konnte sein Hotel Bourbon mit seinen Gärten und Nebengebäuden mit dem Louvrebereich vereinigen. Er hatte als erster den Gedanken, Katharina von Medicis Palast mit dem Louvre durch jene unvollendeten Galerien, deren kostbare Skulpturen sehr vernachlässigt sind, zu verbinden. Wenn auch weder ein Plan von Paris unter Karl dem Neunten, noch Heinrichs des Dritten und Vierten Initialen existierten, würde doch der Architekturunterschied allein diese Verleumdung grausam Lügen strafen. Die Bogenrundungen mit kleinen gewundenen Verzierungen des Hotels de la Force und dieses Louvreteils zeigen aufs deutlichste den Übergang der sogenannten Renaissancearchitektur zur Architektur unter Heinrich dem Dritten, Heinrich dem Vierten und Ludwig dem Dreizehnten. Diese archäologische Abschweifung, die übrigens im Einklange steht mit den Gemälden, die diese Novelle eröffnen, erlaubt einem die wahre Physiognomie jenes anderen Pariser Winkels zu erkennen, von welchem nur mehr dieser Louvreteil vorhanden ist, dessen wundervolle Basreliefs von Tag zu Tage ihrem Untergange mehr entgegengehen.

Als der Hof hörte, daß die Königin den vom Admiral Coligny vorgestellten Theodor von Béza und Chaudieu eine Audienz erteilen wollte, eilten alle Höflinge, die ein Recht hatten, den Audienzsaal zu betreten, dorthin, um Zeugen dieser Zusammenkunft zu sein. Es war gegen sechs Uhr abends. Der Admiral hatte gerade gespeist und stocherte in seinen Zähnen herum, als er zwischen beiden Reformierten die Louvretreppen hinanstieg. Die Benutzung des Zahnstochers war beim Admiral zur unfreiwilligen Gewohnheit geworden; er säuberte sein Gebiß selbst inmitten einer Schlacht, wenn er einen Rückzug anzutreten gedachte. „Mißtraut des Admirals Zahnstocher, dem Nein des Konnetabels und Katharinas Ja", war ein Sprichwort zu jenen Zeiten bei Hofe. Während der Bartholomäusnacht machte der Pariser Mob auf Colignys Leiche, die man drei Tage über auf dem Galgenberge hängen ließ, ein grausiges Epigramm, indem er ihr einen riesigen Zahnstocher in den Mund steckte. Die Chronisten haben diesen grausamen Scherz aufgezeichnet. Solch kleines Geschehnis inmitten einer großen Katastrophe ist übrigens bezeichnend für den Pariser, welcher der scherzhaften Travestie des Boileauschen Verses durchaus würdig ist:

Böse, wie er geboren, erschuf der Franzose das Fallbeil.

Zu allen Zeiten hat der Pariser vor, während und nach den gräßlichsten Revolutionen Späße gerissen.

Theodor von Béza war wie ein Höfling gekleidet: er trug schwarzseidene Beinkleider, durchbrochene Schuhe, ein schwarzseidenes Schlitzenwams und einen kleinen schwarzen Sammetmantel, von welchem eine schöne weiße Röhrenkrause sich lebhaft abhob, trug einen Schnurrbart und eine kleine Fliege, führte den Degen an der Seite und hielt einen Stock in der Hand. Jedweder, der die Versailler Galerien oder die Odieuvresche Sammlung besieht, erkennt sein rundes, fast joviales Gesicht mit den lebhaften Augen, das gekrönt wird von jener durch ihre Breite bemerkenswerte Stirne, welche Schriftsteller und Dichter jener Zeit charakterisiert. Béza besaß, was ihm sehr nützte, eine verbindliche Miene. Er kontrastierte stark mit Colignys Erscheinung, dessen finsteres Aussehen allgemein bekannt ist, und dem rauhen und galligen Chaudieu, der die Predigertracht und die calvinistischen Beffchen beibehielt. Was zu unseren Zeiten in der Deputiertenkammer vor sich geht und was zweifelsohne im Konvent vor sich ging, kann es einem verständlich machen, wie an diesem Hofe und zu dieser Epoche sich Leute, die sich sechs

Monde später bis aufs Messer befehden und blutig bekriegen sollten, begegnen, höfisch miteinander reden und scherzen konnten. Als Coligny den Saal betrat, kamen Birago, der kaltherzig zur Sankt Bartholomäusnacht raten sollte, und der Kardinal von Lothringen, der seinem Diener Besme den Befehl zu erteilen vermochte, den Admiral ja nicht zu verfehlen, ihm entgegen, und der Piemontese sagte lächelnd zu ihm:

„Nun, mein lieber Admiral, Ihr nehmt es also auf Euch, die Genfer Herren hier vorzustellen?"

„Mir macht Ihr vielleicht ein Verbrechen daraus," antwortete scherzend der Admiral, „während, wenn man es Euch aufgetragen hätte, Ihr Euch ein Verdienst draus machen würdet."

„Ehren-Calvin, heißt es, sei sehr krank", fragte der Kardinal von Lothringen Theodor von Béza. „Hoffentlich verdächtigt man uns nicht, ihm Gift beigebracht zu haben?"

„Oh, gnädiger Herr, Ihr würdet zuviel dabei verlieren!" antwortete Béza fein.

Der Herzog von Guise, der Chaudieu mit den Augen maß, blickte seinen Bruder und Birago fest an; beide waren überrascht durch dies Wort.

„Weiß Gott," rief der Kardinal, „in kluger Politik seid Ihr keine Ketzer!"

Um jeder Schwierigkeit aus dem Wege zu gehen, hatte die Königin, die in diesem Augenblicke angemeldet ward, sich entschlossen, nicht Platz zu nehmen. Sie hub an mit dem Kronfeldherrn zu plaudern, der lebhaft von dem Skandale sprach, Calvins Abgesandte zu empfangen.

„Wie Ihr seht, lieber Konnetabel, empfangen wir sie ohne jede Förmlichkeit."

„Madame," sagte der Admiral, auf die Königin zutretend, „hier sind die beiden Doktoren der neuen Religion, die sich mit Calvin ins Einvernehmen gesetzt haben. Sie erhielten seine Weisungen hinsichtlich einer Konferenz, auf der die französischen Kirchen ihre verschiedenen Standpunkte ausgleichen könnten."

„Hier ist Herr Theodor von Béza, den meine Frau liebt", äußerte der König von Navarra, herzutretend und Theodor von Béza bei der Hand greifend.

„Und das hier ist Chaudieu", rief der Prinz von Condé. „Mein ‚Freund‘, der Herzog von Guise, kennt den Hauptmann," sagte er, den Balafré anblickend, „vielleicht freut's ihn, den Prediger kennenzulernen."

Dieser Gascognerstreich machte den ganzen Hof lachen; selbst Katharina lachte.

„Meiner Treu," antwortete der Herzog von Guise, „entzückt bin ich, einen Mann zu sehen, der die Menschen so wohl zu wählen und in ihrer Sphäre anzuwenden weiß. Einer der Euren", sagte er zu dem Prediger, „hat, ohne zu sterben und ohne irgend etwas einzugestehen, die außergewöhnliche peinliche Frage ausgehalten. Für einen leidlich tapfern Mann halte ich mich, weiß aber nicht, ob ich sie ebensogut ertragen würde..."

„Hm," machte Ambrosius Paré, „Ihr habt auch nichts gesagt, als ich Euch zu Calais den Wurfspieß aus dem Gesichte zog."

Inmitten des Halbkreises, der links und rechts von ihren Ehrendamen und Höflingen gebildet wurde, wahrte Katharina tiefes Schweigen. Indem sie die beiden berühmten Reformierten musterte, suchte sie sie mit ihrem schönen, schwarzen und klugen Blicke zu durchdringen. Sie studierte sie.

„Der eine scheint mir die Scheide, der andere die Klinge zu sein", flüsterte Albert von Gondi ihr ins Ohr.

„Nun, meine Herren," sagte Katharina, die ein Lächeln nicht zurückzuhalten vermochte, „Euer Meister hat Euch also die Erlaubnis gegeben, eine öffentliche Konferenz abzuhalten, wobei Ihr Euch bei dem Worte neuer Kirchenväter, die unseres Staates Ruhm bilden, bekehren könntet?"

„Wir haben keinen anderen Herrn als unseren Heiland", sagte Chaudieu.

„Ach, ein bißchen Autorität meßt Ihr doch wohl dem Könige von Frankreich bei?" erwiderte lächelnd Katharina, den Prediger unterbrechend.

„Und viel sogar der Königin", erklärte Béza, sich verneigend.

„Ihr sollt sehen," antwortete sie, „meine ergebensten Untertanen werden die Ketzer sein."

„Ach, gnädige Frau," rief Coligny, „welch schönes Königreich würden wir Euch schaffen! Europa nutzt unseren Zwiespalt toll zu seinem Vorteile aus. Seit fünfzig Jahren sah es stets die eine Hälfte Frankreich wider die andere stehen."

„Aber sind wir denn hier, um Wechselgesänge zum Ruhme der Ketzer singen zu hören?" sagte der Kronfeldherr grob.

„Nein, aber um ihre Sinnesänderung herbeizuführen," flüsterte ihm der Kardinal von Lothringen ins Ohr, „und versuchen wollen wir, sie mit einiger Sanftmut an uns zu ziehen."

„Wißt Ihr, was ich unter des Königs Vater getan haben würde?" sagte Anne von Montmorency. „Den Profoß hätt' ich gerufen, um diese beiden Plattfüße ohne weiteres am Louvrefirst aufknüpfen zu lassen."

„Nun, meine Herren, welche Gelehrten wollt Ihr den unsrigen gegenüberstellen?" fragte die Königin, dem Konnetabel mit einem Blicke Schweigen gebietend.

„Duplessis-Mornay und Theodor von Béza sind unsere Anführer", erklärte Chaudieu.

„Der Hof wird zweifelsohne nach dem Schlosse von Saint-Germain übersiedeln und, da es unschicklich sein möchte, wenn dies Kolloquium in der königlichen Residenz stattfände, wollen wir es in der kleinen Stadt Poissy abhalten", antwortete Katharina.

„Werden wir dort in aller Sicherheit sein, Madame?" fragte Chaudieu.

„Ach," entgegnete die Königin mit gespielter Naivität, „Ihr wißt Eure Vorsichtsmaßregeln gut zu treffen. Der Herr Admiral wird sich über diesen Gegenstand mit meinen Vettern Guise und Montmorency ins Einvernehmen setzen."

„Den Henker!" erklärte der Kronfeldherr, „ich will nichts damit zu schaffen haben."

„Wie fangt Ihr es an, daß Eure Sekretäre so charakterfest sind?" sagte die Königin, Chaudieu einige Schritte beiseite führend. „Meines Kürschners Sohn hat sich als erhaben bewiesen..."

„Wir haben den Glauben", sagte Chaudieu.

In diesem Augenblick zeigte der Saal das Bild belebter Gruppen, in welchen die Frage dieser Versammlung behandelt wurde, die nach der Königin Worte bereits den Namen Kolloquium von Poissy angenommen hatte. Katharina blickte Chaudieu an und vermochte ihm zu sagen:

„Ja, ein neuer Glaube!"
„Ach, gnädige Frau, wenn Ihr nicht verblendet wäret durch Eure Verbindungen mit der römischen Kurie, würdet Ihr sehen, daß wir zur wahren Lehre Jesu Christi zurückgreifen, welche uns allen, da sie die Seelengleichheit weiht, gleiche Rechte auf Erden gibt."
„Ihr haltet Euch für Calvins gleichen?" fragte die Königin fein. „Geht, nur vor der Kirche sind wir alle gleich. Doch, wahrlich die Bande zwischen Volk und Thronen auflösen? Nicht nur Ketzer seid Ihr, Ihr empört Euch auch wider den dem Könige gebührenden Gehorsam, indem Ihr Euch von dem dem Papste zukommenden frei macht."
Sie verließ ihn jählings und kehrte zu Theodor von Béza zurück.
„Ich zähle auf Euch, mein Herr," sagte sie zu ihm, „für dies Kolloquium der Gewissen. Laßt Euch alle Zeit."
„Ich glaubte," sagte Chaudieu zum Prinzen von Condé, zum Könige von Navarra und dem Admiral von Coligny, „Staatsgeschäfte würden ernsthafter betrieben."
„Oh, wir alle wissen ganz genau, was wir wollen", erklärte der Prinz von Condé, der einen feinen Blick mit Theodor von Béza wechselte.
Der Bucklige verließ seine Anhänger, um zu einem Stelldichein zu eilen. Der große Prinz von Condé, dies Parteihaupt, war einer der glücklichsten Galane des Hofes. Die beiden schönsten Frauen der Zeit machten sich ihn mit einer solchen Erbitterung streitig, daß die Marschallin von Saint-André, die Frau eines künftigen Triumvirs, ihm ihr schönes Besitztum Saint-Valéry schenkte, um

über die Herzogin von Guise, das Weib des Mannes obzusiegen, der unlängst seinen Kopf auf einem Schafotte herunterhauen lassen wollte. Da sie den Herzog von Nemours nicht von seiner Liebschaft mit Fräulein von Rohan abbringen konnte, liebte sie währenddessen der Reformierten Anführer.

„Ganz anders sind die Menschen hier als in Genf", sagte Chaudieu auf der kleinen Louvrebrücke zu Theodor von Béza.

„Die hier sind munterer, drum kann ich mir nicht erklären, warum sie so verräterisch sind", antwortete ihm Theodor von Béza.

„Verräterisch, verräterisch und zwar ganz gehörig", flüsterte Chaudieu Theodor ins Ohr. „Ich habe in Paris Heilige, auf die ich mich verlassen kann. Und Calvin will ich zum Propheten machen. Christoph soll uns von dem gefährlichsten Feinde befreien."

„Die Königin-Mutter, für welche der arme Teufel die peinliche Frage erlitten, hat ihn bereits ohne irgendwelche Schwierigkeiten zum Parlamentsadvokaten ernennen lassen, und Advokaten sind verräterischer als Mörder. Denkt an Avenelles, der die Geheimnisse unseres ersten Zu-den-Waffen-Greifens verkaufte."

„Christoph kenn ich", sagte Chaudieu mit überzeugter Miene, den Gesandten Genfs verlassend.

Einige Tage nach dem Empfange der heimlichen Gesandten Calvins bei Katharina gegen Ende des nämlichen Jahres, denn damals begann zu Ostern das Jahr — der heutige Kalender ward erst unter Karls des Neunten Regierung eingeführt — ruhte Christoph noch in einem Sessel in der Kaminecke, von wo aus er den Fluß überblicken konnte, in

jenem großen, für das Familienleben bestimmten Saale, in welchem dies Drama begann. Seine Füße hatte er auf einen Schemel gelegt. Mademoiselle Lecamus und Babette Lallier hatten gerade die Umschläge erneuert, die mit einer von Ambrosius gebrachten Flüssigkeit getränkt wurden. Dem war Christophs Pflege von Katharinen anbefohlen. Als der Jüngling einmal von seiner Familie zurückerobert worden war, ward er Gegenstand aufopferndster Sorgfalt. In ihres Vaters Auftrage erschien Babette allmorgendlich und verließ das Haus Lecamus erst am Abend. Vor Christoph erstarben die Lehrlinge in Bewunderung. Geschichten, die ihn mit geheimnisvoller Poesie umgaben, machten über ihn im ganzen Stadtviertel die Runde. Er hatte die Marter erlitten, und der berühmte Ambrosius Paré wandte seine ganze Kunst auf, um ihn zu retten. Was hatte er getan, um solcher sorgsamer Behandlung teilhaftig zu werden? Weder Christoph noch sein Vater ließen auch nur ein Wörtchen darüber verlauten. Die damals allmächtige Katharina hatte ein Interesse daran, zu schweigen, der Prinz von Condé desgleichen. Ambrosius', des Königs und des Hauses Guise Chirurgen, Besuche, dem die Königin-Mutter und die Guisen die Pflege eines im stillen der Ketzerei beschuldigten jungen Burschen erlaubten, verwirrten diese geheimnisvolle Angelegenheit, in der niemand klar sah, in seltsamster Weise. Der Pfarrer von Sankt Peter zu den Ochsen endlich besuchte seines Kirchenvorstehers Sohn zu wiederholten Malen, und solche Besuche machten die Gründe des Zustandes, worin Christoph sich befand, noch unerklärlicher.
Der alte Syndikus, der seinen Plan hatte, antwor-

tete seinen Zunftbrüdern, den Kaufleuten, die ihn auf seinen Sohn hin anredeten, ausweichend: „Ich bin allzu glücklich, lieber Gevatter, ihn gerettet zu haben! — Ja, was wollt Ihr, niemals soll man seinen Finger zwischen Tür und Angel stecken. Mein Sohn hat die Hand an den Scheiterhaufen gelegt und etwas davon heruntergerissen, das mein ganzes Haus in Brand stecken konnte! — Seine Jugend hat man mißbraucht, und uns Bürgerlichen erwächst nur Schimpf und Schande daraus, wenn wir mit den Großen des Umgangs pflegen. — Das bestimmt mich, meinen Jungen zum Justizmann zu machen, das Gericht wird ihn lehren, seine Handlungen und Worte abzuwägen. — Die junge Königin, die jetzt in Schottland ist, hat viel dazu beigetragen; vielleicht aber ist mein Sohn auch allzu unklug gewesen. — Grausamen Kummer hab ich durchgemacht. — Das wird vielleicht der Anstoß sein, daß ich das Geschäft aufgebe; nie wieder will ich an den Hof gehen. Mein Junge hat jetzt genug von der Reformation, Arme und Beine hat sie ihm zerbrochen. Ja, wenn ich Ambrosius nicht hätte! ..."
Dank solchen Reden und dank so klugem Benehmen verbreitete sich im Viertel die Kunde, daß Christoph nicht mehr von „Nickels Kuh" fräße. Jeder fand es natürlich, daß der alte Syndikus seinen Sohn ins Parlament hineinzubringen versuchte, und des Pfarrers Besuche nahm man als ganz natürlich hin. Indem man des Syndikus' Unglücksfälle bedachte, vergaß man seinen Ehrgeiz, der sonst als ungeheuerlich erschienen wäre. Der junge Advokat, der neunzig Tage im Bette gelegen, das man in dem alten Saale aufgeschlagen hatte, konnte erst seit einer Woche wieder aufstehen und hatte

noch zwei Krücken zum Gehen nötig. Babettes Liebe und seiner Mutter Zärtlichkeit rührten Christoph tief; als ihn die beiden Frauen still im Bette liegen hatten, lasen sie ihm streng die Leviten über den Artikel Religion. Der Präsident von Thou machte seinem Patenkinde einen Besuch, wobei er ihn sehr väterlich ermahnte. Als Parlamentsadvokat mußte Christoph Katholik sein, dazu war er durch Schwur verpflichtet; der Präsident aber, der seines Patenkindes Orthodoxie nicht in Zweifel zog, fügte ernst folgende Worte hinzu:

„Du bist grausam geprüft worden, mein Sohn. Ich selber weiß nicht, welche Gründe die Herren von Guise hatten, um dich so zu behandeln; ich fordere dich auf, fortan ruhig zu leben, ohne dich in die Wirrnisse zu mengen, denn der Königin und des Königs Gunst wird sich nie und nimmer auf Anzettler von Unruhen erstrecken. Du bist nicht vornehm genug, um deinem Könige, wie es die Herrn von Guise tun, den Stuhl vor die Tür zu setzen. Wenn du eines schönen Tages Parlamentsrat sein willst, wirst du diese noble Stellung nur durch ernste Anhänglichkeit an die königliche Sache erringen."

Nichtsdestoweniger hatten weder des Präsidenten von Thou Besuch, noch Babettes Verführungskünste noch Mademoiselles Lecamus, seiner Mutter, inständige Bitten den Glauben des Märtyrers der Reformation ins Wanken gebracht. Christoph hing um so mehr an seiner Religion, als er viel für sie gelitten hatte.

„Nie wird mein Vater dulden, daß ich einen Ketzer heirate", flüsterte ihm Babette ins Ohr.

Christoph antwortete nur mit Tränen, die das

hübsche Mädchen stumm und nachdenklich machten.

Der alte Lecamus wahrte seine väterliche und syndikale Würde; er beobachtete den Sohn und sprach wenig. Nachdem er seinen lieben Christoph zurückerobert hatte, war der Greis fast unzufrieden mit sich selber; er bereute, all seine Zärtlichkeit für diesen einzigen Sohn gezeigt zu haben, bewunderte ihn aber im stillen. Zu keiner Zeit seines Lebens ließ der Syndikus mehr Minen springen, um zu seinem Ziele zu gelangen; denn er sah das Korn des so mühsam Gesäten reif und gedachte alles zu ernten.

Einige Tage vor diesem Morgen war er einmal allein mit Christoph und hatte eine lange Unterredung mit ihm, um hinter das Geheimnis des söhnlichen Widerstandes zu kommen. Christoph, der des Ehrgeizes nicht ermangelte, vertraute auf den Prinzen von Condé. Des Prinzen edelmütiges Wort — der ganz einfach nach seiner Fürstenpflicht gehandelt, — stand in seinem Herzen eingeschrieben; aber er wußte nicht, daß Condé ihn im Augenblicke, wo er ihm durch das vergitterte Gefängnisfenster sein rührendes Lebewohl zunickte, damals in Orleans, zu allen Teufeln geschickt hatte. Christoph sagte sich:

‚Ein Gascogner wird mich verstanden haben.'

Neben diesem Bewunderungsgefühl für den Prinzen hegte Christoph aber auch die tiefste Ehrfurcht vor der großen Königin Katharina, die ihm mit einem Blicke ihre Notlage, und daß sie ihn opfern müßte, gezeigt. Und doch hatte sie ihm bei seiner Höllenpein mit einem anderen Blick ein grenzenloses Versprechen durch jene stille, schnellversiegte Träne gegeben. In dem tiefen Schweigen der neunzig Tage und Nächte, die er zu seiner Heilung brauchte, ließ der neue Advokat die Ereignisse von Blois und Orleans an sich vorüberziehen. Wider seinen Willen sozusagen wog er die beiden Versprechen ab: er schwankte zwischen der Königin und dem Prinzen hin und her. Wahrlich hatte er der Königin mehr gedient als der Reformation, und bei einem jungen Manne mußten Herz und Verstand, weniger um dieses Unterschiedes als ihrer Eigenschaft als Frau willen, der Königin zuneigen. Bei ähnlichen Gelegenheiten wird ein Mann immer mehr von einer Frau als von einem Manne erhoffen.

‚Ich habe mich für sie geopfert, was wird sie für mich tun?'

Diese Frage stellte er sich schier unwillkürlich, indem er sich des Tonfalls erinnerte, womit sie: Povero mio! gesagt hatte. Man möchte nicht glauben, bis zu welchem Grade ein Mann, der einsam und krank in seinem Bette liegt, egoistisch wird. Alles, bis auf die ausschließliche Sorgfalt, als deren Gegenstand er sich fühlte, treibt ihn an, nur an sich zu denken. Wenn er über des Prinzen von Condé Verpflichtungen ihm gegenüber nachgrübelte, war Christoph sich gewärtig, mit irgendeinem Hofamte in Navarra bekleidet zu werden. Dies in politicis noch unerfahrene Kind vergaß um so mehr die Sorgen, die Parteihäupter beherrschen und wie schnell sie über Menschen und Ereignisse hinweg eilen, als er in diesem alten dunkelgebräunten Saale sich wie geborgen vorkam. Jede Partei ist notgedrungen undankbar, wenn sie streitet; zu viele Menschen sind zu belohnen, als daß man noch dankbar sein könnte. Soldaten finden sich mit solcher Undankbarkeit ab; Anführer aber kehren sich wider den neuen Herrn, dem sie so lange an Rang gleich waren. Christoph, der einzige, welcher sich seiner Leiden erinnerte, rechnete sich, indem er sich für einen ihrer Märtyrer hielt, schon zu den Häuptern der Reformation. Lecamus, dieser alte kaufmännische Schlaufuchs, der so verschlagen und scharfsinnig war, hatte seines Sohnes geheimsten Gedanken schließlich erraten. Alle seine Manöver stützten sich denn auch auf jenen natürlichen Zustand des Schwankens, dem Christoph ausgeliefert war.

„Wär' es nicht schön", sagte er am Vorabend im Familienkreise zu Babette, „eines Parlamentsrats Weib zu sein? Man würde Euch Madame nennen."

„Närrisch seid Ihr, Gevatter", entgegnete Lallier. „Woher wolltet Ihr denn schließlich zehntausend Taler Renten in Bodenbesitz nehmen, die ein Rat haben muß; und von wem gedächtet Ihr eine Charge zu kaufen? Die Königin-Mutter und Regentin müßte ja nur darauf versessen sein, Euren Sohn ins Parlament einzuschmuggeln, und er huldigt doch ein bißchen zu ketzerischen Meinungen, als daß man ihn dort unterbringen könnte."

„Was würdet Ihr drum geben, wenn Ihr Eure Tochter als Frau eines Rates sehen könntet?"

„Ihr wollt meinem Geldbeutel auf den Grund gukken, Ihr alter Schlauberger Ihr", sagte Lallier.

Parlamentsrat! Dies Wort stiftete Verheerungen in Christophs Hirne an.

Lange nach diesem Gespräche betrachtete Christoph eines Morgens den Fluß, der ihn an die Szene, mit welcher diese Geschichte anhebt, und

den Prinzen von Condé, an la Renaudie und Chaudieu, die Reise nach Blois, kurz an all seine Hoffnungen erinnerte, als der Syndikus sich an seines Sohnes Seite setzte, indem er eine frohe Miene schlecht unter jenem geheuchelten Ernst verbarg.
„Mein Sohn," sagte er, „nach allem, was zwischen dir und den Häuptern des Amboiser Tumultes vor sich gegangen ist, schulden sie dir genugsam, und das Haus Navarra dürfte sich wohl um deine Zukunft kümmern."
„Ja", entgegnete Christoph.
„Nun also," fuhr der Vater fort, „ich habe positive Schritte getan und für dich um die Erlaubnis gebeten, in Bearn ein Justizamt zu kaufen. Unser guter Freund Paré war so freundlich, die Briefe zu übermitteln, die ich in deinem Namen an den Prinzen von Condé und die Königin Johanna geschrieben habe. Hier lies die Antwort des Herrn von Pibrac, des Vizekanzlers von Navarra:
‚An Ehren Lecamus, Syndikus der Kürschnergilde.
Der allergnädigste Prinz von Condé beauftragt mich, Euch sein Bedauern auszudrücken, nichts für seinen Gefährten im Saint-Aignanturme tun zu können. Doch denkt er oft an ihn und bietet ihm eine Gendarmstelle in seiner Kompagnie an, in welcher er Gelegenheit haben dürfte, seinen Weg als herzhafter Mann, der er ist, zu machen. Die Königin von Navarra wartet auf die Gelegenheit, Ehren Christoph zu belohnen, und daran wird es nicht fehlen.
Inzwischen bitten wir Gott, Herr Syndikus, uns in seine Obhut zu nehmen.

    Nérac   Pibrac
                            Kanzler von Navarra.'

„Nérac, Pibrac, krack!" sagte Babette. „Von Gascognern darf man nichts erwarten, die denken nur an sich." Der alte Lecamus blickte seinen Sohn mit spöttischer Miene an.

„Einem armen Kinde, dessen Knie und Knöchel seinetwegen zerbrochen wurden, schlägt er vor, ein Pferd zu besteigen", rief Mademoiselle Lecamus. „Welch grausamer Scherz!"

„Ich sehe dich nicht gerade als Rat in Navarra", erklärte der Syndikus der Kürschner.

„Ich möchte wohl wissen, was die Königin Katharina für mich tun würde, wenn ich meine Zuflucht zu ihr nähme", sagte der niedergeschmetterte Christoph.

„Sie hat dir nichts versprochen," erwiderte der alte Kaufmann; „sicher aber bin ich, daß sie sich nicht über dich lustig machen, hingegen sich deiner Leiden erinnern würde. Könnte sie aber einen protestantischen Bürgerlichen zum Parlamentsrat ernennen?"

„Christoph hat ja nicht abgeschworen!" schrie Babette. „Seine religiösen Meinungen kann er doch wohl für sich behalten."

„Einem Pariser Parlamentsrat gegenüber würde der Prinz von Condé wohl weniger von oben herab sein", sagte Lecamus.

„Parlamentsrat, mein Vater, ist das möglich?"

„Ja, wenn Ihr das nicht ummodelt, was ich für Euch tun will. Hier, mein Gevatter Lallier wird gern seine zweihunderttausend Livres geben, wenn ich ebensoviel für die Erwerbung eines schönen Herrensitzes unter der Bedingung verausgabe, daß er sich von Sohn auf Sohn forterbt. Den wollten wir euch als Mitgift geben."

„Und ich würde noch eine Kleinigkeit für ein Haus in Paris hinzufügen", sagte Lallier.
„Nun, Christoph?" fragte Babette.
„Ihr plant ohne die Königin", antwortete der junge Advokat.
Einige Tage nach dieser ziemlich herben Enttäuschung übermittelte ein Lehrling Christoph folgendes lakonische Briefchen:
„Chaudieu wünscht sein Kind zu sehen."
„Er soll hereinkommen", rief Christoph.
„O mein heiliger Märtyrer!" sagte der Prediger, den Advokaten umarmend, „du bist deiner Schmerzen ledig?"
„Ja, dank Paré."
„Dank Gott, der die Kraft dir verlieh, den Martern standzuhalten! Aber was hab' ich gehört? Du hast dich zum Advokaten ernennen lassen, den Treueid geleistet, die Hure, die katholische, apostolische und römische Kirche wieder anerkannt?..."
„Mein Vater hat's gewollt."
„Müssen wir denn nicht von unseren Vätern, unseren Kindern, unseren Frauen lassen, all das um der heiligen Sache des Calvinismus willen, und alles erleiden?"...
„Ach, Christoph, der große Calvin, die ganze Partei, die Welt, die Zukunft zählen auf deinen Mut und deine Seelengröße. Dein Leben haben wir nötig."
Bemerkenswert ist, daß der Geist des Menschen, selbst des aufopferndsten, gerade wenn er sich ganz aufopfert, in den gefährlichsten Krisen sich stets noch einen Hoffnungsroman zimmert. So rechnete Christoph, als ihn auf dem Wasser unter der

Wechslerbrücke der Prinz, der Soldat und der Prediger gebeten hatten, der Königin Katharina jenen Vertrag zu bringen, welcher ihm, wurde er überrascht, den Kopf kosten mußte, mit seinem Verstande, dem Zufall, mit seiner Klugheit und hatte sich kühn zwischen jene beiden schrecklichen Parteien, die Guisen und Katharina, gewagt, wo er beinahe zermalmt worden wäre. Noch während der peinlichen Frage sagte er sich immer wieder: ‚Ich werde mich herauswinden. Nur die Schmerzen sind zu ertragen...'
Bei der brutalen Forderung: Stirb!, die an einen jungen Burschen gestellt ward, der noch gebrechlich, kaum von der Tortur wiederhergestellt und um so mehr am Leben hing, als er den Tod aus nächster Nähe gesehen hatte, konnte er sich aber unmöglich noch Illusionen machen.
Christoph antwortete ruhig:
„Worum handelt es sich?"
„Wie Stuart auf Minard tapfer einen Pistolenschuß abfeuern."
„Auf wen?"
„Auf den Herzog von Guise."
„Ein Mord?"
„Eine Rache! Vergissest du die hundert Edelleute, die auf dem nämlichen Schafott zu Amboise hingemordet wurden? Ein Kind, der kleine d'Abigné, erklärte, als er diese Metzelei sah: Sie haben Frankreich zerfetzt."
„Ihr müßt alle Schläge hinnehmen und keine austeilen, das ist die Religion des Evangeliums", antwortete Christoph. „Wenn man die Katholiken nachahmen will, wozu taugt es dann, die Kirche zu reformieren?"

„Oh, Christoph, einen Advokaten haben sie aus dir gemacht, und du vernünftelst", sagte Chaudieu.

„Nein, nein, mein Freund", antwortete der Advokat. „Doch die Prinzipien sind zu undankbar, und Ihr und Euresgleichen werdet der Bourbonen Spielbälle sein. Die Bourbonen sind die Handschuhe, wir die Hand."

„Leset!" sagte Christoph, dem Prediger Pibracs Antwort reichend.

„Oh, mein Kind, du bist ehrgeizig... vermagst dich nicht mehr aufzuopfern... Ich beklage dich!..."

Nach diesem schönen Worte eilte Chaudieu hinaus.

Einige Tage nach dieser Szene waren Christoph, die Familie Lallier und die Familie Lecamus Christophs und Babettes Verlobung zu Ehren in dem altersgebräunten Saale vereinigt, wo Christoph nun nicht mehr lag; denn er konnte jetzt die Treppen hinaufsteigen und fing an, sich ohne Krücken fortzubewegen. Es war neun Uhr abends, man erwartete Ambrosius Paré. Der Notar der Familie saß vor einem mit Kontrakten bedeckten Tische. Der Kürschner verkaufte sein Haus und seine kaufmännischen Geschäfte an seinen ersten Gehilfen, welcher das Haus sofort mit vierzigtausend Livres bezahlte und das Haus für die Bezahlung der Kaufmannsgüter, für die er bereits zwanzigtausend Livres anzahlte, verpfändete.

Lecamus erwarb für seinen Sohn ein wundervolles, von Philibert de l'Orme in Stein gebautes Haus, das in der Sankt Peter zu den Ochsen-Straße lag; er gab es ihm als Mitgift. Außerdem nahm der Syndikus zweihundertfünfzigtausend Livres von seinem Vermögen, und Lallier gab ebensoviel für die Erwerbung eines schönen in der Picardie ge-

legenen Herrensitzes, für den man fünfhunderttausend Livres verlangt hatte. Da diese Besitzung zur Lehensfolge der Krone gehörte, hatte man außer der Bezahlung von beträchtlichen Kauf- und Verkaufsgebühren auch noch sogenannte Reskriptionspatente nötig, die vom Könige gewährt wurden.
Die Eheschließung war denn auch bis nach Erlangung dieser königlichen Gunst verschoben worden. Wenn die Pariser Bürger sich das Recht erkämpft hatten, Herrengüter zu kaufen, so hatte die Weisheit des Privatconseils gewisse Einschränkungen hinsichtlich der Ländereien gemacht, die der Krone lehnbar waren; und die Besitzung, die Lecamus seit einem Dutzend Jahren im Auge hatte, gehörte zu dieser Ausnahme. Ambrosius hatte sich stark gemacht, die Kabinettesordre noch am nämlichen Abend zu überbringen. Der alte Lecamus ging zwischen Saal und Tür mit einer Ungeduld auf und ab, die da zeigte, wie groß sein Ehrgeiz war. Endlich traf Ambrosius ein.
„Mein alter Freund," sagte der Chirurg ziemlich aufgeregt und den Abendtisch überschauend, „können sich deine Tischtücher sehen lassen? Gut. So setzt Wachskerzen auf. Eilt Euch, eilt! Sucht das Schönste her, was Ihr besitzt!"
„Was gibt's denn?" fragte der Pfarrer von Sankt Peter zu den Ochsen.
„Die Königin-Mutter und der junge König wollen mit Euch zu Abend speisen", erwiderte der Leibchirurg. „Die Königin und der König erwarten einen alten Rat, dessen Charge Christoph verkauft werden soll, und Herrn von Thou, der den Handel abgeschlossen hat. Tut, wie wenn Ihr nicht benach-

richtigt worden wäret, ich habe mich aus dem Louvre fortgeschlichen."

In einem Nu waren beide Familien auf den Beinen. Christophs Mutter und Babettes Tante gingen und kamen mit der fieberhaften Eile überraschter Hausfrauen. Trotz der Verwirrung, welche diese Nachricht in der Familienversammlung anrichtete, geschahen die Vorbereitungen mit einer Schnelligkeit, die an Wunder grenzte. Christoph, erstaunt, überrascht und bestürzt ob solcher Gunst, saß wortlos da und sah alles ganz mechanisch geschehen.

„Die Königin und der König unter unserem Dache!" sagte die alte Mutter.

„Die Königin!" wiederholte Babette, „was soll man da sagen, was tun?"

Am Ende einer Stunde war alles verändert; der alte Saal geschmückt und der Tisch schimmerte. Dann hörte man Pferdegetrappel in der Straße. Der Glanz der von den Eskortereitern getragenen Fackeln sorgte dafür, daß die Bürger des Viertels die Nase aus dem Fenster steckten. Das alles ging ganz schnell. Der Tumult ließ nach, unter den Laubengängen blieben nur die Königin mit ihrem Sohne, dem König Karl dem Neunten, der zum Großmeister der fürstlichen Kleiderkammer und zum Gouverneur des Königs ernannte Karl von Gondi, Herr von Thou, der alte Rat, der Staatssekretär Pinard und zwei Pagen zurück.

„Wackere Leute," sagte die Königin beim Eintreten, „wir, der König, mein Sohn, und ich wollen den Heiratsvertrag des Sohnes unseres Kürschners unterzeichnen; Bedingung aber ist, daß er katholisch bleibt. Um ins Parlament zu kommen, muß

man katholisch sein, katholisch muß man sein, um Ländereien zu besitzen, die von der Krone abhängen, katholisch muß man sein, um sich an des Königs Tisch zu setzen, nicht wahr, Pinard?"
Der Staatssekretär erschien und wies die Patentbriefe vor.
„Wenn wir nicht alle hier Katholiken sind," sagte der kleine König, „wird Pinard alles ins Feuer werfen; aber wir alle sind doch wohl Katholiken?" fuhr er, mit ziemlich stolzem Blick die ganze Versammlung messend, fort.
„Ja, Sire", antwortete Christoph Lecamus, nicht ohne Mühe das Knie beugend und des jungen Königs Hand küssend, die der ihm hinstreckte.
Die Königin Katharina, die ebenfalls Christoph die Hand reichte, zog ihn jäh auf, führte ihn einige Schritte beiseite und sagte zu ihm:
„Nun, mein Junge, keine Schlaubergereien, nicht wahr? Wir spielen offenes Spiel."
„Ja, gnädige Frau", erwiderte er, hingerissen von der glänzenden Belohnung und der Ehre, die ihm die dankbare Königin erwies.
„Nun, Mosjö Lecamus, der König, mein Sohn und ich, gestatten Euch des Biedermanns Groslay Charge zu erwerben, des Parlamentsrats hier", erklärte die Königin. „Dabei werdet Ihr, hoffe ich, in die Fußtapfen des Herrn Vorgesetzten treten."
Thou trat näher und sagte:
„Ich stehe für ihn ein, gnädige Frau."
„Schön, protokolliert, Notare", äußerte Pinard.
„Da der König, unser Herr, uns die Gunst erweist, meiner Tochter Kontrakt zu unterzeichnen, bezahle ich den ganzen Preis des Herrensitzes", rief Lallier.

„Die Damen können sich setzen", sagte der junge König in anmutigster Weise.

„Als Hochzeitsgabe für die Braut leiste ich mit Einwilligung meiner Mutter auf meine Rechte Verzicht."

Der alte Lecamus und Lallier fielen auf die Knie und küßten des jungen Königs Hand.

„Potzblitz, Sire, wieviel Geld diese Bürger besitzen", flüsterte Gondi ihm ins Ohr.

Der junge König hub zu lachen an.

„Da Eure Gnaden bei guter Laune sind," sagte der alte Lecamus, „wollet mir erlauben, Euch meinen Nachfolger mit der Bitte vorzustellen, ihm das königliche Patent der Versorgung Eurer Häuser weiter zu belassen."

„Wir wollen ihn sehen", erwiderte der König.

Lecamus ließ seinen Nachfolger vortreten; der wurde ganz bleich.

„Wenn meine liebe Mutter es erlaubt, setzen wir uns alle zu Tisch", erklärte der junge König.

Der alte Lecamus besaß die Aufmerksamkeit, dem jungen Könige einen Silberbecher zu schenken, den er von Benvenuto Cellini während seines Aufenthaltes im Hotel de Nesle zu Paris erhalten hatte; nicht weniger als zweitausend Taler hatte der gekostet.

„Oh, meine Mutter, welch schöne Arbeit!" rief der junge König, den Becher beim Fuße erhebend.

„Der stammt aus Florenz", antwortete Katharina.

„Verzeiht mir, gnädige Frau," sagte Lecamus, „er ist in Frankreich von einem Florentiner gearbeitet worden. Was aus Florenz stammt, würde der Königin gehören; was aber in Frankreich geschaffen ward, gebührt dem Könige."

„Ich nehme ihn an, Biedermann," rief Karl der Neunte, „und fortan soll er mein Mundbecher sein!"
„Er ist schön genug," erklärte die Königin, das Meisterwerk prüfend, „um ihn den Kronschätzen zuzufügen."
„Nun, Meister Ambrosius," flüsterte die Königin ihrem Chirurgen, auf Christoph hindeutend, ins Ohr, „habt Ihr ihn gut gepflegt? Wird er gehen können?"
„Fliegen wird er", antwortete lächelnd der Chirurg.
„Ach, sehr schlau habt Ihr ihn uns abtrünnig gemacht."
„Wenn es an Mönchen mangelt, feiert die Abtei doch nicht", antwortete die Königin mit jener Leichtfertigkeit, die man ihr zum Vorwurf machte und die doch nur an der Oberfläche lag.
Das Abendessen war heiter, die Königin fand Babette hübsch, und als große Königin — und als solche zeigte sie sich stets, — steckte sie ihr einen ihrer Diamanten an den Finger, um den Verlust wettzumachen, welchen der Becher bei Lecamus verursachte.
Der König Karl der Neunte, der später vielleicht allzuviel Geschmack an solcher Art Überfällen bei seinen Bürgern fand, speiste mit gutem Appetit; dann veranlaßte er auf ein Wort seines neuen Gouverneurs hin, der, wie es heißt, den Auftrag hatte, ihn alle guten Weisungen des Herrn von Cypierre vergessen zu lassen, den ersten Präsidenten, den alten demissionierenden Rat, den Staatssekretär, den Pfarrer, den Notar und die Bürger so zu trinken, daß die Königin Katharina im Augenblicke aufbrach, wo sie sah, daß die Fröhlichkeit allzu heiß wurde.

Im Moment, wo die Königin-Mutter sich erhob, nahmen Christoph, sein Vater und die beiden Frauen Armleuchter und geleiteten sie bis auf die Ladenschwelle. Dort wagte Christoph die Königin an ihrem langen Ärmel zu zupfen und machte ihr ein Zeichen geheimen Einverständnisses. Katharina blieb stehen, schickte Ehren Lecamus und die beiden Frauen mit einer Handbewegung fort und sagte zu Christoph:
„Was gibt's?"
„Wenn Ihr einen Vorteil daraus ziehen könnt, Madame, so wisset," sagte er, der Königin ins Ohr flüsternd, „daß der Herzog von Guise von Mördern aufs Korn genommen wird..."
„Du bist ein treuer Untertan," erklärte Katharina lächelnd, „und nie werd' ich dich vergessen."
Sie streckte ihm die Hand hin, die ihrer Schönheit wegen so berühmt war, indem sie vorher aber den Handschuh auszog, was für einen Gunstbeweis gelten konnte. Auch ward Christoph, als er diese anbetungswürdige Hand küßte, überzeugter Royalist.
‚Diesen alten Haudegen werden sie mir also vom Halse schaffen, ohne daß ich das geringste damit zu tun habe', dachte sie, ihren Handschuh wieder überstreifend.
Sie stieg auf ihren Maulesel und ritt mit ihren beiden Pagen in den Louvre zurück.
Immer weiter trinkend blieb Christoph doch finster, Ambrosius strenges Gesicht warf ihm seine Abtrünnigkeit vor; die vorhergehenden Ereignisse aber gaben dem alten Syndikus gewonnenes Spiel.
Als Calvinist wäre Christoph den Metzeleien der Sankt Bartholomäusnacht sicherlich nicht entron-

nen, seine Reichtümer und sein Besitz würden die Mörder auf ihn aufmerksam gemacht haben.

Die Historie hat das grausame Los der Frau des Lallierschen Nachfolgers aufgezeichnet, die ein schönes Geschöpf war. Ihr nackter Leichnam blieb drei Tage über an den Haaren an einen der Stützbalken der Wechslerbrücke aufgeknüpft hängen. Babette zitterte damals, als sie dachte, daß es ihr ähnlich hätte ergehen können, wenn Christoph Calvinist — denn so wurden die Reformierten bald genannt — geblieben wäre. Calvins Ehrgeiz ward also befriedigt, doch erst nach seinem Tode. Das war der Ursprung des berühmten Parlamentarierhauses der Lecamus. Tallemant des Réaux beging einen Fehler, als er sie aus der Picardie stammen ließ. Die Lecamussche Familie hatte später ein Interesse daran, ihr Bestehen von dem Erwerb ihrer in jenem Lande gelegenen Hauptbesitzung an zu rechnen. Christophs Sohn, welcher ihm unter Ludwig dem Dreizehnten nachfolgte, ward der Vater jenes reichen Präsidenten Lecamus, der unter Ludwig dem Vierzehnten das prachtvolle Hotel erbaute, das dem Hotel Lambert, welches doch wahrlich eines der schönsten Bauwerke von Paris ist, die Bewunderung der Pariser und der Fremden streitig machte. Das Hotel Lecamus existiert noch in der Rue de Thorigny, obwohl es zu Beginn der Revolution, da es Herrn von Juigné, dem Erzbischof von Paris, gehörte, ausgeplündert ward. Damals sind alle Gemälde dort vernichtet worden, und seitdem haben ihm die Pensionate, die darinnen untergebracht sind, starken Schaden zugefügt. Dieser Palast, der in der alten Kürschnerstraße verdient wurde, ist auch ein Denkmal der schönen Ergebnisse, die einstmals Familiensinn erzielte. Man darf berechtigten Zweifel daran hegen, ob der moderne Individualismus, der durch die gleiche Erbteilung erzeugt wurde, ähnliche Bauwerke aufführen wird.

☆

VERTRAULICHE MITTEILUNGEN DER
BRÜDER RUGGIERI

☆

ZWISCHEN ELF UND ZWÖLF UHR NACHTS saßen gegenEnde desOktobermondes anno 1573 zwei Italiener aus Florenz, zwei Brüder, Albert von Gondi, Marschall von Frankreich, und Karl von Gondi la Tour, Großmeister der königlichen Kleiderkammer Karls des Neunten, oben auf einem in der Sankt Honoriusstraße gelegenen Hause am Rande der Dachrinne. Die Dachrinne ist der Steinkanal, der sich zu jenen Zeiten unten an den Dächern befand, um die Gewässer aufzufangen. In bestimmten Zwischenräumen wird er von langen Wasserspeiern unterbrochen, die in phantastische Tierformen mit weitklaffenden Mäulern ausgehauen sind. Trotz des Eifers, mit dem die augenblickliche Generation die alten Häuser niederreißt, gab's zu Paris noch viele vorragende Traufen, bis kürzlich ein Polizeibefehl über die Abflußröhren sie verschwinden ließ. Nichtsdestoweniger bleiben noch einige skulpierte Dachrinnen übrig, die man hauptsächlich im Herzen des Sankt Antoniusviertels zu sehen bekommt, wo es sich bei der Billigkeit der Mieten nicht lohnt Speicherräume auszubauen.

Seltsam muß es anmuten, daß zwei mit also hohen Chargen bekleidete Persönlichkeiten so dem Katzenmetier nachgingen. Für den aber, der die historischen Schätze jener Zeit durchstöbert, wo die Interessen um den Thron herum sich in so mannigfacher Weise kreuzten, daß man die innere Politik Frankreichs eine Strähne verwirrten Garnes nennen könnte, sind diese beiden Florentiner als wirkliche Katzen in einer Dachrinne sehr an ihrem Platze. Ihre Ergebenheit der Person der Königin Katharina von Medici gegenüber, die sie an den französischen Hof verpflanzt hatte, verpflichtete sie vor keiner Folgerung ihres Sich-Aufdrängens zurückzuweichen. Um aber zu erklären, wie und warum die beiden Höflinge sich also aufgebaut hatten, muß man sich eine Szene vergegenwärtigen, die zwei Schritte von jener Dachrinne, im Louvre, in jenem schönen dunkelgebräunten Saale sich abspielte, welcher uns vielleicht als einziges von Heinrichs des Zweiten Gemächern übrigblieb und wo die Höflinge den beiden Königinnen und dem Könige nach dem Abendessen ihre Aufwartung machten.

Zu jener Zeit speisten Bürger und vornehme Herren, die einen um sechs Uhr, die anderen um sieben Uhr zu Abend; die Raffinierten aber taten es zwischen acht und neun Uhr. Diese Mahlzeit war das heutige Diner. Manche Leute glauben zu Unrecht, die Etikette sei von Ludwig dem Vierzehnten erfunden worden. In Frankreich stammt sie von Katharina von Medici her, die sie so streng schuf, daß der Kronfeldherr Anne von Montmorency nur mit Mühe durchsetzte, hoch zu Roß in den Louvrehof einreiten zu dürfen — seinen Degen hatte er wahrlich leichter errungen —, und solch unerhörte Auszeichnung ward ihm obendrein nur seines hohen Alters wegen zugestanden! Nachdem die Etikette unter den ersten Königen des Hauses Bourbon etwas weniger streng gehandhabt worden war, nahm sie unter dem großen Könige eine orientalische Form an: denn sie stammte aus dem oströmischen Kaiserreiche, das sie wiederum von Persien übernommen hatte. Anno 1573 besaßen nicht nur wenige Leute das Recht, mit ihrem Gefolge und ihren Fackelträgern im Louvrehofe anzulangen (wie unter Ludwig dem Vierzehnten nur die Herzöge und Pairs in der Karosse unter dem Peristyl vorfahren durften), sondern es ließen sich auch die Chargen, welche Erlaubnis besaßen, nach dem Abendmahle die königlichen Gemächer zu betreten, an der Hand herzählen.

Der Marschall von Retz, der da in seiner Wasserrinne Posten stand, bot eines Tages tausend Taler damaligen Geldes dem Türhüter des Kabinetts, um mit Heinrich dem Dritten in einem Augenblicke reden zu können, in welchem er nicht das Recht dazu hatte.

Zu welchem Gelächter fordert einen wirklichen Historiker zum Beispiel das Bild des Schloßhofes zu Blois heraus, in den Maler einen Edelmann hoch zu Roß hineinstellen.

Zu dieser Stunde befanden sich also im Louvre nur die erlauchtesten Persönlichkeiten des Reichs. Die Königin Elisabeth von Österreich und ihre Schwiegermutter Katharina von Medici saßen in der linken Kaminecke. In der anderen Ecke heuchelte, in seinem Sessel vergraben, der König eine Apathie, die mit Verdauung begründet werden konnte: er hatte als ein Fürst gegessen, der von der Jagd zurückkehrte. Vielleicht wollte er auch vom Sprechen Abstand nehmen in Gegenwart so vieler Menschen, die seine Gedanken bespähten. Die Höflinge standen barhäuptig aufrecht im

Grunde des Saals. Die einen plauderten mit leiser Stimme, die anderen beobachteten den König, indem sie einen Blick oder ein Wort von ihm erwarteten. Von der Königin-Mutter gerufen, unterhielt sich ein anderer mit ihr. Wieder ein anderer wagte Karl dem Neunten ein Wort zu sagen, der mit einem Kopfnicken oder einer knappen Äußerung antwortete. Ein deutscher Edelmann, der Graf von Solern, stand hoch aufgereckt in der Kaminecke bei Karls des Fünften Enkelin, die er nach Frankreich begleitet hatte. Bei der jungen Königin saß auf einem Tabouret ihre Ehrendame, die Gräfin von Fiesko, die als eine Strozzi Katharinas Verwandte war. Die schöne Frau von Sauves, eine Nachfahrin von Jacob Coeur, die nacheinander des Königs von Navarra, des Königs von Polen und des Herzogs von Alençon Geliebte wurde, war zum Abendessen eingeladen gewesen; doch war sie zum Stehen genötigt: ihr Gatte war nur Staatssekretär. Hinter diesen beiden Damen plauderten die beiden Gondis mit ihnen. Sie als die einzigen lachten in dieser düsteren Gesellschaft. Gondi, der Herzog von Retz und Kammerjunker geworden war, nachdem er den Marschallstab erlangt hatte, ohne jemals ein Heer befehligt zu haben, war beauftragt gewesen, die Königin zu Speyer an Königs Statt zu heiraten. Solche Gunst beweist zur Genüge, daß er wie sein Bruder zu der kleinen Zahl derer gehörte, denen die beiden Königinnen und der König gewisse Vertraulichkeiten durchgehen ließen. Auf des Königs Seite bemerkte man in erster Linie den Marschall von Tavannes, der Geschäftehalber an den Hof gekommen war, Neufville von Villeroy, einer der geschicktesten Unterhändler jener Zeiten, mit welchem das Glück seiner Familie anhub, und die Herrn von Birago und Chiverni, der eine die Kreatur der Königin-Mutter, der andere Kanzler von Anjou und Polen, der, um Katharinas Vorliebe wissend, sich an Heinrich den Dritten gehängt hatte, jenen Bruder, den Karl der Neunte für seinen Feind hielt. Ferner waren da Strozzi, der Königin-Mutter Vetter, und endlich einige Edelleute, unter denen der alte Kardinal von Lothringen und sein Neffe, der junge Herzog von Guise, hervorstachen, welche beide von Katharina und dem Könige in gewissem Abstande gehalten wurden. Diese beiden Häupter der heiligen Union, die später die Liga genannt ward und die vor einigen Jahren im Einvernehmen mit Spanien gegründet worden war, trugen die Unterwürfigkeit jener Diener zur Schau, die auf die Gelegenheit warten, die Herren zu werden: Katharina und Karl der Neunte beobachteten sie mit gleicher Aufmerksamkeit.

Bei dieser Cour, die ebenso düster war wie der Saal, in dem sie abgehalten wurde, hatte jeder seine Gründe, traurig zu sein oder zu träumen. Die junge Königin war die Beute der Eifersuchtsqualen und verbarg sie schlecht, indem sie scheinbar ihrem Gatten zulächelte, den sie als frommes und anbetungswürdig gutes Weib leidenschaftlich liebte. Marie Touchet, Karls des Neunten einzige Geliebte, welcher er ritterlich treu blieb, war vor mehr denn einem Monde aus Schloß Fayet in der Dauphiné zurückgekehrt, wo sie ihre Niederkunft abgewartet hatte. Sie brachte Karl dem Neunten den einzigen Sohn mit, den er besessen, Karl von Valois, der erst Graf von Auvergne, dann Herzog von Angoulême wurde. Außer dem Kummer, ihre Rivalin dem Könige einen Sohn schenken zu sehen, während sie nur eine Tochter hatte, verspürte die arme Königin die Demütigungen einer plötzlichen Vernachlässigung. Während seiner Geliebten Abwesenheit hatte der König sich seinem Weibe mit einem Überschwange genähert, welchen die Historie lügnerischer Weise als eine seiner Todesursachen ausposaunte. Marie Touchets Rückkehr lehrte die fromme Österreicherin also, welch geringen Anteil das Herz bei ihres Gatten Liebe besessen hatte. Das war nicht die einzige Enttäuschung, welche die Königin bei dieser Gelegenheit erlebte: bislang hatte sie Katharina von Medici für ihre Freundin gehalten, jetzt aber hatte ihre Schwiegermutter aus Politik diesen Verrat begünstigt, indem sie es vorzog, lieber des Königs Geliebten als des Königs Weibe zu dienen. Und das aus folgender Ursache:

Als Karl der Neunte seine Leidenschaft zu Marie Touchet beichtete, zeigte Katharina sich dem Mädchen aus Gründen, die sich auf das Interesse ihrer Herrschaft stützten, günstig gesinnt. Sehr jung an den Hof geworfen, langte Marie Touchet dort zu jener Lebensperiode an, wo schöne Gefühle in Blüte stehen: sie betete den König um seiner selbst willen an. Erschreckt über den Abgrund, in welchen der Ehrgeiz die Herzogin von Valentinois (die bekannter ist unter dem Namen Diana von Poitiers) gestürzt hatte, hegte sie zweifelsohne Angst vor der Königin Katharina und zog ein stilles Glück dem Glanze vor. Vielleicht urteilte sie, daß zwei so junge Liebende wie sie und der König nicht wider die Königin-Mutter zu kämpfen vermöchten. Im übrigen war Marie Touchet, einzige Tochter des Johann Touchet, Herrn von Beauvais und du Quillard, königlichen Rats und Statthalters der Orleanser Ballei, da sie zwischen Bürgertum und niedrigem Adel stand, weder vollkommen adlig noch völlig bürgerlich und konnte nicht wissen, nach welchem Ende der angeborene Ehrgeiz der Pisseleu und der Saint-Vallier zielte, die als vornehme Mädchen mit den heimlichen Waffen der Liebe für ihre Familien stritten. Marie Touchet stand allein, hatte keine Familie und ersparte es Katharinen von Medici, in ihres Sohnes Geliebten einem Mädchen aus großem Hause zu begegnen, die sich wie eine Nebenbuhlerin würde aufgeführt haben. Johann Touchet war einer der Schöngeister der Zeit, dem manche Dichter ihre Werke widmeten, und wollte nichts bei Hofe vorstellen. Marie, ein junges Mädchen ohne Anhang, das ebenso geistreich und unterrichtet, wie einfach und naiv war, dessen Wünsche der königlichen Macht gegenüber harmlos sein mußten, paßte der Königin-Mutter durchaus, die ihr denn auch die größte Liebe entgegenbrachte. Tatsächlich ließ Katharina den Sohn, welchen Marie Touchet im Aprilmonate geboren hatte, vom Parlament anerkennen und erlaubte, daß er den Namen Graf von Auvergne annahm, indem sie Karl den Neunten wissen ließ, daß sie ihm ihre Grundeigentümer, die Grafschaften Auvergne und Lauraguais, testamentarisch hinterlassen würde. Später, als Margarete, die anfängliche Königin von Navarra, Königin von Frankreich ward, focht sie diese Schenkung an und das Parlament annullierte sie; noch später aber entschädigte Ludwig der Dreizehnte aus Ehrfurcht vor dem Blute der Valois den Grafen von Auvergne mit dem Herzogtume Angoulême. Der Marie Touchet, die nichts verlangte, hatte Katharina bereits die Herrschaft Belleville zum Geschenk gemacht. Das war ein titelloser Besitz in nächster Nähe von Vincennes, wohin die Geliebte sich begab, wenn der König nach der Jagd im Schlosse schlief. In dieser düsteren Festung brachte Karl der Neunte den größten Teil seiner letzten Tage zu, und einigen Schriftstellern nach endigte er dort sein Leben, wo Ludwig der Zwölfte seines begonnen hatte. Wiewohl es sehr natürlich für einen so ernstlich verliebten Liebhaber war, an eine vergötterte Frau neue Liebesbeweise zu verschwenden, wenn es legitime Treulosigkeit wettzumachen gilt, vertrat Katharina, nachdem sie ihren Sohn in der Königin Bett gestoßen hatte, Marie Touchets Sache, wie die Frauen etwas zu betreiben pflegen, und warf den König in seiner Geliebten Arme zurück. Alles, was Karl den Neunten außerhalb der Politik beschäftigte, ging von Katharina aus. Die guten Absichten, die sie für dies Kind bekundete, täuschten Karl den Neunten noch einen Augenblick; bald aber fing er an, in ihr eine Feindin zu sehen. Die Gründe, welche Katharinen von Medici in diese Angelegenheit handelnd eingreifen ließen, entgingen also Donna Isabels Blicken, die nach Brantômes Urteil eine der sanftesten Königinnen war, die jemals regiert haben, die niemandem wehe tat oder Unannehmlichkeiten bereitete und selbst ‚ihre Gebete im geheimen las'. Diese lautere Fürstin sah allmählich die Abgründe, die um einen Thron herum klaffen; und das war eine furchtbare Entdeckung, die ihr wohl einigen Schwindel bereiten konnte. Noch schrecklicheren mußte sie späterhin empfunden haben; denn als eine ihrer Damen bei des Königs Tode äußerte, daß sie, wenn sie einen Sohn hätte, jetzt Königin-Mutter und Regentin sein würde, konnte sie antworten:

„Ach, loben wir Gott, daß er mir keinen Sohn geschenkt. Was würde sonst geschehen? Dem armen Kinde hätte man alles genommen, wie man ja auch dem Könige, meinem Gatten, alles nehmen wollte; und ich wäre die Ursache dazu gewesen... Gott hat Mitleid mit dem Staate gehabt und hat alles zum Besten gekehrt."

Diese Fürstin, deren Gemälde Brantôme geliefert zu haben meint, wenn er sagt, daß sie eine sehr angenehme und ebenso schöne und zarte Gesichtsfarbe besaß wie die Damen ihres Hofes, daß sie, obwohl sie von mittlerer Größe war, eine sehr schöne Figur hatte, stellte bei Hofe wenig vor. Da aber des Königs Zustand ihr erlaubte, sich ihrem doppelten Schmerze hinzugeben, verstärkte ihr Gebaren die düstere Farbe des Gemäldes, dem eine junge Königin, die minder grausam als sie getroffen gewesen wäre, lichte Farben hätte verleihen müssen. Die fromme Elisabeth spürte in diesem Augenblicke, daß Eigenschaften, welche Frauen gewöhnlichen Standes in hellstes Licht setzen, einer Souveränin verhängnisvoll werden können. Eine Fürstin, welche nachts über mit anderen Dingen als ihren Gebetbüchern beschäftigt gewesen wäre, würde für Karl den Neunten eine nützliche Zuflucht bedeutet haben, der weder an seiner Frau noch an seiner Geliebten eine Stütze fand.

Was die Königin-Mutter anlangte, so beschäftigte sie sich mit dem Könige, der während des Essens von heiterster Laune gewesen war, die sie als erzwungen erkannte und die einen wider sie geschmiedeten Plan verbergen mußte. Solch plötzliche Ausgelassenheit stach zu lebhaft von der Anspannung der geistigen Kräfte ab, die er nur schwer hinter seiner ewigen Jagdleidenschaft und der wahnsinnigen Arbeit am Schmiedeofen verbarg, wo er Eisen zu ziselieren liebte, als daß Katharina sich dadurch hätte täuschen lassen. Ohne erraten zu können, welcher Staatsmann sich zu solchen Unterhandlungen und Vorbereitungen hergäbe, denn Karl der Neunte führte die mütterlichen Spione auf falsche Spuren, zweifelte Katharina nicht daran, daß sich irgendein Plan gegen sie vorbereite. Kraft ihrer Kombinationen stand Katharina über allen Zufälligkeiten; gegen plötzliche wilde Gewalt aber vermochte sie nichts. Da viele Leute nichts von dem Zustande wissen, in dem sich die Angelegenheiten befanden, die durch die verschiedenen Parteien, welche Frankreich in Aufregung hielten, so kompliziert wurden — verfolgten deren Häupter doch ihre besonderen Interessen — muß man notgedrungen mit wenigen Worten die gefährliche Krise schildern, in welche die Königin-Mutter geraten war. Katharina von Medici hier in einem neuen Lichte zeigen, hieße übrigens den Kernpunkt dieser Novelle vorwegnehmen. Zwei Worte erklären das Wollen dieser Frau, die zu studieren so anziehend ist, und deren Einfluß so starke Spuren in Frankreich hinterließ. Diese beiden Worte heißen Herrschaft und Astrologie. Maßlos ehrgeizig wie sie war, besaß Katharina von Medici keine andere Leidenschaft als die der Macht. Abergläubisch und fatalistisch, gleich anderen hervorragenden Menschen, glaubte sie aufrichtig nur an die okkulten Wissenschaften. Läßt man dies beides außer acht, bleibt sie immer unbegreiflich. Wenn man ihrem Glauben an die Astrologie den Vortritt läßt, fällt das Licht auf die beiden philosophischen Persönlichkeiten dieser Novelle.

Einen Mann gab es, von dem Katharina mehr hielt als von ihren Kindern, dieser Mann war Kosmus Ruggieri. Er hauste in ihrem Hotel Soissons, sie hatte ihn zu ihrem ersten Berater gemacht, der beauftragt war, ihr zu melden, ob die Gestirne Ansichten und gesunden Menschenverstand ihrer üblichen Ratgeber gut hießen. Interessante Präzedenzfälle rechtfertigten die Herrschaft, welche Ruggieri bis zum letzten Augenblick über seine Herrin ausübte.

Einer der weisesten Männer des sechzehnten Jahrhunderts war sicherlich der Arzt Lorenzos von Medici, des Herzogs von Urbino und Katharinas Vaters. Dieser Arzt ward Ruggiero der Alte genannt (vecchio Ruggier und Roger der Alte hieß er bei den französischen Schriftstellern, die sich mit Alchemie befaßten), um ihn von seinen beiden Söhnen, von Lorenz Ruggiero, welcher von kabbalistischen Schriftstellern der Große genannt wird, und von Kosmus Ruggiero, Katharinas Astrologen, zu unterscheiden, der bei mehreren französischen Historikern ebenfalls Roger heißt. Gebräuchlicher ist es geworden sie Ruggieri zu nennen, wie man Katharina auch besser von Medicis statt von Medici nennt. Ruggieri der Alte also war so angesehen im

Hause Medici, daß die beiden Herzöge Kosmus und Lorenz Paten seiner beiden Kinder wurden. Zusammen mit dem berühmten Mathematiker Bazile stellte er in seiner Eigenschaft als Mathematiker, Astrolog und Arzt des Hauses Medici — drei Berufe, die oft Hand in Hand gingen, — Katharinas Nativitätsthema. Zu jener Epoche wurden die okkulten Wissenschaften mit einem Eifer gepflegt, der die ungläubigen Gemüter unseres so außergewöhnlich analytischen Jahrhunderts überraschen mag. Vielleicht werden sie in dieser historischen Skizze den Keim der positiven Wissenschaften aufgehen sehen, die im neunzehnten Jahrhundert ohne die poetische Größe erblühten, welche die kühnen Sucher des sechzehnten Jahrhunderts hineintrugen; denn statt Industrie zu treiben, erhöhten sie die Kunst und befruchteten sie den Gedanken. Der jenen Wissenschaften von den Herrschern jener Zeiten gewährte allgemeine Schutz wurde übrigens durch die wunderbaren Schöpfungen der Erfinder gerechtfertigt, die von der Erforschung des „großen Werkes" ausgingen, um zu erstaunlichen Ergebnissen zu gelangen. Auch waren die Souveräne niemals begieriger auf solche Geheimnisse als zu den Zeiten. Die Fugger, welche jeder Lucullus von heute als seine Fürsten anerkennt und die Bankiers als ihre Lehrer erachten, waren gewißlich schwer zu überrumpelnde Kalkulatoren; diese Männer aber, welche die Kapitalien Europas den ebensosehr wie heutzutage in Schulden erstickenden Herrschern des sechzehnten Jahrhunderts liehen, diese berühmten Wirte Karls des Fünften steckten ihre Gelder in des Paracelsus Schmelzöfen.

Zu Anbeginn des sechzehnten Jahrhunderts war Ruggieri der Alte Haupt jener Geheimuniversität, aus der die Cardanus, die Nostradamus und die Agrippa, die der Reihe nach Ärzte der Valois waren, kurz alle die Astronomen, Astrologen und Alchemisten hervorgingen, welche die Fürsten der Christenheit zu jener Epoche umgaben und die in Frankreich hauptsächlich von Katharina von Medici an den Hof gezogen und beschützt wurden. In dem Nativitätsthema, das Bazile und Ruggieri der Alte stellten, wurden die hauptsächlichsten Ereignisse in Katharinas Leben mit einer Exaktheit vorausgesagt, welche die Verneiner der okkulten Wissenschaften schier zur Verzweiflung bringen müßte. Das Horoskop kündigte die Unglücksfälle, die während der Florentiner Belagerung den Beginn ihres Lebens signalisierten, ihre Heirat mit einem Sohne Frankreichs, die unerwartete Thronbesteigung dieses Prinzen, die Geburt ihrer Kinder und deren Zahl an. Drei ihrer Söhne sollten jeder seinerseits König werden, zwei Töchter sollten Königinnen sein und alle ohne Nachkommenschaft sterben. Diese Voraussage verwirklichte sich in jeder Beziehung, und viele Historiker haben daher geglaubt, sie sei hinterdrein aufgestellt worden.

Jedweder weiß, daß Nostradamus ins Schloß zu Chaumont, wohin sich Katharina nach la Renaudies Verschwörung begab, eine Frau brachte, welche die Gabe besaß in der Zukunft lesen zu können. Unter Franz des Zweiten Regierung nun, als die Königin ihre vier Söhne noch in zartem Alter und bei bester Gesundheit sah, vor Elisabeths von Valois Heirat mit Philipp dem Zweiten, dem

Spanierkönige, vor der Margaretas von Valois mit Heinrich von Bourbon, dem Könige von Navarra, bestätigten Nostradamus und seine Freundin die Umstände des berühmten Horoskops.

Diese zweifellos mit dem zweiten Gesichte begabte Person, die der großen Schule der unermüdlichen „Sucher des großen Werkes" angehörte und deren Privatleben geschichtlich nicht bekannt ward, bestätigte, daß das letzte gekrönte Kind durch Mord endigen würde. Nachdem die Zauberin die Königin vor einen Zauberspiegel gesetzt hatte, worin sich ein Rad widerspiegelte, von dessen Zacken sich je eines Kindes Bild abhob, setzte sie das Rad in Bewegung und die Königin zählte die Zahl der Drehungen, die es machte. Jede Drehung war für jedwedes Kind ein Regierungsjahr. Der auf das Rad gesteckte Heinrich der Vierte machte zweiundzwanzig Drehungen. Dies Weib (manche Autoren machen einen Mann aus ihr) sagte der erschreckten Königin, daß Heinrich von Bourbon tatsächlich französischer König werden und all die Zeit regieren würde. Seit der Zeit, wo sie hörte, daß er nach dem letzten ermordeten Valois den Thron besteigen würde, verfolgte Katharina die Béarnaisen mit tödlichem Hasse. Als sie neugierigerweise ihre eigene Todesart wissen wollte, wurde ihr gesagt, sie solle sich vor Saint-Germain hüten. Da sie meinte, sie würde im Schlosse von Saint-Germain eingesperrt werden oder gewaltsam sterben, setzte sie seit dem Tage keinen Fuß mehr hinein, wiewohl dies Schloß wegen seiner Nähe bei Paris viel besser für all ihre Pläne taugte als alle anderen, wohin sie sich während der Wirren mit dem Könige flüchtete. Als sie einige Tage nach des Herzogs von

Guise Ermordung auf der Ständeversammlung zu Blois krank wurde, fragte sie nach dem Namen des ihr Beistand leistenden Prälaten. Man sagte ihr, er heiße Saint-Germain.

„Ich bin verloren!" schrie sie.

Anderen Morgens starb die Königin, nachdem sie übrigens die Zahl der Lebensjahre erreicht hatte, die ihr alle ihre Horoskope zubilligten.

Diese Voraussage – sie war dem Kardinal von Lothringen bekannt, und er hielt sie für Zauberei – verwirklichte sich heute. Franz der Zweite hatte nur seine beiden Raddrehungen regiert und Karl der Neunte vollendete in diesem Augenblick seine letzte Drehung. Wenn Katharina ihrem nach Polen aufbrechenden Sohne Heinrich die seltsamen Worte: „Ihr werdet bald wiederkommen", zurief, muß man sie ihrem Glauben an die okkulten Wissenschaften und nicht ihrem Plane, Karl den Neunten vergiften zu wollen, zuschreiben.

Margarete von Frankreich war Königin von Navarra, Elisabeth Spanierkönigin und der Herzog von Anjou König von Polen.

Viele andere Umstände bestärkten Katharinen in ihrem Glauben an die okkulten Wissenschaften. Am Abend vor dem Turniere, auf welchem Heinrich der Zweite tödlich verwundet ward, sah Katharina diesen verhängnisvollen Lanzenstoß im Traume. Ihr astrologischer Rat, der sich aus Nostradamus und den beiden Ruggieri zusammensetzte, hatte ihr des Königs Tod vorausgesagt. Die Historie weiß von den inständigen Bitten zu berichten, die Katharina tat, um Heinrich den Zweiten zu verpflichten, nicht in die Schranken zu gehen. Die Vorhersagung und der durch die Vorhersagung erzeugte Traum gingen in Erfüllung. Die Memoiren der Zeit berichten ein nicht minder seltsames Ereignis. Der Kurier, der den Sieg von Montcontour meldete, langte zur Nachtzeit an, nachdem er so wild drauflosgeritten war, daß drei Pferde tot unter ihm zusammengebrochen waren. Man weckte die Königin-Mutter, die da erklärte: Ich wußte es. Tatsächlich hatte sie am Vorabend, sagt Brantôme, ihres Sohnes Triumph und einige Einzelheiten der Schlacht geschildert. Der Astrolog des Hauses Bourbon erklärte, daß der Nachfahre so vieler, vom heiligen Ludwig abstammenden Fürsten, daß Anton von Navarras Sohn König von Frankreich sein würde. Diese von Sully überlieferte Vorhersagung ging genau nach den Terminen des Horoskops in Erfüllung, was Heinrich den Vierten zu dem Ausspruch hinriß, daß diese Leute mit ihren vielen Lügen manchmal auch die Wahrheit träfen.

Wie dem auch sein möge, wenn die meisten klugen Köpfe jener Zeit an die von den Meistern der Astrologie Magie und vom Publikum Zauberei genannte vielseitige Wissenschaft glaubten, so wurden sie durch die Erfolge der Horoskope dazu ermächtigt. Für Kosmus Ruggieri, ihren Mathematiker, ihren Astronomen, ihren Zauberer, wenn man will, ließ Katharina die an die Getreidehalle sich anlehnende Säule errichten, die einzige Spur, welche vom Hotel Soissons übrigblieb. Kosmus Ruggieri besaß wie die Beichtiger einen geheimnisvollen Einfluß, mit dem er sich wie jene zufrieden gab. Er nährte übrigens einen geistigen Ehrgeiz, welcher dem gewöhnlichen Ehrgeiz sehr überlegen ist. Dieser Mann, den die Romanschriftsteller und

Dramenschreiber als einen Taschenspieler schildern, besaß die reiche Abtei Saint-Mahé in der Niederbretagne und hatte hohe geistliche Würden abgelehnt. Das Gold, das ihm die abergläubischen Leidenschaften jener Epoche in Fülle zuwendeten, genügte ihm für sein heimliches Unterfangen, und der Königin Hand, die über seinem Haupte ausgestreckt war, sorgte dafür, daß ihm auch nicht ein Haar gekrümmt ward.

Was den Durst nach Herrschaft anlangt, der Katharinen verzehrte, so war ihre Lust, Macht zu erobern, so groß, daß sie sich, um sie zu erhaschen, mit den Guisen, des Thrones Feinden, verbündete. Und um die Staatszügel in der Hand zu behalten, benutzte sie jedes Mittel, indem sie ihre Freunde, ja selbst ihre Kinder opferte. Diese Frau konnte nur in Herrscherintrigen leben, wie ein Spieler nur in den Aufregungen des Spieles lebt. Wiewohl sie Italienerin und der wollüstigen Familie der Medici entsprossen war, konnten die Calvinisten, die sie so sehr verleumdet haben, nicht einen einzigen Liebhaber bei ihr entdecken. Als eine Bewunderin der Maxime: Trennen, um zu regieren, hatte sie seit zwölf Jahren gelernt, ständig eine Macht der anderen entgegenzustellen. Sobald sie den Staatszügel in die Hand nahm, sah sie sich gezwungen Zwietracht zu unterhalten, um die Kräfte der beiden rivalisierenden Häuser zu neutralisieren und die Krone zu retten. Dies notwendige System hat Heinrichs des Zweiten Weissagung gerechtfertigt. Katharina erfand jenes politische Schaukelspiel, das seitdem von allen sich in ähnlicher Lage befindlichen Fürsten nachgeahmt wurde; sie stellte nacheinander die Calvinisten den Guisen und die Guisen den Calvinisten entgegen. Nachdem sie die beiden Religionen einander im Herzen der Nation sich hatte befehden lassen, stellte Katharina den Herzog von Alençon Karl dem Neunten entgegen. Nachdem sie die Dinge einander den Fehdehandschuh hatte hinwerfen lassen, hetzte sie die Menschen aufeinander, indem sie die Knoten all ihrer Interessen in den Händen behielt. Bei solch einem Spiele aber, das den Kopf eines Ludwigs des Elften oder eines Ludwigs des Achtzehnten verlangte, zieht man sich unabwendbar den Haß aller Parteien zu. Man verdammt sich dazu, immer siegen zu müssen, denn eine einzige verlorene Schlacht macht einem alle Interessen zu Feinden; freilich findet man beim ewigen Gewinnen schließlich keine Mitspieler mehr. Der größte Teil der Herrschaft Karls des Neunten war der Triumph der häuslichen Politik dieses erstaunlichen Weibes. Wieviel List mußte Katharina nicht aufbieten, um den Befehl über die Heere dem Herzog von Anjou zuzuschieben unter einem jungen tapferen, ruhmgierigen, fähigen und edelmütigem Könige und angesichts des Kronfeldherrn Anne von Montmorency! In den Augen der Politiker Europas hatte der Herzog von Anjou die Ehre der Bartholomäusnacht, während Karl der Neunte alles, was schimpflich an ihr war, einstecken mußte. Nachdem sie dem Könige eine blinde und heimliche Eifersucht wider seinen Bruder eingeflößt hatte, bediente sie sich dieser Eifersucht, um Karl des Neunten große Eigenschaften in den Intrigen einer bürgerlichen Rivalität abzustumpfen. Cypierre, der erste Gouverneur, und Amyot, Karls des Neunten Lehrer, hatten aus ihrem Schüler einen so großen Menschen gemacht, hatten eine so schöne Regierung vorbereitet, daß die Mutter vom ersten Tage an, wo sie die Macht zu verlieren fürchtete, nachdem sie sie so mühselig errungen, einen Haß auf ihren Sohn warf. Auf diese Gegebenheiten hin haben die meisten Historiker an irgendwelche Vorliebe der Königin-Mutter für Heinrich den Dritten geglaubt; das Benehmen aber, das sie in diesem Augenblicke an den Tag legte, beweist die völlige Gefühllosigkeit ihres Herzens gegen ihre Kinder. Als der Herzog von Anjou nach Polen reiste, um seine Regierung anzutreten, beraubte sie sich des Werkzeuges, dessen sie bedurfte, um Karl den Neunten durch jene häuslichen Kabalen in Atem zu halten, die bis dato seine Energie unwirksam gemacht hatten, indem sie seinen maßlosen Gefühlen Nahrung bot. Dann ließ Katharina la Moles und Coconnas Verschwörung schmieden, in welche sie den Herzog von Alençon verstrickte, der, durch seines Bruders Regierungsantritt Herzog von Anjou geworden, sich in willigster Weise für seiner Mutter Absichten hergab, indem er einen Ehrgeiz entfaltete, zu dem ihn seine Schwester Margarete, die Königin von Navarra, ermutigte. Diese Verschwörung war damals bis zu dem Punkte gediehen, wo sie Katharina haben wollte. Ihr Ziel war, den jungen Herzog und seinen Schwager, den König von Navarra, an die Spitze der Calvinisten zu stellen, sich Karls des Neunten zu bemächtigen und diesen erbenlosen König gefangen zu halten. Er sollte so die Krone dem Herzog überlassen, dessen Absicht dahin ging, den Calvinismus in Frankreich durchzusetzen.

(Einige Tage vor seinem Tode hatte Calvin die Belohnung erhalten, die sein Ehrgeiz so sehr ersehnte: er sah, daß die Reformation sich ihm zu Ehren Calvinismus nannte.) Wenn le Laboureur und die urteilsfähigsten Schriftsteller nicht schon bewiesen hätten, daß la Mole und Coconnas, die fünfzig Tage nach der Nacht, mit welcher diese Geschichte anhebt, verhaftet und im folgenden Aprilmonde enthauptet wurden, die Opfer der Politik der Königin-Mutter waren, würde die Teilnahme des Kosmus Ruggieri an dieser Affaire genügen, um den Gedanken zu erwecken, daß sie beider Unternehmen heimlich lenkte. Dieser Mann, gegen den der König viel Argwohn und Haß hegte, dessen Gründe hier genugsam erörtert werden sollen, ward in den Prozeß verwickelt. Er räumte ein, la Mole eine den König darstellende Figur verschafft zu haben, deren Herz von zwei Nadeln durchbohrt war. Diese Art der ‚Behexung' stellte zu jenen Zeiten ein Verbrechen dar, worauf Todesstrafe stand. Das Wort Behexung deutet eines der gräßlichsten höllischen Bilder an, die der Haß auszumalen vermag; wunderbar erklärt es übrigens die magnetische und schreckliche Operation, nach der in der okkulten Welt ein ständiges Verlangen herrscht, womit sie die so dem Tode geweihte Persönlichkeit umkreist, deren Wachsbild ständig an die erhofften Wirkungen erinnert. Die damalige Justiz dachte mit Recht, daß ein verkörperter Gedanke ein Majestätsverbrechen bedeute. Karl der Neunte verlangte des Florentiners Tod, aber die mächtigere Katharina setzte beim Parlamente vermittelst des Rates Lecamus durch, daß ihr Astrolog nur zur Galeere verurteilt ward. Als der König tot war, wurde Kosmus Ruggieri durch einen Befehl Heinrichs des Dritten begnadigt, der ihn auch wieder in Genuß seiner Pensionen setzte und ihn bei Hofe empfing.

Katharina hatte damals ihres Sohnes Herzen so viele Wunden beigebracht, daß er in diesem Augenblicke voller Ungeduld ersehnte, der Mutter Joch abzuschütteln. Seit Marie Touchets Abwesenheit hatte sich der unbeschäftigte Karl der Neunte vorgenommen, alles um sich her zu beobachten. Sehr geschickt stellte er Leuten, derer er sich sicher glaubte, Fallen, um ihre Treue zu erproben. Seiner Mutter Schritte überwachte er und entzog ihr die Kenntnis der seinigen, indem er sich, um sie zu täuschen, all der Fehler bediente, die sie ihn gelehrt. Vom Verlangen verzehrt, den in Frankreich durch die Bartholomäusnacht hervorgerufenen Abscheu gegen sich zu ersticken, beschäftigte er sich voll Eifer mit den Staatsangelegenheiten, saß dem Rate vor und bestrebte sich, die Zügel der Regierung durch geschickt abgewogene Handlungen zu ergreifen. Obwohl die Königin versucht hatte, ihres Sohnes Dispositionen zu bekämpfen, indem sie alle Mittel ihres Einflusses spielen ließ, welche mütterliche Autorität ihr über seinen Geist und ihre Gewohnheit, ihn zu beherrschen, boten, greift der Hang zum Mißtrauen doch so schnell um sich, daß der Sohn beim ersten sich Aufbäumen zu weit ging, um je wieder zurückfinden zu können. Am Tage, wo Karl dem Neunten die von seiner Mutter dem Polenkönige gegenüber geäußerten Worte hinterbracht wurden, fühlte er sich in einem so schlechten Gesundheitszustande, daß ihn furchtbare Gedanken überkamen; und wenn derartige

Verdächtigungen eines Sohnes und eines Königs Herz verwüsten, vermag nichts mehr sie zu zerstreuen. Tatsächlich sah sich seine Mutter an seinem Sterbebette genötigt, ihn mit dem Schrei: „Sagt so etwas nicht, Monsieur!" in dem Augenblicke zu unterbrechen, wo er, Heinrich dem Vierten sein Weib und seine Tochter anvertrauend, ihn als Wächter gegen Katharina aufstellen wollte. Wiewohl Karl der Neunte nicht jenes äußerlichen Respektes ermangelte, auf welchen sie immer so eifersüchtig war, weswegen sie die Könige, ihre Kinder, nur mit „Monsieur" anredete, fühlte die Königin seit einigen Monden aus ihres Sohnes Gebaren die schlecht verhehlte Ironie einer zurückgedämmten Rache heraus. Wer Katharina aber überrumpeln wollte, mußte geschickt sein. Bereit hielt sie des Herzogs von Alençon und la Moles Verschwörung, um durch eine neue brüderliche Rivalität die Bemühungen zu vereiteln, welcher Karl der Neunte sich befleißigte, um seine Emanzipation durchzusetzen. Nur wollte sie, bevor sie sie benutzte, all das Mißtrauen zerstreuen, das jede Versöhnung zwischen ihr und ihrem Sohne unmöglich machen konnte. Denn würde er einer Mutter die Macht überlassen, die ihn zu vergiften imstande war? Auch glaubte sie sich in diesem Momente so ernstlich bedroht, daß sie Strozzi, ihren Verwandten, einen durch seine Tatkraft bemerkenswerten Soldaten, herbeordert hatte. Mit Birago und den Gondis hielt sie geheime, verdächtige Zusammenkünfte ab, und niemals hatte sie ihr Orakel im Hotel Soissons häufiger befragt.

Wiewohl die Übung im Heucheln ebensowohl wie

das Alter Katharinen jene Äbtissinnenmaske verliehen hatten, die stolz und entsagungsvoll, fahl und nichtsdestoweniger voller Tiefe, verschwiegen, inquisitorisch und für die Augen aller derer, die ihr Bild studiert haben, so bemerkenswert war, entdeckten Höflinge doch einige Schatten auf diesem Florentiner Spiegel. Keine Herrscherin zeigte sich imposanter als dieses Weib seit dem Tage, wo es ihr gelungen war, die Guisen nach Franz des Zweiten Tode in Schach zu halten. Nie hat sie die Trauer um Heinrich den Zweiten abgelegt. Ihre schwarzsamtene Schnebbenhaube saß wie eine weibliche Mönchskappe auf ihrem gebieterischen und kalten Haupte, dem sie übrigens bei Gelegenheit etwas italienisch Verführerisches zu verleihen wußte. Sie war so wohlgebaut, daß sie für die Frauen die Mode aufbrachte so zu Pferde zu sitzen, daß die Beine sich zeigten. Damit ist zur Genüge gesagt, daß die ihrigen die vollkommensten der Welt waren. In Europa, wo Frankreich seit langem seine Moden durchsetzte, stiegen alle Frauen nun gleich ihr zu Pferde. Dem, der sich diese imposante Figur vorzustellen vermag, wird das Gemälde, das der Saal darbot, plötzlich einen grandiosen Anblick gewähren. Diese beiden an Charakter, Schönheit, Anzug so verschiedenen und fast entzweiten Königinnen — die eine war naiv und nachdenklich, die andere nachdenklich und ernst wie eine Abstraktion, — hingen alle beide viel zu sehr ihren Gedanken nach, um an diesem Abend die Parole zu erteilen, welche die Höflinge zu ihrer Belebung erwarteten.

Das tief verborgene Drama, welches Sohn und Mutter seit sechs Monden spielten, war von einigen

Höflingen erraten worden. Besonders aber die Italiener hatten es aufmerksamen Auges verfolgt, denn alle mußten sie mit geopfert werden, wenn Katharina der Partie verlustig ging. Unter solchen Umständen und vor allem in einem Augenblick, wo Sohn und Mutter sich um die Wette betrogen, mußte vorzüglich der König die Blicke beschäftigen. An diesem Abend sah Karl der Neunte, der von einer langen Jagd und vorgeschützten ernsthaften Beschäftigungen müde war, wie vierzigjährig aus. Angelangt war er beim letzten Stadium der Krankheit, an welcher er starb und die manche ernsthafte Leute zu dem Glauben ermächtigte, daß er vergiftet sei. Nach Thou, jenem Tacitus der Valois, fanden die Chirurgen in Karls des Neunten Körper verdächtige Spuren (ex causâ incognitâ reperti livores). Die Trauerfeierlichkeiten dieses Fürsten wurden noch mehr vernachlässigt als die Franz des Zweiten. Von Saint-Lazare nach Saint-Denis ward Karl der Neunte von Brantôme und einigen Bogenschützen der vom Grafen von Solern befehligten Leibwache geleitet. Dieser Umstand, verbunden mit dem zu vermutenden Hasse der Mutter auf den Sohn, kann die von Thou geführte Anklage in etwas bestätigen, sie sanktioniert aber die hier vertretene Meinung über die geringe Zuneigung, welche Katharina für alle ihre Kinder hegte, eine Gefühllosigkeit, die ihre Erklärung in Katharinas festen Glauben an die Urteile der Astrologie findet. Dies Weib konnte sich nicht weiter um Instrumente, die versagten, kümmern. Heinrich der Dritte war der letzte König, unter dem sie regieren sollte, das ist alles. Heute können wir uns ruhig dem Glauben hingeben, daß Karl der

Neunte eines natürlichen Todes starb. Seine Exzesse, seine Lebensweise, die plötzliche Entwicklung seiner Fähigkeiten, seine letzten Anstrengungen, die Zügel der Macht wieder an sich zu reißen, seine Lebensgier, der Mißbrauch seiner Kräfte, seine letzten Leiden und seine letzten Freuden, all das beweist unparteiischen Gemütern, daß er an Lungenschwindsucht starb, einer damals wenig bekannten, schlecht beobachteten Krankheit, deren Symptome Karl den Neunten selber zu dem Glauben bringen konnten vergiftet zu sein. Das wirkliche Gift aber, das ihm die Mutter reichte, ruhte in den furchtbaren Ratschlägen der ihn umgebenden Höflinge, die bezweckten, daß er seine geistigen sowohl wie seine physischen Kräfte vergeudete, und die so seine rein gelegentliche und nicht wesentlich begründete Krankheit heraufbeschworen. Mehr denn zu jeder anderen Epoche seines Lebens zeichnete sich Karl der Neunte durch jene düstere Majestät aus, die Königen nicht übel ansteht. Die Größe seiner geheimen Gedanken spiegelte sich auf seinem Antlitz wieder, das bemerkenswert war durch jenen italienischen Teint, den er von seiner Mutter geerbt hatte. Diese elfenbeinerne Blässe, die so schön bei Licht und so günstig für den Ausdruck der Melancholie war, hob kräftig das Feuer seiner blauschwarzen Augen hervor, die, zwischen schwere Lider gepreßt, so die scharfe Feinheit gewannen, welche lebhafte Einbildungskraft von dem Königsblicke verlangt, und deren Farbe Verstellung begünstigen mag. Karls des Neunten Augen waren besonders schrecklich durch die Anordnung der hochgezogenen Brauen, die im Einklange mit einer offenen Stirn standen und die er nach Belieben heben oder senken konnte. Er hatte eine breite und lange, am Ende dicke Nase, eine veritable Löwennase; große Ohren, strohblonde Haare, einen schier blutroten Mund, wie man ihn bei Brustkranken findet, dessen Oberlippe schmal und ironisch und dessen Unterlippe voll genug war, um die schönsten Herzenseigenschaften vermuten zu lassen. Die dieser Stirne eingeprägten Falten, deren Jugend durch fürchterliche Sorgen zerstört worden war, flößten ein lebhaftes Interesse ein. Die durch die Zwecklosigkeit der Bartholomäusnacht verursachten Gewissensbisse hatten dort mehr denn eine hervorgerufen. Doch auch zwei andere Falten waren auf seinem Gesichte eingeprägt; sehr beredt wären die für einen Weisen gewesen, dem ein besonderes Genie erlaubt haben würde, die Elemente der modernen Physiologie zu erraten. Diese beiden Falten riefen eine kräftige Furche hervor, die von jedem Backenknochen nach dem Mundwinkel führte und die übermäßige innere Anstrengung eines erschöpften Organismus verrieten, die Arbeit der Gedanken und die wilden Vergnügungen des Körpers zu leisten. Karl der Neunte war völlig erschöpft. Wenn die Königin-Mutter ihr Werk sah, hätte sie sich Gewissensbisse machen müssen, falls die bei Menschen, die unter dem Purpur sitzen, nicht erstickt würden. Wäre Katharina, wenn sie sich vorher der Wirkungen ihrer Intrigen auf ihren Sohn bewußt gewesen, etwa vor ihnen zurückgeschreckt? Welch furchtbares Schauspiel! Dieser so kraftvoll geborene König war schwach geworden, dieser so gediegene Geist lebte voller Zweifel: der Mann, in dem die Autorität thronte, fühlte sich schutzlos; ein so fester Charakter besaß nicht das mindeste Selbstvertrauen. Kriegerische Kraft hatte sich allgemach in Wildheit, Verschwiegenheit in Heuchelei verwandelt; die erlesene und zarte Liebe der Valois verkehrte sich in unstillbare Liebesraserei. Dieser verkannte, verdorbene, in tausend Seiten seiner schönen Seele abgestumpfte Mensch, ein machtloser König, der ein edles Herz besaß, keinen Freund hatte und von tausend Plänen hin und her gezerrt ward, zeigte das traurige Bild eines vierundzwanzigjährigen Mannes, der von allem enttäuscht, jedwedem mißtraut und entschlossen ist, mit allem, selbst mit dem Leben zu spielen. Seit kurzer Zeit hatte er seine Mission begriffen, war sich seiner Macht, ihrer Hilfsquellen und der Hindernisse klar geworden, die seine Mutter dem Frieden des Reiches in den Weg stellte; dies Licht aber brannte in einer zerbrochenen Lampe.

Zwei Männer, die dieser Fürst bis zu dem Grade liebte, daß er den einen der Metzelei der Bartholomäusnacht entzogen und bei dem anderen in dem Momente gespeist hatte, wo seine Feinde ihn anklagten, Karl den Neunten vergiftet zu haben, sein Leibarzt Johann Chapelain und sein Leibchirurg Ambrosius Paré, von Katharina entboten und in aller Hast aus der Provinz herbeigeeilt, fanden sich dort um die Schlafensstunde ein. Beide betrachteten ihren Herrn voller Besorgnis. Einige Höflinge befragten sie mit leiser Stimme; die beiden Gelehrten aber wogen ihre Antworten ab, indem sie das Todesurteil verheimlichten, welches sie gefällt. Von Zeit zu Zeit riß der König seine trägen Augenlider auf und versuchte seinen Höflingen den Blick zu verbergen, den er seiner

Mutter zuwarf. Plötzlich erhob er sich jäh und stellte sich vor den Kamin.

„Herr von Chiverni," sagte er, „warum behaltet Ihr den Titel Kanzler von Anjou und Polen bei? Steht Ihr in unserem oder unseres Bruders Dienst?"

„Ganz gehöre ich Euch, Sire", antwortete Chiverni, sich verneigend.

„Kommt doch morgen; ich beabsichtige Euch nach Spanien zu schicken, denn seltsame Dinge gehen am Hofe zu Madrid vor sich, meine Herren."

Der König blickte sein Weib an und warf sich wieder in den Sessel.

„Überall gehen seltsame Dinge vor", sagte er mit leiser Stimme zum Marschall von Tavannes, einem der Günstlinge seiner Jugendzeit.

Er erhob sich, um den Kameraden seiner Jugendvergnügungen in die Nische des in der Salonecke befindlichen Fensters zu führen, und sagte zu ihm: „Ich bedarf deiner. Bleib als letzter hier. Wissen will ich, ob du für oder gegen mich bist. Spiel nicht den Erstaunten. Ich zerreiße mein Gängelband. Meine Mutter ist die Ursache alles Übels hier. In drei Monaten bin ich entweder tot oder wirklicher König. Bei deinem Leben, schweig! Du hast mein Geheimnis, du, Solern und Villeroy. Wird eine Indiskretion begangen, kommt sie von einem von Euch. Halt dich nicht so in meiner Nähe, geh, mach meiner Mutter den Hof, sag ihr, ich stürbe, und du bedauerst mich nicht, weil ich ein gar zu armseliger Tropf sei."

Den Arm auf die Schulter seines alten Günstlings gestützt, mit dem er sich, um die Neugierigen zu täuschen, über seine Leiden zu unterhalten schien, ging Karl der Neunte auf und nieder. Dann fürchtete er seine Kühle allzu deutlich zu zeigen und trat deshalb zu den beiden Königinnen, um mit ihnen zu plaudern. Birago rief er zu ihnen. In diesem Augenblicke schlich sich Pinard, einer der Staatssekretäre, von der Tür zu Katharina hin, indem er wie ein Aal die Mauern entlang glitt. Er flüsterte der Königin-Mutter zwei Worte ins Ohr; die antwortete bejahend. Der König fragte seine Mutter nicht, um was es sich handle. Wieder setzte er sich in seinen Sessel und wahrte Schweigen. Vorher hatte er dem Hofe einen furchtbar zornigen und eifersüchtigen Blick zugeworfen. Dieser geringfügige Vorfall war in aller Höflinge Augen von enormer Wichtigkeit. Diese Ausübung der Macht, ohne den König teilnehmen zu lassen, wirkte wie der Wassertropfen, der das Glas überfließen macht.

Die Königin Elisabeth und die Gräfin von Fiesko zogen sich zurück, ohne daß der König acht darauf gab; die Königin-Mutter aber geleitete ihre Schwiegertochter bis an die Tür. Obwohl die Mißhelligkeit zwischen Mutter und Sohn, Katharinas und Karls des Neunten Gesten, Blicke und Haltung lebhaftes Interesse erweckten, machte ihre kalte Haltung den Höflingen begreiflich, daß sie im Wege waren; sie verließen den Salon, als die junge Königin hinausgegangen war. Um zehn Uhr waren nur mehr einige Intime, die beiden Gondis, Tavannes, der Graf von Solern, Birago und die Königin-Mutter zugegen.

In schwarze Schwermut versunken verharrte der König. Dies Schweigen wirkte ermüdend. Katharina schien bestürzt, sie wollte aufbrechen, wünschte, daß der König sie hinausgeleite; der König aber blieb hartnäckig in seine Träumerei versunken. Sie erhob sich, um ihm gute Nacht zu sagen. Karl der Neunte sah sich genötigt, ein Gleiches zu tun. Sie nahm seinen Arm, tat einige Schritte mit ihm, um sich an sein Ohr zu neigen und ihm folgende Worte zuraunen zu können:

„Ich habe Euch wichtige Dinge anzuvertrauen, Monsieur."

Ehe die Königin-Mutter aufbrach, blinzelte sie den Herren von Gondi in einem Spiegel zu, was um so besser sich ihres Sohnes Blicken entziehen konnte, als dieser selbst dem Grafen von Solern und Villeroy einen Blick geheimen Einverständnisses zuwarf. Tavannes war nachdenklich.

„Sire," erklärte der Marschall von Retz, sein Nachsinnen aufgebend, „ich finde Euch königlich gelangweilt. Belustigt Ihr Euch denn gar nicht mehr? Herr Gott, wo ist die Zeit hin, wo wir uns damit unterhielten, abends durch die Straßen zu stromern?"

„Ach, eine schöne Zeit war das", antwortete der König nicht ohne einen Seufzer.

„Warum geht Ihr nicht mehr hin?" äußerte Birago sich zurückziehend und den Gondis einen verstohlenen Blick zuwerfend.

„Immer erinnere ich mich voller Freude jener Zeiten", rief der Marschall von Retz.

„Gerne würd ich Euch auf den Dächern sehen, Marschall", sagte Tavannes. „Verfluchter italienischer Kater, möchtest du dir den Hals doch brechen!" fügte er an des Königs Ohr hinzu.

„Nicht recht weiß ich, wer von uns flinker über eine Straße oder einen Hof springen würde, genau aber weiß ich, daß weder der eine noch der andere sich vor dem Tode fürchtete", antwortete der Herzog von Retz.

„Nun denn, Sire, wollt Ihr wie in Eurer Jugend Tollheiten treiben?" fragte der Großmeister der Kleiderkammer.

Mit vierundzwanzig Jahren also kam dieser unglückliche König niemandem mehr jung vor, nicht einmal seinen Schmeichlern. Wie veritable Schulbuben riefen der König und Tavannes sich einige ihrer schönen Streiche ins Gedächtnis zurück, die sie in Paris ausgeheckt hatten, und die Partie wurde bald beschlossen. Da man in Zweifel gestellt hatte, daß sie von Dach zu Dach und von einer Straßenseite auf die andere springen könnten, wetteten die beiden Italiener, daß sie dem Könige folgen würden. Jedweder ging hin, um sich in seinen Taugenichtsanzug zu kleiden.

Der Graf von Solern, mit dem Könige allein geblieben, blickte ihn erstaunt an. Wenn der gute Deutsche — er war von Mitleid gepackt, da er des Königs von Frankreich Lage begriff — auch die Treue und die Ehre selber war, so arbeitete doch sein Begriffsvermögen nicht schnell. Von feindseligen Menschen umgeben, wie er war, konnte Karl der Neunte sich auf niemanden, nicht einmal auf sein Weib verlassen, das sich einiger Indiskretionen schuldig gemacht, da sie nicht ahnte, daß er die eigene Mutter und seine Diener zu Feinden hatte, und so war er denn froh gewesen, bei Herrn von Solern auf eine Ergebenheit zu stoßen, die ihm ein volles Vertrauen erlaubte. Tavannes und Villeroy kannten nur einen Teil der königlichen Geheimnisse. Allein der Graf von Solern kannte den Plan in seiner Ganzheit. Überdies war er seinem Herrn sehr nützlich, indem er über einige verschwiegene und aufopferungsvolle Diener verfügte, die seinen Befehlen blindlings gehorsamten. Herr von Solern hatte ein Kommando bei den Gardebogenschützen, dort suchte er seit einigen Tagen Leute aus, die ausschließlich dem Könige anhingen, um aus ihnen eine Elitekompagnie zu bilden. Der König bedachte alles.

„Nun, Solern," sagte Karl der Neunte, „haben wir einen Vorwand nötig, um die Nacht draußen zu verbringen? Einer wäre wohl Frau von Belleville gewesen; dieser aber ist besser, denn meine Mutter kann erfahren, was bei Marie vor sich geht."

Herr von Solern, der dem Könige folgen sollte, bat um die Erlaubnis, die Straßen mit einigen seiner Deutschen zu durchstreifen, und Karl der Neunte willigte darein. Gegen elf Uhr abends machte sich der heiter gewordene König mit seinen drei Höflingen auf den Weg, um das Sankt Honoriusviertel zu durchforschen.

„Ich gedenke mein Liebchen zu überraschen", sagte der König zu Tavannes, als er durch die Rue d'Autruche kam.

Um denen, welchen die Topographie des alten Paris nicht recht klar ist, diese Szene verständlicher zu machen, muß man notwendigerweise beschreiben, wo sich die Rue d'Autruche befand. Heinrichs des Zweiten Louvre breitete sich inmitten von Trümmern und Häusern aus. An der Stelle des Flügels, dessen Fassade heute nach dem Pont des Arts hin geht, lag damals ein Garten. An der Stelle der Kolonnade befanden sich Gräben und eine Zugbrücke, auf welcher später ein Florentiner, der Marschall d'Ancre, getötet werden

sollte. Am Ende dieses Gartens erhoben sich die
Türme des Hotel de Bourbon, der Behausung der
Fürsten dieser Familie, bis zu dem Tage, wo der
Verrat des großen Kronfeldherrn — er war durch
die Sequester seiner Güter ruiniert, die Franz der
Erste anbefahl, um nicht in die Notlage zu geraten, zwischen seiner Mutter und ihm entscheiden
zu müssen — diesen für Frankreich so verhängnisvollen Prozeß mit der Einziehung der kronfeldherrlichen Güter beendigte. Dies Schloß, das nach
dem Fluß hin von schönster Wirkung war, ward
unter Ludwig dem Vierzehnten zerstört. Die Rue
d'Autruche begann an der Sankt Honoriusstraße
und endigte beim Hotel de Bourbon am Quai.
Diese, auf einigen alten Plänen Rue d'Autriche
und auch Rue de l'Astruc genannte Straße ist wie
so viele andere von der Karte verschwunden. Die
Rue des Poulies muß auf dem Platze jener einstigen Hotels aufgeführt worden sein, welche sich
an der Seite der Sankt Honoriusstraße befanden.
Über die Etymologie dieses Namens sind sich die
Schriftsteller nicht einig. Die einen vermuten, daß
er von einem Hotel d'Osteriche (Osterichen)
stamme, das von einem Fräulein dieses Hauses bewohnt ward, welches im vierzehnten Jahrhundert
ein französischer Edelmann heiratete. Andere behaupten, dort hätten früher die königlichen Vogelhäuser gestanden, wohin eines schönen Tages ganz
Paris strömte, um einen lebenden Strauß (autruche) zu sehen. Wie dem auch sein möge, diese
winkelige Straße war bemerkenswert durch die
Hotels einiger Prinzen von Geblüt, die um den
Louvre herum wohnten. Seitdem das Königshaus die
Sankt Antoniusvorstadt verlassen hatte, wo es wäh-

rend zweier Jahrhunderte unter der Bastille Schutz suchte, um sich im Louvre festzusetzen, wohnten viele große Herren in der Nachbarschaft. Das Hotel de Bourbon nun hatte auf der Sankt Honoriusstraße das alte Hotel d'Alençon als Gegenüber. Die Behausung der Grafen dieses Namens, der immer in das Leibgedinge einbegriffen war, gehörte damals Heinrichs des Zweiten viertem Sohne, der später den Titel Herzog von Anjou annahm und unter Heinrich dem Dritten, welchem er viel zu schaffen machte, starb. Da fiel das Leibgedinge an die Krone zurück, ebenso auch das alte Hotel, welches abgerissen wurde. Zu jenen Zeiten bildete ein fürstliches Palais einen riesigen Gebäudekomplex. Um sich einen Begriff davon zu machen, braucht man nur den Raum auszumessen, welchen im modernen Paris noch das Hotel Soubise im Marais einnimmt.

Ein Palast umfaßte alle Einrichtungen, die von solch hohen Persönlichkeiten erheischt wurden und die vielen Leuten, die heute den armseligen Zustand eines Prinzen sehen, schier rätselhaft vorkommen müssen. Da gab's riesige Ställe, die Wohnungen der Ärzte, Bibliothekare, Kanzler, des Klerus, der Schatzmeister, Offiziere, Pagen, der mit dem Fürstenhause verknüpften Diener und Lohndiener.

Nach der Sankt Honoriusstraße hin befand sich in einem Garten des Hotels ein hübsches kleines Haus, das sich die berühmte Herzogin von Alençon Anno 1520 hatte erbauen lassen. Seitdem war es von Privathäusern umgeben worden, die sich Kaufherrn erbauten. Dort hatte der König Marie Touchet untergebracht. Wiewohl der Herzog von Alençon damals gegen seinen Bruder konspirierte, war er nicht imstande, ihm in diesem Punkte entgegen zu sein.

Da der König, um die Sankt Honoriusstraße — welche zu jenen Zeiten Dieben nur vom Häschertore aus Chancen bot — hinunterzugehen, an seiner Liebsten Hotel vorbeimußte, war es schwierig für ihn, nicht dort hängen zu bleiben. Indem er irgendeinen unverhofften Glücksfall, einen verspäteten Bürgersmann zum Ausplündern oder die Wache zum Verhauen suchte, hob der König die Nase nach allen Stockwerken empor und betrachtete die erleuchteten Fenster, um zu sehen, was dort vor sich ging, oder um Gespräche zu belauschen. Aber er fand seine Stadt Paris in beklagenswert ruhigem Zustande. Plötzlich jedoch, als er bei dem Hause eines berühmten Parfümeriefabrikanten namens René anlangte, welcher den Hof belieferte, schien den König, als er ein helles Licht erblickte, welches durch das letzte Speicherfenster schimmerte, eine jener plötzlichen Eingebungen zu überkommen, die sich wohl durch früher gemachte Beobachtungen einem aufdrängen.

Dieser Parfümeriefabrikant stand in dem starken Verdachte, reiche Oheime zu „heilen", wenn sie sich für krank erklärten: der Hof schrieb ihm die Erfindung des berühmten Erbelixirs zu, und er wurde angeklagt, Johanna d'Albret, Heinrichs des Vierten Mutter, vergiftet zu haben, die beerdigt wurde, ohne daß ihr Kopf „trotz Karls des Neunten förmlichen Befehls", wie ein Zeitgenosse berichtet, geöffnet worden wäre.

Seit zwei Monden suchte der König nach einer Gelegenheit, die Geheimnisse des Renéschen Laboratoriums zu erspähen, wohin Kosmus Ruggieri sich häufig begab. Wenn er irgend etwas Verdächtiges vorfände, wollte der König selber ohne Vermittlung der Polizei und des Gerichts, auf welche seine Mutter durch Einschüchterung oder Bestechung einwirkte, gegen ihn vorgehen.

Fest steht, daß während des sechzehnten Jahrhunderts und in den Jahren, die ihm vorausgingen oder nachfolgten, das Vergiften eine Vollkommenheit erlangt hatte, die der modernen Chemie unbekannt ist. Die Geschichte bestätigt das genügsam. Italien, Wiege der modernen Wissenschaften, war zu jener Epoche Erfinderin und Herrin solcher Geheimnisse, von denen viele verloren gingen. Romanschriftsteller haben einen solchen Unfug damit getrieben, daß sie überall, wo sie Italiener auftreten lassen, ihnen nur Mörder- und Giftmischerrollen zuweisen. Wenn Italien damals subtilste Gifte herstellte, wovon manche Schriftsteller zu berichten wissen, kann man daraus nur ersehen, daß es auch in der Toxikologie wie in allen menschlichen Kenntnissen und Künsten, worin es Europa vorausging, überlegen war. Die Verbrechen der Zeit waren nicht die seinigen, es diente den Leidenschaften nur, wie es andererseits wunderbare Gebäude aufführte, Heere befehligte, schöne Fresken malte, Romanzen sang, Königinnen liebte, Königen gefällig war, Feste oder Balletts ersann und die Politik beherrschte. In Florenz war jene schreckliche Kunst bis zu solch hoher Vollendung gediehen, daß ein Weib, mit einem Herzoge einen Pfirsich teilend, sich dabei einer goldenen Messerklinge bediente, deren eine Seite nur vergiftet war, und so ohne irgendwelche Folgen die nicht vergiftete

Hälfte genoß und mit der anderen den Tod gab. Ein Paar parfümierter Handschuhe ließ durch die Poren todbringende Krankheit eindringen. Gift brachte man in einem Strauße natürlicher Rosen unter, deren Duft allein, wenn man ihn eingeatmet hatte, den Tod gab. Don Juan d'Austria ward, wie es heißt, durch ein Paar Stiefel vergiftet. Mit gutem Rechte also war König Karl der Neunte neugierig, und jedweder wird verstehen, wie sehr ihn die ihn quälende düstere Ahnung ungeduldig machen mußte, René bei der Tat zu ertappen. Der alte an der Ecke der Trockenenbaumstraße gelegene Brunnen, der später wieder aufgeführt ward, leistete der edlen Bande den nötigen Vorschub, um auf den First eines dem Renéschen benachbarten Hauses zu gelangen, das der König vorgeblich zu inspizieren gedachte. Von seinen Gefährten begleitet, hub er an über die Dächer zu jagen, zum größten Entsetzen einiger durch diese falschen Diebe aufgeweckter Bürger, die ihnen etliche saftige Schimpfnamen an den Kopf warfen. Sie behorchten die Streitigkeiten und Vergnügungen jedweden Haushaltes oder begingen einige Einbrüche. Als die Italiener sahen, wie Tavannes und der König den Dächern des dem Renéschen benachbarten Hauses zustrebten, setzte sich der Marschall von Retz, sich für ermüdet ausgebend, nieder und sein Bruder blieb bei ihm.

Desto besser, dachte der König, der seine Spione gern zurückließ.

Tavannes machte sich über die beiden Florentiner lustig, die im tiefsten Schweigen allein blieben, und zwar an einem Orte, wo sie nur den Himmel über sich und Katzen als Zuhörer hatten. Auch benutzten die beiden Italiener diesen Umstand, sich ihre Gedanken mitzuteilen, die Ihnen die Ereignisse des Abends eingegeben hatten und denen sie an keinem anderen Orte der Welt würden Ausdruck verliehen haben.

„Albert," sagte der Großmeister zum Marschall, „der König wird obsiegen über die Königin; schlechte Geschäfte machen wir für unser Glück, wenn wir uns noch länger an das Katharinas hängen. Falls wir zum Könige in dem Augenblicke übergehen, wo er Stützen wider seine Mutter und geschickte Männer, ihm zu dienen, sucht, werden wir nicht wie räudige Hunde verjagt werden, wenn die Königin-Mutter verbannt, eingesperrt oder getötet wird."

„Mit solchen Ideen wirst du nicht weit kommen, Karl", antwortete der Marschall dem Großmeister ernst. „Du wirst deinem Könige ins Grab folgen, und er hat nicht lange mehr zu leben, er hat sich durch seine Ausschweifungen ruiniert. Kosmus Ruggieri hat seinen Tod für's nächste Jahr vorausgesagt."

„Der sterbende Keiler hat nur zu oft den Jäger getötet", erklärte Karl von Gondi. „Jene Verschwörung des Herzogs von Alençon, des Königs von Navarra und des Prinzen von Condé, für die sich Molé und Coconnas ins Zeug legen, ist mehr gefährlich als nutzbringend. Erstens hat der König von Navarra, den die Königin-Mutter auf frischer Tat ertappen zu können hoffte, ihr mißtraut und hat sich nicht darauf eingelassen. Dann haben heute alle den Gedanken, die Krone dem Herzog von Alençon, der Calvinist wird, aufs Haupt zu setzen."

„Budelone! Siehst du denn nicht, daß diese Verschwörung unserer Königin zu erfahren erlaubt, was die Hugenotten mit dem Herzoge von Alençon anzufangen gedenken und was der König mit den Hugenotten tun will? Denn der König schachert mit ihnen. Um ihn ein hölzernes Pferd reiten zu lassen, wird Katharina ihm aber morgen diese Verschwörung aufdecken, die seine Pläne neutralisieren muß."

„Ach," erklärte Karl von Gondi, „dadurch, daß sie unsere Pläne benutzte, ist sie stärker geworden als wir. Das ist gut."

„Gut für den Herzog von Anjou, der lieber König von Frankreich als Polenkönig sein will und dem ich alles auseinandersetzen werde."

„Du reisest, Albert?"

„Morgen. Hatte ich nicht den Auftrag, den König von Polen zu begleiten? Ich werd' ihn in Venedig einholen, wo Seine Herrlichkeit sich zu amüsieren belieben."

„Du bist die Vorsicht selber."

„Che bestia! Ich schwöre dir, nicht die geringste Gefahr besteht für uns, wenn wir hier am Hofe bleiben. Würd' ich fortgehen, wenn eine bestünde? Verharren würde ich bei unserer guten Herrin."

„Schön," sagte der Großmeister; „sie ist aber imstande ihre Instrumente fortzuwerfen, wenn sie sie stumpf findet..."

„O coglione! Willst ein Soldat sein und fürchtest dich vorm Tode? Jedes Metier hat seine Pflichten, und wir haben unsere dem Glück gegenüber. Wenn wir uns an die Könige heften, die der Quell jedweder zeitlichen Macht sind und unsere Häuser schützen, erhöhen und bereichern, muß man ihnen die Liebe weihen, welche des Märtyrers Herz für den Himmel entflammt. Man muß für ihre Sache zu leiden wissen. Wenn sie uns ihrem Throne aufopfern, können wir umkommen, denn wir sterben ebensowohl für uns selber als auch für sie; unsere Familien aber verderben nicht. Ecco!"

"Du hast recht, Albert, man hat dir das alte Herzogtum Retz verliehen."

"Hör zu", fuhr der Herzog von Retz fort. "Die Königin-Mutter verspricht sich viel von Ruggieris Geschicklichkeit, um sich mit ihrem Sohne wieder auszusöhnen. Als unser Schelm nicht mehr bei René kaufen wollte, hat die Verschmitzte sehr bald erraten, wohin ihres Sohnes Verdacht führte. Wer aber weiß, was der König in seinem Sack trägt? Vielleicht schwankt er nur und weiß nicht, wie er seine Mutter behandeln soll; er haßt sie, verstehst du? Etwas von seinen Plänen hat er der Königin erzählt, die Königin hat mit Frau von Fiesko geschwatzt, Frau von Fiesko hat alles brühwarm der Königin-Mutter hinterbracht, und seitdem hält der König seine Gesinnungen vor seinem Weibe geheim."

"Es war Zeit", erklärte Karl von Gondi.

"Was tun?" fragte der Marschall.

"Den König beschäftigen," antwortete der Großmeister, welcher, obwohl er weniger vertrauten Umgangs als sein Bruder mit Katharina pflog, darum nicht minder klarblickend war.

"Karl, ich habe dich einen schönen Weg gehen lassen," sagte sein Bruder ernst zu ihm, "wenn du aber auch Herzog sein willst, sei wie ich unserer Herrin mit Leib und Seele ergeben. Sie wird Königin bleiben, sie ist die stärkste hier. Frau von

Sauves ist immer bei ihr zu finden und der König von Navarra und der Herzog von Alençon sind ständig bei Frau von Sauves. Ewig wird Katharina sie am Gängelbande halten, unter dieser wie unter König Heinrichs des Dritten Regierung. Wolle Gott, daß der nicht undankbar ist!"

„Warum?"

„Seine Mutter hat zuviel für ihn getan."

„Ach! Aber ich höre Lärm in der Sankt Honoriusstraße", rief der Großmeister; „Man sperrt Renés Tür ab. Unterscheidest du nicht den Schritt mehrerer Männer? Die Ruggieris sind verhaftet worden!"

„Ah, diavolo. Jetzt heißt's Vorsicht. Der König hat seinem gewöhnlichen Ungestüm nicht nachgegeben. Wo aber wird er sie festsetzen? Sehen wir, was vorgeht."

Die beiden Brüder langten in dem Augenblicke an der Ecke der Rue de l'Autruche an, als der König bei seiner Geliebten eintrat.

„Nun, Tavannes," rief der Großmeister, auf des Königs Gefährten losstürzend, der in den Louvre zurückkehrte, „was ist euch zugestoßen?"

„Wir sind mitten in eine Zaubererversammlung hineingeraten. Ihrer zwei, die zu Euren Freunden gehören, haben wir verhaftet. Zu Nutz und Frommen französischer Edelleute können uns die angeben, wie es kommt, daß Ihr, die Ihr landesfremd seid, zwei Kronämter mit Beschlag belegtet", sagte Tavannes, halb ernst, halb spöttisch.

„Und der König?" fragte der Großmeister, den Tavannes Feindseligkeit wenig beunruhigte.

„Ist bei seiner Geliebten geblieben."

„Die Ämter haben wir dank der absolutesten Ergebenheit unseren Herren gegenüber, und das ist ein schöner und vornehmer Weg, den Ihr auch eingeschlagen habt, Tavannes", antwortete der Herzog von Retz.

Die drei Höflinge schritten schweigend dahin. Im Augenblicke, wo sie auseinandergingen, da jeder seine Leute vorfand, die sie nach Hause geleiteten, glitten zwei Männer vorsichtig die Mauern der Rue de l'Autruche entlang. Diese beiden Männer waren der König und der Graf von Solern. Schnell langten sie am Seineufer an einer Stelle an, wo eine Barke und von dem deutschen Edelmanne ausgewählte Ruderknechte ihrer harrten. In wenigen Augenblicken erreichten beide das entgegengesetzte Ufer.

„Meine Mutter ist nicht schlafen gegangen", rief der König; „sie wird uns sehen, wir haben den Stelldicheinsort schlecht erwählt."

„Sie kann an irgendein Duell glauben", antwortete Solern; „wie sollte sie denn uns, die wir hier sind, in solch einer Entfernung erkennen?"

„Ach, möge sie mich sehen", schrie Karl der Neunte; „jetzt bin ich entschlossen!"

Der König und sein Vertrauter sprangen über die Böschung und entfernten sich eilends in der Richtung der Studentenwiese. Als sie dort anlangten, trat Graf von Solern, der vor dem Könige her schritt, einem als Wache aufgestellten Manne entgegen, wechselte einige Worte mit ihm, worauf der sich zu den Seinigen zurückzog. Bald verließen zwei Männer, die den Ehrfurchtsbezeigungen nach, welche ihr Posten ihnen erwies, Fürsten sein mußten, den Platz, wo sie sich hinter einem schlechten Feldgehege versteckt gehalten hatten, und näherten sich dem Könige, vor dem sie das Knie beugten. Bevor sie noch die Erde berührt hatten, hob Karl der Neunte sie auf und sagte zu ihnen:

„Keine Umstände, wir alle hier sind Edelleute!"

Zu diesen drei Edelleuten stieß ein ehrwürdiger Greis, den man für den Kanzler l'Hopital hätte halten können, wenn der nicht schon im Vorjahre gestorben wäre. Alle vier schritten eilig weiter, um sich auf einen Platz zu begeben, wo ihre Unterhaltung von den Leuten ihrer Gefolgschaft nicht gehört werden konnte. Solern folgte ihnen in geringem Abstande, um über den König zu wachen. Dieser treue Diener überließ sich einem Mißtrauen, das Karl der Neunte als ein Mann, dem das Leben allzu drückend geworden war, nicht zu teilen vermochte. Seitens des Königs war dieser Edelmann der einzige Zeuge der Verhandlung, die sich bald belebte.

„Sire," sagte einer der Unterhändler, „der Kronfeldherr von Montmorency, der beste Freund des Königs, Eures Vaters, der auch all seine Geheimnisse kannte, stimmt mit dem Marschall von Saint-André darin überein, daß man Madame Katharina in einen Sack nähen und in den Fluß werfen müsse. Wenn das geschähe, würde es vielen Menschen gut gehen."

„Ich habe genug Hinrichtungen auf dem Gewissen, Monsieur", antwortete der König.

„Nun, Sire," erwiderte die jüngste der vier Persönlichkeiten, „mitten aus der Verbannung heraus würde die Königin Katharina die Staatsangelegenheiten verwirren und Hilfskräfte finden. Haben wir nicht alles von den Guisen zu fürchten, die seit neun Jahren den Plan zu einer furchtbaren katholischen Alliance gefaßt haben, in die Eure Majestät nicht eingeweiht ist und die Euren Thron bedroht? Dieser Bund ist eine Erfindung Spaniens, das nicht auf seine Absicht verzichtet, über die Pyrenäen zu steigen. Sire, der Calvinismus würde Frankreich retten, indem er eine moralische Schranke zwischen ihm und einer Nation aufrichtet, die von einem Weltreiche träumt. Wenn die Königin-Mutter sich geächtet sieht, wird sie sich also auf Spanien und die Guisen stützen."

„Meine Herren," erwiderte der König, „wisset, daß, wenn Ihr mir helft und ohne Mißtrauen Friede gemacht wird, ich es auf mich nehme, jeden im Reiche zittern zu machen. Gottsdonner, es ist an der Zeit, daß das Königtum sich wieder aufrichtet! Wisset es gut, darin hat meine Mutter recht, es geht sowohl Euch wie mich an: Eure Güter, Eure Vorteile sind mit unserem Throne verknüpft. Wenn Ihr die Religion habt zu Boden werfen lassen, werden sich die Arme, deren Ihr Euch bedientet, gegen den Thron und gegen Euch wenden. Ich mache mir nicht viel daraus, gegen Ideen mit Waffen zu kämpfen, die sie nicht treffen. Sehen wir zu, ob der Protestantismus Fortschritte macht, wenn wir ihn sich selbst überlassen. Vor allen Dingen warten wir aber ab, wen der Geist dieser Empörung angreifen wird. Der Admiral — Gott möge ihn in Gnaden aufnehmen — war nicht mein Feind, er schwor mir, die Revolte in den Grenzen der geistlichen Welt zu halten und in dem zeitlichen Königreich einen König als Herrn und unterwürfige Untertanen zu belassen. Meine Herren, wenn die Sache noch in Eurer Macht steht, gebt das Beispiel, helft Eurem Herrscher die Aufwiegler, die uns, den einen wie den anderen, um die Ruhe bringen, niederzuzwingen. Der Krieg beraubt uns alle unserer Einkünfte und ruiniert das Reich. Müde bin ich dieses Zustandes der Wirren und zwar so sehr, daß ich, wenn es durchaus sein muß, meine Mutter opfern will. Ich werde weiter gehen, will Protestanten und Katholiken in gleicher Anzahl bei mir halten und sie unter Ludwigs des Elften Beil stellen, um alle gleichzumachen. Wenn die Herren von Guise eine heilige Union anzetteln, die unsere Krone angreift, soll der Henker sein Geschäft mit ihnen beginnen. Das Unglück meines Volkes habe ich begriffen und bin gewillt, tüchtig mit den Großen aufzuräumen, die unser Reich wahrlich ins Elend stürzen wollen! Ich sorge mich wenig um die Gewissensfrage; fortan will ich ergebene Untertanen, die unter meinem Willen an des Staates Gedeihen arbeiten. Meine Herren, ich gebe Euch zehn Tage Zeit, um mit den Eurigen zu verhandeln, Eure Komplotte zu beendigen und zu mir zurückzukehren, der ich Euer Vater sein will. Wenn Ihr Euch weigert, werdet Ihr große Veränderungen erleben: mit kleinen Leuten werde ich handeln, die auf ein Wort von mir über die Großen herfallen werden. Ein König soll mein Vorbild sein, der seinem Reiche den Frieden zu geben wußte, indem er angesehenere Leute, als Ihr es seid, die ihm Trotz boten, niedermachte. Wenn die katholischen Truppen ausbleiben, habe ich meinen Bruder von Spanien, den ich für die bedrohten Throne zu Hilfe rufen werde; kurz, wenn ich der Diener ermangeln sollte, um meinen Willen auszuführen, werde ich mir den Herzog von Alba leihen."

„In dem Falle, Sire, würden wir Euren Spaniern die Deutschen entgegenstellen", erklärte einer der Unterhändler.

„Mein Vetter," sagte Karl der Neunte eisig, „mein Weib heißt Elisabeth von Österreich. Hilfe von der Seite könnte Euch ausbleiben. Doch folget mir, kämpfen wir allein, und rufen wir keine Fremdlinge herbei. Ihr seid dem Hasse meiner Mutter ausgesetzt und steht mir nahe genug, um mir als Sekundant in dem Zweikampf zu dienen, den ich mit ihr eingehen werde; nun wohl, höret das. Ihr scheint mir so der Schätzung wert, daß ich Euch die Kronfeldherrnwürde anbiete, Ihr werdet mich nicht verraten wie jener andere."

Der Prinz, zu dem Karl der Neunte sprach, ergriff seine Hand, schlug mit der seinigen ein und sagte: „Heiliger Muck, hier, mein Bruder, das macht viel Unbill vergessen! Doch, Sire, der Kopf marschiert nicht ohne den Schwanz, und der unserige ist schwer zu fassen. Gebt uns mehr als zehn Tage; mindestens einen Monat haben wir nötig, um die Unsrigen zur Raison zu bringen. Nach der Frist werden wir die Herren sein."

„Einen Monat? Sei es. Mein einziger Unterhändler soll Villeroy sein; Ihr werdet Vertrauen zu ihm haben, was man auch über ihn reden möge."

„Einen Monat," erklärten die drei Edelleute zu gleicher Zeit, „die Frist genügt."

„Meine Herren, wir sind unserer fünf," sagte der König, „fünf herzhafte Männer. Wenn es Verrat gibt, werden wir wissen, an wen wir uns zu halten haben."

Die drei Anwesenden verließen Karl den Neunten mit den Zeichen größter Ehrerbietung und küßten ihm die Hand.
Als der König wieder über die Seine fuhr, schlug's vier Uhr im Louvre.
Die Königin Katharina war noch nicht schlafen gegangen.
"Meine Mutter wacht immer", sagte Karl zum Grafen von Solern.
"Sie hat auch ihren Schmiedeofen", entgegnete der Deutsche.
"Lieber Graf, was dünkt Euch von einem Könige, der zum Konspirieren genötigt ist?" fragte Karl der Neunte voller Bitterkeit nach einer Pause.
"Ich denke, Sire, daß Frankreich bald Ruhe haben würde, wenn Ihr mir erlaubtet, jenes Weib, wie der junge Herr da sagte, ins Wasser zu werfen."
"Ein Muttermord nach der Saint Barthelémy, Graf", sagte der König. "Nein, nein! Die Verbannung. Wenn meine Mutter einmal gestürzt ist, wird sie weder einen Diener noch einen Parteigänger finden."
"Nun wohl, Sire," fuhr der Graf von Solern fort, "heißt mich sie sofort verhaften und aus dem Königreiche geleiten, denn morgen wird sie Euch anderen Sinns gemacht haben."
"Gut," sagte der König, "kommt an meinen Schmiedeofen. Dort wird uns niemand hören. Überdies will ich nicht, daß meine Mutter das Wegfangen der Ruggieri argwöhnt. Wenn sie mich dort weiß, wird die gute Frau sich nichts denken, und wir können die für ihre Verhaftung notwendigen Maßnahmen bereden."
Als der König, vom Grafen von Solern gefolgt,

den Parterreraum betrat, wo seine Werkstatt war, zeigte er ihm lächelnd den Schmiedeofen und all seine Geräte.

„Ich glaube nicht," äußerte er, „daß unter allen Königen, die Frankreich haben mag, sich ein zweiter finden wird, dem solch ein Handwerk Spaß macht. Wenn ich aber erst wahrhaft König bin, will ich keine Degen mehr schmieden; alle sollen sie in der Scheide stecken."

„Sire," sagte der Graf von Solern, „Ermüdung des Ballspiels, Eure Arbeit an diesem Schmiedeofen, die Jagd und — darf ich's sagen? — die Liebe sind Wagen, die der Teufel Euch stellt, um schneller nach Saint-Denis zu gelangen!"

„Solern!" rief der König gar jämmerlich, „wenn du wüßtest, welch ein Feuer man meinem Herzen und meinem Leibe eingeflößt hat! Nichts vermag es auszulöschen... Bist du der Leute sicher, die mir die Ruggieri bewachen?"

„Wie meiner selbst."

„Gut. Tagsüber werd' ich zu einem Entschlusse gekommen sein. Gedenkt der Hinrichtungsmittel. Um fünf Uhr, bei Frau von Belleville, geb ich Euch meine letzten Befehle."

Als die ersten Strahlen des Morgens mit dem Lichte der Werkstatt kämpften, hörte der König, den der Graf von Solern allein gelassen hatte, die Türe kreischen und erblickte seine Mutter, die sich von der Morgendämmerung wie ein Gespenst abhob. Wenngleich er sehr nervös und beeindruckbar war, zitterte Karl der Neunte doch nicht, wiewohl diese Erscheinung unter den obwaltenden Umständen von düsterer und phantastischer Art war.

„Monsieur," sagte sie zu ihm, „Ihr tötet Euch."
„Ich erfülle die Horoskope", antwortete er mit einem bittern Lächeln. „Doch Ihr, Madame, seid Ihr nicht ebenso früh auf den Beinen wie ich?"
„Beide haben wir gewacht, Monsieur, doch in sehr verschiedenen Absichten. Als Ihr mit Euren grausamsten Feinden auf freiem Felde verhandeltet, indem Ihr Euch mittels der Tavannes und Gondi, mit welchen Ihr angeblich die Stadt durchstreifen wolltet, vor Eurer Mutter verbarget, las ich Depeschen, welche die Beweise einer schrecklichen Verschwörung enthalten, in die Euer Bruder, der Herzog von Alençon, Euer Schwager, der König von Navarra, der Prinz von Condé und die meisten Großen Eures Reiches verstrickt sind. Diese Herren verfügen bereits über fünfzigtausend Mann guter Truppen."
„Ach", sagte der König mit ungläubiger Miene.
„Euer Bruder wird Hugenott", fuhr die Königin fort.
„Mein Bruder geht zu den Hugenotten über", schrie Karl der Neunte, indem er das Eisen schwang, das er in der Hand hielt.
„Ja, der Herzog von Alençon, Hugenott im Herzen, wird es bald wirklich sein. Eure Schwester, die Königin von Navarra, hegt nur noch einen Rest von Liebe zu Euch, sie liebt den Herrn Herzog von Alençon, sie liebt Bussy, sie liebt auch den kleinen la Mole."
„Welch ein Herz!" rief der König.
„Um groß zu werden," sagte die Königin fortfahrend, „weiß er nichts besseres zu tun als Frankreich einen König nach seiner Façon zu geben. Er wird, heißt's, Kronfeldherr."

„Verwünschtes Gretchen!" schrie der König. „Das haben wir davon, daß wir sie mit einem Ketzer verheirateten..."

„Das würde nichts ausmachen; aber mit dem Haupte eines Nebenzweiges Eures Hauses, das ihr trotz meinem Rate dem Throne nähergebracht habt und das euch alle miteinander töten möchte! Das Haus Bourbon ist dem Hause Valois feindlich gesinnt; merket Euch folgendes gut, Monsieur: jeder Seitenzweig muß in der größten Armut gehalten werden, denn er ist verschwörungssüchtig geboren, und es ist eine Dummheit, ihm Waffen in die Hand zu geben, wenn er keine besitzt, und sie ihm zu lassen, wenn er sich welche nimmt. Jeder jüngere Sohn soll unfähig sein zu schaden, das ist das Gesetz der Kronen. Also halten es die Sultane Asiens... Die Beweise liegen da oben in meinem Kabinette, wohin ich euch mir zu folgen bat, als ich Euch gestern abend verließ; Ihr aber hattet andere Absichten. Wenn wir hier nicht Ordnung schaffen, werdet Ihr in einem Monde Karls des Einfältigen Schicksal erleiden.

„In einem Monat!" schrie Karl der Neunte, erschreckt durch die Übereinstimmung des Datums mit der von den Fürsten in der nämlichen Nacht erheischten Frist. ‚In einem Monat werden wir die Herren sein!' sagte er sich, ihre Worte wiederholend. — „Madame, habt Ihr Beweise?" fragte er mit lauter Stimme.

„Unwiderleglich sind sie, Monsieur, sie kommen von meiner Tochter Margareta. Sie selber ist erschreckt über die Möglichkeiten einer derartigen Verbindung, und trotz ihrer Zärtlichkeit für Euren Bruder Alençon hat ihr dieses Mal der

Thron der Valois mehr am Herzen gelegen als alle ihre Liebschaften. Als Preis für ihre Enthüllungen bittet sie, daß la Mole nichts geschehe. Der Lumpenkerl aber scheint mir ein gefährlicher Schelm zu sein, den wir uns vom Halse schaffen müssen, desgleichen auch den Grafen von Coconnas, Eures Bruders Alençon Geschöpf. Was den Prinzen von Condé anlangt, so willigt dies Kind in alles ein, vorausgesetzt, daß man mich ins Wasser wirft. Ich weiß nicht, ob das das Hochzeitsgeschenk ist, das er mir stiften will, weil ich ihm seine hübsche Frau gegeben habe. Es ist ernst, Monsieur! Ihr sprecht von Vorhersagungen. ... ich kenne nur eine, die der Valois Thron den Bourbonen zuspricht, und wenn wir uns nicht davor hüten, wird sie sich verwirklichen. Zürnt Eurer Schwester nicht, in der Hinsicht ist sie gut geleitet... Mein Sohn", sagte sie nach einer Pause, indem sie ihrer Stimme einen zärtlichen Anstrich verlieh, „viele niederträchtige Menschen wie die Herren von Guise wollen Zwietracht zwischen Euch und mir säen, wiewohl wir die einzigen in diesem Reiche sind, deren Interessen sich decken; denket daran. Ihr macht Euch jetzt die Bartholomäusnacht zum Vorwurf, ich weiß es; Ihr klagt mich an, Euch zur Entscheidung getrieben zu haben. Der Katholizismus, Monsieur, muß das Bindemittel zwischen Spanien, Frankreich und Italien sein. Das sind die drei Länder, die sich einem heimlich und geschickt verfolgten Plane gemäß mit der Zeit unter dem Hause Valois vereinigen können. Gebt nicht die Chancen aus der Hand, indem Ihr das Band fahren laßt, daß diese drei Königreiche im Kreise ein und desselben

Glaubens vereinigt. Warum sollten die Valois und die Medici nicht für ihren Ruhm den Plan Karls des Fünften verwirklichen, dessen Geist dabei versagte. Treiben wir ihn in die neue Welt hinüber, wohin seine Pläne zielen, diesen Stamm Johannas der Wahnsinnigen. Als Herren von Florenz und Rom werden die Medici Italien für uns unterjochen, werden Euch aller seiner Vorteile durch einen Handels- und Bündnisvertrag versichern, indem sie den Anspruch auf das Piemont, das Mailänder Gebiet und Neapel anerkennen. Das, Monsieur, sind die Gründe des Krieges auf Leben und Tod, den die Hugenotten wider uns führen. Warum zwingt Ihr uns, Euch all diese Dinge zu wiederholen? Karl der Große irrte sich mit seinem Vorstoß nach Norden. Ja, Frankreich ist ein Leib, dessen Herz im Löwengolf liegt; seine beiden Arme sind Spanien und Italien. So beherrscht man das Mittelmeer, das wie ein Korb daliegt, in den Asiens Reichtümer fallen. Heute heimsen sie die Herrn von Venedig, Philipp dem Zweiten zum Trotze, ein. Wenn der Medici Freundschaft und Eure Rechte Euch auf Italien hoffen lassen können, werden Euch Gewalt oder Bündnisse, eine Erbfolge vielleicht, Spanien erringen. Kommt in dieser Hinsicht dem ehrgeizigen Hause Österreich zuvor, dem die Welfen Italien verkauften und das davon träumt, Spanien noch dazu zu erhalten. Wenn Euer Weib auch diesem Hause entsprossen ist, demütigt Österreich, umfaßt es voller Kraft, um es zu ersticken. Dort sind Eures Reiches Feinde, denn von dort stammt der Reformierten Hilfe. Hört nicht auf Leute, die ihren Vorteil aus unserer Uneinigkeit ziehen und Euch Argwohn in den Kopf setzen, indem sie mich als Eure häusliche Feindin hinstellen. Hab ich Euch gehindert, Erben auf die Welt zu setzen? Warum schenkt Euch Eure Geliebte einen Sohn und die Königin nur eine Tochter? Warum habt Ihr heute nicht drei Erben, welche so vieler Aufstände Hoffnungen unter ihrem Fuße ersticken? Ist es meine Sache, Monsieur, all diese Fragen zu beantworten? Würde Herr von Alençon konspirieren, wenn Ihr einen Sohn besäßet?"

Solche Worte vollendend, heftete Katharina jenen Blick auf Karl den Neunten, womit ein Raubvogel seine Beute bannt. Der Medici Tochter war in solchem Momente in der ihr eigenen Schönheit schön. Ihre wahren Gefühle zeigten sich strahlend auf ihrem Antlitze, welches, ähnlich dem eines Spielers über dem grünen Tuche, von tausend großen Begehrlichkeiten funkelte. Karl der Neunte sah nicht mehr die Mutter eines einzelnen Menschen, sondern, wie man sie nannte, die Mutter der Reiche und Heere (mater castrorum). Ihres Genies Flügel hatte Katharina ausgespannt und flog kühn hinein in die hohe Politik der Medici und Valois, indem sie riesige Pläne entrollte, vor denen Heinrich der Zweite einst zurückschreckte. Von dem Genie der Medici aber Richelieu vermacht, blieben sie niedergeschrieben in dem Kabinett des Hauses Bourbon.

Als Karl der Neunte nun seine Mutter so viele Vorsichtsmaßregeln anwenden sah, hielt er selber sie für nötig und fragte sich, zu welchem Zwecke sie sie träfe. Er schlug die Augen nieder, zauderte. Vor Phrasen konnte sein Mißtrauen nicht schwinden.

Katharina war erstaunt über die Tiefe des Verdachts, welcher in ihres Sohnes Herzen ruhte.
„Nun, Monsieur," sagte sie, versteht Ihr mich denn nicht? Was sind wir, Ihr und ich, vor der Ewigkeit der Königskronen? Vermutet Ihr andere Pläne bei mir als die, welche uns handeln lassen müssen, uns, die wir in Sphären hausen, von denen aus man Reiche beherrscht?"
„Ich folge Euch in Euer Kabinett, Madame, wir müssen handeln..."
„Handeln!" schrie Katharina, „lasset sie handeln und uns, sie auf der Tat ertappen; das Gericht wird uns dann von ihnen befreien. Bei Gott, Monsieur, zeigen wir uns ihnen unbefangen."
Die Königin zog sich zurück. Einen Augenblick blieb der König allein, denn er war auf das tiefste niedergeschlagen.
„Auf welcher Seite liegen die Fallstricke?" rief er. „Wer täuscht mich, sie oder die anderen? Welche Politik ist die bessere? Deus, discerne causam meam", sagte er tränenden Auges. „Das Leben lastet auf mir. Möge er natürlich oder gewaltsam sein, ich ziehe den Tod solchem sich völlig widersprechenden Hin und Her vor", fügte er hinzu. Und er tat einen Hammerschlag auf seinen Amboß mit solcher Wucht, daß die Louvrefenster davon erklirrten.
„Mein Gott!" fuhr er fort, hinaustretend und den Himmel betrachtend, „Du, für dessen heilige Religion ich kämpfe, verleih mir deines Blickes Klarheit, auf daß ich meiner Mutter Herz durchdringe, wenn ich die Ruggieri verhöre."
Das kleine Haus, wo Frau von Belleville wohnte, und wo Karl der Neunte seine Gefangenen unter-

gebracht hatte, war das vorletzte in der Rue d'Autruche auf der Sankt Honoriusstraßenseite. Das Straßentor, welches von kleinen Ziegelsteinpavillons flankiert wurde, schien sehr einfach zu einer Zeit, wo Türen und Zubehör so liebevoller Bearbeitung unterzogen wurden. Es bestand aus zwei steinernen Pilastern in Diamantrustika und in der Bogenfüllung lag ein füllhorntragendes Weib. Die mit riesigen Eisenbeschlägen geschmückte Tür hatte in Augenhöhe ein Guckloch, um die Einlaß Begehrenden zu prüfen. Jeder der Pavillons beherbergte einen Pförtner. König Karls äußerst launenhaftes Vergnügen heischte einen Pförtner bei Tage und einen bei Nacht. Das Haus hatte einen kleinen, in Venezianerart gepflasterten Hof. Zu jener Zeit, wo Wagen noch nicht erfunden worden waren, benutzten die Damen Pferd oder Sänfte und die Höfe konnten prächtig sein, ohne daß Pferde und Wagen sie beschmutzten. Immer wieder muß man dieses Umstandes gedenken, um sich die Enge der Straßen, die geringe Größe der Höfe und gewisse Einzelheiten der Behausungen des fünfzehnten Jahrhunderts zu erklären.

Das Haus, welches nur aus einer Etage über dem Erdgeschoß bestand, wurde durch einen skulpierten Fries gekrönt, auf den sich ein viereckiges Dach stüzte, dessen First eine Plattform bildete. Dies Dach ward von Luken durchbrochen, die mit Giebelfeldern und Gesimsen verziert waren, welche irgendeines großen Künstlers Meißel ausgezackt und mit Arabesken bedeckt hatte. Jedes der drei Fenster des ersten Stockwerks empfahl sich gleichfalls durch seine steinernen Stickereien, welche die Backsteine der Mauern noch deutlicher hervortreten ließen. Im Erdgeschoß führte eine sehr anmutig verzierte Doppelfreitreppe, deren Tribüne mit einer Amorettenkette geschmückt war, zu einer Eingangstür mit vorspringenden Wangenseiten, die nach Venezianerart in Diamantrustika ausgehauen waren, eine Dekorationsweise, die sich an den Fenstern zur Rechten und zur Linken wiederholte.

Ein nach der Mode der Zeit eingerichteter und bepflanzter Garten, worinnen eine Überfülle an seltenen Blumen wuchs, nahm hinter dem Hause den gleichen Raum ein, welchen der Hof beanspruchte. Ein Weinstock überrankte die Mauern. In einem Rasenrund erhob sich eine Silbertanne. Die länglich-schmalen Gartenbeete waren von dem Rasenstück durch gewundene Alleen getrennt, die in gestutzte Taxuswände einmündeten, welche den Hintergrund einnahmen. Die mit Mosaiken aus verschiedenen Steinarten bekleideten Mauern zeigten dem Auge gewißlich plumpe Muster, die aber durch Farbenreichtum, der mit dem der Blumen im Einklange stand, freundlich anmuteten. Die Gartenfassade ähnelte der des Hofes und zeigte wie sie einen hübschen Balkon, welcher die Tür überdachte und das Mittelfenster verschönerte. Im Garten wie im Hofe reichten die Zierate dieses Hauptfensters, dessen Risalit einige Fuß vorsprang, bis an den Fries, so daß es einer Laterne ähnlich wie ein kleiner Pavillon aussah. Die Lehnen der anderen Fenster schmückten kostbare Marmorinkrustationen, die in den Stein eingefügt worden waren.

Trotz des ausgezeichneten Geschmacks, von welchem dies Haus zeugte, besaß es eine traurige

Physiognomie. Das Licht ward ihm durch die Nachbarhäuser und von den Dächern des Hotels Alençon genommen, die einen dunklen Schatten auf Hof und Garten warfen. Und dann herrschte dort tiefes Schweigen. Diese Stille, dies Helldunkel aber und solche Einsamkeit taten der Seele wohl, die sich dort wie in einem Kloster, wo man sich sammelt, oder in einem Freudenhause, wo man liebt, einem einzigen Gedanken hingeben konnte.

Wer wird sich nun nicht vorstellen können, wie erlesen diese Zufluchtsstätte innen ausgestattet war, der einzige Ort seines Königreiches, wo der vorletzte Valois sein Herz ausschütten, seine Schmerzen klagen, seinem Geschmack an den Künsten nachgehen und sich der von ihm heißgeliebten Poesie hingeben konnte; all das waren Neigungen, welchen die Sorgen der drückendsten aller Königswürden hindernd im Wege standen. Dort nur wurde sein hoher Wert, seine großzügige Seele geschätzt; dort nur überließ er sich einige flüchtige Monde über, die letzten seines Lebens, den Freuden der Vaterschaft, Freuden, auf welche er sich mit jener Raserei stürzte, welche das Vorgefühl eines grausigen und nahen Todes all seinen Handlungen aufprägte.

Am Nachmittage des folgenden Tages vollendete Marie ihren Anzug in ihrem Betgemach, welches das Boudoir jener Zeit vorstellte. Sie ordnete einige Locken ihres schönen schwarzen Haares, um all ihre Pracht mit einer Sammethaube in Einklang zu bringen, und betrachtete sich aufmerksam in ihrem Spiegel.

‚Bald ist's vier Uhr; dieser endlose Conseil

ist beendet', sagte sie sich. ‚Jakob ist aus dem Louvre zurückgekehrt, wo man der großen Zahl der zusammengerufenen Räte und der Dauer dieser Sitzung wegen in Unruhe ist. Was mag nur geschehen sein? Mein Gott, weiß er wie stumpf eine Seele wird durch vergebliches Warten? Sollte er etwa auf die Jagd gegangen sein? Wenn er sich unterhält, wird alles zum besten gehn. Wenn ich ihn froh sehe, werd ich vergessen, was ich litt.'

Sie fuhr mit den Händen an ihrer Figur entlang, um eine leichte Falte zu entfernen und drehte sich seitwärts, um im Profil zu sehen, wie ihr ihr Kleid stünde; da aber erblickte sie den König auf dem Ruhebette. Die Teppiche verschluckten das Geräusch der Schritte so gut, daß er sich dort hatte einschleichen können, ohne gehört zu werden.

„Ihr habt mich erschreckt", sagte sie, sich einen leichten, sofort unterdrückten Überraschungsschrei entschlüpfen lassend.

„Du dachtest an mich?" fragte der König.

„Wann denk ich nicht an Euch?" fragte sie, sich neben ihm niederlassend.

Nahm ihm Mütze und Mantel ab, fuhr ihm mit den Händen durch die Haare, wie wenn sie ihn mit den Fingern kämmen wollte.

Karl ließ es geschehen, ohne eine Antwort zu geben.

Erstaunt kniete Marie nieder, um ihres königlichen Herrn Antlitz genau zu studieren, und entdeckte dann auf seinen Zügen die Spuren einer schrecklichen Ermüdung und einer Melancholie, die viel verzehrender schien als alle Melancholien, welche sie bereits verscheucht hatte. Eine Träne hielt sie zurück und wahrte Schweigen, um nicht durch unvorsichtige Worte Schmerzen zu reizen, die sie noch nicht kannte.

Sie tat, was liebende Frauen bei solchen Gelegenheiten tun: sie küßte die von vorzeitigen Falten durchfurchte Stirne, die entstellten Wangen, indem sie dieser sorgenden Seele Frische ihrer Seele zu verleihen und sein Gemüt durch sanfte Liebkosungen, die keinen Erfolg hatten, auf andere Gedanken zu bringen suchte. Sie hob ihren Kopf bis zur Höhe des königlichen, den sie sanft mit ihren zärtlichen Armen umschlang, und schmiegte ihr Gesicht an seine schmerzende Brust, indem sie auf den günstigen Augenblick wartete, um den niedergeschlagenen Kranken zu fragen.

„Mein kleiner Karl, wollt Ihr Eurer armen beunruhigten Freundin nicht die Gedanken sagen, die Eure geliebte Stirn verdüstern, die Eure schönen roten Lippen bleich machen?"

„Mit Ausnahme von Karl dem Großen," sagte er mit dumpfer und hohler Stimme, „haben alle Könige Frankreichs des Namens Karl elend geendet."

„Bah," sagte sie, „und Karl der Achte?"

„In der Blüte seiner Jahre," fuhr der König fort, „hat dieser arme Fürst sich an einer zu niedrigen Tür des Schlosses zu Amboise, das er verschönerte, den Kopf eingerannt und ist unter gräßlichen Qualen gestorben. Sein Tod brachte unserem Hause die Krone zu."

„Karl der Siebente hat sein Reich wiedererobert."

„Kleine (der König senkte seine Stimme), er ist

Hungers gestorben, da er fürchtete, vom Dauphin vergiftet zu werden, der bereits seine schöne Agnes hatte sterben lassen. Der Vater fürchtete seinen Sohn, heute fürchtet der Sohn seine Mutter."

„Warum durchstöbert Ihr so die Vergangenheit?" sagte sie. Sie gedachte Karls des Sechsten schrecklichen Lebens.

„Was willst du, mein Herzblatt! Ohne zu Zauberern zu gehen, können Könige das Los, das ihrer harrt, erraten, nur die Geschichte brauchen sie zu befragen. In diesem Augenblicke bin ich damit beschäftigt, dem Lose Karls des Einfältigen zu entgehn, der seiner Krone beraubt ward und nach siebenjähriger Gefangenschaft im Kerker starb."

„Karl der Fünfte hat die Engländer verjagt", erklärte sie triumphierend.

„Nicht er, sondern du Guesclin; denn er ward von Karl von Navarra vergiftet und hat sich durch sieche Jahre mühselig hingeschleppt."

„Aber Karl der Vierte?" fragte sie.

„Hat sich dreimal verheiratet, ohne Erben bekommen zu können trotz der männlichen Schönheit, die Philipps des Schönen Kinder auszeichnete. Mit ihm endigten die ersten Valois; die neuen werden ebenso enden. Die Königin hat mir nur eine Tochter geschenkt, und ich werde sterben, ohne sie schwanger zurückzulassen; denn eine Minderjährigkeit würde das größte Unglück bedeuten, von dem das Reich überfallen werden könnte. Wird mein Sohn übrigens leben? Der Name Karl ist von furchtbarer Vorbedeutung, Karl der Große hat alles Glück erschöpft. Wenn ich wieder König von Frankreich werden sollte,

würde ich davor zurückschrecken mich ‚Karl den Zehnten' zu nennen."
„Wer will dir denn deine Krone nehmen?"
„Mein Bruder Alençon konspiriert gegen mich. Überall sehe ich Feinde..."
„Monsieur," sagte Marie, ein Mäulchen ziehend, „erzählt mir heitere Geschichten." „Mein liebes Täubchen," erwiderte der König lebhaft, „rede mich nie Monsieur an, nicht einmal lächelnd. Du erinnerst mich an meine Mutter, die mich in einem fort mit diesem Worte verletzt, mit dem sie mir meine Krone wegzunehmen scheint. Zum Herzoge von Anjou, das heißt zum Polenkönig, sagt sie: ‚mein Sohn.'"
„Sire," erklärte Marie, die Hände faltend, wie wenn sie zu Gott beten wollte, „ein Königreich gibt's, wo Ihr angebetet seid; Eure Majestät hat es mit seinem Ruhm und seiner Kraft angefüllt; und dort will das Wort Monsieur soviel wie: mein vielgeliebter Herr und Gebieter heißen."
Sie entfaltete ihre Hände und mit reizender Geste deutete sie mit dem Finger auf ihr Herz. Diese Worte waren so in Musik getaucht – um ein Wort jener Zeit zu gebrauchen, welches die Melodien der Liebe ausmalt – daß Karl der Neunte Marie um die Hüften faßte, sie mit jener nervösen Kraft, die ihn auszeichnete, aufhob, sie auf seine Knie setzte und sich sanft die Stirne an den Haarlocken rieb, die seine Geliebte so kokett geordnet hatte.
Marie hielt den Augenblick für günstig, sie wagte einige Küsse, die Karl mehr litt als hinnahm; dann zwischen zwei Küssen, sagte sie zu ihm: „Wenn meine Leute nicht gelogen haben, bist

du heute nacht in Paris herumgelaufen wie zu jenen Zeiten, wo du wie ein richtiges Familiennesthäkchen dumme Streiche machtest."

„Ja", sagte der König, der in seinen Gedanken verloren verharrte.

„Hast du nicht die Wache verprügelt und einige gute Bürger geplündert? Was sind das denn für Leute, die man mir zur Bewachung gegeben hat und die so strafbar sind, daß Ihr verboten habt, auch nur die kleinste Verbindung mit ihnen anzuknüpfen? Niemals ist ein Mädchen mit größerer Strenge hinter Schloß und Riegel gehalten worden als diese Leute, die weder zu essen noch zu trinken bekommen. Solerns Deutsche haben niemanden sich dem Zimmer nähern lassen, in das Ihr sie eingesperrt. Ist's ein Scherz? Ist es eine ernsthafte Angelegenheit?"

„Ja, gestern abend," sagte der König, aus seiner Träumerei auffahrend, „lief ich einmal wieder mit Tavannes und den Gondis über die Dächer; ich suchte die Gefährten meiner alten Streiche, doch die Beine sind nicht mehr die gleichen: wir haben nicht gewagt über die Straßen zu springen. Indessen haben wir zwei Höfe überstiegen, indem wir uns von einem Dache zum anderen schwangen. Beim letzten First angelangt, zwei Schritte von hier, uns an einen Kaminschlot pressend, haben wir, Tavannes und ich, uns gesagt, daß wir zu solcherlei Vergnügungen kein Recht mehr haben. Wenn jeder von uns allein gewesen wäre, würde keiner den Sprung getan haben."

„Du bist als erster gesprungen?"

Der König lächelte.

„Ich weiß, warum du dein Leben also aufs Spiel setzest."

„Oh, wie fein du erraten kannst!"

„Du bist des Lebens müde."

„Der vielen Zauberer wegen. Ich werde von ihnen verfolgt", sagte der König, eine ernste Miene annehmend.

„Meine Zauberei ist die Liebe," entgegnete sie lächelnd. „Hab' ich nicht, seit dem glückseligen Tage, an dem Ihr mich liebgewannet, all Eure Gedanken erraten? Und, wenn Ihr mir heute erlauben wollt, Euch die Wahrheit zu sagen: die Gedanken, die Euch heute quälen, sind eines Königs nicht würdig."

„Bin ich König?" fragte er voll Bitterkeit.

„Könntet Ihr es nicht sein? Was tat Karl der Siebente, dessen Namen Ihr tragt? Er hörte auf seine Geliebte, gnädiger Herr, und eroberte sein Königreich wieder, das von den englischen Feinden verwüstet worden war, was Eures nicht von denen der Religion ist. Euer letzter Staatsstreich hat Euch den Weg vorgezeichnet, den Ihr verfolgen müßt. Rottet die Ketzerei aus."

„Du tadeltest die Kriegslist," sagte Karl, „und heute..."

„Ist sie ausgeführt," antwortete sie; „ich bin Madame Katharinas Ansicht, es taugt mehr, sich selber ihrer zu bedienen, als die Guisen sich ihrer bedienen zu lassen."

„Karl der Siebente hatte nur Menschen zu bekämpfen, mir aber stehen Ideen gegenüber", entgegnete der König. „Menschen tötet man, Worte vermag man nicht zu töten! Der Kaiser Karl der Fünfte hat darauf verzichtet, sein Sohn Don Philipp erschöpft seine Kräfte dabei, wir gehen alle daran zugrunde, wir anderen Könige. Auf wen kann ich mich stützen? Zur Rechten, bei den Katholischen, find' ich die Guisen, die mich bedrohen; zur Linken die Calvinisten, die mir meines armen Vaters Coligny Tod niemals verzeihen werden, das Augustblutbad ebensowenig; und überdies wollen sie unsereinen unterdrücken. Und über mir endlich habe ich meine Mutter..."

„Verhaftet sie, herrscht allein", sagte Marie mit leiser Stimme und dem König ins Ohr.

„Das wollte ich gestern und will es heute nicht mehr. Du hast gut reden."

„Zwischen einer Apothekers- und einer Arzttochter ist der Unterschied nicht so groß", erwiderte Marie Touchet, die gern über den falschen Ursprung scherzte, den man ihr gab.

Der König runzelte die Brauen.

„Marie, keine solche Freiheiten! Katharina von Medici ist meine Mutter, und du müßtest zittern..."

„Und was fürchtet Ihr?"

„Das Gift!" sagte endlich der König außer sich.

„Armes Kind!" schrie Marie, ihre Tränen zurückhaltend, denn soviel Kraft, die sich mit soviel Schwäche paarte, bewegte sie tief.

„Ach," fuhr sie fort, „sehr verhaßt macht Ihr mir Madame Katharina, die mir so gut schien und deren Guttaten mir jetzt Perfidien zu sein scheinen. Warum tut sie mir so viel Gutes und Euch so viel Schlechtes? Während meines Aufenthalts in der Dauphiné hab ich über Euren Regierungsanfang sehr viel Gutes gehört, das Ihr mir verheimlicht hattet, und die Königin, Eure Mutter, hat scheint's all Euer Unglück verursacht."

„Wie?" fragte der König, der lebhaft vor sich hin sann.

„Frauen, deren Seele und Absichten rein sind, bedienen sich der Tugenden, um Männer, die sie lieben, zu beherrschen; Frauen aber, die ihnen übel wollen, beherrschen sie, indem sie sie bei ihren schlechten Neigungen der Stütze berauben. Die Königin nun hat viele schöne Eigenschaften an Euch in Laster verwandelt und Euch glauben lassen, Eure schlechten Seiten wären Tugenden. War das die Rolle einer Mutter? Seid ein Tyrann in der Art Ludwigs des Elften, flößt tiefen Schrecken ein, ahmt Don Philipp nach, verbannt die Italiener, überlaßt die Jagd den Guisen und zieht der Calvinisten Besitztümer ein; in solcher Einsamkeit werdet Ihr Euch erheben und den Thron retten. Der Augenblick ist günstig, Euer Bruder ist in Polen."

„In Politicis sind wir beide Kinder," sagte Karl voller Bitterkeit, „wir verstehen nichts als lieben. Ach, mein Liebchen, gestern dachte ich an das alles, und große Dinge wollt' ich vollbringen. Bah, meine Mutter hat meine Kartenhäuser umgeblasen! Von weitem heben sich die Forderungen klar ab wie Gebirgsketten, und jedweder meint: Ich werde mit dem Calvinismus fertig werden, die Herrn von Guise zur Vernunft bringen, ich werde mich von der römischen Kurie lossagen, will mich auf mein Volk, auf das Bürgertum stützen — kurz, von weitem sieht alles einfach aus. Wenn man aber die Berge erklimmen will, werden die Schwierigkeiten, je näher man kommt, desto größer. Der Calvinismus an sich ist der Parteihäupter letzte Sorge, und die Herren von

Guise, diese katholischen Eiferer, würden verzweifelt sein, wenn sie die Calvinisten bezwungen sähen. Jedweder gehorcht seinen Interessen vor allem, und mit religiösen Meinungen wird unersättlicher Ehrgeiz zugedeckt. Karls des Neunten Partei ist die allerschwächste. Die des Königs von Navarra, des Polenkönigs, des Herzogs von Alençon, die der Condé und der Guisen verbinden sich mit denen meiner Mutter und lassen mich selbst in meinem Conseil allein. Inmitten so vieler aufrührerischer Elemente ist meine Mutter die Stärkste. Eben hat sie mir meiner Pläne Eitelkeit bewiesen. Von Untertanen sind wir umgeben, die die Justiz verhöhnen. Ludwigs des Elften Beil, von dem du sprichst, fehlt uns. Das Parlament würde weder die Guisen, noch den König von Navarra, weder die Condés, noch meine Brüder verurteilen; es würde das Königreich in Brand zu stecken glauben. Man müßte den Mut haben, den der Mord verlangt; dahin wird der Thron bei solchen Unverschämtheiten, welche die Justiz unterdrückt haben, noch gelangen. Wo aber soll man tapfere Arme dazu finden? Die heut morgen abgehaltene Sitzung hat mir alles zum Ekel gemacht: überall Verrat, überall Interessenwirtschaft, alles steht gegeneinander. Ich bin es müde, meine Krone zu tragen, nur noch in Frieden sterben will ich."

Und er versank wieder in ein finsteres Brüten.

„Von allem angeekelt!" wiederholte Marie Touchet schmerzlich, ihres Geliebten tiefe Erstarrung schonend.

Tatsächlich war Karl einer vollkommenen Entkräftung des Körpers und Geistes verfallen, die hervorgerufen durch die Überspannung aller Fähigkeiten und durch die Entmutigung vermehrt worden war. Welche Anhäufung des Unglücks, die Unmöglichkeit eines Triumphes über die Wirren einzusehen, oder der Anblick so vielfacher Schwierigkeiten, daß selbst das Genie davor zurückschreckt! Die Niedergeschlagenheit stand im gleichen Verhältnis zur Höhe, zu der sein Mut und seine Hoffnung sich seit ein paar Monden aufgeschwungen hatten. Danach hatte ihn ein Anfall nervöser Melancholie, welche durch die Krankheit selber hervorgerufen ward, am Ende der langen Ratssitzung befallen, die er in seinem Kabinette abgehalten. Marie sah, daß er einer jener Krisen unterworfen war, in denen alles, selbst die Liebe, schmerzlich und lästig ist. Sie verharrte daher kniend, den Kopf in des Königs Schoß, welcher seine Hand in seiner Geliebten Haar vergraben ließ, ohne sich zu bewegen, ohne ein Wort zu sagen, ohne selbst zu seufzen. Auch sie verharrte so. Karl der Neunte war in der Lethargie der Ohnmacht versunken und Marie in die Betäubung der Verzweiflung des liebenden Weibes, das die Grenzen sieht, die der Liebesmacht gezogen sind.

Eine lange Zeit über verharrten die beiden Liebenden in tiefstem Schweigen. Während einer Stunde blieben sie so, in der jedes Nachdenken eine Wunde schlägt, in der Wolken eines inneren Sturms alles bis auf die Glückserinnerungen verschleiern. Marie hielt sich in etwas für schuldig an dieser beunruhigenden Niedergeschlagenheit. Nicht ohne zu erschrecken, fragte sie sich, ob die maßlosen Freuden, womit der König sie über-

fallen hatte, ob die hitzige Liebe, die zu bekämpfen sie nicht die Kraft in sich fühlte, nicht Karls des Neunten Körper und Geist so schwächten.
Im Augenblick, wo sie ihre Augen, die wie ihr Antlitz in Tränen gebadet waren, zu ihrem Geliebten erhob, sah sie in denen des Königs und auf seinen farblosen Wangen gleichfalls Tränen. Solches Einverständnis, das sie bis in den Schmerz hinein vereinigte, bewegte Karl den Neunten so stark, daß er wie ein gepeitschtes Pferd aus seiner Erstarrung auffuhr; er faßte Marie um die Hüften und, ehe sie seinen Gedanken hatte erraten können, hatte er sie auf das Ruhebett niedergelegt.
„Ich will nicht mehr König sein," sagte er, „nur noch dein Liebster und in Wonne alles vergessen! Glücklich will ich sterben und nicht von des Thrones Sorgen verzehrt."
Der Ton dieser Worte und das Feuer, welches in Karls des Neunten eben noch erloschenen Augen glühte, bereiteten Marien, statt ihr zu gefallen, fürchterliche Pein. In diesem Augenblicke klagte sie ihre Liebe der Mitschuld an der Krankheit an, an welcher der König starb.
„Ihr vergeßt Eure Gefangenen", sagte sie, sich jäh erhebend.
„Was kümmern mich diese Menschen? Ich erlaube ihnen, mich zu töten."
„Wie? Mörder?" fragte sie.
„Sorg dich nicht darum, wir haben sie, liebes Kind! Beschäftige dich nicht mit ihnen, nur mit mir; liebst du mich denn nicht?"
„Sire!" schrie sie.
„Sire?" wiederholte er; Funken sprühten aus seinen Augen. So heftig war die erste Regung

des Zorns, den seiner Geliebten unzeitiger Respekt heraufbeschwor. „Du steckst mit meiner Mutter unter einer Decke!"
„Mein Gott!" schrie Marie. Sie blickte auf das Gemälde über ihrem Betschemel, den sie zu erreichen strebte, um dort einige Gebete zu sprechen; „gib, daß er mich versteht!"
„Ach," fuhr der König mit finsterer Miene fort, „solltest du dir denn etwas vorzuwerfen haben?"
Dann, sie in seinen Armen betrachtend, tauchte er seine Augen in die seiner Geliebten.
„Reden hörte ich von der wahnwitzigen Leidenschaft eines gewissen Entragues zu dir," sagte er mit verstörter Miene, „und seitdem der Hauptmann Balzac, ihr Großvater, eine Visconti in Mailand geheiratet hat, schrecken die Schufte vor nichts zurück."
Marie blickte den König mit einer so stolzen Miene an, daß er sich schämte. In diesem Augenblicke ließ sich das Schreien des kleinen Karls von Valois, der gerade aufgewacht war und den seine Amme zweifellos brachte, in dem Nebenzimmer hören.
„Kommt herein, Burgunderin," sagte Marie, der Amme ihr Kind abnehmend und es dem Könige bringend. — „Ihr seid noch kindischer als er", erklärte sie halb zornig, halb beruhigt.
„Sehr schön ist er", sagte Karl der Neunte, seinen Sohn hinnehmend.
„Ich allein weiß, wie sehr er dir gleicht," sagte Marie, „er hat bereits deine Gesten und dein Lächeln..."
„In solch zartem Alter schon?" fragte lächelnd der König.

„So etwas wollen die Männer nie glauben," erwiderte sie; „aber, mein Karl, nimm ihn hin, spiel mit ihm und sieh ihn dir an! Schau doch, hab' ich nicht recht?"

„Es stimmt!" rief der König, überrascht von einer Bewegung des Kindes, welche ihm wie eine seiner Gesten in Miniatur erschien.

„Das reizende Blümchen!" sagte die Mutter. „Nie soll er mich verlassen. Er wird mir keinen Kummer bereiten."

Der König spielte mit seinem Sohne, ließ ihn tanzen, küßte ihn voller Überschwang und sagte ihm jene närrischen und vagen Worte, hübsche Wörtchen, die Mütter und Ammen durch Schallnachahmung zu bilden wissen. Er redete ganz kindlich; endlich hellte sich seine Stirn auf, Freude stand wieder auf seinem betrübten Antlitz zu lesen, und als Marie sah, daß ihr Geliebter alles vergaß, legte sie den Kopf an seine Schulter und flüsterte ihm die Worte ins Ohr: „Wollt Ihr mir nicht sagen, mein Karl, warum Ihr mir Mörder zu bewachen gebt, wer jene Männer sind, und was Ihr mit ihnen vorhabt? Kurz, wohin geht Ihr über die Dächer? Hoffentlich handelt es sich um keine Frau?"

„Immer gleich bleibt deine süße Liebe", sagte der König überrascht von dem klaren Strahle eines jener fragenden Blicke, welche Frauen so geschickt zu werfen wissen.

„Ihr habt an mir zweifeln können?" erwiderte sie. Zwischen ihren schönen frischen Augenlidern perlten Tränen.

„Frauen kommen auch bei meinen Abenteuern vor, doch sind's Zauberinnen! Wieweit war ich gekommen?"

„Ihr waret zwei Schritte von hier auf dem First eines Hauses," sagte Marie; „in welcher Straße?"
„In der Sankt Honoriusstraße, mein Lieb", entgegnete der König. Er schien sich erholt zu haben und wollte, seine Gedanken wieder aufnehmend, seine Geliebte auf die Szene vorbereiten, die sich bei ihr abspielen sollte.
„Als wir die gestern abend durchquerten, um herumzustreunen, wurden meine Augen von einer lebhaften Helligkeit angezogen, die von dem Speicher des Hauses ausging, worinnen René, der Parfümeur und Handschuhmacher meiner Mutter, der deinige und des Hofes, wohnt. Starke Zweifel über das, was bei diesem Menschen vor sich gehen möchte, sind in mir aufgestiegen, und wenn ich vergiftet worden bin, ist dort das Gift bereitet."
„Von morgen an kaufe ich nicht mehr bei ihm", sagte Marie.
„Ach, du bist noch bei ihm geblieben, als ich ihn aufgegeben hatte?" schrie der König. „Hier lebte ich," fuhr er mit finsterer Miene fort, „und hier hat man mir sonder Zweifel den Tod gegeben."
„Aber liebes Kind, eben komme ich mit unserem Jungen aus der Dauphiné zurück," sagte sie lächelnd, „und seit der Königin von Navarra Tode hat René mir doch nichts geliefert... Fahr fort, du bist also auf das Renésche Haus geklettert?"
„Ja", erwiderte der König. „Im Nu gelangte ich, von Tavannes gefolgt, an eine Stelle, von wo aus ich, ohne gesehen zu werden, das Innere der Teufelsküche habe überschauen und Dinge dort bemerken können, die mich zu meinen Maßnahmen veranlaßten... Hast du niemals die

Speicher geprüft, in welche des verfluchten
Florentiners Haus ausläuft? Die Fenster nach der
Straße zu sind stets geschlossen, mit Ausnahme
des letzten, von wo aus man das Hotel von Soissons
und die Säule sieht, die meine Mutter für ihren
Astrologen Kosmus Ruggieri hat bauen lassen. In
diesen Speicherräumen befindet sich eine Wohnung oder eine Galerie, die ihr Licht nur von der
Hofseite bekommt, so daß man, um zu sehen,
was dort vor sich geht, dorthinauf klettern muß,
wohin zu steigen keinem Menschen einfallen
wird, nämlich auf die Kappe einer hohen Mauer,
die an die Dächer des Renéschen Hauses stößt.
Die Leute, die ihre Öfen dort einrichteten, worinnen sie den Tod destillieren, rechneten, um
nicht gesehen zu werden, wohl mit der Feigheit
der Pariser, nicht aber mit ihrem Karl von Valois.
In der Dachrinne hab ich mich bis an ein Fenster
vorgewagt, gegen dessen Pfosten ich mich aufrecht stehend preßte, indem ich meinen Arm um
den Affen schlang, der seinen Schmuck bildet."
„Und was habt Ihr gesehen, mein Herz?" fragte
Marie erschreckt.
„Ein Versteck, wo die Werke der Finsternis hergestellt werden", antwortete der König. „Der
erste Gegenstand, worauf mein Blick fiel, war
ein hoher, auf einem Stuhle sitzender Greis.
Einen prächtigen weißen Bart trug der wie der
alte l'Hôpital, und bekleidet war er wie der mit
einem schwarzen Sammetgewande. Auf seine hohe
weiße Stirn, in die tiefe Falten eingegraben
waren, auf den Kranz seiner gebleichten Haare,
auf sein ruhiges und aufmerksames Gesicht, das
bleich von Nachtwachen und Arbeiten war, fielen

die konzentrierten Strahlen einer Lampe, die lebhaftes Licht spendete. Er teilte seine Aufmerksamkeit zwischen einem alten Manuskripte, dessen Pergament mehrere Jahrhunderte alt sein mußte, und zwei angefachten Öfen, worinnen ketzerische Substanzen kochten. Weder oben noch unten sah man die Täfelung des Laboratoriums, so viele aufgehängte Tiere, Skelette, getrocknete Pflanzen, Mineralien und Ingredientien waren da aufgehängt mit denen auch alle Ecken vollgepropft waren. Da gab's Bücher, Destillationsinstrumente, mit astrologischen- und Zaubergeräten vollgestopfte Truhen, dort Nativitätsthemen, Phiolen, behexte Wachsfiguren und vielleicht die Gifte, mit denen er René versorgt, um Gastfreundschaft und Schutz zu bezahlen, den meiner Mutter Handschuhmacher ihm gewährt. Tavannes und ich — das versichere ich dir — sind durch den Anblick des Teufelsarsenals mächtig gepackt worden; denn allein vom Sehen schon steht man wie unter einem Bann, und wäre ich meinem Metier nach nicht König von Frankreich, ich hätte Bange gehabt. ‚Zittre du für uns beide', hab' ich zu Tavannes gesagt. Tavannes Augen aber waren durch das geheimnisvollste der Schauspiele verführt. Auf einem Ruhebette, zu des Greisen Seiten, lag ein Mädchen von außergewöhnlicher Schönheit ausgestreckt. Schmal, zart und lang war sie wie eine Natter, weiß wie ein Hermelin, bleich wie eine Tote und unbeweglich wie eine Statue. Vielleicht ist's ein frisch aus dem Grabe geholtes Weib, das zu irgendwelchem Experimente dienen sollte; denn sie schien uns noch in ihrem Leichentuch zu sein, ihre Augen waren unbeweglich und atmen sah ich sie auch nicht. Der alte Schelm schenkte ihr nicht die geringste Aufmerksamkeit. Ich betrachtete ihn so neugierig, daß sein Geist, glaub' ich, in mich übergangen ist. Dank allem Studieren mußte man schließlich diesen so lebhaften, tiefen, trotz des Eises der Jahre so kühnen Blick und den Mund bewundern, der von den strömenden Gedanken eines heißen einzigartigen Verlangens bewegt ward, das auf seiner Stirn in tausend Falten eingegraben blieb. Alles an diesem Menschen deutete auf Hoffnung hin, die nichts entmutigt, nichts aufhält. Seine Haltung, schauerlich in ihrer Unbeweglichkeit, diese von so sublimer Leidenschaft, welche die Arbeit eines Bildhauermeißels leistet, so sehr durchwühlten Umrisse, der durch einen verbrecherischen oder wissenschaftlichen Versuch in die Enge getriebene Geist, die in den Spuren der Natur forschende Intelligenz, von ihr besiegt und niedergebeugt, ohne unter der Last ihres Mutes, auf den sie nicht verzichtet, zusammengebrochen zu sein, die Schöpfung mit dem Feuer bedrohend, das sie von ihr erhält... all das hat mich einen Augenblick lang fasziniert. Ich fand diesen Greis königlicher als mich, denn sein Blick umspannte die Welt und beherrschte sie. Entschlossen hab' ich mich, keinen Degen mehr zu schmieden, über Abgründen verlangt es mich zu kreisen, wie es dieser Greis tut. Sein Wissen ist mir wie ein sicheres Königreich vorgekommen. Kurz, ich glaube an die okkulten Wissenschaften."

„Ihr, der heiligen katholischen, apostolischen und römischen Kirche ältester Sohn und Rächer?" rief Marie.

„Ich!"

„Was ist Euch denn geschehen? Fahrt fort, Furcht muß ich für Euch haben; habt Ihr Mut für mich!"

„Auf seine Uhr sehend, stand der Greis auf," fuhr der König fort, „und ging hinaus, wohin, weiß ich nicht; aber ich hörte ihn ein Fenster auf der Seite der Sankt Honoriusstraße öffnen. Bald erglänzte ein Licht, dann sah ich auf der Säule des Hotels von Soissons ein anderes Licht, das auf das des Greises antwortete und uns Kosmus Ruggieri oben auf der Säule zu sehen erlaubte. ‚Ah, sie verständigen sich', hab' ich zu Tavannes gesagt, der fortan alles schrecklich verdächtig fand. Er teilte meine Ansicht, uns dieser beiden Männer zu bemächtigen und sie unverzüglich in ihrem grauenhaften Arbeitsraume verhören zu lassen. Ehe wir aber zur allgemeinen Verhaftung schritten, wollten wir sehen, was vor sich gehen würde. Nach Verlauf von einer Viertelstunde ward die Laboratoriumstür geöffnet und Kosmus Ruggieri, meiner Mutter Ratgeber, der bodenlose Brunnen, von welchem alle Hofgeheimnisse verschluckt werden, den die Frauen um Hilfe wider ihre Ehemänner und wider ihre Liebhaber bitten, den die Liebhaber und Ehemänner um Hilfe wider ihre Untreuen angehen, welcher mit der Zukunft ebensowohl wie mit der Vergangenheit schachert, indem er aus allen Händen empfängt, der Horoskope verkauft und dafür durchgeht, alles zu wissen, dieser halbe Dämon ist eingetreten, indem er zu dem Greise: ‚Guten Abend, mein Bruder!' sagte. Mit sich brachte er eine schreckliche, zahnlose, bucklige, schiefe kleine Alte, die gekrümmt war wie ein phantastisches Götzenbild, nur noch furchtbarer. Schrumplig war sie wie ein alter Apfel, ihre Haut war von Safranfarbe, ihr Kinn bohrte sich in ihre Nase, der Mund war eine kaum angedeutete Linie, ihre Augen glichen den schwarzen Punkten eines Würfels, auf ihrer Stirne drückte sich Bitterkeit aus, und ihre Haare hingen in grauen Strähnen unter einer schmierigen Haube hervor. Sie ging auf eine Krücke gestützt. Sie roch nach Scheiterhaufen und Zauberei und flößte uns Angst ein. Denn weder Tavannes noch ich hielten sie für ein natürliches Weib; so etwas Entsetzliches wie sie kann Gott nicht geschaffen haben. Sie hockte sich auf einen Schemel nieder bei der hübschen weißen Natter, in die Tavannes sich sterblich verliebte. Die beiden Brüder schenkten weder der Alten noch der Jungen, die beieinander ein gräßliches Paar bildeten, irgendwelche Aufmerksamkeit. Auf der einen Seite das Leben im Tode, auf der andern der Tod im Leben..."

„Mein liebenswürdiger Dichter", rief Marie, den König küssend.

...,‚Guten Tag, Kosmus', antwortete der alte Alchemist seinem Bruder.

Und beide blickten sie in den Ofen.

‚Welche Kraft besitzt der Mond heute?' fragte der Greis den Kosmus.

‚Aber, caro Lorenzo,' antwortete meiner Mutter Astrologe, ‚die Septemberflut ist noch nicht beendigt, bei solcher Unordnung kann man nichts wissen.'

‚Was sagt uns der Orient heute abend?'

Antwortete Kosmus:

‚Eben hat er eine schöpferische Kraft in der Luft

entdeckt, die der Erde alles wiedergibt, was sie ihr nimmt; wie wir schließt er daraus, daß alles hienieden Produkt einer langsamen Umwandlung ist, daß aber alle Verschiedenheiten nur Formen ein und derselben Substanz bilden.'

‚Das dachte mein Vorgänger,' antwortete Lorenz. ‚Heute morgen sagte mir Bernhard Palissy, daß Metalle das Ergebnis einer Kompression seien, und daß das Feuer, das alles trenne, auch alles vereinige. Das Feuer besitze ebensowohl die Kraft zu komprimieren als auch zu trennen. Der Biedermann ist ein genialer Kerl.'

Obwohl ich so stand, daß ich nicht gesehen werden konnte, sagte Kosmus, der jungen Toten Hand ergreifend:

‚Es ist jemand bei uns!'

‚Wer ist es?' fragte er.

‚Der König!' sagte sie.

An die Scheibe klopfend, habe ich mich gezeigt; Ruggieri hat mir das Fenster aufgemacht und von Tavannes gefolgt, bin ich in die Teufelsküche gesprungen.

‚Ja, der König,' sagte ich zu den beiden Florentinern, die uns von Schrecken gepackt erschienen. ‚Trotz Eurer Öfen und Eurer Bücher, Eurer Hexen und Eurer Wissenschaft habt ihr meinen Besuch nicht erraten können. Froh bin ich, jenen Lorenz Ruggieri zu sehen, von dem die Königin, meine Mutter, in so geheimnisvoller Weise redet', sagte ich zu dem Greise, der sich erhob und verneigte. ‚Ohne meine Genehmigung seid Ihr im Königreiche, Biedermann... Für wen arbeitet ihr hier, ihr, die ihr vom Vater auf Sohn im Schoße des Hauses Medici lebt? Hört mich an! Ihr greift in so viele Beutel, daß habgierige Leute seit langem schon von Gold gesättigt wären; zu listige Leute seid ihr, um unklugerweise sträfliche Wege zu gehen, aber ihr dürftet euch auch nicht mehr wie Leichtfüße in diese Küche stürzen; ihr, die ihr weder durch Gold noch durch Macht zu befriedigen seid, habt also geheime Pläne? Wem dient ihr, Gott oder dem Teufel? Was braut ihr hier? Volle Wahrheit will ich und wahrlich bin Manns genug, sie zu hören und das Geheimnis eurer Unternehmungen, wie tadelnswert sie auch sein mögen, zu wahren. Also sagt mir alles ohne Heuchelei. Wenn ihr mich täuscht, wird streng mit euch verfahren werden. Ob ihr Heiden oder Christen, Calvinisten oder Mohammedaner seid, ihr habt mein königliches Wort, ungestraft das Reich zu verlassen, falls ihr euch einige kleine Sünden zum Vorwurfe machen müßt. Kurz, ich lasse euch den Rest dieser Nacht und den Morgen des kommenden Tages, um euer Gewissen zu befragen, denn ihr seid meine Gefangenen und sollt mir an einen Ort folgen, wo ihr wie Schätze bewacht werdet.'

Ehe sie sich meinem Befehle fügten, befragten die beiden Florentiner einander mit einem feinen Blicke, und Lorenz Ruggieri sagte mir, ich dürfte sicher sein, daß keine Todesqual ihnen ihre Geheimnisse entreißen werde. Trotz ihrer anscheinenden Schwäche hätten weder Schmerz noch andere menschliche Gefühle Macht über sie; Vertrauen allein könnte ihren Mund entsiegeln. Ich dürfte mich nicht wundern, daß sie sich in diesem Augenblicke mit einem Könige, der nur Gott über sich kenne, auf gleichen Fuß stellten, denn ihr

Gedanke sei gleichfalls nur Gott lehnspflichtig. Sie forderten also von mir ebensoviel Vertrauen, als sie mir gewährten. Bevor sie sich verpflichteten mir ohne Hintergedanken zu antworten, baten sie mich, meine linke Hand in die des jungen Mädchens, das dort lag, und die Rechte in der Alten Hand zu legen. Da ich ihnen keinen Anlaß zu dem Gedanken geben wollte, ich fürchte irgendwelches Zauberwerk, streckte ich meine Hände hin. Lorenz nahm die rechte, Kosmus die linke und jeder von ihnen brachte sie in der Hand eines Weibes unter, so daß ich mich wie Christus zwischen seinen beiden Schächern befand. All die Zeit über prüften die beiden Zauberinnen meine Hände. Kosmus hielt mir einen Spiegel mit der Bitte vor, mich darinnen zu betrachten, und sein Bruder sprach in einer unbekannten Sprache mit den beiden Frauen. Weder Tavannes noch ich konnten den Sinn irgendeiner Phrase verstehen. Ehe wir die Leute hierherführten, haben wir Siegel auf allen Eingängen in diese Offizin angebracht. Tavannes hat den Auftrag, sie bis zu dem Momente zu bewachen, wo auf mein ausdrückliches Geheiß Bernhard Palissy und Chaplain, mein Arzt, sich dorthin begeben haben, um eine genaue Untersuchung aller Drogen, die sich dort vorfinden und hergestellt werden, vorzunehmen. Damit sie nichts von den Nachforschungen, die in ihrer Küche angestellt werden, merken und, um sie daran zu hindern, sich außerhalb, mit wem es auch sein möge, in Verbindung zu setzen, hab' ich die beiden Teufel heimlich bei dir untergebracht und lasse sie von Solerns Deutschen bewachen, welche die stärksten Kerkermauern aufwiegen. René ist von Solerns Knappen in seinem Zimmer bewacht worden und die beiden Zauberinnen desgleichen. Nun, mein geliebtes Leben, wo ich die Häupter der Kabbala, die Könige Alleswisser, die Anführer der Zauberei, die Fürsten der Zigeuner, die Herren der Zukunft und die Erben aller berühmten Wahrsager festhabe, will ich in dir lesen, dein Herz kennenlernen, kurz, wir wollen wissen, was aus uns wird."

„Ich wäre sehr glücklich, wenn sie mein Herz nackt zeigen könnten", sagte Marie, ohne irgendwelche Furcht durchschimmern zu lassen.

„Ich weiß auch, warum dich keine Zauberer schrecken: du, auch du kannst behexen."

„Wollt Ihr nicht einen von diesen Pfirsichen?" antwortete sie, ihm schöne Früchte auf einem hochroten Teller anbietend. „Seht die Trauben, die Birnen hier, alle hab' ich selber in Vincennes gepflückt."

„Ich werde also davon essen, denn kein ander Gift ist an ihnen zu finden als die Liebestränke, die aus deinen Händen hervorgehen."

„Stets solltest du viel Obst essen, Karl, da würdest du dein Blut erfrischen, das du mit so viel Gewaltmitteln verbrennst."

„Sollt' ich dich nicht auch weniger lieben?"

„Vielleicht..." sagte sie. „Wenn die Dinge, die du lieb hast, dir schadeten... und ich hab es fast geglaubt!... würde ich aus meiner Liebe die Kraft schöpfen, sie dir zu verweigern. Karl bete ich noch mehr an, als ich den König liebe, und ich will, daß der Mann ohne jene Qualen lebe, die ihn traurig und nachdenklich machen."

„Das Königsein verdirbt mich..."

„Ja gewiß", entgegnete sie. „Wenn du nur ein armer Fürst wie dein Schwager wärest, der König von Navarra, dieser kleine Schürzenjäger, der weder Heller noch Pfennig hat, der nur ein elendes Königreich in Spanien, in das er nie den Fuß setzen wird, und das Béarn in Frankreich besitzt, das ihm kaum etwas zu leben gibt, würde ich glücklich, viel glücklicher sein, als wenn ich wirklich Königin von Frankreich wäre."

„Bist du denn aber nicht mehr als die Königin? Sie hat den König Karl nur zum Wohle des Königsreichs, denn gehört die Königin nicht auch zur Politik?"

Marie lächelte und zog ein schiefes Mäulchen; dann sagte sie:

„Das weiß man, Sire. Und ist mein Sonett fertig?"

„Liebe Kleine, Verse lassen sich ebenso schwer machen wie Friedensediktе; deine werd' ich bald vollenden. Mein Gott, das Leben ist mir so leicht hier, und ich möchte gar nicht wieder fortgehen. Und doch müssen wir die beiden Florentiner vernehmen. Haupt Gottes voller Reliquien! Ich fand, daß wir gerade genug hatten an einem Ruggieri im Reiche, und nun findet man wahrlich ihrer zweie. Hör, mein liebes Herz, dir fehlt's nicht an Verstand, du würdest einen prächtigen Polizeileutnant abgeben, denn du kommst hinter alles..."

„Aber, Sire, wir vermuten alles, was wir fürchten, und für uns ist das Wahrscheinliche das Wahre: das ist in zwei Worten unsere ganze Schlauheit."

„Nun gut, hilf mir also die beiden Männer sondieren. Jetzt im Moment hängen alle meine Entschließungen von diesem Verhör ab. Sind sie unschuldig? Sind sie schuldig? Meine Mutter steht hinter ihnen."

„Ich höre Jakobs Stimme auf der Wendeltreppe", sagte Marie.

Jakob war des Königs Lieblingsdiener, der ihn bei allen seinen Lustpartien begleitete; er wollte nachfragen, ob es in seines Herrn Absicht stünde, mit den beiden Gefangenen zu sprechen.

Auf ein bejahendes Zeichen hin erteilte die Dame des Hauses einige Befehle.

„Jakob," sagte sie, „laßt jedermann im Hause das Feld räumen außer der Amme und dem gnädigen Herrn von Auvergne, die bleiben können. Was Euch anlangt, so haltet Euch im Parterresaal; vor allem aber macht die Fenster zu, zieht die Vorhänge vor im Salon und zündet die Kerzen an!"

Des Königs Ungeduld war so groß, daß er sich während dieser Vorbereitungen in der Ecke bei einem hohen weißen Marmorkamin, in welchem ein helles Feuer brannte, auf einen Stuhl setzte, bei dem sich seine hübsche Geliebte niederließ. Des Königs Bild hing in einem roten Sammetrahmen an Stelle eines Spiegels dort. Karl der Neunte stützte den Ellbogen auf die Stuhllehne, um die beiden Florentiner besser betrachten zu können.

Als die Fensterflügel geschlossen, die Vorhänge heruntergelassen waren, zündete Jakob die Kerzen in einem Leuchter, einer Art silbergetriebenem Kandelaber, an und stellte ihn auf den Tisch, wo sich die beiden Florentiner niedersetzen mußten, welche Benvenuto Cellinis, ihres Landsmanns, Arbeit erkennen konnten. Die Reichtümer dieses

Saales, der in Karls des Neunten Geschmack ausgestattet war, schimmerten hell. Besser als bei lichtem Tage sah man das Braunrot der Tapisserien. Die kostbar gearbeiteten Möbel reflektierten in den Kehlungen ihres Ebenholzes Kerzenlicht und Kaminfeuer. Die sparsam verteilten Vergoldungen glänzten da und dort wie Augen und belebten die braune Farbe, die in diesem Liebesneste vorherrschte.
Jakob pochte zweimal, und auf ein Wort hin ließ er die beiden Florentiner eintreten. Sofort ward Marie Touchet von der Größe betroffen, die Lorenz Hoch und Niedrig beachtenswert machte. Dieser Greis, dessen Silberbart noch durch einen schwarzsamtnen Mantel gehoben ward, hatte eine Stirn ähnlich einer Marmorkuppel. Sein strenges Antlitz, in welchem zwei schwarze Augen stechende Flammen sprühten, ließ das Fluidum eines Genies, das aus seiner tiefen Einsamkeit herausgerissen, um so tiefer wirkt, als seine Kraft durch die Berührung mit den Menschen nicht stumpf wurde, auf die Anwesenden übergehen. Man möchte es das Eisen einer Klinge nennen, die noch nicht gebraucht wurde.
Was Kosmus Ruggieri anlangt, so trug er das Höflingsgewand der Epoche.
Marie machte dem König ein Zeichen, ihm zu sagen, daß er bei seiner Schilderung nicht übertrieben habe, und um ihm zu danken, ihr diese außergewöhnlichen Männer gezeigt zu haben.
„Auch die Zauberinnen würde ich gern sehen", flüsterte sie dem König ins Ohr.
Karl der Neunte war wieder nachdenklich geworden und antwortete nicht. Besorgt schnippte

er einige Brotkrümchen fort, die auf seinem Wams und den Beinkleidern lagen.

„Eure Wissenschaften vermögen weder etwas über den Himmel noch können sie Sonnenschein erzwingen, meine Herren aus Florenz", sagte der König auf die Vorhänge deutend, die man der grauen Pariser Atmosphäre wegen heruntergelassen hatte. „Der Tag geht zur Neige."

„Unsere Wissenschaft kann uns einen Himmel nach unserer Phantasie herzaubern, Sire", erklärte Lorenz Ruggieri. „Für den, der in einem Laboratorium am Schmelzofen arbeitet, ist das Wetter immer schön."

„Das stimmt", erwiderte der König. — „Nun, mein Vater," sagte er, sich eines Ausdrucks bedienend, der ihm alten Leuten gegenüber geläufig war, „wollt Ihr mir den Gegenstand Eurer Studien aufs genaueste erklären?"

„Wer garantiert uns die Straflosigkeit?"

„Des Königs Wort", antwortete Karl der Neunte, dessen Neugier durch diese Frage lebhaft gereizt wurde.

Lorenz Ruggieri schien zu zaudern. Karl der Neunte rief:

„Was hält Euch auf? Wir sind allein."

„Ist der König von Frankreich hier?" fragte der hochgewachsene Greis.

Karl der Neunte überlegte einen Augenblick und antwortete:

„Nein!"

„Wird er auch nicht kommen?" fragte Lorenz abermals.

„Nein", antwortete Karl der Neunte, eine Zornesregung unterdrückend.

Der imposante Greis zog einen Stuhl heran und setzte sich. Der ob solcher Kühnheit erstaunte Kosmus wagte seinen Bruder nicht nachzuahmen. Karl der Neunte sagte voll tiefer Ironie:
„Der König ist nicht anwesend, mein Herr; doch seid Ihr bei einer Dame, deren Aufforderung Ihr hättet abwarten müssen."
„Der, den Ihr hier vor Euch seht, Madame, steht ebenso hoch über den Königen, als Könige über ihren Untertanen stehn. Und wenn Ihr meine Macht erst kennt, werdet Ihr mich höflich genug finden."
Als sie diese mit italienischer Emphase geäußerten kühnen Worte vernahmen, schauten Karl und Marie sich an und blickten auf Kosmus, der, die Augen auf seinen Bruder geheftet, zu sagen schien: „Wie wird er sich aus unserer bösen Lage herauswinden?"
Tatsächlich konnte nur eine einzige Person die Größe und Feinheit des Lorenz Ruggierischen Eingangswortes begreifen; weder auf den König noch auf seine junge Geliebte, wohl aber auf den verschmitzten Kosmus Ruggieri vermochte der Greis mit dem Zauber seines Mutes zu wirken. Wiewohl er den geschicktesten Hofleuten und vielleicht auch Katharinen von Medici, seiner Beschützerin, geistig überlegen war, so erkannte der Astrolog seinen Bruder Lorenz doch als seinen Meister an. Dieser alte, in Einsamkeit begrabene Gelehrte hatte die Herrscher begriffen, die fast alle durch die ständige Aufregung der Politik, deren Krisen zu jener Zeit so plötzlich, lebhaft, so hitzig und unvorhergesehen waren, abgestumpft wurden; er kannte ihre Langeweile, ihre

Müdigkeit Dingen gegenüber, wußte mit welchem Eifer sie das Fremde, Neue und Krause verfolgten und wie sehr sie es vor allem liebten, sich in der intellektuellen Region zu bewegen, um zu vermeiden, sich stets nur mit Menschen und Ereignissen herumzuschlagen. Denen, die die Politik erschöpft haben, bleibt nur mehr der reine Gedanke übrig; Karl der Fünfte hat das durch seine Abdankung bewiesen. Karl der Neunte, welcher Sonette und Degen schmiedete, um sich den aufreibenden Angelegenheiten eines Jahrhunderts zu entziehen, in welchem der Thron nicht minder in Frage stand als der König, und der vom Königtum nur die Sorgen spürte, ohne seiner Freuden froh zu werden, mußte durch die kühne Verneinung seiner Macht, die Lorenz sich eben herausgenommen hatte, lebhaft aufgerüttelt werden. Gottlosigkeiten überraschten wahrlich nicht mehr zu einer Zeit, wo der Katholizismus so auf Herz und Nieren geprüft wurde; daß man die Zerstörung der Religion als Basis für wahnsinnige Versuche einer geheimnisvollen Kunst nahm, mußte den König lebhaft treffen und ihn aus seiner düsteren Zerstreutheit reißen. Denn eine Eroberung, bei der es sich um den ganzen Menschen handelte, war ein Unterfangen, das in des Ruggieri Augen jedes andere Interesse als klein erscheinen lassen mußte. Von dem Begriff, den man dem Könige beibringen wollte, hing eine wichtige Freisprechung ab, welche die beiden Brüder nicht erbitten konnten und die man erringen mußte! Das Wesentliche war, Karl den Neunten seinen Argwohn vergessen zu machen, indem man ihn auf irgendeine Idee losgehen ließ.

Die beiden Italiener wußten nicht, daß der Einsatz bei dieser seltsamen Partie ihr eigenes Leben war. Die zugleich demütigen und stolzen Blicke, die sie mit Maries und des Königs scharfsinnigen und argwöhnischen austauschten, bildeten bereits eine Szene für sich.

„Sire," sagte Lorenz Ruggieri, „Ihr habt mir die Wahrheit abverlangt; um sie aber in ihrer ganzen Nacktheit zu zeigen, muß ich Euch den angeblichen Brunnen, den Abgrund sondieren lassen, aus dem sie hervorgeht. Der Edelmann, der Dichter möge uns die Worte verzeihen, welche der Kirche ältester Sohn für Blasphemien halten könnte! Ich glaube nicht, daß Gott sich mit der Menschen Dinge beschäftigt..."

Wiewohl er fest entschlossen war, eine königliche Unbeweglichkeit zu wahren, vermochte Karl der Neunte eine überraschte Bewegung nicht zu unterdrücken.

„Ohne diese Überzeugung würde ich keinen Glauben an das wunderbare Werk haben, dem ich mich geweiht. Um ihm nachzugehen, muß ich daran glauben. Wenn der Finger Gottes jedwedes Ding leitet, bin ich ein Narr. Möge es der König denn wissen: es handelt sich darum, einen Sieg über den aktuellen Gang der menschlichen Natur davonzutragen. Ich bin Alchimist, Sire. Denkt aber nicht wie das gemeine Volk, daß ich Gold zu machen suche! Die Herstellung des Goldes ist nicht der Zweck, sondern ein Zufall unserer Nachforschungen, sonst würde sich unser Versuch ja nicht das große Werk nennen! Das große Werk ist etwas Kühneres als das. Wenn ich also heute Gottes Gegenwart in der Materie zuließe, würde die Flamme der seit Jahrhunderten brennenden Schmelzöfen morgen auf ein Wort von mir hin verlöschen. Gottes direktes Handeln leugnen, heißt nicht Gott leugnen; täuscht Euch darin nicht. Wir stellen den Urheber jedweden Dinges noch viel höher als ihn die Religionen herabwürdigen. Zeiht nicht die des Atheismus, welche doch die Unsterblichkeit wollen. Nach Luzifers Beispiel sind wir eifersüchtig auf Gott, und solche Eifersucht zeugt von einer heißen Liebe! Obwohl diese Doktrin die Basis für unsere Arbeiten bildet, sind nicht alle Adepten voll von ihr. Kosmus," sagte der Greis auf seinen Bruder zeigend, „Kosmus ist frommer Katholik; er bezahlt Messen für unseres Vaters Seelenheil und hört sie an. Euer Mutter Astrolog glaubt an die Göttlichkeit Christi, an die unbefleckte Empfängnis und an die Transsubstantiation; er glaubt an den Ablaß des Papstes und die Hölle, glaubt an die Unendlichkeit der Dinge. ... Seine Stunde ist noch nicht gekommen. Denn ich habe sein Horoskop gestellt, er wird beinahe hundertjährig sterben: noch zwei Regierungen muß er erleben und sehen, wie zwei Könige Frankreichs ermordet werden..."

„Die werden sein?..." fragte der König.

„Der letzte der Valois und der erste der Bourbonen", antwortete Lorenz. „Kosmus aber wird meine Meinungen teilen. Tatsächlich kann man unmöglich Alchimist und Katholik sein, an den Despotismus des Menschen der Materie gegenüber und an die Oberherrschaft des Geistes glauben."

„Kosmus wird als Hundertjähriger sterben?" sagte der König, der sich bis zu seinem schrecklichen Runzeln der Brauen hinreißen ließ.

„Ja, Sire," antwortete Lorenz voller Autorität, „in Frieden wird er in seinem Bette sterben."
„Wenn Ihr die Macht besitzt den Augenblick Eures Todes vorherzusehen, warum wißt Ihr nicht, zu welchen Ergebnissen Eure Nachforschungen führen werden?"
Karl der Neunte hub an mit triumphierender Miene zu lächeln. Er blickte auf Marie Touchet.
Die beiden Brüder wechselten einen schnellen freudigen Blick.
‚Er interessiert sich für die Alchimie,' dachten sie, ‚wir sind gerettet!'
„Unsere Vorhersagungen stützen sich auf den augenblicklichen Zustand der Beziehungen, die zwischen Mensch und Natur bestehen; doch handelt es sich gerade darum, diese Beziehungen gänzlich zu verändern", antwortete Lorenz.
Der König blieb nachdenklich.
„Wenn ihr aber gewiß seid zu sterben, so seid ihr auch eurer Niederlage sicher", erwiderte Karl der Neunte.
„Wie es unsere Vorgänger waren!" antwortete Lorenz, die Hand erhebend, um sie mit einer emphatischen und feierlichen Geste, die dem Fluge seines Gedankens entsprach, zurückfallen zu lassen. „Wenn Euer Geist aber, Sire, dereinst am Ende der Strecke angelangt ist, muß er zu uns umkehren. Wenn Ihr nicht den Boden kenntet, worauf unser Gebäude aufgeführt ist, könntet Ihr uns sagen, er wankte, und die von den Größten unter den Menschen von Jahrhundert zu Jahrhundert gepflegte Wissenschaft beurteilen, wie sie der Gemeine beurteilt."
Der König nickte zustimmend.

„Ich denke also, daß die Erde hier dem Menschen gehört, daß er ihr Herr ist und sich all ihre Kräfte, all ihre Substanz zu eigen machen kann. Der Mensch ist keine Schöpfung, die unmittelbar aus Gottes Händen hervorgegangen ist, sondern eine Konsequenz des in die Unendlichkeit des Äthers gesäten Prinzips, in dem sich Tausende von Kreaturen produzieren, von welchen sich keine von Stern zu Stern gleicht, weil die Lebensbedingungen überall verschieden sind. Ja, Sire, das subtile Räderwerk, welches wir Leben nennen, nimmt seinen Ursprung jenseits der sichtbaren Welten; die Schöpfungen zerlegen es sich nach Belieben der Umgebung, in der sie sich befinden, und die geringsten Wesen nehmen teil daran, indem sie, soviel wie sie nur können, auf eigene Gefahr und Kosten davon aufnehmen: bei ihnen steht es, sich wider den Tod zu verteidigen. Die Alchimie ist völlig hierin enthalten. Wenn der Mensch, das vollkommenste Tier dieses Globus, in sich selber einen Teil Gottes trüge, würde er nicht umkommen, und er kommt um. Um über diese Schwierigkeit hinwegzugelangen, haben Sokrates und seine Schule die Seele erfunden. Ich, der Nachfolger so vieler unbekannter großer Könige, welche diese Materie beherrschten, bin für die alten Theorien gegen die neuen; ich bin für die Umwandlung der Materie, die ich sehe, und gegen die unmögliche Ewigkeit einer Seele, die ich nicht sehe. Die Welt der Seele erkenne ich nicht an. Wenn jene Welt vorhanden wäre, würden die Substanzen, deren prächtige Vereinigung Euren Körper hervorbringt, und die bei Madame so in die Augen springend sind, sich nicht nach Eurem Tode sublimieren, um jedes getrennt in seine Abteilung, das Wasser zum Wasser, das Feuer zum Feuer, das Metall zum Metall zurückzukehren, wie, wenn meine Kohle verbrannt ist, ihre Elemente in ihre ursprünglichen Moleküle zurückversetzt worden sind. Wenn Ihr behauptet, daß irgend etwas uns überlebt, so sind das nicht wir; denn alles, was mein augenblickliches Ich ist, stirbt. Und dies augenblickliche Ich will ich nun über den für sein Leben bestimmten Termin fortsetzen; der augenblicklichen Umbildung will ich eine größere Dauer verschaffen. Wie! Die Bäume leben jahrhundertelang und die Menschen sollten nur Jahre leben, während die einen aktiv und die anderen passiv sind, wo die einen unbeweglich und ohne Stimme sind und die anderen sprechen und gehen! Keine Schöpfung soll hinieden unserer an Macht oder Dauer überlegen sein. Schon haben wir unsere Sinne erweitert, wir sehen in die Welt der Gestirne hinein. Wir müssen unser Leben verlängern können! Über Macht stelle ich Leben. Was nutzt die Macht, wenn uns das Leben entgleitet? Ein vernünftiger Mensch kann ja gar keine andere Beschäftigung haben als suchen, nicht ob es ein anderes Leben gibt, sondern das Geheimnis, auf welchem seine augenblickliche Form beruht, um es nach seinem Belieben fortzusetzen! Der sehnsüchtige Wunsch hat mir das Haar gebleicht, aber ich schreite unerschrocken durch die Finsternisse, indem ich die Intelligenz, die meinen Glauben teilt, in solchem Kampfe anführe. Eines Tages wird das Leben uns gehören."

„Aber wie?" schrie der König, jäh aufspringend.

„Da die erste Bedingung unseres Glaubens ist, daran festzuhalten, daß die Welt dem Menschen gehörte, muß man mir diesen Punkt bewilligen", sagte Lorenz.

„Schön, sei's!" antwortete der ungeduldige Karl von Valois bereits fasziniert.

„Nun gut, Sire, wenn man Gott von dieser Welt wegnimmt, was bleibt dann? Der Mensch! Prüfen wir also unsere Domaine. Die materielle Welt ist zusammengesetzt aus Elementen, diese Elemente selber sind Prinzipien. Diese Prinzipien lösen sich in ein einziges auf, das mit Bewegung begabt ist. Die Zahl drei ist die Formel der Schöpfung: Materie, Bewegung, Produkt!"

„Der Beweis? Nicht weiter!" rief der König.

„Seht Ihr ihn nicht an den Wirkungen?" antwortete Lorenz. „Auf die Probe stellten wir die Eichel, aus der eine Eiche hervorgehen muß, desgleichen auch den Embryo, aus welchem ein Mensch entstehen muß, aus diesem bißchen Substanz resultiert ein reines Prinzip, mit dem sich eine Kraft, irgendeine Bewegung verbinden muß. Muß dies Prinzip in Ermangelung eines Schöpfers nicht selber die aufeinandergeschichteten Formen annehmen, die unsere Welt bilden? Denn überall ist dies Lebensphänomen das gleiche. Ja, für Metalle wie für Lebewesen, für Pflanzen wie für Menschen beginnt das Leben mit einem nicht wahrnehmbaren Embryo, der sich von selbst entwickelt. Es gibt ein primitives Prinzip! Überraschen wir es auf dem Punkte, wo es auf sich selbst einwirkt, wo es eins ist, wo es Prinzip ist, ehe es Geschöpf wird, Ursache ist, ehe es Wirkung wird; dann werden wir es absolut erkennen, formlos, so wie es fähig ist, alle Formen anzunehmen, die wir es annehmen sehen. Wenn wir diesen atomistischen Teilchen gegenüber stehen und seine Bewegung an seinem Ausgangspunkt erfaßt haben, kennen wir seine Gesetze. Von dem Augenblicke an können wir als die Herren ihm die Form gebieten, die uns von allen denen, die wir sehen, gefällt. Wir werden Gold besitzen, um die Welt zu erlangen, und uns Lebensjahrhunderte schaffen, um uns ihrer zu erfreuen. Das ist es, was wir, mein Volk und ich, suchen. All unsere Kräfte, all unsere Gedanken sind dieser Nachforschung gewidmet; nichts zieht uns davon ab. Eine mit einer anderen Leidenschaft vergeudete Stunde würde uns als ein Raub an ihrer Größe erscheinen! Wie Ihr gewißlich niemals Eurer Hunde einen überraschtet, der Tier- und Jägerrecht vergaß, so habe ich niemals einen meiner geduldigen Untertanen gefunden, der sich durch ein Weib oder habsüchtiges Interesse hätte abziehen lassen. Wenn der Adept Gold und Macht ersehnt, rührt dieser Durst von der Stärke unserer Bedürfnisse her; er hascht, wie der abgehetzte Hund im Laufe etwas Wasser aufleckt, nach einem Vermögen, weil seine Öfen einen Diamanten zum Schmelzen oder einen Goldbarren verlangen, der pulverisiert werden muß. Jedwedem seine Arbeit! Der sucht das Geheimnis der Natur der Pflanzen, beobachtet ihr langsames Leben, nimmt die Parität der Bewegung in allen Spezies und die Parität der Ernährung ad notam, findet, daß überall Sonne, Luft und Wasser zur Befruchtung und Nahrung nötig sind. Ein anderer durchforscht das Blut der Tiere. Wieder ein anderer studiert die Gesetze der allgemeinen Bewegung und ihre Zusammenhänge mit den Revolutionen des Himmelzeltes. Fast alle quälen sich damit ab, die unzugängliche Natur des Metalls zu bekämpfen, denn wenn wir in allen Dingen mehrere Prinzipien erkennen, finden wir alle Metalle in ihren geringsten Teilen einander ähnlich. Von daher stammt der allgemeine Irrtum über unsere Arbeiten. Seht Euch all diese Dulder, diese unermüdlichen Ringer an, die, immer besiegt, doch immer zum Kampfe zurückkehren! Die Menschheit, Sire, steht hinter uns, wie der Pikör hinter Eurer Meute steht. Sie schreit uns zu: Beeilt euch! Vergeßt nichts! Opfert alles, selbst einen Menschen, ihr, die ihr euch selber opfert! Beeilt euch! Schlagt dem Tod, meinem Feinde, Arm und Kopf ab! Ja, Sire, wir sind von einem Gefühle beseelt, welches der künftigen Generationen Glück umspannt. Eine große Zahl Menschen, und was für Menschen, die über der Verfolgung dieses Zieles gestorben sind, haben wir begraben. Wenn wir den Fuß in ihre Stapfen setzen, arbeiten wir nicht für uns selber und können sterben, ohne das Geheimnis jemals gefunden zu haben. Und welchen Todes stirbt ein Mensch, der an kein anderes Leben glaubt! Ruhmreiche Märtyrer sind wir; wir hegen den Egoismus der ganzen Rasse in unseren Herzen, leben in unseren Nachfolgern. Indem wir immer vorwärtsschreiten, entdecken wir Geheimnisse, mit welchen wir die mechanischen und freien Künste begaben. Von unseren Schmelzöfen gehen Erleuchtungen aus, welche die Gesellschaft mit der vollkommensten Industrie versorgen. Das Pulver ist aus unseren Retorten hervorgegangen, wir werden den Blitz erobern. Unsere ständigen Nachtwachen haben politische Umwälzungen zur Folge."

„Sollte das also möglich sein?" rief der König, der sich von neuem in seinem Stuhle aufrichtete.

„Warum nicht?" sagte der Großmeister der neuen Templer. „Tradidit mundum disputationibus! Gott hat uns die Welt ausgeliefert. Nochmals, hört es gut: der Mensch ist Herr hienieden, und die Materie gehört ihm. Alle Kräfte, alle Mittel stehen ihm zur Verfügung. Wer hat uns erschaffen? Eine Bewegung. Welche Macht unterhält das Leben in uns? Eine Bewegung. Warum sollte die Wissenschaft sich nicht dieser Bewegung bemächtigen? Nichts hienieden geht verloren, nichts kann unserem Planeten entrinnen, um anderswo hinzufliegen. Sonst würden ja die Gestirne aufeinanderfallen. Auch die Gewässer der Sintflut befinden sich innerhalb der Prinzipien, ohne daß ein einziger Tropfen ihnen abhanden kommt. Um uns her, unter uns, über uns befinden sich also Elemente, woraus die unzähligen Millionen von Menschen hervorgegangen sind, welche die Erde vor und nach der Sintflut bewohnten. Worum handelt es sich denn? Die trennende Kraft zu überraschen; dagegen überraschen wir die, welche vereinigt. Wir sind das Ergebnis einer sichtbaren Industrie. Als die Gewässer unseren Globus bedeckten, sind Menschen daraus hervorgegangen, die ihre Lebenselemente in der Erdhülle, in der Luft und in ihrer Nahrung fanden. Erde und Luft besitzen also das Prinzip der menschlichen Umwandlungen, sie gehen vor unseren Augen und an dem vor sich, was uns vor Augen liegt; wir können das Geheimnis also ergründen, wenn wir die Anstrengung dieser Nachforschung nicht auf einen Menschen beschränken, sondern wenn sie der Materie, an die ich glaube und die ich, des Ordens Großmeister, durchdringen will. Christoph Kolumbus hat dem Könige von Spanien eine Welt gegeben, ich aber suche ein ewiges Volk für den König von Frankreich. Voran an die fernste Grenze gestellt, die uns von der Kenntnis der Dinge trennt, als Beobachter der Atome, zerstöre ich die Formen, verunreinige ich die Bestandteile jedweder Kombination, forme den Tod nach, um das Leben nachformen zu können! Kurz, unaufhörlich klopfe ich an das Tor der Schöpfung und werde bis zu meiner letzten Stunde daran klopfen. Wenn ich tot bin, wird mein Klöppel in andere, gleichfalls unermüdliche Hände gelangen, die gleichfalls ebenso unermüdlich sind, wie jene unbekannten Riesen, die ihn mir überließen. Fabelhafte, unverstandene Menschenkinder wie etwa Prometheus, Ixion, Adonis, Pan und so fort, die zu den religiösen Glaubenslehren in jedem Lande, zu jeder Zeit gehören, künden uns an, daß diese Hoffnung mit den Menschengeschlechtern geboren ward. Chaldäa, Indien, Persien, Ägypten, Griechenland, die Mauren haben den Magismus, die höchste Wissenschaft unter den okkulten Wissenschaften, welche die Frucht der Nachtwachen jedweder Generation in Verwahrung hält, fortgepflanzt. Dort war der Ausgangspunkt der großen und majestätischen Institution des Templerordens; als einer Eurer Vorfahren, Sire, die Templer verbrannte, hat er nur Menschen verbrannt, die Geheimnisse sind uns verblieben. Der Wiederaufbau des Tempels (des

Wohnsitzes der Tempelherrn) ist das Losungswort einer unbekannten Nation, der Stämme unerschrockener Sucher, die sich alle dem Orient des Lebens zuwenden, alle Brüder, die unzertrennlich durch eine Idee vereinigt und mit dem Stempel der Arbeit gezeichnet sind. Ich bin der Herrscher dieses Volkes, Anführer durch Wahl und nicht durch Geburt. Ich lenke sie alle der Substanz des Lebens zu. Als Großmeister, Rosenkreuzer, Gefährten, Adepten jagen wir alle dem unsichtbaren Moleküle nach, das unsere Schmelzöfen flieht, wie es unsere Augen immer noch flieht. Aber wir werden uns noch bessere Augen verschaffen als die uns von der Natur mitgegebenen, und werden das atomistische Element, das so unerschrocken von allen Gelehrten gesucht ward, die uns auf dieser erhabenen Jagd vorangegangen sind, erreichen. Sire, wenn ein Mensch zu Pferde über solchen Abgrund sprengt und ebenso kühne Taucher befehligt, als es meine Brüder sind, erscheinen andere menschliche Interessen recht klein daneben. Auch sind sie uns nicht gefährlich. Religiöse Dispute und politische Zänkereien liegen weit hinter uns, hoch stehen wir über ihnen. Wenn man mit der Natur streitet, erniedrigt man sich nicht irgendwelche Menschen beim Kragen zu fassen. Übrigens ist jedes Ergebnis in unserer Wissenschaft abschätzbar, wir können alle Wirkungen ermessen und vorhersagen; während bei den Kombinationen, auf die sich Menschen mit ihren Interessen einlassen, alles schwankend ist. Wir wollen die Diamanten in unserem Tiegel prüfen, wir werden Diamanten, werden Gold machen lernen! Wie es einer der unsrigen zu Barcelona tat, werden wir

Schiffe mit etwas Feuer und Wasser zum Fahren bringen. Wir wollen des Windes entraten, werden uns selber den Wind machen, werden Licht erzeugen und der Reiche Gesicht durch neue Industrien ummodeln. Niemals aber werden wir uns dazu herablassen, einen Thron zu besteigen, um dort von Völkern gequält zu werden!"

Trotz seines lebhaften Wunsches, sich nicht durch Florentiner Listen überrumpeln zu lassen, war der König, ebenso wie seine Geliebte, bereits gepackt und von den Umschweifen und Repliken dieser pompösen Charlatanberedsamkeit eingewickelt worden. Die Augen der beiden Liebenden bewiesen bereits, wie geblendet sie angesichts der vor ihnen ausgebreiteten mysteriösen Reichtümer waren; sie sahen etwas wie eine Flucht von unterirdischen Räumen voller arbeitender Gnomen. Die Ungeduld der Neugierde zerstreute das Mißtrauen des Verdachts.

„Dann aber," rief der König, „seid ihr große Politiker, die uns aufklären können."

„Nein, Sire", antwortete Lorenz unbefangen.

„Warum nicht?" fragte der König.

„Sire, es ist niemandem gegeben vorauszusehen, was einer Ansammlung von einigen tausend Menschen geschehen wird. Sagen können wir, was ein Mensch tun, wie lange Zeit er leben, ob er glücklich oder unglücklich sein wird; nicht aber sagen können wir, wie mehrere vereinigte Willen operieren werden, und die Berechnung der oszillatorischen Bewegungen ihrer Interessen sind noch schwieriger, denn Interessen sind Menschen plus Dinge. Einzig in der Einsamkeit können wir die Zukunft im großen Ganzen erblicken. Der Protestantismus, der Euch verschlingt, wird seinerseits von seinen materiellen Konsequenzen verschlungen werden, welche zu ihrer Zeit als Theorien aufstehen werden. Europa hat es heute auf die Religion abgesehen, morgen wird es das Königtum angreifen."

„So stellte die Bartholomäusnacht also etwas Großes vor?"

„Ja, Sire, wenn das Volk triumphiert, will es seine Bartholomäusnacht haben! Wenn Religion und Königtum niedergekämpft sind, wird das Volk es auf die Großen absehen, nach den Großen wird es sich an die Reichen heranmachen. Endlich, wenn Europa nur mehr ein Haufe konsistenzloser Menschen sein wird — konsistenzlos, weil es der Anführer entbehrt — wird es von ungeschliffenen Eroberern verschluckt werden. Zwanzigmal hat die Welt schon dies Schauspiel dargestellt und Europa führt es von neuem auf. Ideen verschlingen Jahrhunderte, wie Menschen von ihren Leidenschaften verschlungen werden. Wenn der Mensch geheilt wird, kann die Menschheit vielleicht gesunden. Die Wissenschaft ist der Menschheit Seele, wir sind ihre Oberpriester; und wer sich mit Seele befaßt, der beunruhigt sich wenig um des Leibes willen."

„Worauf wollt Ihr hinaus?" fragte der König.

„Wir marschieren langsam, verlieren aber keine einmal gemachte Eroberung."

„Also seid Ihr der König der Zauberer?" sagte der König, der gereizt war, angesichts dieses Mannes so wenig vorzustellen.

Der imposante Großmeister warf Karl dem Neunten einen Blick zu, der ihn zu Boden schmetterte.

„Ihr seid der Menschen König, ich bin der König der Ideen", antwortete der Großmeister. „Wenn es übrigens wirkliche Zauberer gäbe, würdet Ihr sie nicht verbrannt haben", antwortete er ironischen Tones. „Auch wir haben unsere Märtyrer."
„Durch welche Mittel aber könnt Ihr die Nativität stellen", fuhr der König fort. „Wie konntet Ihr gestern wissen, daß der vor Eurem Fenster stehende Mann der französische König war? Welche Macht hat einem der Eurigen meiner Mutter ihrer drei Söhne Schicksal vorauszusagen erlaubt? Könnt Ihr, Großmeister des Ordens, der die Welt kneten will, könnt Ihr mir sagen, was die Königin, meine Mutter, in diesem Augenblicke denkt?"
„Ja, Sire."
Diese Antwort ward erteilt, ehe Kosmus seinen Bruder am Mantel zupfen konnte, um ihm Schweigen aufzuerlegen.
„Ihr wißt, warum mein Bruder, der König von Polen, zurückkehrt?"
„Ja, Sire."
„Warum?"
„Um Euren Platz einzunehmen."
„Unsere Nächsten sind unsere grausamsten Feinde!" schrie der König, der rasend aufsprang und den Saal mit großen Schritten durchmaß. „Könige haben weder Brüder, Söhne noch Mutter. Coligny hatte recht: meine Henker sitzen nicht in der Predigt, sie sind im Louvre. Ihr seid Lügner oder Königsmörder. Jakob, ruft Solern."
„Sire," fiel Marie Touchet ein, „die Ruggieri haben Euer Edelmannswort. Ihr wolltet vom Baume der Erkenntnis essen, beklagt Euch nicht, daß es bitter schmeckt."

Der König lächelte, einer herben Verachtung Ausdruck verleihend; er fand sein materielles Königtum klein vor dem ungeheuren intellektuellen Königtume des alten Lorenz Ruggieri. Karl der Neunte konnte kaum Frankreich regieren, der Großmeister der Rosenkreuzer gebot einer intellektuellen und unterwürfigen Welt.
„Seid freimütig, ich verpfände Euch mein Edelmannswort, daß Eure Antwort, falls sie das Geständnis fürchterlicher Verbrechen sein möchte, sein soll, wie wenn sie niemals gegeben wurde", fuhr der König fort. „Ihr befaßt Euch mit Giften?"
„Um kennenzulernen, was Leben verleiht, muß man wohl wissen, was sterben läßt."
„Ihr besitzt das Geheimnis vieler Gifte?"
„Ja, Sire, aber nur durch die Theorie, nicht durch die Praxis. Wir kennen sie, ohne Gebrauch davon zu machen."
„Hat meine Mutter Euch um welche gebeten?" fragte der König, keuchend.
„Sire," entgegnete Lorenz, „die Königin Katharina ist zu geschickt, als daß sie sich solcher Mittel bedienen müßte. Sie weiß, daß der Herrscher, der zu Giften greift, durch Gift umkommt. Die Borgias, ebenso wie Bianka, die Großherzogin von Toskana, bilden ein berühmtes Beispiel für die Gefahren, welche solch elende Hilfsmittel mit sich bringen. Bei Hofe spricht sich alles herum. Einen armen Teufel könnt Ihr töten, welchen Zweck hätte es, ihn zu vergiften? Wenn man aber vornehme Leute damit angreifen wollte, gäbe es da irgendeine Möglichkeit, daß es geheim bliebe? Auf Coligny zielen konntet nur Ihr, die Königin oder die Guisen. Niemand hat sich darin getäuscht.

Glaubt mir, nicht zweimal bedient man sich ungestraft des Gifts in der Politik. Fürsten haben immer Nachfolger. Was die Kleinen anlangt, wenn sie, wie Luther, durch die Macht der Ideen Souveraine werden, so tötet man ihre Lehren nicht, wenn man sich auch ihrer Person entledigt. Die Königin stammt aus Florenz und weiß, daß Gift nur die Waffe persönlicher Rachegedanken sein kann. Mein Bruder, der sie seit ihrem Eintreffen in Frankreich nicht verließ, weiß, welchen Kummer ihr Madame Diana bereitete; nie hat sie daran gedacht sie zu vergiften. Sie hätte es gekonnt. Was aber würde der König, Euer Vater, gesagt haben? Nie war ein Weib mehr in ihrem Rechte, nie der Straflosigkeit sicherer. Frau von Valentinois lebt noch heute."

„Und die Behexungen?" fuhr der König fort.

„Sire," sagte Kosmus, „solche Sachen sind wahrlich so harmlos, daß wir uns, um blinde Leidenschaften zu befriedigen, dazu hergeben, wie Ärzte, die Pillen aus Brotkrumen Leuten reichen, die sich einbilden, krank zu sein. Eine Frau glaubt, auf des Treulosen Haupt ein Unglück heraufzubeschwören, wenn sie das Herz seiner Wachsbilder durchbohrt. Was wollt Ihr? Das sind unsere Steuern."

„Der Papst verkauft Ablaß", sagte Lorenz Ruggieri lächelnd.

„Hat meine Mutter mit Behexungen gearbeitet?"

„Wozu taugen jemandem, der alles vermag, wirkungslose Mittel?"

„Könnte die Königin Katharina Euch in diesem Augenblicke retten?" fragte der König mit finsterer Miene.

„Aber wir schweben ja in keinerlei Gefahr, Sire", antwortete Lorenz Ruggieri ruhig. „Bevor ich dies

Haus betrat, wußte ich, daß ich es heil und gesund verlassen würde, ebenso wie ich weiß, welch böse Gesinnung der König in ein paar Tagen meinem Bruder gegenüber hegen wird; doch, wenn er irgendwie Gefahr läuft, wird er über sie triumphieren. Wenn der König mit dem Degen regiert, regiert er auch durch die Gerechtigkeit!" fügte er hinzu, auf die berühmte Devise einer für Karl den Neunten geprägten Medaille anspielend.

„Ihr wißt alles. So werde ich bald sterben, und es ist gut so", fuhr der König fort, der seinen Zorn hinter einer fieberhaften Ungeduld verbarg. „Wie aber wird mein Bruder enden, der Eurer Voraussage gemäß König Heinrich der Dritte sein muß?"

„Eines gewaltsamen Todes."

„Und Herr von Alençon?"

„Wird nicht regieren."

„Heinrich von Bourbon wird also herrschen?"

„Ja, Sire."

„Und wie wird er enden?"

„Eines gewaltsamen Todes."

„Und was wird, wenn ich tot bin, aus Madame?" fragte der König, auf Marie Touchet hindeutend.

„Frau von Belleville wird sich verheiraten, Sire."

„Lügner seid Ihr! Schickt sie fort, Sire!" rief Marie Touchet.

„Aber, mein Liebchen, die Ruggieri haben mein Edelmannswort", entgegnete der König lachend.

„Wird Marie Kinder haben?"

„Ja, Sire; die gnädige Frau wird mehr als achtzig Jahre leben."

„Soll man sie festnehmen lassen?" sagte Karl der Neunte zu seiner Geliebten.

„Und mein Sohn, der Graf von Auvergne?" fragte Karl der Neunte; er ging fort, um ihn herbei zu holen.

„Warum habt Ihr ihm gesagt, daß ich mich verheiraten würde?" sagte Marie Touchet zu den beiden Brüdern in dem Moment, wo sie allein waren.

„Madame," antwortete Lorenz würdig, „der König hat uns befohlen, die Wahrheit zu sagen, also sagen wir sie."

„Ist es also wahr?" forschte sie.

„Ebensosehr wie es auf Wahrheit beruht, daß der Gouverneur von Orleans bis über beide Ohren in Euch verliebt ist."

„Aber ich liebe ihn doch nicht", rief sie.

„Das stimmt, gnädige Frau", erklärte Lorenz; „doch bestätigt Euer Thema, daß Ihr den Mann heiraten werdet, der Euch in diesem Augenblicke liebt."

„Könntet Ihr nicht ein bißchen für mich lügen?" meinte sie lächelnd; „denn wenn der König gar an Eure Vorhersagungen glaubte! . . ."

„Ist es nicht auch notwendig, daß er an unsere Unschuld glaubt?" sagte Kosmus, der Favoritin einen Blick voller Feinheit zuwerfend. „Die vom Könige uns gegenüber getroffenen Vorsichtsmaßnahmen haben uns all die Zeit über, die wir in Eurem hübschen Kerker verbrachten, zu der Annahme Anlaß gegeben, daß die okkulten Wissenschaften ihm gegenüber verleumdet worden sind."

„Seid ruhig," antwortete Marie, „ich kenne ihn, all sein Mißtrauen ist zerstreut."

„Wir sind unschuldig", erwiderte stolz der hohe Greis.

„Desto besser," sagte Marie, „denn der König läßt

in diesem Augenblicke Euer Laboratorium durchforschen; eure Öfen und Fiolen werden von erfahrenen Männern untersucht."

Die beiden Brüder blickten sich lächelnd an.

Dies Lächeln, welches soviel bedeuten sollte wie: ‚Arme Tröpfe, glaubt ihr, wenn wir Gifte herzustellen vermögen, wissen wir nicht, wie wir sie verstecken müssen?' hielt Marie Touchet für einen Spott der Unschuld.

„Wo sind des Königs Leute?" fragte Kosmus.

„Bei René", antwortete Marie.

Kosmus und Lorenz warfen sich einen Blick zu, durch den sie einunddenselben Gedanken wechselten: ‚Das Hotel von Soissons ist unverletzlich!'

Der König hatte seine Verdachtgründe so gut vergessen, daß, als er seinen Sohn holte und Jakob ihn dabei aufhielt, um ihm ein von Chapelain gesandtes Billett einzuhändigen, er es mit der Gewißheit öffnete, daß sein Arzt ihm hinsichtlich der Untersuchung der Offizin darin mitteile, alles dort Vorgefundene diene einzig und allein alchimistischen Forschungen.

„Wird er glücklich leben?" fragte der König, den beiden Alchimisten seinen Sohn zeigend.

Kosmus nahm des kleinen Kindes Hand und betrachtete sie voller Aufmerksamkeit.

„Herr," sagte Karl der Neunte zu dem Greise, „wenn Ihr den Geist verneinen müßt, um an Eures Unterfangens Möglichkeit zu glauben, erklärt mir doch, wie Ihr an dem zweifeln könnt, was Eure Macht bedeutet. Der Gedanke, den Ihr vernichten wollt, ist die Leuchte, die Euren Nachforschungen Licht spendet. Ach, ach, heißt das nicht sich bewegen und die Bewegung leugnen?"

rief der König, der, befriedigt, dies Argument gefunden zu haben, seine Geliebte triumphierend anblickte.

„Der Gedanke," antwortete Lorenz Ruggieri, „ist die Ausübung eines inneren Sinnes, so wie die Fähigkeit, mehrere Gegenstände zu sehen und ihre Dimensionen und Farben wahrzunehmen, eine Wirkung unseres Gesichtes ist. Das hat nichts mit dem zu schaffen, was man von einem anderen Leben verlangt. Der Gedanke ist eine Fähigkeit, die selbst zu unseren Lebzeiten mit den Kräften, die sie produzieren, aufhört."

„Ihr seid konsequent", warf der König überrascht ein. „Doch ist die Alchimie eine atheistische Wissenschaft."

„Eine materialistische, Sire, was ein großer Unterschied ist. Der Materialismus ist die Konsequenz der indischen Lehren, die durch die Isismysterien nach Chaldäa und Ägypten übertragen und von Pythagoras nach Griechenland gebracht wurden. Pythagoras ist einer der Halbgötter der Menschheit: seine Lehre der Verwandlung ist die Mathematik des Materialismus, das lebendige Gesetz ihrer Phasen. Jeder der verschiedenen Schöpfungen, aus denen die irdische Schöpfung sich zusammensetzt, ist die Macht zu eigen, die Bewegung, die sie in eine andere drängt, zu verzögern."

„Die Alchimie ist also die Wissenschaft der Wissenschaften!" rief Karl der Neunte begeistert. „Mich verlangt Euch bei der Arbeit zu sehen..."

„Immer, wenn Ihr wollt, Sire; Ihr werdet nicht ungeduldiger sein als die Königin, Eure Mutter..."

„Ach, darum hat sie Euch so lieb!" schrie der König.

„Heimlich beschützt das Haus Medici unsere Nachforschungen seit fast einem Jahrhundert."
„Sire," sagte Kosmus, „dies Kind wird fast hundert Jahre alt. Wechselfälle wird es erleben, wird aber glücklich und geehrt sein, da der Valois Blut in seinen Adern pulst..."
„Ich will Euch besuchen, meine Herren", erklärte der König, der wieder guter Laune geworden war. „Ihr könnt gehen."
Die beiden Brüder grüßten Marie und Karl den Neunten und zogen sich zurück. Ernst stiegen sie die Stufen hinunter, ohne sich umzusehen und ohne zu sprechen. Sie drehten sich nicht einmal nach den Fenstern um, als sie auf dem Hofe waren, da sie zuversichtlich wußten, daß des Königs Auge sie bespähte. Tatsächlich erblickten sie Karl den Neunten am Fenster, als sie zur Seite einbogen, um durch das Straßentor zu gehen.
Als Alchimist und Astrolog auf der Rue de l'Autruche waren, blickten sie vor und hinter sich, um zu sehen, ob man ihnen auflauere oder sie verfolge. Bis an die Louvregräben gingen sie, ohne ein Wort zu äußern; als sie sich dort aber allein befanden, sagte Lorenz zu Kosmus in dem Florentiner Dialekte jener Zeit:
„Affè d'Iddio! como le abbiamo infinocchiato!" (Potzblitz, den haben wir schön eingewickelt!)
„Gran mercès! a lui sta di spartojarsi..."
(Mag's ihm gut bekommen! Er soll zusehen, wie er sich da heraushilft), antwortete Kosmus. „Mag mir die Königin Gleiches mit Gleichem vergelten, wir haben ihr einen großen Dienst geleistet."
Einige Tage nach dieser Szene, die auf Marie Touchet ebenso stark wie auf den König wirkte, rief

Marie in einem jener Augenblicke, wo der Geist durch das Übermaß der Wonne in irgendwelcher Weise vom Körper losgelöst ist: „Lorenz Ruggieri ist mir wohl verständlich geworden, Karl, Kosmus aber hat nichts geäußert."

„Das ist wahr", versetzte der König, von dieser plötzlichen Erleuchtung überrascht. „In ihren Reden lag ebensoviel Wahrheit wie Falschheit. Geschmeidig sind diese Italiener wie die Seide, die sie herstellen."

Solcher Argwohn erklärt den Haß, den der König Kosmus gegenüber an den Tag legte, als la Moles und Coconnas Verschwörung vors Gericht kam: da er in ihm einen der Anzettler dieser Angelegenheit erkannte, glaubte er von den beiden Italienern an der Nase herumgeführt worden zu sein, denn ihm wurde bewiesen, daß seiner Mutter Astrolog sich nicht ausschließlich mit den Sternen, mit Projektionspulver und dem reinen Atome beschäftige.

Trotz des geringen Glaubens, den viele Leute diesen Dingen schenken, bestätigten die Ereignisse, welche dieser Szene folgten, die von den Ruggieri gegebenen Orakel. Der König starb drei Monate später.

Der Graf von Gondi folgte Karl dem Neunten ins Grab, wie es ihm sein Bruder, der Marschall von Retz, der Ruggieri Freund, prophezeit hatte. Er glaubte an ihre Weissagungen.

Marie Touchet heiratete Karl von Balzac, Marquis von Entragues, Gouverneur von Orleans, von welchem sie zwei Töchter hatte. Die berühmteste dieser Töchter, des Grafen von Auvergne Stiefschwester, war Heinrichs des Vierten Geliebte und wollte bei der Bironschen Verschwörung ihren

Bruder auf den französischen Thron setzen, indem sie das Haus Bourbon von ihm vertrieb.

Der Herzog von Angoulême gewordene Graf von Auvergne erlebte Ludwigs des Vierzehnten Regierung. Er prägte Geld auf seinen Gütern und verschlechterte dabei den Feingehalt des Goldes; Ludwig der Vierzehnte aber ließ ihn unbehelligt, soviel Ehrfurcht hatte er vor dem Blute der Valois.

Kosmus Ruggieri lebte bis zur Zeit der Regierung Ludwigs des Dreizehnten. Er sah den Sturz des Hauses Medici in Frankreich und den Sturz der Concini. Die Geschichte hat dafür Sorge getragen zu konstatieren, daß er als Atheist, das heißt als Materialist starb.

Die Marquise von Entragues wurde über achtzig Jahre alt.

Lorenz und Kosmus hatten als Schüler den berühmten Grafen von Saint-Germain, welcher unter Ludwig dem Fünfzehnten solches Aufsehen erregte. Dieser berühmte Alchimist wurde nicht weniger als hundertdreißig Jahre alt, das Alter, welches gewisse Biographen der Marion de Lorme geben. Von den Ruggieri etwa konnte der Graf die Anekdoten über die Bartholomäusnacht und über die Regierung der Valois erfahren haben, in welchen er sich gefiel eine Rolle zu spielen, indem er sie in der Ichform erzählte. Der Graf von Saint-Germain hat als letzter der Alchimisten diese Wissenschaft in der besten Weise erklärt; jedoch hat er nichts geschrieben. Die in dieser Novelle dargelegte kabbalistische Lehre rührt von eben dieser geheimnisvollen Persönlichkeit her.

Es ist etwas Merkwürdiges; drei Menschenexistenzen, die des Greises, von dem diese Aufzeichnungen herrühren, die des Grafen von Saint-Germain und die des Kosmus Ruggieri genügen, um die Geschichte Europas von Franz dem Ersten bis Napoleon zu erfassen. Nur fünfzig ihresgleichen würden genügen, um bis auf die erste bekannte Periode der Welt zurückgehen zu können. ‚Was bedeuten fünfzig Generationen, wenn man des Lebens Geheimnisse studirt?' sagt der Graf von Saint-Germain irgendwo.

DIE BEIDEN TRÄUME

☆

DER MARINESCHATZMEISTER, BODARD DE Saint-James, gehörte Anno 1786 zu jenen Pariser Finanzleuten, deren Luxus der Aufmerksamkeit und dem Gerede der Stadt in gleicher Weise reiche Nahrung bot. Zu dieser Zeit ließ er zu Neuilly seine berühmte ‚Tollheit' bauen, und zur Bekrönung ihres Betthimmels kaufte seine Frau eine Federgarnitur, deren Preis selbst die Königin entsetzte. Damals war es ja sehr viel leichter als heute sich in Mode zu bringen und ganz Paris von sich reden zu machen; dazu bedurfte es häufig nur eines Bonmots oder einer Weiberlaune.

Bodard besaß das prachtvolle Hôtel, welches der Generalpächter Daugé vor kurzem gezwungenerweise verlassen hatte. Der berühmte Epikuräer war nämlich eben gestorben, und an seinem Beerdigungstage hatte Herr de Bièvre, sein Busenfreund, mit der Behauptung: „nun könne man den Vendômeplatz ohne Gefahr überschreiten", Stoff zum Lachen gegeben. Diese Anspielung auf das höllische Spiel, das man beim Entschlafenen spielte, bildete die ganze Leichenrede, die man ihm widmete. Das Hôtel ist jenes, welches mit der Front gegen die Staatskanzlei hin gerichtet ist.

Um Bodards Geschichte mit zwei Worten abzutun: er war ein armer Kerl und machte einen Bankrott, bei welchem es sich um vierzehn Millionen handelte, und zwar nach dem des Prinzen von Guéménée! Die Unschicklichkeit, die er beging, nämlich dem durchlauchtigsten Bankrott — wie Lebrun-Pidare sich ausdrückte — nicht zuvorzukommen, war die Ursache, daß man von seinem nicht einmal sprach. Wie Bourvalais, Bouret und so viele andere starb er in einer Dachkammer.

Frau von Saint-James Ehrgeiz war die alte, immer neue Lächerlichkeit, nur Leute von Stand bei sich zu empfangen. Für sie waren Gerichtspräsidenten Leute, die kaum in Betracht kamen; in ihren Salons wollte sie Standespersonen sehen, die zum mindesten bei den großen Versailler Empfängen freien Zutritt hatten. Wollte man behaupten, man sähe viele Heiligegeistritter bei der Finanzmännin, so hieße das lügen; ganz gewiß stimmt es aber, daß sie es durchgesetzt hatte, das Wohlwollen und die Aufmerksamkeit einiger Glieder der Familie Rohan auf sich zu lenken, was in der Folgezeit der allzuberüchtigte Halsbandprozeß bewies.

Eines Abends — es war, glaube ich im August 1786 — begegnete ich zu meiner größten Überraschung im Salon dieser hinsichtlich der Adelsurkunden so heiklen Schatzmeisterin zwei neuen Gesichtern, die mir nach ziemlich übler Gesellschaft aussahen.

„Sagen Sie mir doch," wandte ich mich, mit einem Frageblick auf einen der Unbekannten hinweisend, an sie, „was ist denn das für eine Spezies? Warum empfangen Sie so etwas bei sich?"

„Ein reizender Mann."

„Sehen Sie ihn durchs Prisma der Liebe oder täusche ich mich?"

„Sie täuschen sich nicht," erwiderte sie lächelnd,

„er ist mordshäßlich, hat mir aber den größten
Dienst geleistet, den ein Weib sich von einem
Manne erweisen lassen darf."
Da ich sie boshaft angrinste, fügte sie eilig hinzu:
„Gänzlich hat er mich von jenen roten Flecken
befreit, die meine Haut kupferig machten und
mich wie eine Bäuerin aussehen ließen."
Übelgelaunt zuckte ich die Achseln.
„Er ist ein Charlatan", rief ich.
„Nein," entgegnete sie, „Pagenchirurg: und er ist
sehr geistreich, das schwör' ich Ihnen, und überdies schreibt er, ist ein gelehrter Physiker."
„Wenn sein Stil seiner Fratze gleicht..." entgegnete ich lächelnd. „... Doch der andere?"
„Welcher andere?"
„Jener kleine, geschniegelte Pomadenhengst, der
so aussieht, als ob er Krätzer getrunken hätte."
„Aber das ist ein ziemlich wohlgeborener Herr",
sagte sie mir. „Er kommt, ich weiß nicht, aus
welcher Provinz... ach, aus Artois; und soll eine
Angelegenheit zu Ende führen, die den Kardinal
anlangt; und Seine Eminenz selber haben ihn
Herrn von Saint-James vorgestellt. Beide haben
sie Saint-James zum Schiedsrichter gewählt. Damit hat der Provinzler ja nun keinen Geist bewiesen. Was sind das aber auch für törichte Leute,
die dem Manne da einen Prozeß anvertrauen?
Sanft ist er wie ein Lamm und schüchtern wie ein
kleines Mädchen; Seine Eminenz sind voller Güte
gegen ihn."
„Worum handelt es sich denn?"
„Um dreimalhunderttausend Livres", erklärte sie.
„Advokat ist er also?" fuhr ich mit einem hochmütigen Ruck des Kopfes fort.

„Ja", sagte sie.

Reichlich verwirrt über dies demütigende Geständnis nahm Frau Bodard ihren Platz am Pharaotische wieder ein.

Alle Partien waren vollständig. Ich hatte weder etwas zu tun noch zu sagen, hatte gerade zweitausend Taler an Herrn von Laval verloren, den ich bei einem leichtfertigen Mädchen getroffen. Warf mich auf ein Ruhebett, das neben dem Kamine stand. Wenn es jemals auf dieser Welt einen arg verdutzten Menschen gegeben hat, so war es sicherlich ich, als ich bemerkte, daß ich auf der anderen Seite des Kamingesimses den Generalkontrolleur als Gegenüber hatte. Augenscheinlich war Herr von Calonne eingeschlummert oder gab sich einer jener Meditationen hin, welche die Staatsmänner tyrannisieren. Als ich den eben auf mich zutretenden Beaumarchais mit einer Geste auf den Minister aufmerksam machte, erklärte mir Figaros geistiger Vater, ohne ein Wort verlauten zu lassen, dies Geheimnis. Abwechselnd wies er auf meinen eigenen und Bodards Schädel mit einer reichlich malitiösen Handbewegung hin, die darin bestand, zwei Finger der Hand — die anderen hielt er geschlossen — nach uns auszustrecken. In meiner ersten Erregung wollte ich aufstehn, um Calonne einige Bosheiten zu sagen, blieb aber sitzen, weil ich erstens dem Günstling einen Streich zu spielen gedachte, und weil zweitens Beaumarchais mich vertraulich bei der Hand festgehalten hatte.

„Was wollen Sie, mein Herr?" fragte ich ihn.

Er blinzelte mit den Augen, um mich auf den Kontrolleur aufmerksam zu machen.

„Wecken Sie ihn nicht auf," sagte er mit leiser Stimme zu mir, „man ist zu glücklich, wenn er schläft."

„Doch auch der Schlummer ist ein Finanzplan", erwiderte ich.

„Sicherlich", antwortete uns der Staatsmann, der unsere Worte einzig an der Lippenbewegung erraten hatte: „und gäbe es Gott, daß wir lange schlafen könnten, dann würde nicht das Erwachen kommen, das Sie erleben werden."

„Gnädiger Herr," sagte der Dramatiker, „ich hab' Ihnen einen Dank abzustatten."

„Und wofür?"

„Herr von Mirabeau ist nach Berlin abgereist. Ich weiß nicht, ob wir in jener Wassersache nicht alle beide ertrunken wären."

„Zuviel Gedächtnis haben Sie und sind nicht dankbar genug", erwiderte der Minister, der ärgerlich war, eines seiner Geheimnisse vor mir ausgekramt zu sehen, trocken.

„Das ist möglich," antwortete, aufs äußerste gereizt, Beaumarchais, „habe aber Millionen hinter mir, die Rechnungen wohl zu regeln vermögen."

Calonne tat als ob er nichts höre.

Eine halbe Stunde nach Mitternacht waren die Spielpartien zu Ende. Man setzte sich zu Tisch. Wir waren zehn Leute, Bodard und seine Frau, der Generalkontrolleur, Beaumarchais, die beiden Unbekannten, zwei hübsche Damen, deren Namen verschwiegen werden müssen, und ein Generalpächter namens Levoisier, glaube ich. Von den dreißig Personen, die ich beim Betreten des Salons vorfand, waren nur diese zehn Gäste übriggeblieben. Auch nahmen die beiden Spezies an dem

Abendmahle nur auf Frau von Bodards inständige
Bitten hin teil. Dem einen vermeinte sie dadurch
ihre Schulden zu bezahlen, daß sie ihm zu essen
gab, und den anderen lud sie vielleicht ein, um
ihrem Gatten, mit dem sie, ich weiß nicht gerade
warum, kokettierte, einen Gefallen zu tun. Alles
in allem, Herr von Calonne bildete eine Macht,
und wenn sich einer zu ärgern hatte, so war ich es.
Das Abendessen hub sterbenslangweilig an. Jene
beiden Leute und der Generalpächter waren uns
im Wege. Durch ein Zeichen gab ich Beaumar‑
chais zu verstehen, er solle den Äskulapssohn, den
er zu seiner Rechten hatte, bezecht machen, und
machte ihm begreiflich, daß ich den Advokaten
auf mich nähme. Da uns nur mehr dies Mittel zu
unserer Belustigung übrigblieb, das uns seitens
dieser beiden Männer Impertinenzen versprach,
über die wir uns schon im voraus amüsierten,
lächelte Herr von Calonne zu meinem Vorhaben.
In zwei Sekunden waren die drei Damen über
unsere bacchische Verschwörung im Bilde; durch
sehr bezeichnendes Augenzwinkern verpflichteten
sie sich, ihre Rolle dabei zu spielen. Der Sillery
krönte mehr als einmal die Gläser mit seinem Sil‑
berschaum. Der Arzt war ziemlich leichtsinnig;
beim zweiten Glase aber, das ich meinem Nachbar
einschenken wollte, sagte dieser mit kalter Wuche‑
rerhöflichkeit, daß er weiter nichts trinke.
In diesem Augenblicke hatte uns Frau von Saint‑
James, ich weiß nicht durch welchen Unterhal‑
tungszufall, auf das Kapitel der Wundersoupers
des Grafen von Cagliostro gebracht, welche der
Kardinal von Rohan veranstaltete. Nicht genau
hatte ich auf das gehört, was die Hausherrin

sagte, denn seit der Antwort, die sie mir gegeben, beobachtete ich mit unbezähmbarer Neugier das gezierte und bleifarbige Antlitz meines Nachbars, dessen Hauptmerkmal eine zugleich stumpfe und spitze Nase war, die ihn für Augenblicke einem Spürhunde gleichen ließ. Als er Frau von Saint-James sich mit Herrn von Calonne streiten hörte, färbten sich plötzlich seine Wangen.

„Aber ich versichere Sie, meine Herrn, ich habe die Königin Kleopatra gesehen", sagte sie mit einer gebieterischen Miene.

„Ich glaube das gern, gnädige Frau", antwortete mein Nachbar. „Ich, ich habe mit Katharina von Medici gesprochen."

„Oh, oh!" sagte Herr von Calonne.

Die von dem kleinen Provinzler geäußerten Worte zeigten eine Stimme an, welche eine unerklärliche Resonanz — wenn es erlaubt ist, diesen Ausdruck der Physik zu entlehnen — besaß. Solch plötzliche helle Intonation bei einem Menschen, der bislang sehr wenig, immer sehr leise und mit möglichst sanftem Tone gesprochen hatte, überraschte uns aufs äußerste.

„Aber er redet ja!" rief der Chirurg, den Beaumarchais in einen befriedigenden Zustand versetzt hatte.

„Sein Nachbar wird ein Uhrwerk bei ihm aufgezogen haben", entgegnete der Satiriker.

Als er solche Worte, obwohl sie murmelnd gesagt worden waren, vernahm, errötete mein Mann.

„Und wie war die verstorbene Königin?" fragte Calonne.

„Ich möchte nicht beschwören, daß die Person, mit der ich gestern soupiert habe, Katharina von

455

Medici selber war. Solch Wunder muß einem Christen ebensowohl wie einem Philosophen unmöglich erscheinen", erwiderte der Advokat, sich mit seinen Fingerspitzen leicht auf den Tisch stützend und sich in seinen Sessel zurücklehnend, wie wenn er lange zu sprechen gedächte. „Nichtsdestoweniger kann ich schwören, daß dies Weib Katharinen von Medici so ähnlich sah, wie wenn sie beide Schwestern gewesen wären. Die ich sah, trug ein schwarzes Sammetkleid, welches dem völlig glich, womit die Königin auf dem in des Königs Besitz befindlichen Porträt bekleidet ist. Ihr Haupt war mit jener so charakteristischen Sammetkappe bedeckt, kurz sie hatte den bleifarbigen Teint und das Antlitz, welches Sie alle kennen. Ich konnte nicht umhin, Seiner Eminenz meine Überraschung zu bezeigen. Die Schnelligkeit der Beschwörung schien mir um so wunderbarer, als der Graf von Cagliostro den Namen der Person, mit welcher ich zusammen zu sein wünschte, nicht hatte erraten können. Ich war verblüfft. Die Magie des Schauspiels, das ein Souper darstellte, zu welchem berühmte Frauen vergangener Zeiten erschienen, nahm mir alle Geistesgegenwart. Ich lauschte, ohne eine Frage zu wagen. Als ich gegen Mitternacht den Schlingen dieser Zauberei entwischte, zweifelte ich schier an mir selber. Dies ganze Wunder aber kam mir im Vergleich zu der seltsamen Halluzination, die ich noch über mich ergehen lassen sollte, noch recht natürlich vor. Ich weiß nicht, mit welchen Worten ich Ihnen den Zustand meiner Sinne zu schildern vermöchte. Aufrichtigen Herzens erkläre ich nur, daß es mich nicht mehr wundernimmt, daß es einstmals Seelen gegeben hat, die schwach oder stark genug waren, an die Geheimnisse der Magie und an des Dämons Macht zu glauben. Ich für meine Person halte, bis ich weitgehender informiert sein werde, die Erscheinungen, von denen Cardan und einige Wundertäter gesprochen haben, für möglich."

Solche mit einem unglaublich beredten Tone geäußerten Worte mußten natürlich bei allen Gästen maßlose Neugier erwecken. Auch hefteten sich unsere Blicke auf den Redner, und wir blieben unbeweglich. Einzig unsere Augen verrieten das Leben, indem sie den Kerzenschimmer der Armleuchter reflektierten. Beim längeren Betrachten des Unbekannten kam es uns vor, als sähen wir, wie die Poren seines Gesichtes und vor allem die seiner Stirne das innere Gefühl, von dem er durchdrungen war, durchsickern ließen. Dieser anscheinend kalte und steifleinene Mann schien einen heimlichen Feuerherd in sich zu bergen, dessen Flamme plötzlich auf uns einwirkte.

„Ich weiß nicht," fuhr er fort, „ob die zitierte Gestalt, sich unsichtbar machend, mir folgte; sobald mein Kopf aber auf meinem Bettpfühl ruhte, sah ich Katharinas hohen Schatten sich vor mir aufrecken. Unwillkürlich fühlte ich mich in einer lichtvollen Sphäre, denn meine, mit unerträglicher Bewegungslosigkeit auf die Königin gehefteten Augen sahen nur sie. Plötzlich neigte sie sich zu mir..."

Bei diesen Worten machte sich bei den Damen eine übereinstimmende neugierige Bewegung bemerkbar.

„Doch", fuhr der Advokat fort, „weiß ich nicht, ob ich weiterreden soll; wiewohl ich zu glauben veranlaßt bin, daß es nur ein Traum war, ist das, was mir zu sagen übrigbleibt, etwas tief Ernstes."

„Sollte es sich um Religion handeln?" fragte Beaumarchais.

„Oder ist es was Indezentes?" fragte Calonne; „die Damen hier würden es Ihnen verzeihen."

„Es handelt sich um Regierungsdinge", antwortete der Advokat.

„Also los", sagte der Minister. „Voltaire, Diderot und Konsorten haben ja schon Erkleckliches in der Erziehung unserer Ohren geleistet."

Der Kontrolleur wurde sehr aufmerksam und seine Nachbarin, Frau von Genlis, recht unruhig. Der Provinzmann zauderte noch. Lebhaft sagte Beaumarchais zu ihm: „Aber gehen Sie doch, Meister, wissen Sie denn nicht, daß die Völker, wenn ihnen die Gesetze so wenig Freiheit einräumen, sich an den Sitten schadlos halten?"

Dann begann der Gast: „Sei es, daß gewisse Gedanken mir unbewußt in meiner Seele eingeschlossen waren, sei es, daß ich von einer fremden Macht angestachelt ward, ich sagte zu ihr:

‚Ach, Madame, Sie haben ein sehr großes Verbrechen begangen!'

‚Welches?' fragte sie mit einer ernsten Stimme.

‚Das, zu welchem am vierundzwanzigsten August von der Palaisglocke das Zeichen gegeben ward.'

Verächtlich lächelte sie und einige tiefe Falten zeichneten sich auf ihren bleifarbenen Wangen ab.

‚Das nennt Ihr ein Verbrechen?' antwortete sie; ‚es war nur ein Unglück. Das schlecht geleitete Unternehmen hat, indem es mißlang, nicht das Gute für Frankreich, für Europa, für die katholische Kirche zum Ergebnis gehabt, das wir von ihm erwarteten. Ja, was wollt Ihr denn! Die Befehle sind schlecht ausgeführt worden. Wir begegneten nicht so vielen Montlucs, als wir ihrer bedurften. Nicht zugute halten wird die Nachwelt uns den Kommunikationsmangel, der uns daran hinderte, unserm Werke jene Bewegungseinheit zu geben, welche großen Staatsstreichen notwendig ist: das ist das Unglück. Wenn am fünfundzwanzigsten August auch nicht der Schatten eines Hugenotten übriggeblieben wäre, würde ich bis in die entfernteste Nachwelt als schönes Bild der Vorsehung dastehen. Wie viele Male haben die klarsehenden Seelen Sixtus des Fünften, Richelieus und Bossuets mich nicht heimlich angeklagt, mit meinem Unternehmen gescheitert zu sein, nachdem ich es einmal auszudenken gewagt! Von wie vielen Klagen war nicht auch mein Tod begleitet... Dreißig Jahre nach der Sankt Bartholomäusnacht währte die Krankheit noch an; sie hatte bereits zehnmal mehr des edlen Blutes in Frankreich dahinströmen lassen, als man am fünfundzwanzigsten August 1572 noch hätte vergießen müssen. Die Aufhebung des Edikts von Nantes, der zu Ehren ihr Medaillen habt prägen lassen, hat mehr Tränen, mehr Blut und Geld gekostet, mehr Glück in Frankreich getötet als drei Bartholomäusnächte zusammengenommen. Mit einem einzigen Federstriche wußte Letellier das Dekret zu vollenden, welches der Thron seit meiner Zeit in aller Heimlichkeit bekanntgegeben hatte; wenn am fünfundzwanzigsten August 1572 aber diese ungeheure Hinrichtung notwendig war, am fünfundzwanzigsten August 1685 war sie zwecklos. Unter Hein-

richs von Valois zweitem Sohne war die Ketzerei eben geboren worden. Die fruchtbare Mutter hatte ihre Saat über den ganzen Weltkreis verbreitet...
Mich zeiht ihr eines Verbrechens, Anna von Österreichs Sohne aber errichtet ihr Standbilder! Und doch haben er und ich das nämliche versucht: er hat Erfolg gehabt, ich bin gescheitert. Waffenlos aber hat Ludwig der Vierzehnte die Protestanten vorgefunden, die unter meiner Herrschaft mächtige Armeen besaßen, Staatsmänner und Heerführer und Deutschland auf ihrer Seite hatten.'
Bei diesen leise geäußerten Worten fühlte ich etwas wie einen inneren Schauder in mir. Den Blutdunst, von ich weiß nicht wie vielen Opfern meinte ich einzuatmen. Katharina war in die Höhe gewachsen. Stand da wie ein böser Geist, und es kam mir vor wie wenn sie in mein Gewissen eindringen wollte, um sich dort einzunisten..."
„Das hat er geträumt," sagte Beaumarchais mit leiser Stimme, „erfunden hat er's sicherlich nicht."
„‚Meine Vernunft ist verwirrt‘, sagte ich zur Königin. ‚Sie beglückwünschen sich zu einer Handlung, welche drei Generationen verurteilen, brandmarken und...‘"
‚Fügt hinzu,‘ fuhr sie fort, ‚daß mir gegenüber alle Schreibfedern ungerechter gewesen sind, als es meine Zeitgenossen waren. Keiner hat etwas zu meiner Verteidigung unternommen. Des Ehrgeizes hat man mich geziehen, mich, die ich reich und Herrscherin war. Als grausam hat man mich erachtet, mich, die ich nur zwei heruntergeschlagene Köpfe auf dem Gewissen habe. Und für die unparteiischsten Gemüter bilde ich vielleicht noch ein großes Problem. Meint ihr denn, ich sei von Haß-

gefühlen beseelt gewesen, habe nur Rache und Wut geschnaubt?'

Sie lächelte mitleidig.

‚Kalt und ruhig war ich wie die Vernunft selber. Erbarmungslos, aber ohne Aufwallung habe ich die Hugenotten verdammt; sie waren die faule Orange in meinem Korbe. Als Englands Königin würde ich die Katholiken ebenso verurteilt haben, wenn sie aufrührerisch gewesen wären. Auf daß unsere Macht etwas Leben zu jener Epoche besäße, war im Staate ein einziger Gott, ein einziger Glaube, ein einziger Herr nötig. Zu meinem Glücke hab ich meine Rechtfertigung in einem Worte geprägt. Als Birago mir fälschlicherweise den Verlust der Schlacht von Dreux meldete, rief ich: Nun denn, so werden wir zur Predigt gehen! ... Haß wider die Religionsleute? Ich schätzte sie sehr und kannte sie gar nicht. Wenn ich Abneigung gegen einige Politiker spürte, so war das gegen den Kardinal von Lothringen, gegen seinen Bruder, einen verschlagenen und rohen Soldaten, die mich alle beide belauern ließen, weil sie meiner Kinder Feinde waren und ihnen die Krone entreißen wollten. Tagtäglich sah ich sie, und sie fielen mir lästig. Hätten wir die Sankt Bartholomäusnacht nicht ins Werk gesetzt, würden die Guisen sie mit Roms und seiner Priester Hilfe ausgeführt haben. Die Liga, die nur in meinen alten Tagen zu Macht gelangte, hat 1573 begonnen.'

‚Aber, Madame, warum haben Sie nicht, statt diese schreckliche Bluttat — verzeihen Sie meinen Freimut — anzuordnen, die unermeßlichen Hilfsmittel Ihrer Politik angewendet, um den Reformierten die weisen Institutionen zu geben, welche

Heinrichs des Vierten Herrschaft so ruhmreich und so friedlich machten?'

Sie lächelte abermals. Hob die Schultern und ihre tiefen Furchen gaben ihrem bleichen Gesichte einen von Bitterkeit durchtränkten höhnischen Ausdruck.

‚Nach den blutigsten Kämpfen', sagte sie, ‚bedürfen die Völker der Ruhe: das ist das Geheimnis jener Regierung. Heinrich der Vierte aber hat zwei nicht wiedergutzumachende Fehler begangen: er durfte weder den Protestantismus abschwören, noch Frankreich katholisch lassen, nachdem er es selber geworden war. Er allein befand sich in der Lage, Frankreichs Gesicht ohne irgendwelche Erschütterungen zu verändern. Entweder keine Stola oder keine Predigt, das hätte sein Gedanke sein müssen. In einer Regierung zwei feindliche Prinzipien bestehen zu lassen, ohne daß irgend etwas sie ausbalanciert, ist ein Königsverbrechen; so sät man Revolutionen. Gott allein steht es zu, das Gute wie das Böse in seinem Werke unaufhörlich offenbar werden zu lassen. Diese Sentenz aber war vielleicht Heinrichs des Vierten Politik auf den Grund geschrieben und verursachte etwa seinen Tod. Ein Ding der Unmöglichkeit ist es, daß Sully keinen begehrlichen Blick auf jene unermeßlichen Güter des Klerus warf, die der Klerus nicht völlig besaß, denn der Adel vergeudete zum mindesten zwei Drittel ihrer Einkünfte. Der reformierte Sully hatte nichtsdestoweniger Abteien...' Sie hielt inne und schien nachdenklich.

‚Doch,' fuhr sie fort, ‚erwägt Ihr, daß Ihr eines Papstes Nichte um Aufklärungen über ihren Katholizismus bittet?'

Abermals hielt sie inne.

‚Trotzdem würde ich eine gute Calvinistin gewesen sein', fügte sie, sich zu einer sorglosen Geste hinreißen lassend, hinzu.
‚Sollten die überlegenen Geister Eures Jahrhunderts noch glauben, daß die Religion etwas zu bedeuten gehabt hätte in jenem Prozesse, dem ungeheuersten von allen denen, die Europa zu beurteilen hat? Der ist eine unendliche Revolution, die herausgeschoben ward durch kleine Ursachen, welche sie nicht hindern werden, über die ganze Welt hinwegzufegen, da ich sie nicht in den Keimen erstickt habe. Eine Revolution,' sagte sie, mir einen tiefen Blick zuwerfend, ‚die immer marschiert und die du vollenden könntest. Ja, du, der du mir lauschest.'
Mir schauderte.
‚Was, keiner noch hat begriffen, daß die alten Interessen und die neuen Interessen Rom und Luther als ein Banner gepackt hatten? Was, Ludwig der Neunte hat, weil er einen fast gleichen Kampf vermied, indem er eine Menschenmenge, die der, welche ich verdammte, an Zahl schier hundertfach überlegen war, mit sich riß und in den Sandwüsten Ägyptens verderben ließ, den Beinamen der Heilige verdient und ich? . . . Ich aber', sagte sie, ‚bin gescheitert.'
Sie senkte das Haupt und verharrte einen Augenblick in Schweigen. Was ich da sah, das war keine Königin mehr, sondern vielmehr eine jener alten Druidinnen, welche Menschenopfer darbrachten und die Seiten der Zukunft aufzurollen verstanden, indem sie die Erleuchtungen uralter Tage wieder ans Licht zogen. Bald aber erhob sie ihr königliches und ehrfurchtgebietendes Antlitz wieder.

Und fuhr fort:
‚Indem sie aller Bürger Aufmerksamkeit auf die Mißbräuche der katholischen Kirche lenkten, ließen Luther und Calvin einen Geist der Forschung in Europa erstehen, welcher die Völker dahinbringen mußte, alles einer Prüfung zu unterziehen. Prüfung aber führt zum Zweifel. Statt eines der Gesellschaft notwendigen Glaubens schleppten sie eine vorwitzige Philosophie, die mit Hämmern bewaffnet war und nach Trümmern gierte, mit sich und verbreiteten sie in weite Fernen. Die Wissenschaft stürzte sich strahlend von ihren falschen Klarheiten aus dem Schoße der Ketzerei. Viel weniger handelte es sich um eine Reform der Kirche als um die unbegrenzte Freiheit des Menschen, die der Tod jedweder Macht ist. Das habe ich erkannt. Die Konsequenz des Erfolges, welcher von den Calvinisten in ihrem Kampfe wider das Priestertum errungen ward, das bereits bewaffneter und furchtbarer war als die Krone selber, wurde der Ruin der von Ludwig dem Elften mit so großen Kosten auf den Scherben des Feudalismus gegründeten monarchistischen Macht. Um nichts weniger handelte es sich als um die Vernichtung der Religion und des Königtums, auf deren Trümmern alle Bourgeoisien der Welt paktieren sollten. Dieser Kampf war also ein Krieg auf Leben und Tod zwischen den neuen Kombinationen und den alten Gesetzen und Glaubenslehren. Die Katholiken waren der Ausdruck der materiellen Interessen des Königtums, der Edelleute und des Klerus. Es war der Kampf bis aufs Messer zwischen zwei Riesen, die Sankt Bartholomäusnacht bedeutete leider nur eine Wunde dabei.

Denkt daran, daß man, um in einem günstigen Augenblicke einige Blutstropfen zu sparen, später das Blut in Strömen dahinstürzen ließ. Die Intelligenz, welche eine Nation beherrscht, kann ein Unglück nicht vermeiden, das nämlich: niemanden, der ihr gleicht, zu finden, um richtig beurteilt zu werden, wenn sie der Wucht eines Ereignisses erlegen ist. Meinesgleichen sind selten, die Dummen aber immer in Mehrzahl vorhanden: alles findet durch diese beiden Sätze seine Erklärung. Wenn mein Name in Frankreich Abscheu erregt, muß man die mittelmäßigen Geister dafür verantwortlich machen, welche in allen Generationen die Masse bilden. In großen Krisen, wie ich sie habe durchmachen müssen, regieren, heißt nicht etwa Audienzen abhalten, Revuen passieren und Ordonnanzen abfertigen. Fehler hab' ich machen können, ich war nur ein Weib. Warum aber ist man nicht an einen Mann geraten, der über seinem Jahrhundert stand? Der Herzog von Alba war eine eherne Seele, Philipp der Zweite stumpfsinnig gemacht vom katholischen Glauben, Heinrich der Vierte ein kartenspielender und liederlicher Soldat und der Admiral ein systematischer Starrkopf. Ludwig der Elfte kam zu früh, Richelieu zu spät. Mag ich nun tugendhaft oder strafbar sein, mag man mir die Bartholomäusnacht zuschreiben oder nicht, ihre Last habe ich auf mich genommen. Zwischen jenen beiden großen Männern werd ich wie der sichtbare Ring einer unbekannten Kette stehen. Eines Tages werden die an Paradoxen Gefallen findenden Schriftsteller sich fragen, ob die Völker den Henkerstitel nicht manchmal an Opfer verschwendeten. Nicht das einzige Mal wird's sein, daß die Menschheit es vorzieht, lieber einen Gott zu opfern als sich selber anklagend an die Brust zu schlagen. Alle seid ihr gern bereit, um zweihundert, im richtigen Augenblicke geopferter Bauernlümmel willen Tränen zu vergießen, welche ihr den Unglücksfällen einer Generation, eines Jahrhunderts oder einer Welt verweigert. Kurz, ihr vergeßt, daß politische Freiheit, Ruhe einer Nation, die Wissenschaft selber Geschenke bedeuten, für welche das Schicksal blutige Steuern im voraus erhebt!'

‚Könnten die Nationen eines Tages nicht', rief ich mit Tränen in den Augen, ‚glücklich sein zu einem wohlfeileren Preise?'

‚Die Wahrheiten steigen aus ihren Tiefen nur herauf, um Blutbäder zu nehmen, worinnen sie sich erfrischen. Hat sich etwa gar das Christentum, die Quintessenz aller Wahrheit, da es von Gott kommt, ohne Märtyrer durchgesetzt? Ist Blut nicht in Strömen geflossen? Wird es nicht ständig fließen? Du wirst es wissen, du, der du einer der Maurer des von den Aposteln begonnenen sozialen Gebäudes sein sollst. Solange du deinen Standpunkt über den Häuptern innehältst, wird man dir Beifall klatschen, wenn du aber zur Kelle greifen willst, wird man dich töten.'

Blut, Blut! dieses Wort hallte in meinen Ohren wie ein Glockenpuls nach.

‚Ihrer Meinung nach', sagte ich, ‚würde der Protestantismus also das Recht besessen haben, gleich Ihnen zu vernünfteln?'

Katharina war verschwunden, wie wenn irgendein Windhauch das übernatürliche Licht ausgeblasen hätte, das meinem Geiste dieses Gesicht zu sehen erlaubte, dessen Proportionen riesenhaft geworden waren. Plötzlich fand ich in mir selber einen Teil meines Ichs, welcher die wilden von der Italienerin gelehrten Doktrinen annahm. In Schweiß gebadet, weinend erwachte ich im Augenblick, wo meine siegende Vernunft mir mit sanfter Stimme sagte, daß es weder einem Könige noch selbst einer Nation zukomme, solche eines Atheistenvolkes würdige Prinzipien zu dokumentieren."

„Und wie wird man Monarchien, die zusammenstürzen, retten?" fragte Beaumarchais.

„Gott wohnt da droben, mein Herr", war meines Nachbars Erwiderung.

„Also", warf Calonne mit jener unglaublichen Leichtfertigkeit, die ihn charakterisierte, ein, „liegt unsere Hilfe darin, daß wir uns Bossuets Evangelium gemäß für Instrumente Gottes halten?"

Sobald die Damen gemerkt hatten, daß die Sache auf eine Unterhaltung zwischen der Königin und dem Advokaten hinauslief, begannen sie mit einander zu flüstern. Ich habe mir die Phrasen mit Ausrufungszeichen geschenkt, die sie in den Advokatendiskurs hineinschleuderten. Doch drangen solche Worte wie: Er ist sterbenslangweilig! ... Aber, meine Liebe, wann wird er zu Ende kommen? ... an mein Ohr.

Als der Unbekannte zu reden aufhörte, schwiegen die Damen. Monsieur Bodard schlief. Der halbbetrunkene Chirurg, Lavoisier, Beaumarchais und ich waren allein aufmerksam gewesen. Herr von Calonne scherzte mit seiner Nachbarin. In diesem Augenblicke hatte das Schweigen etwas Feierliches an sich. Der Glanz der Kerzen schien mir eine zauberische Farbe zu besitzen. Ein und das nämliche Gefühl hatte uns mit geheimnisvollen Banden an diesen Mann geknüpft, der mir für meinen Teil die unerklärliche Wirkung des Fanatismus begreiflich machte. Es fehlte nur noch die dumpfe und kellerige Stimme des Beaumarchaisschen Nachbars, um uns wachzurütteln.

„Und ich, ich hab' auch geträumt", schrie der.

Da erst sah ich mir den Chirurgen näher an und verspürte, ich weiß nicht was für ein Schaudergefühl. Seine erdige Hautfarbe, seine zugleich unedlen und großen Züge boten den exakten Ausdruck dessen dar, was man mir erlauben möge: die Canaille zu nennen. Einige bläuliche und schwarze Pocken waren wie Kotspritzer über sein Gesicht verstreut und seine Augen sprühten eine finstere Flamme. Dies Gesicht schien vielleicht infolge einer durch eine Frisur à frimas auf seinem Kopfe aufgehäuften Schneemasse düsterer als es in Wirklichkeit war.

„Der Kerl da muß mehr als einen Kranken eingescharrt haben", sagte ich zu meinem Nachbar.

„Meinen Hund würd' ich ihm nicht anvertrauen", antwortete der mir.

„Unwillkürlich hasse ich ihn."

„Und ich, ich verachte ihn."

„Und doch, welch eine Ungerechtigkeit", erwiderte ich.

„Oh, mein Gott, übermorgen kann er vielleicht ebenso berühmt sein wie der Akteur Volange", entgegnete der Unbekannte.

Herr von Calonne wies auf den Chirurgen mit einer Geste hin, die uns etwa sagen sollte: Der scheint amüsant werden zu wollen.

„Und Sie sollten auch von einer Königin geträumt haben?" fragte Beaumarchais ihn.

„Nein, ich habe von einem Volke geträumt", antwortete er mit einer Emphase, die uns lachen machte. „Ich trug damals Sorge um einen Kranken, dem ich am Morgen nach meinem Traume den Schenkel amputieren sollte..."
„Und haben das Volk in Ihres Kranken Schenkel gefunden?" fragte Herr von Calonne.
„Richtig geraten", antwortete der Chirurg.
„Ist das unterhaltend!" rief die Gräfin von Genlis.
„Zu meiner ziemlichen Überraschung", fuhr der Redner fort, ohne sich durch die Zwischenrufe stören zu lassen und indem er jede seiner Hände in seine Hosentaschen steckte, „fand ich in diesem Schenkel jemanden, mit dem ich reden konnte. Ich besaß die seltsame Fähigkeit, in meinen Kranken hineinzugehen. Als ich mich erstmals unter seiner Haut befand, beschaute ich eine erstaunliche Menge kleiner Wesen, die sich bewegten, dachten und räsonierten. Die einen lebten in dem Körper dieses Menschen, die anderen in seinem Geiste. Seine Gedanken waren Wesen, die geboren wurden, wuchsen und dann starben; sie waren krank, froh, gesund, traurig und besaßen endlich alle besondere Physiognomien; sie bekämpften sich oder liebkosten einander. Manche Gedanken stürzten sich nach draußen und lebten in der intellektuellen Welt. Plötzlich begriff ich, daß es dort zwei Welten gäbe: ein sichtbares und ein unsichtbares Weltall; daß die Erde wie der Mensch einen Leib und eine Seele besäße. Die Natur erleuchtete sich für mich, und ich lernte ihre Unermeßlichkeit erfassen, indem ich den Ozean der Wesen erblickte, die in Mengen und Arten überall verbreitet waren,

indem sie eine und dieselbe Materie von den Marmorarten an bis zu Gott hinauf bildeten. Ein herrliches Schauspiel! Kurz es gab ein Weltall in meinem Kranken. Als ich mein Messer mitten in den krebsigen Schenkel stieß, vernichtete ich Tausende von diesen Tierchen. — Sie lachen, meine Damen, weil Sie erfahren, daß sie Viehchern ausgeliefert sind?..."

„Keine Anzüglichkeiten", sagte Herr von Calonne. „Reden Sie, kommen Sie auf sich und auf Ihren Kranken zurück."

„Mein durch die Schreie seiner Aufgußtierchen erschreckter Mann wollte meine Operation unterbrechen; doch säbelte ich immer weiter und sagte zu ihm, daß nichtsnutzige Tiere bereits seine Knochen annagten. Er machte eine Bewegung des Widerstandes, indem er nicht begriff, daß das, was ich tun wollte, zu seinem Besten geschähe und mein Operationsmesser fuhr mir selber in die Seite..."

„Er ist stupide", sagte Lavoisier.

„Nein, betrunken", erwiderte Beaumarchais.

„Aber meine Herren, mein Traum hat doch einen Sinn", rief der Chirurg.

„Oh, oh," rief Bodard, welcher aufwachte, „mein Bein ist eingeschlafen."

„Mein Herr," sagte seine Frau zu ihm, „Ihre Tierchen sind tot."

„Der Mann da fühlt sich zu irgend etwas berufen", rief mein Nachbar, welcher den Chirurgen, während er sprach, in einem fort fixiert hatte.

„Mein Traum verhält sich zu dem, was Sie, mein Herr erzählt haben, wie die Handlung zum Worte, der Körper zur Seele."

Seine schwerfällige Zunge aber wurde konfus, er stieß nurmehr undeutliche Worte aus. Zu unserem Glücke lenkte die Unterhaltung in andere Bahnen ein. Im Verlaufe von einer halben Stunde hatten wir den Pagenchirurgen, welcher schlief, vergessen. Als wir von Tisch aufstanden, goß es aus Mollen vom Himmel herab.

„Der Advokat ist nicht so dumm", sagte ich zu Beaumarchais.

„Oh, er ist plump und kalt. Doch birgt, wie Sie sehen, die Provinz immer noch gute Tröpfe, welche politische Theorien ebenso wie unsere französische Geschichte ernst nehmen."

„Haben Sie Ihren Wagen da", fragte mich Frau von Saint-James.

„Nein", entgegnete ich trocken. „Ich wußte nicht, daß ich ihn heute nacht brauchen würde. Wünschen Sie etwa, daß ich den Kontrolleur nach Hause bringe? Sollte er denn en polisson zu Ihnen gekommen sein?"

Dies Modewort diente dazu einen Menschen zu bezeichnen, der, als Kutscher gekleidet, seinen eigenen Wagen nach Marly lenkt.

Frau von Saint-James entfernte sich lebhaft, läutete, verlangte Saint-James Wagen und nahm den Advokaten beiseite.

„Herr von Robespierre, wollen Sie mir den Gefallen tun und Herrn Marat vor seinem Hause absetzen, er ist ja außerstande, sich gerade zu halten", sagte sie zu ihm.

„Gern, gnädige Frau", antwortete Herr von Robespierre in galanter Weise; „ich wäre glücklich, wenn Sie mich vor eine etwas schwierigere Aufgabe stellten."

✩